소송실무자료

2024년 최신판

담보권·용익권에 관한 통합집
[예규·선례·기록례·판례]

편저 : 법률연구회

법률정보센터

목 차

제1장 용익권에 관한 등기

제1절 총 설

1. 의의 ·· 1

2. 용익물권 설정등기의 공통점 ·· 1

   가. 부동산 일부에 대한 설정 ·· 1

   나. 공유지분에 대한 설정 ··· 1

[선례 1] 수인이 공유하는 토지에 대한 구분지상권등기 절차 ························· 2

[선례 2] 토지의 일부지분에 대한 지상권설정등기말소등기절차를 명하는
　　　　 확정판결에 따른 말소등기절차 ·· 2

[선례 3] 건물의 공유지분에 대한 전세권설정등기 가부와 그 절차 여하 ········ 2

[선례 4] 전유부분과 대지권을 함께 전세권의 목적으로 할 수 있는지 여부 등 ····· 3

[선례 5] 대지권등기가 된 집합건물의 대지와 건물 모두에 대하여 전세권설정등기를
　　　　 할 수 있는지 여부 ·· 3

[선례 6] 대지권등기가 된 구분건물에 대한 전세권설정등기 ···························· 3

    [판례 1] 배당이의 ··· 3

   다. 용익물권의 중복 설정 등기 ··· 7

     (1) 용익물권이 동일한 경우 ··· 7

[선례 7] 존속기간이 만료된 건물 전세권설정등기를 말소하지 않고 중복으로
　　　　 전세권설정등기를 신청할 수 있는지 여부(소극) ································· 7

[선례 8] 이미 지상권설정등기가 경료되어 있는 상태에서 지상권설정청구권가등기를
　　　　 신청할 수 있는지 여부(적극) ·· 8

(2) 용익물권이 다른 경우 ·· 8
라. 농지에 대한 용익물권의 설정 ·· 8

제2절　지상권에 관한 등기

1. 지상권의 의의 ·· 9

2. 지상권등기절차 ·· 9

　　가. 지상권설정등기 ·· 9
　　　　(1) 신청인 ··· 9
　　　　(2) 신청서의 기재사항 ··· 9
　　　　　　(가) 필요적 기재사항 ·· 9
　　　　　　　　① 지상권설정의 목적 ······································ 9
　　　　　　　　② 지상권 설정의 범위 ··································· 10
[선례 1] 구분지상권이 이미 설정되어 있는 토지에 통상의 지상권을 추가로
　　　　설정할 수 있는지 여부(적극) ······································ 10
　　　　　　(나) 임의적 기재사항 ··· 10
　　　　　　　　① 존속기간 ··· 10
[선례 2] 존속기간을 100년 또는 120년으로 하는 지상권 설정등기 가부 등 ············· 11
[선례 3] 구분지상권설정등기시 존속기간을 목적물의 존속시까지로의 기재 가부 ········· 11
　[판례 1] 손해배상(기) ·· 11
[예규 1] 지상권설정등기의 존속기간에 관한 업무처리지침 ··············· 16
　　　　　　　　② 지료 및 그 지급시기 ································· 17
　　　　(3) 첨부서면 ·· 17
　　나. 구분지상권설정등기 ··· 17
　　　　(1) 서설 ··· 17

　　　　　　　(가) 의의 ··· 17
　　　　　　　(나) 구분지상권설정등기가 문제되는 경우 ····························· 18
　　　　　　　　　① 구분지상권의 중복 설정 ·· 18
[예규 2] 구분지상권에 관한 등기처리요령 ··· 18
　　　　　　　(다) 통상의 지상권과의 차이 ··· 19
　　　　　(2) 신청절차 ··· 19
　　　　　　　(가) 신청서의 기재사항 ··· 20
　　　　　　　　　① 구분지상권설정의 목적 ·· 20
　　　　　　　　　② 구분지상권설정의 범위 ·· 20
　　　　　　　　　③ 사용제한의 특약 ·· 20
　　　　　　　　　④ 존속기간, 지료 및 그 지급시기 ································· 20
　　　　　　　(나) 첨부서면 ·· 21
　　　　　　　　　① 제3자의 승낙서를 첨부해야 하는 경우 ······················· 21
　　　　　(3) 등기의 실행 ·· 21
<기록례> 지하의 일정공간을 범위로 하는 구분지상권설정 ····················· 21

　　　다. 도시철도법 및 도로법에 의한 구분지상권등기 ····························· 22
　　　　　(1) 의의 ·· 22
[선례 4] 협의 또는 수용재결에 의한 구분지상권설정등기 절차 ················ 22
[예규 3] 도시철도법 등에 의한 구분지상권 등기규칙 ······························ 22

제1조 (목적) ·· 22
제2조 (수용·사용의 재결에 의한 구분지상권설정등기) ····················· 23
제3조 (수용재결에 의한 구분지상권이전등기) ································ 23
제4조 (강제집행 등과의 관계) ·· 24

　　　　　(2) 사용의 재결에 의한 구분지상권등기의 타당성 ····················· 25
[선례 5] 도시철도법에 의한 구분지상권등기(변경) ································· 25
[선례 6] 공공하수도 설치를 위하여 「하수도법」에 의한 사용재결을 득한 경우
　　　　 구분지상권설정등기 가능 여부(소극) ·· 26

                (3) 수용 또는 사용의 재결에 의한 구분지상권 설정등기 ······················ 26
                    (가) 신청인 ·· 26
[선례 7] 도시철도법에 의한 구분지상권등기 ·· 26
                    (나) 첨부서면 ·· 27
                        ① 등기원인서면과 보상을 증명하는 서면 ···························· 27
[선례 8] 토지의 공중공간에 대한 재결은 있었으나 구분지상권 설정을 내용으로 하지 않는 경우
         위 재결서에 의하여 구분지상권설정등기를 신청할 수 있는지 여부(소극) ··············· 27
[선례 9] 구분지상권의 설정을 내용으로 하는 사용재결에 의하여 지상권을 설정할 수 있는지 여부 ·· 27
                (4) 수용에 의한 구분지상권이전등기 ·· 27
                (5) 강제집행 등과의 관계 ·· 28
[선례 10] 협의취득에 의한 구분지상권설정등기의 말소가부 ·· 28
[선례 11] 소유권이전청구권보전의 가등기에 기한 본등기를 경료한 경우 도시철도법상
         사용재결에 의한 구분지상권설정등기를 직권으로 말소하여야 하는지 여부(소극) ············ 28
        라. 지상권이전등기 ·· 29
            (1) 의의 ··· 29
            (2) 신청절차 ·· 29
            (3) 등기의 실행 ··· 29
        마. 지상권변경등기 ··· 30
            (1) 의의 ··· 30
            (2) 신청절차 ·· 30
                (가) 신청인 ·· 30
                (나) 신청서의 기재사항 ·· 30
                (다) 첨부서면 ·· 30
        바. 지상권말소등기 ··· 31
            (1) 의의 ··· 31
[선례 12] 지상권자 아닌 제3자가 지상권이 설정되어 있는 토지 위에 건물을 신축한 후
         소유권보존등기를 할 수 있는지 여부 ··· 31

(2) 신청절차 ·· 31
　　(가) 신청인 ·· 31
[선례 13] 지분에 대하여 근저당권을 설정한 일부 공유자가 공유물 보존행위를 근거로 지상권자와
　　　　　공동으로 담보목적으로 설정된 지상권설정등기의 말소신청을 할 수 있는지 여부(적극) ····· 32
　　(나) 신청서의 기재사항 ··· 32
　　(다) 첨부서면 ·· 32

3. 법정지상권 ··· 33
　가. 총설 ·· 33

　[판례 2] 건물수거등 ··· 33
　[판례 3] 건물철거등 ··· 35

　나. 법정지상권의 성립 ··· 36

　[판례 4] 건물명도등 ··· 36

　다. 신청절차 ·· 39
　　(1) 신청인 ·· 39
　　(2) 신청서의 기재사항과 첨부서면 ································· 39

4. 등기예규 ··· 40

[예규 4] 기존 1층 건물옥상에 건물소유를 목적으로 하는 지상권의 효력 ···················· 40
　[관련판례] 계약금반환 ·· 40
[예규 5] 다년생 개량 목초의 소유를 목적으로 하는 지상권설정등기의 가부 ················ 42
[예규 6] 공공용지의 취득 및 손실보상에 관한 특례법에 의한
　　　　지상권설정등기를 위한 대위등기 ·· 42

5. 등기선례 ··· 43

[선례 14] 사회기반시설에 대하여 사업시행자가 「사회기반시설에 대한 민간투자법」 및
「공익사업을 위한 토지 등의 취득 및 보상에 관한 법률」에 따라 사용재결을
받은 경우 사업시행자가 단독으로 구분지상권설정등기를 신청할 수 있는지 여부 ············ 43

[선례 15] 전기사업자가 토지의 사용에 관한 지상권의 설정을 내용으로 하는 사용재결을
받은 경우 지상권설정등기신청 가부 ·· 43

[선례 16] 한국전력공사가 토지에 대한 사용재결을 받은 경우 구분지상권설정등기의 단독신청 가부 ·· 44

[선례 17] 토지의 일부분에 지역권이 설정되어 있는 경우에 그 토지의 전부에 대한
지상권설정등기신청 가부 ·· 44

[선례 18] 건물 옥상에 대한 전세권설정등기신청 가부 및 건물 옥상에 건물 기타 공작물을
소유하기 위하여 대지에 대한 지상권 또는 구분지상권설정등기신청의 가부 ············ 45

[선례 19] 「전원개발촉진법」상 전원개발사업자가 사용재결을 받은 경우 구분지상권설정등기의
단독신청 가부(소극) ·· 45

[선례 20] 토지의 특정 일부에 대한 지상권설정등기의 가부 ·· 46

[선례 21] 공유토지에 대하여 지상권설정등기를 명하는 승소확정판결을 받았으나 그 등기실행
전에 공유자 중 일부가 그의 지분을 다른 사람에게 이전한 경우의 등기절차 ············ 46

[선례 22] 토지사용에 관한 재결에 의한 지상권설정등기의 가부 ·· 47

[선례 23] 토지의 합필등기와 지상권자의 승낙 요부 ·· 47

[선례 24] 농지에 대한 지상권설정등기신청과 비농지증명 등의 제출 여부 ···························· 48

[선례 25] 토지수용법상 토지사용의 재결에 의한 지상권설정등기 가부 ································ 48

[선례 26] 건물이 건립되어 있는 토지에 대한 지상권설정등기 가부 ···································· 48

[선례 27] 관리인이 선임된 구분건물의 대지에 대한 구분지상권설정방법 및 토지수용법상의
사용재결에 의한 구분지상권설정등기촉탁 가부 ·· 48

[선례 28] 대지권인 취지의 등기가 된 토지에 대한 구분지상권설정등기 가부와
그 구분건물의 관리인과 구분지상권설정계약 등 ·· 49

[선례 29] 서울특별시 교육감으로 그 소관청의 명칭이 첨기등기된 토지에 대하여
서울특별시가 구분지상권설정등기 신청 가부 ·· 49

[선례 30] 토지수용법에 의한 토지사용의 재결에 의한 구분지상권설정등기 촉탁 가부(변경) ············ 50

[선례 31] 공공용지의취득및손실보상에관한특례법에 의한 지상권설정등기 ······························ 50

[선례 32] 지상권설정등기에 있어 지료 부증액(부액액) 특약사항 등기 가부 ·························· 50

[선례 33] 대지권등기가 경료된 토지에 대한 구분지상권설정 등기 가부 ·················· 51
[선례 34] 토지 상부에 인공대지를 조성하여 아파트 등을 조성한 경우
구분지상권설정등기 가부와 방법 ··· 51
[선례 35] 전통사찰의 소유인 토지에 대하여 지상권설정등기를 경료받기 위한 절차 여하 ············· 52
[선례 36] 사용재결에 의한 구분지상권 설정 ··· 52
[선례 37] 공공용지의취득및손실보상에관한특례법에 의한 지상권설정등기를 위한 대위등기 ·········· 52
[선례 38] 이미 지상권설정등기가 경료되어 있는 상태에서 지상권설정청구권가등기를
신청할 수 있는지 여부(적극) ·· 53
[선례 39] 토지 위에 건물이 존재하는 경우, 그 토지에 대하여 지상권설정등기를
할 수 있는지 여부 ·· 53
[선례 40] 도시철도법에 의한 사용재결에 따른 구분지상권설정등기 ····························· 53
[선례 41] 지하사용에 대한 재결이 성립된 토지가 사용의 시기 이후에 소유권 이전 또는
분할·합병된 경우 사용재결에 따른 구분지상권설정등기를 할 수 있는지 여부 ················ 54
[선례 42] 사용재결에 따른 구분지상권설정등기시 등기원인일자 ······························· 54
[선례 43] 소유권이전등기청구권보전의 가등기에 기한 본등기를 경료한 경우 도시철도법상
사용재결에 의한 구분지상권설정등기를 직권으로 말소하여야 하는지 여부(소극) ·············· 55
[선례 44] 판결이유중의 판단에서 관습법상의 법정지상권의 성립을 인정한 경우 위 판결에
의하여 지상권설정등기를 신청할 수 있는지 여부(소극) ······························· 55
[선례 45] 지상권자가 지상권의 목적인 토지의 일부를 임대하는 경우 등기신청절차 등 ·············· 56
[선례 46] 방식이 적합하지 아니한 촉탁서에 의하여 경료된 소유권 보존등기를 직권말소할 수
있는지 여부 등 ·· 56
[선례 47] 대지권의 목적인 토지 위에 구분지상권 설정등기를 하는 경우의 등기방법 ··············· 57
[선례 48] 신탁된 부동산에 대한 구분지상권설정등기의 가부 ·································· 57
[선례 49] 지하철도 소유를 위한 구분지상권설정등기에 철도운행으로 인한 소음, 진동에
대하여 건축주가 책임지기로 하는 내용의 특약사항 등기를 할 수 있는지 여부(소극) ········ 57
[선례 50] 지상권설정등기신청서에 법인인 등기권리자의 취급지점을 표시한 등기신청이 있는
경우 등기부에 이를 기재할 수 있는지 여부(소극) ····································· 58
[선례 51] 공익법인 아닌 재단법인이 기본재산에 지상권설정등기를 신청할 때 주무관청의
허가를 증명하는 서면의 첨부 요부 (소극) ··· 58

[선례 52] 한국전력공사가 송전철탑에 대하여 「전기사업법」에 의한 사용재결을 받은 경우
　　　　　지상권 또는 구분지상권설정등기를 신청할 수 있는지 여부 ·················· 58
[선례 53] 분할 후의 토지에 전사된 지상권을 구분지상권으로 변경하는 등기의 신청절차 ············ 59

6. 관련 기록례 ··· 60

<기록례> 지하의 일정 공간을 범위로 하는 구분지상권설정 ································· 60

7. 지상권설정 ··· 60

가. 지상권설정 ··· 60
나. 토지의 일부에 대한 지상권설정 ·· 61
다. 지상권의 소멸에 관한 약정이 있는 경우의 지상권설정 ················ 61

8. 구분지상권설정 ··· 62

가. 지하의 경우 ··· 62
나. 공간의 경우 ··· 62

9. 지상권이전 ··· 63

가. 지상권 전부이전 ··· 63
나. 지상권 일부이전 ··· 63
다. 공유지상권의 지분이전 ·· 63
라. 지상권 일부이전에 의하여 취득한 공유지상권지분의 일부이전 ··· 64

10. 지상권변경 등 ··· 64

가. 지상권의 목적 및 존속기간의 변경 ·· 64
나. 통상의 지상권등기를 구분지상권등기로 변경하는 부기등기 ········ 65

다. 구분지상권등기를 통상의 지상권등기로 변경하는 부기등기 ········ 65
라. 지료 및 지급시기의 변경 ·· 66

11. 지상권 말소 ·· 66
가. 존속기간 만료로 인한 지상권설정등기말소 ································· 66
나. 계약해제 또는 포기로 인한 지상권설정등기 말소 ······················ 66
다. 근저당권의 목적인 지상권설정등기의 말소 ································· 67
라. 이전된 지상권설정등기의 말소 ·· 67
마. 이전된 지상권설정등기의 이전원인을 해제한 경우 ···················· 68
바. 지상권설정등기의 소멸에 관한 사항의 약정이
   있는 경우의 소멸 ··· 68

제3절 지역권에 관한 등기

1. 지역권의 의의와 법적 성질 ··· 69
가. 의의 ·· 69
나. 지역권의 부종성 ·· 69

2. 지역권등기절차 ··· 69
가. 지역권설정등기 ·· 69
   (1) 관할 등기소 ·· 69
   (2) 신청인 ·· 69
   (3) 신청서의 기재사항 ··· 70
      (가) 필요적 기재사항 ··· 70
         ① 요역지 또는 승역지의 표시 ·· 70
         ② 지역권설정의 목적 ··· 70

③ 지역권설정의 범위 · 70
(나) 임의적 기재사항 · 70
(4) 첨부정보 · 71
(5) 등기의 실행 · 71
(가) 승역지의 지역권등기 · 71

<기록례> 승역지 · 71
<기록례> 요역지(승역지와 요역지가 동일등기소 관내인 경우) · 71

나. 지역권변경등기 · 72
(1) 의의 · 72
(2) 신청절차 · 72
(가) 신청인 · 72
(나) 신청서의 기재사항 · 72
(다) 첨부서면 · 72

다. 지역권말소등기 · 72
(1) 의의 · 72
(2) 신청절차 · 73
(가) 신청인 · 73
(나) 신청서의 기재사항 · 73
(다) 첨부서면 · 73

3. 등기예규 · 73

[예규 1] 요역지의 일부가 타인에게 이전된 경우 지역권설정등기청구의 가부 · 73
  [관련판례] 지역권설정등기 · 74
[예규 2] 장거리 송유관 건설을 위한 지역권설정등기 절차 · 75
[예규 3] 지상권자의 지역권설정등기의 가부 · 76

4. 등기선례 ·· 76

[선례 1] 요역지의 소유자가 승역지의 공유자 중 일부인 경우 지역권설정등기를
  신청할 수 있는지 여부(소극) ··· 76
[선례 2] 대지권인 취지가 등기된 토지에 대하여 지역권설정등기를 신청할 수 있는지 여부(적극) ···· 77
[선례 3] 조정성립에 따른 지역권설정등기 신청을 당사자 1인이 포기한 경우
  나머지 1인이 등기신청을 할 수 있는지 여부(적극) ······································· 77
[선례 4] 통행권확인확정판결에 의하여 경료된 지역권 설정등기의 말소절차 ············· 78

5. 관련 기록례 ·· 78

<기록례> 승역지 ··· 78
<기록례> 요역지(승역지와 요역지가 동일 등기소 관내인 경우) ·························· 78

6. 지역권설정 ··· 79

가. 통행지역설정 ·· 79
  (1) 승역지 ··· 79
  (2) 요역지(동일 등기소 관내일 때) ··· 79
  (3) 요역지(다른 등기소 관내일 때) ··· 79
나. 특약부 통행지역권설정 ··· 80
다. 용수지역권설정 ··· 80
  (1) 승역지 ··· 80
  (2) 요역지 ··· 81
라. 요역지가 지상권인 경우 ··· 81
  (1) 승역지 ··· 81
  (2) 요역지 ··· 81
마. 지상권을 목적으로 하는 지역권설정 ··· 82
  (1) 승역지 ··· 82

        (2) 요역지 ··· 82

7. 지역권변경 ·· 83

    가. 지역권변경 ·· 83
    나. 지역권의 범위 변경 ·· 83
        (1) 승역지 ··· 83
        (2) 요역지 ··· 83

8. 지역권말소 ·· 84

    가. 승역지 ·· 84
    나. 요역지(동일 등기소 관내) ·· 84
    다. 요역지(다른 등기소 관내) ·· 84
    라. 지역권이 요역지 소유권과 함께 이전하지 않는다는
        특약이 있는 경우의 소유권이전에 따른 지역권 말소 ··············· 85

제4절 전세권에 관한 등기

1. 전세권의 의의 ·· 85

[선례 1] 1동의 건물 일부에 대하여 전세권설정을 하면서 동 건물의 대지
        전부에 대한 전세권설정이 가능한지 여부 ································· 85
[선례 2] 건물 일부 전세권자의 그 건물 대지 전부에 대한 전세권설정등기 가부 ········ 86

2. 전세권등기절차 ·· 86

    가. 전세권설정등기 ·· 86
        (1) 신청인 ··· 86
        (2) 신청서의 기재사항 ··· 86

　　　　　　(가) 필요적 기재사항 ·· 86
　　　　　　　　① 전세금 ··· 86
　　　　　　　　② 전세권의 목적인 범위 ·· 87
　　　　　　(나) 임의적 기재사항 ·· 87
　　　　　　　　① 존속기간 ·· 87
[예규 1] 전세기간 만료와 전세권설정등기청구권의 소멸 ································ 87
[관련판례] 소유권이전등기등 ·· 88
[선례 3] 전세권설정 등기시 존속기간의 시작일을 등기접수 이전의 일자로 하여
　　　　등기할 수 있는지 여부(적극) ··· 89
[선례 4] 전세권의 존속기간이 개시되기 이전에 전세권설정등기를 신청할 수 있는지 여부 ············ 89
　　　　　　　　② 위약금 또는 배상금 ··· 89
　　　(3) 첨부서면 ·· 89
　　나. 전세권이전등기 ··· 90
　　　(1) 의의 ·· 90
[선례 5] 전세권의 일부 준공유지분을 양도하는 전세권 일부이전등기를 할 수 있는지 여부(적극) ·· 90
[선례 6] 존속기간이 만료된 전세권의 전세금반환채권에 대하여 전부명령을 받은 경우
　　　　전부명령에 의한 전세권이전등기를 경료받을 수 있는지 여부(적극) ····························· 90
[선례 7] 전세금반환청구권에 대한 전부명령을 받은 경우 이를 등기부에 공시할
　　　　수 있는 방법 여하 등 ··· 91
　　　(2) 신청절차 ·· 91
[예규 2] 저당권 등의 양도등기와 신청인 ··· 91
[예규 3] 등기원인에 대하여 행정관청의 허가등을 요하는 경우의 업무처리 예규 ········ 92
　　다. 전세권변경등기 ··· 92
　　　(1) 의의 ·· 92
[선례 8] 전세권의 범위를 A에서 B로 하는 전세권 변경등기가 가능한지 여부(소극) ·············· 93
　　　(2) 신청절차 ·· 93
　　　　(가) 신청인 ·· 93

            (나) 신청서의 기재사항 ··· 93
            (다) 첨부정보 ··· 93
[선례 9] 존속기간 연장 및 전세금 감액을 위한 전세권변경등기시 이해관계 있는 제3자의
        승낙서 등을 첨부하지 않고도 부기등기로 할 수 있는지 여부 ······························· 94
[선례 10] 전세권등기의 존속기간 변경등기시 후순위 전세권자의 승낙서 등 첨부 여부 ············ 94
    [판례 1] 부동산임의경매 ··· 95
            (3) 등기의 실행 ··· 97
[선례 11] 등기상 이해관계 있는 제3자가 있는 경우 전세권변경등기의 형식 ························· 97
    라. 전세권말소등기 ·· 97
        (1) 의의 ·· 97
        (2) 신청절차 ·· 97
            (가) 신청인 ··· 97
            (나) 신청서의 기재사항 ··· 98
            (다) 첨부정보 ··· 98
                ① 등기상 이해관계인의 승낙서 등 ·· 98
                ② 제권판결 등 ·· 98
    마. 전세권의 존속기간 만료와 다른 등기의 신청 ··· 99
            (1) 일반적인 경우 ·· 99
    [판례 2] 전세권설정등기말소 ··· 99
[선례 12] 전세권의 존속기간의 만료와 전세권의 효력 ··· 103
[선례 13] 존속기간이 만료된 전세권의 이전 및 전전세등기 가능 여부 ······························· 103
[선례 14] 존속기간이 지난 전세권을 목적으로 하는 근저당권설정등기 가부(소극) ················ 104
            (2) 건물전세권의 경우 ··· 104
[선례 15] 전세기간 만료와 전세권의 효력 등 ·· 104
[선례 16] 존속기간이 만료된 건물 전세권설정등기의 존속기간 및 전세금에 대한
         변경등기 가능 여부 ·· 105
[선례 17] 존속기간이 만료된 건물전세권을 목적으로 한 저당권 설정등기 ·························· 105

[선례 18] 존속기간이 만료된 건물전세권의 존속기간 변경 없이 전세권이전등기 또는
　　　　　 전세권에 대한 저당권을 설정할 수 있는지 여부(소극) ···················· 105

　　　바. 전전세 등기 ··· 106
　　　　　(1) 의의 ··· 106
　　　　　(2) 신청절차 ··· 106
　　　　　(3) 전전세권의 말소등기 ·· 106

3. 등기예규 ·· 107

[예규　4] 전세권변경등기 등의 기록방법에 관한 사무처리지침 ················ 107
[예규　5] 이해관계 있는 제3자의 승낙서 등을 첨부하지 아니한
　　　　　경우의 전세권변경등기 ·· 113
[예규　6] 공유지분에 대한 전세권설정등기 ·· 114
[예규　7] 전세금반환채권의 일부양도에 따른 전세권 일부이전등기에
　　　　　관한 업무처리지침 ·· 115

| 제1조 (목적) ··· 115 |
| 제2조 (등기신청인) ··· 115 |
| 제3조 (신청정보) ·· 115 |
| 제4조 (첨부정보) ·· 115 |
| 제5조 (등기실행절차) ·· 116 |
| 제6조 (등기기록례) ··· 116 |

❖ 별지 : 전세금반환채권의 일부양도에 따른 전세권 일부이전등기에
　　　　 따른 등기기록례 ··· 116

4. 등기선례 ·· 117

[선례 19] 이미 전세권설정등기가 마쳐진 주택을 대상으로 임차권등기의 기입이 촉탁된 경우
　　　　　 등기관이 당해 등기촉탁을 수리할 수 있는지 여부 (일부 선례변경) ············· 117

[선례 20] 전세금 감액을 위한 전세권변경등기와 존속기간을 연장하는 전세권변경등기를
         일괄하여 신청할 수 있는지 여부 ………………………………………………… 118
[선례 21] 건물 전세권이 법정갱신 된 경우의 등기절차 …………………………………… 118
[선례 22] 공동전세권자의 공유지분을 표시하는 전세권 경정등기의 가능 여부(적극) ……… 119
[선례 23] 「국토의 계획 및 이용에 관한 법률」 제36조의 도시지역 내의 농지에 대한
         전세권설정등기신청 가부 ………………………………………………………… 119
[선례 24] 후순위 근저당권자가 있는 경우 전세권의 변경등기의 형식 ……………………… 120
[선례 25] 전세권의 양도등기의 신청인 ……………………………………………………… 120
[선례 26] 대지권등기가 된 구분건물에 대한 전세권설정등기 ………………………………… 120
[선례 27] 토지의 특정 일부에 대한 전세권설정등기의 신청 …………………………………… 121
[선례 28] 건물의 특정층 전부에 대한 전세권설정등기신청과 도면 첨부 …………………… 121
[선례 29] 공유지분에 대한 전세권설정등기 가부 …………………………………………… 121
[선례 30] 공유지분에 대한 전세권설정등기의 가부 ………………………………………… 121
[선례 31] 건물에 대한 전세권의 존속기간 만료 후 전세권변경등기신청시의 등록세 ……… 122
[선례 32] 가압류된 전세권을 전세권말소확정판결로 말소할 수 있는지 여부 ……………… 122
[선례 33] 전세권설정등기 후 목적부동산의 소유권이 이전된 경우의 전세권변경등기 의무자 ……… 122
[선례 34] 임대주택법상의 임대주택의 임대의무기간 중에 전세권설정등기 가부 …………… 123
[선례 35] 한국방송통신대학교기성회 명의의 전세권설정등기 가부 ………………………… 123
[선례 36] 전세권자가 등기의무자로서 전세권이전등기를 신청하면서 인감증명을 첨부해야 할 경우 ‥ 123
[선례 37] 공동전세권의 지분양도 가부 ……………………………………………………… 124
[선례 38] 전세권등기의 말소등기신청과 이해관계인의 동의 여부 …………………………… 124
[선례 39] 공유지분에 대한 전세권말소등기 가부 …………………………………………… 124
[선례 40] 건물에 대한 전세권설정등기 후, 대지에 대하여 추가로 전세권설정등기를
         할 수 있는지 여부 ………………………………………………………………… 125
[선례 41] 추가전세권설정등기신청이 가능한지 여부와 이 경우에 납부할 등록세 …………… 125
[선례 42] 건물에 대한 전세권이 등기되어 있는 경우, 토지에 대하여 전세권설정등기를
         신청할 수 있는지 여부(적극) (변경) ……………………………………………… 125

[선례 43] 존속기간이 만료된 전세권에 대한 이전등기 가부(적극) ·················· 125
[선례 44] 등기용지의 상당구를 잘못 기재한 경우 직권경정등기 가부 등 ·········· 126
[선례 45] 건물의 특정일부를 목적으로 한 전세권등기가 경료되어 있는 일반 건물에
 대하여 구분등기를 신청하는 방법 ································· 127
[선례 46] 건물의 특정충 전부에 대한 전세권설정등기신청과 도면 첨부 ··········· 128
[선례 47] 존속기간이 만료된 건물전세권의 존속기간 변경없이 전세권의 범위를
 축소하는 전세권변경등기 가부(소극) ································ 128
[선례 48] 일부지분이 그 지분에 설정된 근저당권의 실행으로 인하여 매각된 경우
 후순위 전세권설정등기의 말소방법 ································· 128

5. 관련 판례 ··· 129

  [판례 3] 임의경매취소결정 ·· 129

6. 전세권설정 ··· 131

  가. 전세권설정 ·· 131
  나. 일부 전세권 설정 ·· 131
  다. 전세권의 처분제한에 관한 특약이 있는 경우 ······················ 132

7. 전전세 ·· 132

8. 전세권이전 ··· 133

  가. 전부이전 ·· 133
  나. 전세금반환채권의 일부양도에 따른 전세권 일부이전 ················ 133

9. 전세권변경 ··· 134

  가. 존속기간 등의 변경(경정) ·· 134
  나. 법정갱신 ·· 134

다. 전세금의 변경 ··· 135
　　　(1) 전세권을 목적으로 하는 권리에 관한 등기 또는
　　　　 전세권에 대한 처분제한의 등기가 없는 경우 ······················ 135
　　　　(가) 전세금 증액의 변경등기 ·· 135
　　　　(나) 전세금 감액의 변경등기 ·· 137
　　　　　① 원래의 전세금보다 많은 금액으로 전세금을
　　　　　　 감액하는 경우 ·· 137
　　　　　② 원래의 전세금보다 적거나 같은 금액으로
　　　　　　 전세금을 감액하는 경우 ·· 138
　　　(2) 전세권을 목적으로 하는 권리에 관한 등기 또는 전세권에
　　　　 대한 처분제한의 등기가 있는 경우 ··································· 138
　　　　(가) 전세금 증액의 변경등기 ·· 138
　　　　(나) 전세금 감액의 변경등기 ·· 139
　　라. 특약사항 등을 폐기하는 경우 ·· 140

10. 전세권말소 ··· 140
　　가. 해지 ··· 140
　　나. 소멸청구 ·· 140
　　다. 전전세권등기말소 ··· 141
　　　(1) 해지 ·· 141
　　　(2) 전세권설정등기의 말소로 인한 경우 ································ 141
　　라. 전세권이전의 부기등기가 되어 있는 전세권등기의 말소 ········· 142

제5절　임차권에 관한 등기

1. 총설 ··· 142
　　가. 의의 ··· 142

나. 임차권등기의 유형 ··· 142

2. 임차권등기절차 ·· 143

　　가. 민법 621조에 의한 임차권설정등기 ··· 143

　　　　(1) 신청절차 ··· 143

　　　　　　(가) 신청인 ·· 143

[선례 1] 공유 부동산 지분의 과반수를 보유하는 공유자가 등기의무자로서 임차권등기를
　　　　　신청할 수 있는지 여부(소극) ··· 143

　　　　　　(나) 신청서의 기재사항 ··· 143

　　　　　　　　① 필수적 기재사항 ·· 144

　　　　　　　　　　㉮ 차임 ··· 144

[선례 2] 임차권설정등기의 차임을 임차인의 연매출 일정비율로 기재할 수 있는지 여부(적극) ···· 144

　　　　　　　　② 임의적 기재사항 ·· 144

　　　　　　　　　　㉮ 존속기간 ·· 144

[선례 3] 불확정기간을 존속기간으로 하는 임차권설정 등기 ······································· 145

　　　　　　　　　　㉯ 차임의 지급시기 ·· 145

　　　　　　　　　　㉰ 임차보증금 ··· 145

　　　　　　　　　　㉱ 처분의 능력 또는 권한이 없는 자의 단기임대차 ·············· 145

　　　　　　(다) 첨부정보 ·· 146

　　나. 임차권등기명령에 의한 임차권등기 ·· 146

　　　　(1) 의의 ··· 146

　　　　(2) 임차권등기명령의 촉탁 ·· 146

[선례 4] 주택임차권등기명령의 결정 후 주택의 소유권이 이전된 경우의 임차권등기 여부(소극) ··· 146

　　　　(3) 등기의 실행 ··· 147

　　　　　　(가) 미등기 부동산인 경우 ·· 147

　　　　　　(나) 등기의 실행 ·· 147

　　　　　　　　① 주택임차권등기인 경우 ··· 147

[예규　1] 현행 임차권등기에 관한 업무처리지침 ·· 147
　　　　　② 상가건물임차권등기인 경우 ·· 148
<기록례> 주택의 전부에 대한 임차권등기명령에 의한 임차권 등기 ······················ 148

　　　다. 주택임대차보호법 3조의4 2항 에 의한 임차권설정등기 ················ 149
　　　　　(1) 의의 ··· 149
　　　　　(2) 신청절차 ·· 149
　　　　　　　(가) 신청인 ··· 149
　　　　　　　(나) 신청서의 기재사항 ··· 149
　　　　　　　(다) 첨부정보 ··· 149
[예규　2] 현행 임차권등기에 관한 업무처리지침 ·· 149
　　　　　(기록례1) 부동산의 일부에 대한 임차권설정등기 ··························· 153
　　　　　(기록례2) 당사자의 신청에 의한 주택임차권설정등기 ······················ 153
　　　　　(기록례3) 임차권등기명령을 원인으로 한 주택임차권등기 ················ 154
　　　　　(기록례4) 당사자의 신청에 의한 상가건물임차권설정등기 ················ 154
　　　　　(기록례5) 임차권등기명령을 원인으로 한 상가건물임차권등기 ··········· 155
　　　　　(기록례6) 미등기 주택이나 상가건물에 대한 등기명령에 의한 경우 ······ 155

　　　라. 임차권의 이전 또는 임차물전대의 등기 ···································· 156
　　　　　(1) 의의 ··· 156
　　　　　(2) 신청절차 ·· 156
　　　　　　　(가) 신청인 ··· 156
　　　　　　　(나) 신청서의 기재사항 ··· 156
　　　　　　　(다) 첨부정보 ··· 156

3. 등기선례 ··· 157

[선례　5] 건물의 지붕 또는 옥상에 대한 임차권설정등기신청 가부 ··················· 157
[선례　6] 소위 채권적 전세계약에 따른 임차권등기의 가부 ··························· 157

[선례 7] 부동산 임차권을 지상의 상부공간에 범위를 정하여 설정할 수 있는지 여부 ·············· 157
[선례 8] 다가구주택을 다세대주택으로 건축물대장을 전환하여 구분등기를 신청하는 경우,
         다가구주택의 일부에 등기된 임차권 등의 처리 ······································ 157
[선례 9] 소유권이전청구권가등기에 기하여 소유권이전의 본등기를 한 경우, 가등기권자에
         대항할 수 있는 주택임차인 명의의 주택임차권등기가 직권 말소의 대상이
         되는지 여부(소극) 등 ··· 158
[선례 10] 농지인 선하부지에 대한 임차권설정등기 가부 ······································· 159
[선례 11] 신탁부동산에 대하여 임차권설정등기신청을 할 수 있는지 여부 ············ 159
[선례 12] 대지권의 목적인 토지에 대하여 임차권설정등기가 가능한지 여부(적극) ····· 159
[선례 13] 이미 전세권설정등기가 경료된 부동산에 대하여 주택임차권등기의 촉탁을
         수리할 수 있는지 여부(소극) ·· 159
[선례 14] 송전선 통과를 위한 농지의 공중공간에 대한 임차권설정등기 여부(소극) ··· 160
[선례 15] 송수관 매설을 위한 토지의 지하공간에 대한 임차권설정등기 여부(소극) ··· 160
[선례 16] 지상권자가 지상권의 목적인 토지의 일부를 임대하는 경우 등기신청절차 등 ······· 160
[선례 17] 공유지분에 대한 주택임차권등기촉탁의 수리 여부(소극) ······················· 161
[선례 18] 임차권부채권가압류등기의 직권말소 가부 ··· 161
[선례 19] 「임대주택법」에 따른 금지사항 부기등기가 마쳐진 주택의 임차인이 신청한
         임차권 등기명령에 기한 임차권등기가 가능한지 여부(적극) ····················· 161
[선례 20] 이미 전세권설정등기가 경료된 부동산에 대하여 동일인을 권리자로 하는
         주택임차권등기의 촉탁을 수리할 수 있는 지 여부(적극)(일부 선례변경) ·········· 162

4. 관련 기록례 ··· 162

<기록례> 주택의 전부에 대한 임차권등기명령에 의한 임차권 등기 ······················· 162
<기록례> 주택의 일부에 대한 주택임차권설정등기 ··· 163

5. 임차권설정 ·· 163

  가. 임차권설정 ··· 163

나. 처분능력(또는 권한) 없는 자의 임차권설정 ··································· 164

다. 신청에 따른 주택(상가건물) 임차권설정 ··································· 164

    (1) 주택의 전부 ·· 164

    (2) 주택의 일부 ·· 165

    (3) 상가건물의 전부 ·· 165

    (4) 상가건물의 일부 ·· 166

라. 임차권등기명령에 따른 주택(상가건물) 임차권등기 ················· 166

    (1) 주택의 전부 ·· 166

    (2) 주택의 일부 ·· 167

    (3) 상가건물의 전부 ·· 167

    (4) 상가건물의 일부 ·· 167

    (5) 미등기 주택(상가건물)에 대한 등기명령에 의한 경우 ············ 168

    (6) 채권자대위 신청에 따른 임차권등기명령에 의한 경우 ··········· 168

    (7) 주택(상가건물) 임차권등기 전에 임차보증금이 변경된 경우 ········ 169

마. 지상권을 목적으로 하는 임차권 설정 ·· 169

6. 임차권전대 ··· 170

7. 임차권이전 ··· 170

가. 매매로 이한 이전 ·· 170

나. 상속으로 인한 이전 ·· 171

8. 임차권변경 ··· 171

가. 존속기간의 변경 ·· 171

나. 임차보증금의 변경 ·· 171

다. 차임변경(경정) ·· 172

    (1) 임차권의 차임변경 ··· 172

      (2) 이전한 임차권의 차임 변경 ································· 172
      (3) 차임경정 ··· 173
   라. 전차권변경(경정) ··· 173
      (1) 특약사항 추가 ··· 173
      (2) 특약사항의 유루에 의한 경정 ···························· 173

9. 임차권말소 ·· 174
   가. 임차권설정등기 말소 ·· 174
   나. 전차권설정등기 말소 ·· 174
   다. 전차권의 등기가 되어 있는 임차권설정등기 말소 ········ 175

제2장 담보물권에 관한 등기

제1절 근저당권에 관한 등기

제1관 근저당권 설정등기

1. 저당권 일반이론 ··· 176
   가. 저당권 ·· 176
      (1) 의의 ··· 176
      (2) 저당권의 성립 ·· 176
      (3) 저당권의 객체 ·· 176
[선례 1] 부동산의 일부에 대한 저당권설정등기의 가부 ············ 177
[선례 2] 영유아보육시설로 사용되고 있는 사인 소유의 유치원·영유아보육시설용
         건물에 대한 매매 또는 저당권등 설정 가부 ··············· 177

[선례 3] 전세금을 초과한 전세권을 목적으로 하는 근저당권설정등기 가능 여부 ·················· 177
       (4) 저당권의 효력이 미치는 범위 ··· 178
[선례 4] 증축된 건물이나 부속건물에 근저당권의 효력이 미치게 하는 변경등기 요부 ············ 178
  [판례 1] 배당이의 ·· 178
  나. 근저당권 ··· 181
    (1) 의의 ·· 181
    (2) 근저당권과 보통 저당권의 등기절차상 차이 ·· 182
      (가) 채권최고액 ·· 182
      (나) 근저당권의 확정 ··· 182
      (다) 근저당권의 준공유 ··· 182
[선례 5] 근저당권설정등기시 각 근저당권자별 공유지분표시의 가부 등 ································ 183

2. 근저당권설정등기 ··· 183
  가. 총설 ··· 183
  나. 등기신청절차 ··· 183
    (1) 신청인 ·· 183
    (2) 신청서의 기재사항 ··· 184
      (가) 필요적 기재사항 ··· 184
        ① 부동산표시란의 기재 ··· 184
        ② 등기원인 ··· 184
        ③ 등기의 목적 ··· 184
        ④ 채권최고액 ·· 184
[예규 1] 근저당권에 관한 등기사무처리지침 ·· 185

제1조 (목적) ··· 185
제2조 (근저당권설정등기) ··· 185
제3조 (근저당권이전등기) ··· 185
제4조 (채무자변경으로 인한 근저당권변경등기) ··· 186

| 제5조 (채무자의 사망으로 인한 근저당권변경등기) ································ 186
| 제6조 (근저당권말소등기) ··· 186
| 제7조 (기록례) ·· 187

[예규 2] 저당권(근저당권)의 채권액(채권최고액)의 표시로서 외화표시
　　　　 채권액(채권최고액)외에 "외환율이 변경될 때에는 그 변경된
　　　　 환율에 의한 원화 환산액으로 한다"는 특약사항의 등기 가부 ············· 192

[선례 6] 1개의 근저당권설정계약상의 채권최고액을 수 개로 분할하여 수개의
　　　　 근저당권을 설정할 수 있는지 여부 ······································· 192

　　　　　　　⑤ 채무자 ·· 193

[선례 7] 민법상 조합 자체를 채무자로 표시한 저당권설정등기의 가부 ········· 193

　　[판례 2] 채무부존재확인등 ··· 193

　　　　（나）임의적 기재사항 ··· 195

　　　　　　① 법인의 취급지점의 표시 ··· 195

[예규 3] 법인이 저당권자 등인 경우의 취급지점 표시에 관한 업무처리지침 ·········· 195

　　　　（3）첨부서면 ··· 197

　　　　（가）등기원인을 증명하는 서면 또는 신청서부본 ······················· 197

[선례 8] 등기원인증서에 반드시 인감증명법에 의하여 신고된 인감을 날인하여야 하는지 여부 ······ 197

[선례 9] 근저당권설정등기를 신청하는 경우에 첨부하는 등기원인을 증명하는 서면인
　　　　 근저당권설정계약서에 채무자의 날인이 있어야 하는지 여부(소극) ··········· 197

　　　　（나）등기의무자의 인감증명서 ··· 198

[선례 10] "대부용" 인감증명서에 의한 근저당권설정등기의 신청가부 ············· 198

　　　　（다）근저당권자의 주소 및 주민등록번호
　　　　　　　（또는 부동산등기용등록번호）를 증명하는 서면 ················· 198

　　　　（라）제3자의 허가·동의 또는 승낙을 증명하는 서면 ··················· 198

[예규 4] 농지에 대한 (근)저당권설정등기신청시 자경농지증명서 첨부 여부 ············· 199

　　다. 등기의 실행방법 ··· 199

<기록례> 저당권설정등기 ·· 199
<기록례> 근저당권설정등기 ·· 200

3. 근저당권이전등기 ·· 200

가. 총설 ·· 200

[선례 11] 저당권에 관하여 신탁을 원인으로 저당권이전등기를 신청할 수 있는지 여부(적극) ········ 200

나. 근저당권 이전의 원인 ·· 201

(1) 특정승계 ·· 201

(가) 피담보채권 확정 전의 근저당권 이전 ······················· 201

① 기본계약의 승계 ··· 201

[판례 3] 근저당피담보채권부존재확인등 ·· 201

② 계약이전결정에 따른 근저당권의 이전 ················· 207

[예규 5] 금융산업의 구조개선에 관한 법률에 의한 금융감독위원회의
계약이전결정에 따른 근저당권이전등기절차에 관한 예규 ························· 208

(나) 피담보채권의 확정 후의 근저당권 이전 ······················· 208

① 확정채권 양도 및 대위변제 ····························· 208

[선례 12] 근저당권이전등기 신청시 원인서면에 채무자의 날인이 있어야 하는지 여부 ·············· 208

[선례 13] 복수의 근저당권자 중 1인이 확정채권 양도를 원인으로 한 근저당권 일부이전
등기를 신청하는 방법 ·· 209

(2) 포괄승계 ·· 210

(가) 상속 ·· 210

(나) 회사의 합병 또는 분할 ·· 210

[선례 14] 분할계획서에 분할로 인하여 이전되는 근저당권이 구체적으로 특정되지 않은 경우
분할되는 회사와 분할로 인하여 설립되는 회사가 작성한 근저당권이전확인서를
첨부하여 분할로 인한 근저당권이전등기를 신청할 수 있는지 여부(적극) ················· 211

(3) 보통저당권의 이전원인 ·· 211

다. 등기신청절차 ··· 212

(1) 신청인 ·· 212

            (2) 신청서의 기재사항 ·· 212
            (3) 첨부정보 ·· 212
[선례 15] 근저당권부 채권의 대위변제에 의한 근저당권이전등기 신청시 근저당권일부
         이전계약서의 첨부 요부등(일부변경) ·· 212
[선례 16] 계약이전결정에 의한 저당권이전등기 절차 ······································ 212
            (가) 제3자의 승낙서 등 ·· 213
[선례 17] 변제자의 법정대위에 의한 근저당권이전등기시 물상보증인 등의 동의 ············ 213
[선례 18] 피담보채권의 대위변제에 따른 근저당권이전등기절차 ·································· 213
[선례 19] 근저당권이전등기신청시 양도회사의 이사회결의서 및 참석 이사들의
         인감증명서 첨부 요부 ·· 214
            (나) 인감증명 ··· 214
[선례 20] 근저당권이전등기시 등기의무자의 인감증명 첨부 요부 ······························ 214

4. 근저당권변경등기 ·· 215

  가. 총설 ··· 215
  나. 채권최고액의 변경 ··· 215
    (1) 의의 ·· 215
      (가) 최고액의 증감 ·· 215
      (나) 최고액을 분할하는 변경등기 ······························· 215
[선례 21] 공동근저당권의 채권최고액을 각 부동산별로 분할하여 각 별개의 근저당권
         등기가 되도록 하는 내용의 근저당권변경등기가 가능한지 여부 ······················ 215
[선례 22] A, B가 준공유하고 있는 근저당권을 저당권 분리를 원인으로 하여 A,B
         각각의 단유의 근저당권으로 하는 변경등기신청의 수리 여부 ························ 216
[선례 23] 임대주택법 제12조 제3항 제1호에 따른 근저당권변경등기에 대한 등기상
         이해관계 있는 제3자의 범위 등 ·· 216
    (2) 신청절차 ··· 216
      (가) 신청인 ··· 216
[선례 24] 외국통화로 표시된 근저당권의 채권최고액을 내국통화로 변경하는 등기 ·········· 217

            (나) 첨부정보 ··· 217
                ① 등기원인증서 ··· 217
                ② 인감증명 ·· 217
        다. 채무자 변경 ·· 218
            (1) 의의 ·· 218
                (가) 채무자의 표시변경 ··· 218
[선례 25] 갑구 사항란에 소유자 주소표시 변경등기를 경료 한 경우, 을구 사항란의
         채무자 주소변경의 효력이 있는지 여부 ·· 218
[선례 26] 하나의 신청서로 전세기간 연장 및 전세금 증액의 변경등기를 일괄신청하는 경우
         등록면허세와 등기신청수수료의 납부방법 등 ······································· 218
                (나) 채무자 변경 ·· 219
[선례 27] 채무자변경으로 인한 근저당권변경등기를 신청하는 경우 종전 채무자의 표시변경
         등기 생략 가부(적극) ·· 219
                ① 피담보채권의 확정 후의 채무인수 ································· 219
                ② 상속 ·· 220
[선례 28] 근저당권의 채무자가 사망한 후 그 공동상속인 중 1인만을 채무자로 하는
         근저당권변경등기 방법 ·· 220
            (2) 신청절차 ··· 220
                (가) 신청인 ·· 220
                (나) 첨부서면 ·· 220
[선례 29] 근저당권의 채무자변경등기와 후순위 저당권자의 동의 여부 ································ 221
        라. 근저당권의 목적 변경 ·· 221
            (1) 목적물 전부에 미치게 하는 변경 ··· 221
[예규 6] 공유물분할과 공유지분에 대한 저당권변경등기 ··· 221
[선례 30] 공유물분할등기와 어느 한 공유자지분만에 대하여 경료된 저당권등기의 전사 등 ··········· 222
            (2) 일부지분에만 미치게 하는 변경 ··· 222
            (3) 건물의 증축과 근저당권의 변경 ··· 223

             (4) 신청절차 ··· 223
                (가) 첨부정보 ·· 223
[선례 31] 저당권의 변경등기시의 이해관계인 등 ······································· 223

5. 근저당권말소등기 ·· 224

    가. 총설 ·· 224

[선례 32] 회사합병으로 승계취득한 근저당권의 말소등기절차 ······················ 224

    나. 등기신청절차 ··· 225
        (1) 신청인 ·· 225
            (가) 공동신청 ··· 225
       [판례 4] 근저당권말소 ·· 225

[선례 33] 한국주택금융공사가 이전받은 (근)저당권을 이전등기함이 없이 말소등기를
         신청할 수 있는지 여부(소극) ··· 227

[선례 34] "농업협동조합중앙회"로부터 회사분할을 원인으로 근저당권을 이전 받은
         신설 자회사들이 근저당권이전등기를 하지 않고 근저당권말소 또는 변경등기를
         직접 신청할 수 있는지 여부(적극) ·· 228

        (2) 신청서 기재사항(신청정보) ·· 228
        (3) 첨부정보 ··· 228

6. 공동근저당에 관한 등기 ··· 229

    가. 공동근저당 일반 ··· 229
        (1) 의의 ··· 229

[선례 35] 토지와 공장건물의 소유자가 상이한 경우 공장저당법 제7조에 의한 근저당설정등기 ······· 229

[선례 36] 복합건물의 국민주택채권매입산정기준, 사본에 의한 등기신청의 가부 및 부동산과
         선박의 공동저당 가부 등 ·· 229

[선례 37] 동일한 채권의 담보로 부동산에 관한 소유권과 지상권에 대하여 공동근저당권
         설정등기가 가능한지 여부(적극) ··· 230

[판례 5] 근저당권설정등기이전등기 ··· 230
　　　　(2) 공동근저당의 성질 ··· 234
　　　　　　(가) 기본계약의 동일성 ··· 234

[선례 38] 공동담보의 목적인 수개의 부동산 중 일부만에 대한 채무자변경으로
　　　　　인한 근저당권변경등기 가능 여부 ·· 234
　　　　　　(나) 공동근저당의 연대성 ··· 234

[선례 39] 공동담보관계를 해소하는 내용의 근저당권변경등기를 신청할 수 있는지 여부(소극) ········ 234
　　　　(3) 공동근저당의 효력 ··· 235
　　　　　　(가) 공동근저당권의 실행 ··· 235

[예규 7] 공동저당 대위등기에 관한 업무처리지침 ·· 235

제1조 (목적) ·· 235
제2조 (신청인) ··· 235
제3조 (신청정보) ··· 235
제4조 (첨부정보) ··· 236
제5조 (등록면허세 등) ··· 236
제6조 (등기실행절차) ··· 236
제7조 (등기기록례) ·· 236

❖ 별지 : 공동저당의 대위등기에 따른 등기기록례 ··· 237
　　　　(4) 공동저당 대위등기 ··· 237
　　　　　　(가) 신청인 ·· 237
　　　　　　(나) 신청정보 ·· 238
　　　　　　(다) 첨부정보 ·· 238

　　나. 등기절차의 특칙 ·· 238
　　　　(1) 추가적 공동근저당 ·· 238
　　　　　　(가) 신청절차에 관한 특칙 ··· 238
　　　　　　　　① 종전 등기의 표시 ··· 238

[선례 40] 동일한 채권을 담보하기 위하여 추가로 근저당권설정등기를 신청하는 경우, 종전
         등기의 근저당권설정자 및 채무자의 주소를 변경하는 등기를 선행하여야 하는지 여부 ···· 239
[선례 41] 추가근저당권설정등기를 신청할 경우 신청서에 첨부하여야 할 등기필증 등 ················ 239
   　　　다. 공동담보의 관리 ·· 240
   　　　　　　(1) 서설 ··· 240
   　　　　　　　　 (가) 공동담보의 관리방법 ·· 240
<기록례> 공동담보가 4개 이하인 경우 ·· 240
<기록례> 공동담보가 5개 이상인 경우 ·· 240
   　　　　　　(2) 특수한 경우 ·· 241
<기록례> 창설적 공동근저당 ··· 241
❖ 공동담보목록 전산 양식 ·· 241
❖ 동일 등기소 관할인 경우의 공동담보 관리 ·· 242

7. 공장저당법에 의한 저당권 등기 ··· 243
   　　　가. 총설 ·· 243
   　　　　　　(1) 의의 ··· 243
   　　　　　　(2) 공장저당의 성립요건 ·· 243
[선례 42] 주유기 및 유류저장탱크를 공장저당법 제7조에 의한 근저당권의 목적으로
         할 수 있는지 여부 등 ·· 243
[선례 43] 양식시설을 공장저당법 제7조에 의한 근저당권의 목적으로 할 수 있는지 여부 ············ 244
[선례 44] 축산시설등의 목록을 제출하여 일반저당권을 공장저당권으로 변경할 수 있는지 여부 ······ 244
[선례 45] 유·무선통신사업자의 사업용 건물인 교환국사가 공장저당법 제2조의
         공장에 해당하는지 여부 ·· 244
[선례 46] 상당한 기계설비가 되어 있는 볼링장이나 주차빌딩이 공장저당법의 적용을
         받는지 여부(소극) ·· 245
[선례 47] 영업을 하기 위하여 건물에 설치한 서버컴퓨터 및 관련시설을 「공장 및
         광업재단저당법」 제6조에 의한 근저당권의 목적으로 할 수 있는지 여부 (적극) ············ 245

[판례 6] 소유권이전등기말소 ·· 245
[판례 7] 제3자이의 ·· 248
　　나. 공장저당권 설정등기 ·· 250
　　　　(1) 신청절차 ··· 251
　　　　　　(가) 신청서 기재사항(신청정보) ·· 251
　　　　　　(나) 첨부정보 ··· 251
　　　　　　　　① 기계·기구 등의 목록 제출 ·· 251
　　다. 공장 및 광업재단 저당법 제6조에 의한 목록기록(분리·추가) ······ 251
　　　　(1) 기계·기구를 공장에서 분리하는 (또는 멸실된) 경우 ··················· 251
　　　　(2) 기계·기구를 공장에 추가로 설치하는 경우 ·· 252
[선례 48] 등기관할을 달리하는 부동산의 공동저당과 공장저당법 제7조에 의한 목록의 제출 ········ 253
　　라. 목록기재의 변경 ··· 253
　　　　(1) 의의 ··· 253
[선례 49] 「공장 및 광업재단 저당법」제6조에 의한 근저당권설정등기가 되어 있는 A, B,
　　　　　C, D 4필지의 토지에 새로운 기계, 기구를 추가하는 목록기재의 변경등기를
　　　　　신청하는 경우 납부하여야 할 등기신청수수료 및 등록면허세 ······················ 254
　　　　(2) 목록을 추가하는 경우 ·· 254
　　　　　　(가) 신청절차 ··· 254
　　　　　　　　① 신청서의 기재 ·· 254
　　　　　　　　② 첨부정보 ··· 255
[선례 50] 공장저당법 제7조의 규정에 의한 목록기재의 변경등기시 공장증명서를
　　　　　첨부하여야 하는지 여부 등 ·· 255
　　　　　　(나) 신청절차 ··· 255
　　　　　　　　① 신청서의 기재 ·· 255
　　　　　　　　② 첨부정보 ··· 256
　　　　(3) 목록변경의 부기등기 금지 ··· 256
　　마. 보통 저당과 공장저당간의 변경등기 ··· 256

　　　　(1)「공장 및 광업재단 저당법」 6조 목록제출로 인한 저당권변경 ····· 256
　　　　　　(가) 의의 ·· 256
　　　　　　(나) 신청절차 ·· 256
　　　　　　　　① 신청인 ·· 256
　　　　　　　　② 신청서의 기재(신청정보) 및 첨부정보 ································ 257
　　　　(2)「공장 및 광업재단 저당법」6조 목록폐지로 인한 저당권변경 ····· 257
　　　　　　(가) 의의 ·· 257

8. 등기예규 ·· 257

[예규　8] 증가 환지된 토지에 대한 저당권의 효력 ······································ 257

9. 등기선례 ·· 258

[선례 51] 근저당권의 증가환지된 토지에 대한 효력 ···································· 258
[선례 52] 근저당권자와 일부대위변제자의 경락대금의 배당에 관한 특약을 등기할 수
　　　　있는지 여부 ·· 258
[선례 53] 유루기입된 저당권설정등기의 순위 ·· 258
[선례 54] 회사의 대표이사가 자기 개인소유의 부동산을 회사채무의 담보로 제공하는 경우
　　　　이사회의 승인을 받아야 하는지 여부 ·· 259
[선례 55] 부동산등기법 부칙 제4조의 저당권에 근저당권도 포함되는지 여부 ··············· 259
[선례 56] 이사의 채무를 위하여 회사 소유부동산에 대하여 근저당권을 설정할 경우
　　　　이사회의 승인 요부 ·· 259
[선례 57] 유치원건물의 매매, 담보제공 및 가등기 가부 ···························· 260
[선례 58] 근저당권설정등기가 말소된 경우 담보물 추가등기의 효력 ······ 260
[선례 59] 근저당권이 설정된 토지 위에 건물을 축조한 경우 건물에 대하여도 일괄경매를
　　　　신청할 수 있는지 여부 ·· 260
[선례 60] 담보권 등에 관한 권리의 등기신청과 관련된 주택건설촉진법 제44조의3
　　　　제5항 규정의 적용 시기 ·· 261

[선례 61] 근저당권의 순위양도와 이에 따른 등기의 가부 ·· 261
[선례 62] 합필등기시 근저당권설정등기의 이기가 유루된 경우 이를 바로잡기 위한 등기 절차 ······· 261
[선례 63] 근저당권의 순위양도와 그에 따른 등기가 가능한지 여부 ·· 262
[선례 64] 비영리종교법인소유의 부동산을 담보로 제공하는 경우, 주무관청의 허가를
 요하는지 여부 등 ·· 262

제2관 저당권설정등기

1. 등기예규 ··· 263

[예규 1] 저당권설정등기시의 채무자 표시 ··· 263
[예규 2] 공유자의 지분 일부에 대한 저당권등기 등이 있는 경우의
 등기사무처리지침 ··· 263

2. 등기선례 ··· 266

[선례 1] 임차인의 부존재 시 구 「임대주택법」 제18조제2항에 따른 금지사항
 부기등기의 말소와 저당권설정등기 가능 여부(소극) ··· 266
[선례 2] 전세권변경등기가 주등기로 마쳐진 경우의 전세권근저당권설정등기 기록방법 ············· 266
[선례 3] 수산업협동조합중앙회 명의의 등기에 대한 수협은행의 등기신청절차 ························· 267
[선례 4] 공유지분에 대한 저당권설정등기의 가부 ·· 267
[선례 5] 저당권설정계약서에 저당권의 순위를 기재하여야 하는지 여부등 ································ 267
[선례 6] "공증용" 인감증명서에 의한 저당권설정등기신청의 가부 ·· 268
[선례 7] 등기의무자의 신청서상 성명이 등기부와 부합하지 아니한 경우의
 저당권설정등기 신청 가부 ··· 268
[선례 8] 대지권을 목적으로 하는 저당권설정등기의 가부 ·· 269
[선례 9] 공유지분에 대한 저당권설정등기와 다른 공유자의 동의 요부 ···································· 269
[선례 10] 후순위 저당권자가 있는 경우 근저당권의 채권최고액의 경정등기 형식 ····················· 269

[선례 11] 저당권설정등기신청서에 첨부할 인감증명서의 사용용도란의 기재 ·························· 270
[선례 12] 대지권이 없는 구분건물의 소유권보존등기 ·· 270
[선례 13] 미등기 부동산에 대한 저당권설정등기를 명하는 판결을 받은 경우의 등기절차 ··············· 270
[선례 14] 기입유루된 저당권설정등기를 그 후에 등기된 저당권보다 후순위로
　　　　 기입할 수 있지 여부 ·· 271
[선례 15] 근저당권자의 주소가 변경된 경우 그 변경등기 없이 동일부동산에 대하여
　　　　 새로운 저당권설정등기신청을 할 수 있는지 여부 ··· 271
[선례 16] 전세권에 대한 저당권설정등기의 가부 ·· 271
[선례 17] 대지권등기가 된 구분건물만에 대한 추가 저당권설정등기의 가부 ································ 272
[선례 18] 저당권설정등기의 신청에 있어서 제출하는 등기원인증서와 대리권을
　　　　 증명하는 서면(위임장)에 날인할 인감 ·· 272
[선례 19] 저당권자의 승낙 없이는 부동산을 처분할 수 없다는 특약사항의 등기 가부 ················ 272
[선례 20] 친권자와 미성년자인 자(子) 의 공유부동산에 관한 저당권설정등기와 이해상반행위 ······· 272
[선례 21] 근저당권자명의로 매입한 국민주택채권매입필증을 첨부하여 근저당권설정등기신청을
　　　　 할 수 있는지 여부 ·· 273
[선례 22] 가처분권리자의 승소판결에 의한 근저당권설정등기와 가처분 이후의
　　　　 가압류등기의 말소 ·· 273
[선례 23] 추가 근저당권설정등기신청의 경우 부동산등기법시행규칙 제70조의 규정에
　　　　 의한 등기부등본의 제출여부 ·· 273
[선례 24] 구분건물에 관하여는 근저당권설정등기가 경료된 후 그 건물에 대지권의 목적인
　　　　 토지에 추가근저당권의 설정등기 없이 위 근저당권의 효력이 미치는지 여부 ·········· 274
[선례 25] 정리회사가 근저당권을 취득하는 경우 법원의 허가를 얻어야 하는지 여부 ·················· 274
[선례 26] 근저당권등기에 새로운 등기가 있는 경우 부동산등기법 부칙 제4조에 의한
　　　　 권리존속신고대상 등기인지 여부 ·· 275
[선례 27] 근저당권이 설정되지 아니한 공유지분을 이미 근저당권이 설정된 것으로의
　　　　 추가근저당권설정등기 가부 ·· 275
[선례 28] 공유지분의 저당권설정등기 ·· 276
[선례 29] 공유인 부동산을 친권자인 부의 채무에 대한 담보로 제공하기 위한
　　　　 근저당권설정등기신청시 미성년자의 특별대리인 선임 요부 ······································ 276

[선례 30] 이사의 채무를 위하여 회사 소유부동산에 대하여 근저당권을 설정할 경우
이사회의 승인요부 ··· 276
[선례 31] 신탁재산에 관하여 위탁자를 근저당 설정자로 하는 근저당설정청구권가등기
가처분명령이 있는 경우 등기할 수 있는지 여부 ························· 277
[선례 32] 구 부동산등기법 시행 당시 등기필증이 멸실되지 않은 경우에도 보증서를
첨부한 근저당권설정 가부 등 ·· 277
[선례 33] 주식회사의 부동산에 대한 근저당권설정등기시 이사회의 승인 요부 ············ 277
[선례 34] 동일한 근저당권자가 피담보채권을 달리하여 동시에 근저당권설정등기를 신청한
경우, 근저당권설정등기의 순위 ·· 278
[선례 35] 도시재개발사업의 시행으로 인한 등기 ·· 278
[선례 36] 수탁부동산에 대하여 근저당권설정등기를 신청할 수 있는지 여부 등 ············ 279
[선례 37] 근저당권설정등기를 신청하는 경우에 첨부하는 등기원인을 증명하는 서면인
근저당권설정계약서에 채무자의 날인이 있어야 하는지 여부(소극) ············· 279
[선례 38] 신탁등기가 경료된 부동산에 대하여 위탁자를 등기의무자로 하는 등기가
가능한지 여부 ·· 280
[선례 39] 존속기간이 지난 전세권을 목적으로 하는 근저당권설정등기 가부(소극) ········ 280
[선례 40] 대지에 대하여 근저당권이 설정된 상태에서 대지권등기 후 구분건물과 대지권에
대하여 추가근저당권설정등기가 경료되고 종전 근저당권설정등기가 말소된 경우
추가근저당권이 여전히 대지권에 대하여 효력을 갖는지 여부(적극) ··········· 280
[선례 41] 주택건설촉진법 제32조의3 제3항의 규정에 의한 금지사항의 부기등기가 경료된
대지에 대하여 동법시행령 제31조의2 제1항 제2호에 해당하는 경우 근저당권
설정등기가 가능한지 여부(적극) ·· 281
[선례 42] 유치원 건물 및 토지의 소유자와 유치원 경영자(설립자)가 다른 경우 유치원
건물 및 토지에 대하여 근저당권설정등기를 신청할 수 있는지 여부(적극) ······ 281
[선례 43] 동일 부동산에 대한 하나의 근저당권설정계약서에 의하여 수건의 근저당권
설정등기를 신청할 수 있는지 여부(소극) ····································· 281
[선례 44] 주택건설촉진법 제32조의3 제3항의 규정에 의한 금지사항의 부기등기가 경료된
대지에 대하여 동법시행령 제31조의2 제1항 제2호에 해당하는 경우 근저당권
설정등기가 가능한지 여부(적극) ·· 282
[선례 45] 국내에 영업소나 사무소의 설치 등기를 하지 아니한 외국법인이 근저당권자로서
등기를 신청하는 경우 제공하여야 할 첨부정보 등 ······················· 282

제3관 저당권이전등기

1. 등기예규 ·· 283

[예규 1] 저당권순위 양도의 가부 ·· 283
[예규 2] 금융산업의 구조개선에 관한 법률에 의한 금융감독위원회의
         계약이전결정에 따른 근저당권이전등기절차에 관한 예규 ···························· 283

2. 등기선례 ·· 285

[선례 1] 회사의 합병 및 분할이 수차 이루어진 경우 중간생략에 의한 근저당권이전등기의 가부 ··· 285
[선례 2] 회사가 수차 분할된 경우 최초 분할 전 회사로부터 최후 분할된 회사로 바로
         근저당권이전등기를 신청할 수 있는지 여부(적극) ·· 285
[선례 3] 수협중앙회로부터 회사분할을 원인으로 근저당권을 이전 받은 수협은행이
         근저당권이전등기를 거치지 않고 수협은행 자신의 명의로 근저당권말소 또는
         변경등기를 신청할 수 있는지 여부(적극) ·· 286
[선례 4] 순차 회사합병이 이루어진 경우 중간생략에 의한 근저당권이전등기의 가부 ········· 286
[선례 5] 순차 회사합병이 이루어진 경우 중간생략에 의한 근저당권이전 등기의 가부 ········· 286
[선례 6] 저당권의 양도등기의 신청인 ·· 287
[선례 7] 회사합병으로 승계한 저당권의 실행을 위한 저당권이전등기의 필요 여부 ············ 287
[선례 8] 대위변제자의 저당권실행을 위한 저당권이전등기의 필요 여부 ·························· 287
[선례 9] 합병으로 인하여 소멸한 회사명의의 저당권의 이전등기와 소멸회사의
         주소변경등기의 생략 가부 ·· 288
[선례 10] 합병으로 인하여 소멸한 회사 명의의 근저당권을 합병 후의 존속회사로의
         근저당권이전등기의 필요 여부 ·· 288
[선례 11] 합병후의 법인이 합병전 법인명의의 근저당권등기 말소 방법 등 ······················ 288
[선례 12] 근저당권설정등기의 일부 이전등기의 신청 가부 ·· 289
[선례 13] 흡수합병으로 인하여 소멸한 회사명의의 근저당권이전등기 ···························· 289

[선례 14] 가. 저당권이전등기 신청시 등기의무자의 인감증명 제출 요부등, 나. 공동저당의
차순위 저당권자의 대위에 따른 저당권이전등기신청서에 "저당권을 채권과 같이
이전함" 이라는 뜻을 기재하여야 하는지 여부 등 ································· 290

[선례 15] 일부 대위변제로 인한 근저당권이전등기 절차 ··· 290

[선례 16] 순차 회사합병이 이루어진 경우 중간생략에 의한 소유권 및
근저당권이전등기의 가부 등 ··· 291

[선례 17] 합병으로 인하여 존속하는 법인이 소멸한 법인 명의의 근저당권이전등기 절차 ········· 291

[선례 18] 을 회사가 갑 회사를 흡수합병하여 상호를 병으로 변경한 후 합병을 원인으로 한
갑에서 병으로의 근저당권이전등기 절차 ··· 291

[선례 19] 근저당권 있는 채권에 관하여 압류·전부명령이 제3채무자에게 송달된 후
그 근저당권이전등기 전에 다른 채권자의 가압류등기가 경료되었을 경우
전부명령에 따른 근저당권이전등기 ·· 292

[선례 20] 근저당권이전등기신청시 피담보채권 양도의 대항요건 증명서면 첨부 요부 ········ 292

[선례 21] 계약이전결정에 의한 근저당권이전등기 절차 등 ·· 292

[선례 22] 근저당권이전등기신청시 양도회사의 이사회결의서 및 참석 이사들의
인감증명서 첨부 요부 ·· 293

[선례 23] 일부 대위변제를 원인으로 한 근저당권 일부이전등기 절차 등 ·························· 294

[선례 24] 근저당권의 일부이전등기 후 이전되지 않은 나머지 지분에 대하여
근저당권이전등기를 신청할 경우 등기의 목적 ··· 294

[선례 25] 금융기관 상호간의 채권양도계약에 의한 근저당권이전등기 ······························ 295

[선례 26] '신 농업협동조합중앙회'가 '종전의 농업협동조합중앙회 등'의 명의로 등기된
근저당권에 관하여 말소등기 등을 신청하려고 하는 경우, 근저당권이전등기절차를
거쳐야 하는지 여부 ··· 295

[선례 27] 대위변제증서상의 변제금액보다 적은 금액을 변제액으로 하는 근저당권 일부
이전등기를 신청할 수 있는지 여부(적극) ··· 296

[선례 28] 갑 회사가 그 일부를 분할하여 을 회사를 설립한 경우, 분할계획서에 분할로 인하여
이전할 재산으로 기재되지 아니한 갑 회사 명의의 근저당권에 관하여 회사의 분할을
등기원인으로 하여 을 회사 명의로 이전 등기를 할 수 있는지 여부(소극) ············ 296

[선례 29] 유동화전문회사가 저당권부채권을 다른 유동화전문회사에 양도하는 경우
저당권이전 및 말소등기 절차 등 ·· 296

[선례 30] 합병으로 소멸된 갑 회사가 합병전에 그 일부를 분할하여 을 회사를 설립한 경우, 회사분할을 원인으로 갑 회사 명의의 근저당권을 을 회사에게 이전하는 방법 ·············· 297
[선례 31] 회사 분할의 경우 근저당권이전등기 등 ·· 298
[선례 32] 「상법」제520조의2에 의하여 해산간주등기된 회사가 등기의무자가 되어 근저당권이전등기를 신청하는 경우, 해산법인의 대표자로 청산인 선임등기를 선행하여야 하는지 여부(적극) ·· 298
[선례 33] 존속법인이 합병으로 소멸한 법인과 동일한 상호로 상호를 변경한 경우의 근저당권 이전등기 절차 ·· 299

제4관   저당권변경등기

1. 등기예규 ··· 299

[예규 1] 공유자 1인의 지분에 대한 저당권을 소멸케 하는 경우의 등기 ·············· 299
[별지 기록례] 일부 지분에 대하여 저당권이 소멸하는 경우 ································· 300

2. 등기선례 ··· 301

[선례 1] 토지의 등기기록에 대지권이라는 뜻의 등기가 되기 전에 마쳐진 근저당권설정등기에 대한 변경등기신청 가부(적극) ·· 301
[선례 2] 근저당권의 채권최고액을 증액하는 근저당권변경등기가 주등기로 마쳐진 다음 그 채권최고액을 감액하는 경우의 등기기록 방법 ·· 301
[선례 3] 저당권의 채무자가 변경된 경우의 등기신청과 그 등기원인 기재 ··············· 302
[선례 4] 공유자 일부에 대하여 근저당권을 말소하기 위한 변경등기 ······················· 302
[선례 5] 후순위 저당권자가 있는 경우 근저당권의 채권최고액의 경정등기 형식 ······ 302
[선례 6] 근저당권의 채무자가 변경된 경우의 등기신청과 그 등기원인 기재 ············ 303
[선례 7] 중첩적 채무인수에 따른 근저당권변경등기의 원인 기재 ···························· 303
[선례 8] 지분일부에 대한 저당권의 포기를 원인으로 하는 저당권변경등기 ············· 303

[선례 9] 일반저당권을 공장저당법 제7조의 저당권으로 하는 변경등기 ································ 303
[선례 10] 근저당권의 채무자를 대표이사나 이사 개인에서 회사로 바꾸는 변경등기 ················ 303
[선례 11] 근저당권의 채무자 사망의 경우 그 상속인중 1인만을 채무자로 하는 등기등 ··········· 304
[선례 12] 외국법인을 채무자로 하는 근저당권의 변경등기의 가부 ·· 304
[선례 13] 지분의 일부말소를 명하는 판결에 의한 가처분권리자의 등기와 그 가처분에
         저촉되는 근저당권의 경정등기 ·· 304
[선례 14] "채무자변경계약"을 원인으로 한 근저당권의 채무자변경등기의 가부 ······················· 305
[선례 15] 근저당권의 채무자가 변경된 경우의 등기신청과 그 등기원인 기재 ·························· 305
[선례 16] 중첩적 채무인수에 따른 근저당권변경등기의 원인 기재 ··· 305
[선례 17] "채무자변경계약"을 원인으로 한 근저당권의 채무자변경등기의 가부 ······················· 305
[선례 18] 토지만에 대한 저당권의 효력이 건물(구분건물)에 까지 미치게 하는 변경등기의 가부 ··· 306
[선례 19] 증축된 건물에 저당권의 효력이 미치게 하는 변경등기의 가부 ································· 306
[선례 20] 저당권의 채무자변경등기의 순위 ·· 306
[선례 21] 종전의 일부 공유지분에 대한 저당권의 효력이 그 공유자가 공유물분할로
         취득하는 토지전부에 미치게 하는 변경등기 ··· 307
[선례 22] 근저당권의 채무자변경등기의 원인과 후순위 저당권자등의 승낙 여부 ····················· 307
[선례 23] 채무자변경을 위한 근저당권변경등기와 근저당권등기의 순위변경 여부 ··················· 307
[선례 24] 채무자교체로 인한 근저당권의 변경등기 ··· 308
[선례 25] 채무자변경으로 인한 근저당권변경등기의 신청에 있어서 제출할 등기필증 ············· 308
[선례 26] 채무변경을 위한 근저당권변경등기의 원인기재 등 ·· 308
[선례 27] 공장저당법 제7조 규정에 의하여 기계기구목록 추가로 인한 근저당권설정등기필증
         첨부 여부 ··· 309
[선례 28] 연대채무자가 있는 근저당권을 채무자별로 채권최고액을 분할하기 위한
         근저당권변경등기 가부 ··· 309
[선례 29] 주유기 및 유류저장탱크를 공장저당법 제7조에 의한 근저당권의 목적으로 할 수
         있는지 여부 등 ·· 309
[선례 30] 근저당권변경등기 신청시 첨부서류 ·· 310

[선례 31] 근저당권변경등기시 첨부하는 등기의무자의 권리에 관한 등기필증 ·························· 310
[선례 32] 면책적채무인수로 인한 근저당권변경등기시에 근저당권자인 법인의 본점이전
또는 취급지점의 변경등기 등의 생략 가부 ··· 310
[선례 33] 계약인수에 의한 근저당권변경등기 신청서에 기재할 등기원인 ···························· 310
[선례 34] 상호신용금고법에 의해 재무부장관의 계약인수결정으로 인한 계약인수의 본질 ············ 311
[선례 35] 근저당권변경등기 신청시 첨부서류 ·· 311
[선례 36] 채무자를 이사 개인에서 회사로 변경하는 근저당권변경등기를 신청하는 경우
이사회의 승인 요부 ·· 311
[선례 37] 증축된 건물에 저당권의 효력이 미치게 하는 변경등기의 가부 ···························· 312
[선례 38] 상사법인의 취급지점 변경과 근저당권의 변경·말소등기 ····································· 312
[선례 39] 채권최고액변경(감액)등기신청시 근저당권자의 인감증명 첨부 요부 ························· 313
[선례 40] 계약인수 및 계약가입에 의한 근저당권변경등기신청에 따른 부기등기시의 등기원인 ······· 313
[선례 41] 근저당권의 피담보채권 확정시기 및 변경등기원인 ··· 313
[선례 42] 근저당권의 피담보채권이 확정되기 전에 중첩적 계약인수로 인하여
근저당권변경등기가 경료된 경우 피담보채권의 범위 ······································· 314
[선례 43] 증축등기된 건물에 근저당권의 효력이 미치는지 여부 ··· 314
[선례 44] 근저당권변경등기와 이사회결의서 및 이사 인감의 첨부 요부 ······························ 315
[선례 45] 근저당권변경(채권액 감액)등기시 근저당권설정자(소유자)의 인감증명 첨부 요부 ········· 315
[선례 46] 흡수합병으로 소멸된 회사 명의의 근저당권에 대한 채무자변경 또는
추가근저당권설정등기 절차 ·· 315
[선례 47] 채권자경개로 인한 저당권변경등기를 신청하는 경우, 후순위저당권자의 승낙서
등을 첨부하여야 하는지 여부(소극) ··· 316
[선례 48] 공동근저당권의 채권최고액을 각 부동산별로 분할하여 각 별개의 근저당권 등기가
되도록 하는 내용의 근저당권변경등기가 가능한지 여부 ····································· 316
[선례 49] 회사의 조직변경과 근저당권의 등기명의인표시변경등기 ······································· 317
[선례 50] 농업기반정비 환지등기시 종전의 토지 수개에 대하여 1개의 환지를 교부한
경우에 근저당권의 목적을 변경하는 등기절차 ··· 317
[선례 51] 신탁등기 전에 경료된 근저당권설정등기의 채무자변경등기절차 ······························ 317

[선례 52] 공동근저당권의 채권최고액을 각 부동산별로 분할하여 각 별개의 근저당권등기가
　　　　　 되도록 하는 내용의 근저당권변경등기를 신청할 수 있는지 여부(소극) ················· 318
[선례 53] 일부 공유자의 지분에 대한 매각시 공유자 전원의 지분에 대한
　　　　　 근저당권설정등기의 처리 방법 ··· 318
[선례 54] 임대주택법 제12조의2 제3항 제1호에 따른 근저당권변경등기에 대한 등기상
　　　　　 이해관계 있는 제3자의 범위 등 ··· 319
[선례 55] 채무자변경으로 인한 근저당권변경등기를 신청하는 경우 종전 채무자의
　　　　　 표시변경등기 생략 가부(적극) ··· 319
[선례 56] 근저당권 변경등기에 있어서 등기상 이해관계인 ·································· 319
[선례 57] 법인의 합병에 따른 등기절차 ··· 320
[선례 58] 채권최고액을 증액하는 근저당권변경등기를 신청할 경우 동일인 명의의
　　　　　 후순위 근저당권자가 등기상 이해관계 있는 제3자에 해당하는지 여부 ············ 321

제5관　저당권말소등기

1. 등기예규 ·· 321

[예규　1] 근저당권말소등기와 근저당권자 표시변경등기 요부 ································· 321
[예규　2] 근저당권등기의 말소와 근저당권자의 회사합병으로 인한
　　　　　근저당권이전등기 생략 가부 ··· 322
[예규　3] 채무자의 추가를 내용으로 하는 근저당권변경의 부기등기 말소방법 ············ 322
[관련판례] 근저당권설정등기말소 ·· 323
[예규　4] 말소된 공동담보목록 및 「공장 및 광업재단 저당법」 제6조의
　　　　　기계기구목록에 대한 말소의 뜻 기재 ··· 325

2. 등기선례 ·· 326

[선례　1] 근저당권자가 소유권 취득 후 근저당권말소등기를 신청하지 않은 상태에서
　　　　　사망하고 상속등기가 마쳐진 경우의 피상속인 명의의 근저당권말소등기 절차 ·········· 326

[선례 2] 지역농업협동조합의 합병에 따른 근저당권의 말소 또는 변경등기 절차 ·············· 326
[선례 3] 근저당권말소등기를 신청할 때에 피담보채권이 소멸하였음을 증명하는
        대출완납확인서를 등기원인을 증명하는 정보로서 제공할 수 있는지 여부(소극) ············ 327
[선례 4] 1953. 2. 14 이전에 한 저당권설정등기의 말소 ························· 327
[선례 5] 저당권자가 행방불명인 경우 그 저당권등기의 말소방법 ····················· 327
[선례 6] 공유자 일부에 대하여 근저당권을 말소하기 위한 변경등기 ···················· 328
[선례 7] 소유권이전등기의 말소를 명하는 판결의 사실심 변론종결후에 경료된
        근저당권설정등기의 말소 ··· 328
[선례 8] 저당권자가 행방불명인 경우 그 저당권등기의 말소방법 ····················· 328
[선례 9] 멸실등기로 인하여 폐쇄된 등기부에 기재된 저당권의 말소등기 가부 ············· 329
[선례 10] 공유물분할로 인하여 종전의 공유지분에 대한 저당권등기가 다른 토지의 등기부에
        전사된 경우 그 저당권등기의 말소방법 ··································· 329
[선례 11] 혼동에 의하여 소멸한 근저당권의 설정등기의 말소 ························ 329
[선례 12] 1953. 2. 14 이전에 한 저당권설정등기의 말소 ························· 330
[선례 13] 소유권이전등기의 말소와 그 등기에 터잡은 근저당권설정등기의 직권말소 ········· 330
[선례 14] 지분의 일부말소를 명하는 판결에 의한 가처분권리자의 등기와 그 가처분에
        저촉되는 근저당권의 경정(일부말소)등기 ································· 330
[선례 15] 제3취득자의 근저당권설정등기의 말소신청 ····························· 331
[선례 16] 공유물분할로 인하여 종전의 공유지분에 대한 저당권등기가 다른 토지의
        등기부에 전사된 경우 그 저당권등기의 말소방법 ···························· 331
[선례 17] 청산종결의 등기를 한 새마을금고 명의의 저당권설정등기 등의 말소등기신청 ······· 331
[선례 18] 공유물분할로 인하여 종전의 일부 공유지분에 대한 저당권등기등이 다른 공유자에게
        귀속된 토지의 등기용지에 전사된 경우 그 저당권등기 등의 말소방법 ·············· 331
[선례 19] 저당권설정등기의 말소절차 ··· 332
[선례 20] 시효취득으로 인한 소유권이전등기의 경료 전에 종전 소유자에 의하여 경료된
        저당권설정등기 등의 말소절차 ··· 332
[선례 21] 공유물분할로 인하여 종전의 일부 공유지분에 대한 저당권등기가 다른 공유자에게
        귀속된 토지의 등기용지에 전사된 경우 그 저당권등기의 말소방법 ················ 333

[선례 22] 등기공무원의 착오로 저당권등기의 말소등기가 기입유루된 경우의 경정절차 ·················· 333
[선례 23] 청산종결의 등기를 한 회사 명의의 저당권설정등기의 말소등기 신청 ·················· 333
[선례 24] 청산종결등기 경료후의 근저당권설정등기의 말소등기신청인 ·················· 334
[선례 25] 청산종결의 등기를 한 회사 기타 법인명의의 저당권설정등기의 말소 ·················· 334
[선례 26] 저당권의 포괄승계가 있었던 경우 그 저당권등기의 말소절차 ·················· 334
[선례 27] 갑지를 분할하여 그 일부를 을지로 한 경우 갑지에 대한 저당권등기를 저당권자의
소멸승락에 의하여 말소할 수 있는지 여부 ·················· 335
[선례 28] 저당권등기의 말소등기가 기입유루된 경우의 경정절차 ·················· 335
[선례 29] 공유물분할등기로 인하여 전사된 저당권설정등기의 말소절차 등 ·················· 335
[선례 30] 부동산등기법 제49조 제1항 단서 소정의 「위임 받았음을 증명하는 서면」의 작성 ······ 336
[선례 31] 등기의무자의 권리에 관한 등기필증 ·················· 336
[선례 32] 취급지점의 변경이 있는 경우에 근저당권말소등기를 하는 경우에도 취급지점의
변경등기를 하여야 하는지 여부 ·················· 336
[선례 33] 근저당권말소등기의 신청 방법 ·················· 337
[선례 34] 근저당권말소등기와 근저당권에 대한 가압류권리자의 승락서등의 첨부요부 ·················· 337
[선례 35] 저당권설정청구권의 가등기에 대한 부동산등기법 부칙 제4조 적용 ·················· 338
[선례 36] 판결에 의한 근저당권설정등기 말소등기 ·················· 338
[선례 37] 근저당권설정등기가 말소된 경우 담보물추가등기의 효력 ·················· 338
[선례 38] 경매개시결정이 취소된 경우에 경매신청의 원인이 된 근저당권설정등기의
말소촉탁 가부 ·················· 339
[선례 39] 채무자가 근저당권말소등기의 등기권리자가 될 수 있는지 여부 ·················· 339
[선례 40] 해산(해산간주)된 회사가 근저당권자인 경우의 근저당권설정등기 말소절차 ·················· 339
[선례 41] 근저당권설정등기의 직권말소 가부 등 ·················· 340
[선례 42] 저당권설정등기의 말소등기의무자 등 ·················· 341
[선례 43] 근저당권자가 근저당권설정등기 말소등기신청을 위임한 경우 위임장에 인감증명을
첨부하여야 하는지 여부 등 ·················· 341
[선례 44] 소유권보존등기말소의 확정판결 후 당해 부동산에 대하여 경료된

근저당권설정등기의 말소방법 ··· 341
[선례 45] 근저당권이 이전된 경우의 근저당권설정등기 말소 방법 ······················· 342
[선례 46] 1966. 2. 5.자로 접수된 근저당권설정등기의 말소 절차 ························ 342
[선례 47] 청산종결간주된 주식회사를 권리자로 하는 근저당권설정등기의 말소 ········· 343
[선례 48] 지배인의 확인서면을 첨부하여 법인 명의의 근저당권을 말소하는 경우 등기신청서에
　　　　　첨부할 인감증명 여하 ··· 343
[선례 49] 지역농업협동조합의 합병에 따른 근저당권등기 말소 ······························· 343
[선례 50] 경락으로 인한 소유권이전등기와 구분건물의 대지인 토지등기부상의
　　　　　근저당권등기등의 말소 가부 ·· 344
[선례 51] 하천으로 편입된 토지상에 등기되어 있는 근저당권 등 사권의 효력 ········· 345
[선례 52] 계약이전결정을 원인으로 한 근저당권이전등기의 말소 가부 등 ··············· 345
[선례 53] 말소판결확정 이후에 환지등기가 경료되어 부동산표시가 다르게 된 경우
　　　　　근저당권설정등기의 말소신청 가부 ·· 346
[선례 54] 근저당권자를 알 수 없는 경우의 근저당권등기 말소 방법 ······················· 346
[선례 55] 채권양도계약의 해제로 인한 근저당권이전등기의 말소가부 ······················· 346
[선례 56] 회사합병으로 승계취득한 근저당권의 말소등기절차 ································· 347
[선례 57] 농업기반공사가 종전의 농어촌진흥공사 등의 명의로 등기된 근저당권에 관하여
　　　　　말소등기를 신청하려고 하는 경우, 근저당권이전등기절차를 거쳐야 하는지 여부 ············ 347
[선례 58] 국가유공자등예우및지원에관한법률에 의하여 경료된 근저당권설정등기 및
　　　　　특약등기 말소절차 등 ··· 348
[선례 59] 가처분의 피보전권리가 사해행위취소로 인한 근저당권말소등기청구권인 경우,
　　　　　가처분권자의 승낙 등이 없이 근저당권설정계약해지를 원인으로 하여
　　　　　근저당권말소등기신청을 할 수 있는지 여부(소극) ··· 348
[선례 60] 상법 제520조의2의 규정에 의하여 직권으로 해산등기가 경료되고 아직 청산이
　　　　　종결되지 아니한 회사명의로 설정된 근저당권의 말소방법 ·································· 348
[선례 61] 근저당권자인 주식회사의 상업등기부가 존재하지 않는 경우 그 근저당권설정등기를
　　　　　말소하기 위한 절차 ··· 349
[선례 62] 외국인이 국내에 입국하지 아니하고 그 명의의 근저당권설정등기를 말소
　　　　　(또는 이전)하기 위한 절차 ·· 349

[선례 63] 건물의 특정부분에 대하여 근저당권설정등기의 말소등기절차를 명한 판결에
의한 등기신청절차 ··· 350

[선례 64] 소유권보존등기말소의 화해성립 후에 경료된 가압류, 가등기 및
근저당권일부이전등기의 말소절차 ··· 350

[선례 65] 근저당권자인 해산(해산간주)된 회사가 등기의무자의 권리에 관한 등기필증을
멸실한 경우 근저당권설정등기 말소방법 ··· 351

[선례 66] 근저당권설정자가 아닌 채무자가 채권자(근저당권자)를 상대로 채무부존재확인판결을
받은 경우 근저당설정자(제3취득자 포함)가 위 확정판결을 원인으로 하여 단독으로
근저당권말소등기를 신청할 수 있는지 여부(소극) ··· 352

[선례 67] 공적자금관리특별법 제20조에 의하여 선임된 파산관재인이 예금보험공사인 경우
근저당권말소등기 신청시 법원의 허가 등 요부(소극) ··· 352

[선례 68] 신용보증기금의 일부 업무를 승계한 한국주택금융공사가 신용보증기금 명의로된
근저당권설정등기의 말소절차 ··· 353

[선례 69] 집합건물의 개제작업에 의하여 대지권의 등기를 경료함에 있어서 건물에
관한 근저당권등기와 동일한 토지에 관한 근저당권등기의 말소를 유루한
경우 직권 말소 여부(적극) ··· 353

[선례 70] 건물지분에 대한 근저당권과 등기원인, 그 연월일 및 접수번호가 동일하나 그
목적지분이 다른 경우 대지권에 대한 근저당권 말소 여부(소극) ··· 354

[선례 71] 공유물분할등기와 어느 한 공유지분만에 대하여 경료된 근저당권등기 등의 말소방법 ······ 354

[선례 72] 지역축산업협동조합의 합병에 따른 근저당권설정등기말소 ··· 355

[선례 73] 근저당권변경등기상의 근저당권자가 이해관계 있는 제3자인지 여부 ··· 355

[선례 74] 지역농업협동조합의 합병에 따른 근저당권등기 말소(선례변경) ··· 356

[선례 75] 금융기관 대표자의 취급지점 업무처리 가능 여부(적극) ··· 356

[선례 76] 근저당권자가 파산이 종료된 법인인 경우 근저당권설정등기의 말소 방법 ··· 356

제6관 공동저당권의 등기

1. 등기예규 ··· 357

[예규 1] 추가(근)저당권설정등기의 신청정보의 내용으로 "종전의 등기를
표시하는 사항"을 제공하는 방법 등 ·················· 357

2. 등기선례 ·················· 358

[선례 1] 복합건물의 국민주택채권매입산정기준 사본에 의한 등기신청의 가부 및 부동산과
선박의 공동저당 가부 등 ·················· 358
[선례 2] 공동근저당권의 채권최고액을 각 부동산별로 분할하여 각 별개의 근저당권등기가
되도록 하는 내용의 근저당권변경등기를 신청할 수 있는지 여부(소극) ·················· 359

제7관 공장저당권의 등기

1. 등기예규 ·················· 359

[예규 1] 공장저당목록의 제출, 변경 및 보존 등에 관한 등기사무처리지침 ·················· 359

제1조 (목적) ··················	359
제3조 (목록 변경등기의 신청) ··················	360
제4조 (목록의 변경등기) ··················	360
제5조 (목록의 보존·관리) ··················	360

2. 등기선례 ·················· 361

[선례 1] 부동산과 기계기구의 소유자가 다른 경우의 공장저당법 제7조에 의한
저당권설정등기 가부 ·················· 361
[선례 2] 축산시설도 공장저당의 목적이 될 수 있는지 여부 ·················· 361
[선례 3] 주유소의 주유시설물에 대하여 공장저당법에 의한 공장저당권을 설정할 수
있는지 여부 등 ·················· 362
[선례 4] 공유의 공장건물과 공장에 설치된 공유자 중 1인 단독소유인 기계기구를
담보목적으로 하여 공장저당법 제7조에 의한 근저당권을 설정할 수 있는지 여부 ·················· 362

[선례 5] 주유기 및 유류저장탱크를 공장저당법 제7조에 의한 근저당권의 목적으로 할 수
 있는지 여부 등 ·· 362
[선례 6] 공장저당법 제7조의 규정에 의한 목록을 폐지하고 새로운 기계·기구목록으로
 변경하는 경우의 등기신청 방법 ·· 363
[선례 7] 공장저당법 제7조 목록제출의 근저당권 이전등기신청시 기계기구목록 제출 요부 ·········· 363
[선례 8] 꽃재배를 위한 시설이 공장저당법 제7조에 의한 근저당권의 목적물이 될 수
 있는지 여부 ·· 363
[선례 9] 토지에 대한 사용권 없이 건물 및 기계·기구만으로 공장저당법상의 공장재단을
 설정할 수 있는지 여부(적극) ·· 364
[선례 10] 상당한 기계설비가 되어 있는 골프연습장이 공장저당법 제7조에 의한
 근저당권의 목적으로 될 수 있는지 여부(소극) ······························ 364
[선례 11] 등기되지 아니한 토지임차권 및 기계·기구만으로 공장재단을 설정할 수
 있는지 여부(소극) ·· 364
[선례 12] 상당한 기계설비가 되어 있는 사우나 용도의 건물이 공장저당법 제7조에 의한
 저당권의 목적이 될 수 있는지 여부 ·· 365
[선례 13] 공장저당법에 의한 기계기구목록의 추가에 따른 등기절차 ······························ 365
[선례 14] 토지와 공장건물의 소유자가 상이한 경우 공장저당법 제7조에 의한 근저당설정등기 ······· 365
[선례 15] 태양광 발전설비에 대한 소유권보존등기, 공장저당권설정등기 가부 ·············· 366
[선례 16] 공장재단의 구성물 중 일부가 분리된 경우의 첨부서면 ····································· 366

3. 관련 기록례 ·· 367

<기록례> 저당권설정등기 ··· 367
<기록례> 근저당권설정등기 ··· 367

4. 근저당권설정 ·· 369

가. 통상의 근저당권설정 ·· 369
나. 공유지분에 대한 근저당권설정 ·· 369

  (1) 별도 순위로 취득등기를 한 지분 중 특정 순위로 취득한
    지분 전부에 대하여 근저당권을 설정하는 경우 ·················· 369
  (2) 지분 일부에 대하여 근저당권이 설정되어 있는 때에 특정
    순위로 취득등기를 한 지분 일부에 대하여 ························ 370
   (가) 근저당권이 설정된 부분인 경우 ····································· 370
   (나) 근저당권이 설정되지 아니한 부분인 경우 ···················· 370
   (다) 근저당권이 설정된 부분과 설정되지 아니한 부분이
     경합된 경우 ··· 371
 다. 외화표시의 채권을 담보하는 근저당권 ···································· 371
 라. 근저당권의 소멸에 관한 약정이 있는 경우 ··························· 372
 마. 동순위의 2개 이상의 근저당권 ·· 372
 바. 민법 제358조 단서의 특약이 있는 경우 ································ 373
 사. 채무자가 수인인 근저당권 ·· 373
 아. 지상권을 목적으로 하는 근저당권 ··· 373
 자. 전세권을 목적으로 하는 근저당권 ··· 374
 차. 납세담보의 근저당권 ··· 374

5. 공동근저당설정 ·· 374

 가. 공동근저당 ··· 374
 나. 담보목록이 작성된 공동근저당 ·· 375
 다. 공동담보목록 ··· 375
 라. 새로운 담보물의 추가 ·· 376
  (1) 동일한 관할 일 때 ··· 376
   (가) 추가 설정으로 공동담보목록이 생성되지 않는 경우 ············· 376
    ① 전에 등기한 부동산 ·· 376
    ② 추가되는 부동산 ··· 376

             (나) 추가 설정으로 공동담보목록이 생성되는 경우 ·························· 377
                ① 전에 등기한 부동산 ··· 377
                ② 추가되는 부동산 ··· 377
                ③ 공동담보목록 ··· 377
          (2) 관할이 다를 때 ··· 378
             (가) 추가 설정으로 공동담보목록이 생성되지 않는 경우 ············· 378
                ① 전에 등기한 부동산 - 다른 등기소로부터 담보
                   추가의 통지가 있는 경우 ·· 378
                ② 추가되는 부동산 - 등기소관할을 달리하는
                   경우의 담보물추가 ··· 379
             (나) 추가 설정으로 공동담보목록이 생성되는 경우 ·························· 379
                ① 전에 등기한 부동산 ··· 379
                ② 공동담보목록 ··· 380
                ③ 추가되는 부동산 ··· 381
                ④ 공동담보목록 ··· 381
       마. 공동담보목록에 새로운 담보물을 추가하는 경우 ························ 382
          (1) 전에 등기한 부동산 ··· 382
          (2) 추가되는 부동산 ··· 382

6. 근저당권이전 ·· 382

    가. 근저당권의 피담보채권이 확정되기 전에 기본계약상의
       채권자 지위가 양도된 경우 ··· 382
       (1) 기본계약상 채권자 지위의 전부 양도 ··· 382
       (2) 수개의 기본계약 중 그 일부의 양도 ··· 383
       (3) 기본계약에 가입한 경우 ·· 383
       (4) 기본계약상 일부 채권자 지위의 전부 양도 ································· 384
       (5) 기본계약에서 탈퇴한 경우 ··· 384
    나. 근저당권의 피담보채권이 확정된 후에 피담보채권이
       양도된 경우 ··· 385

(1) 전부양도 ··· 385
　　　(2) 일부양도 ··· 385
　　　(3) 채권의 전부를 양도받은 자가 그 채권을 다시 양도 ·············· 385
　　　(4) 채권의 일부를 양도받은 자가 그 채권을 다시 양도 ·············· 386
　다. 근저당권의 피담보채권이 확정된 후에 피담보채권이
　　　대위변제된 경우 ·· 386
　　　(1) 전부 대위변제 ··· 386
　　　(2) 일부 대위변제 ··· 387
　라. 채권 전부명령 ··· 387
　마. 회사합병 ·· 387
　바. 금융산업의 구조개선에 관한 법률에 의한 금융감독
　　　위원회의 계약이전결정에 따른 근저당권 이전등기 ················ 388
　사. 공동저당의 대위 ··· 388

7. 근저당권변경 ·· 389
　가. 채무자 변경으로 인한 근저당권변경등기 ····························· 389
　　　(1) 근저당권의 피담보채권이 확정되기 전에 기본계약상
　　　　　채무자 지위가 인수된 경우 ·· 389
　　　　　(가) 기본계약상의 채무자 지위 전부 인수 ······················· 389
　　　　　(나) 수개의 기본계약 중 그 일부의 인수 ························· 389
　　　　　(다) 인수인이 기본계약에 가입한 경우 ···························· 389
　　　(2) 근저당권의 피담보채권이 확정된 후에 피담보채무가
　　　　　인수된 경우 ·· 390
　　　　　(가) 면책적 채무인수 ·· 390
　　　　　(나) 중첩적 채무인수 ·· 390
　나. 회사합병으로 인한 채무자 변경 ·· 390
　다. 변경계약으로 인한 채권최고액 변경(경정) ·························· 391

라. 근저당권의 일부 이전등기 후 잔존채권의 변제로 인한 변경 ····· 391
마. 일부 이전등기된 근저당권의 소멸로 인한 변경 ···························· 392
바. 경개의 경우 ·· 392
    (1) 채무자의 교체 ·· 392
    (2) 채권자의 교체 ·· 393
사. 공유지분상의 근저당권효력을 소유권 전부에
    미치게 하는 변경 ·· 393
아. 근저당권이 공유자 1인의 지분에 대하여 소멸한 경우 ··············· 393
자. 공동담보 중 일부가 변경된 경우 ·· 394
    (1) 등기소가 같은 경우 ·· 394
    (2) 등기소가 다른 경우 ·· 394
차. 공유자 1인의 지분을 목적으로 설정된 근저당권의 효력을
    공유물분할 후 그의 소유권 전부에 미치게 하는 변경 ················ 395
카. 존속기간의 변경(경정) ·· 395
타. 그 밖의 변경(경정) ··· 396
    (1) 채무자 표시의 변경(경정) ·· 396
    (2) 취급지점을 변경 또는 추가하는 경우 ··································· 396

8. 근저당권말소 ·· 397
가. 해지 ··· 397
나. 혼동 ··· 397
다. 공동담보 전부소멸 경우의 공동담보목록 ···································· 397
라. 근저당권 일부포기 ·· 398
마. 공동담보 소멸 ·· 399
바. 근저당권이전의 부기등기가 되어 있는 근저당권의 말소 ············· 399

사. 공동담보 중 일부가 멸실된 경우 ··· 400
　　　　(1) 등기소가 같은 경우 ·· 400
　　　　(2) 등기소가 다른 경우 ·· 400
　　아. 공동담보 일부소멸 경우의 공동담보목록 ·· 401
　　자. 구 부동산등기법 부칙 제2조(또는 제4조)의 규정에 의한 말소 ····· 401

9. 공장 및 광업재단 저당법에 의한 근저당권 등기 ·· 402
　　가. 공장 및 광업재단 저당법 제6조 목록제출의 근저당권 ···················· 402
　　나. 공장 및 광업재단 저당법 제6조에 의한 추가근저당권설정 ········· 402
　　　　(1) 전에 등기한 부동산 : 이태원동 30-1 ··· 402
　　　　(2) 추가할 부동산 : 이태원동 40-1 ··· 403
　　다. 다른 등기소로부터 공자 및 광업재단 저당법 제6조에
　　　　의한 담보 추가의 통지가 있는 경우 ··· 403
　　라. 공장 및 광업재단 저당법 제6조에 의한 목록 ······································ 404
　　마. 공장 및 광업재단 저당법 제6조 목록제출로 인한
　　　　근저당권변경 ··· 405
　　바. 공장 및 광업재단 저당법 제6조 목록폐지로 인한
　　　　근저당권변경 ··· 405

제2절　채권담보권에 관한 등기

1. 등기예규 ·· 406

[예규 1] 저당권부채권에 대한 채권담보권의 부기등기에 관한 업무처리지침 ············ 406

　제1조 (목적) ··· 406
　제2조 (신청인) ·· 406

제3조 (신청정보) ·· 406
제4조 (첨부정보) ·· 406
제5조 (등록면허세 등) ·· 406
제6조 (등기실행절차) ·· 407
제7조 (등기기록례) ·· 407

❖ 별지 : 채권담보권의 부기등기에 따른 등기기록례 ································ 408

2. 등기선례 ··· 408

[선례 1] 근저당권부채권에 대한 근질권설정등기 신청 가부 ······················· 408
[선례 2] 근저당권부 채권의 질권자가 해당 질권을 제3자에게 전질한 경우 질권의
　　　　 이전등기가 가능한지 여부 등 ··· 409

3. 근저당권부채권 담보권설정 ·· 409

제3절 권리질권에 관한 등기

1. 의의 ·· 410

[선례 1] 확정 전 근저당권의 피담보채권에 대한 질권설정과 등기신청 ············ 410

2. 등기절차 ·· 410

가. 등기신청절차 ·· 410
　(1) 신청인 ··· 410
　(2) 신청서의 기재사항 ·· 410
　(3) 첨부정보 ··· 411
[선례 2] 근저당권부채권 질권설정등기시 등록세 여하 ······························ 411

[선례 3] 근저당권에 대한 질권의 부기등기를 신청할 수 있는지 여부(적극) 등 ·················· 411

<기록례> 근저당권부 질권 설정등기 ··· 412

제4절   저당권에 관한 등기

1. 저당권설정 ·· 413
    가. 통상의 저당권설정 ··· 413
    나. 저당권자가 수인인 저당권 ·· 413
    다. 채무자가 다른 각별의 채무를 담보하는 경우 ···································· 414
    라. 금전 이외의 채권을 담보하는 저당권 ··· 414

2. 저당권이전 ·· 415
    가. 채권양도 ··· 415
    나. 채권일부양도 ··· 415
    다. 전부대위변제 ··· 416
    라. 일부대위변제 ··· 416
    마. 상속 ·· 416
    바. 공유저당권 지분이전의 경우 ·· 417

3. 저당권변경 ·· 417
    가. 일부변제로 인한 채권액 변경 ·· 417
    나. 이자의 변경(경정) ··· 417
    다. 약정이자의 폐지 ·· 418
    라. 채권액 및 이자의 변경 ·· 418
    마. 채무인수로 인한 채무자변경 ·· 419

(1) 면책적 채무인수 ··· 419
(2) 중첩적 채무인수 ··· 419
바. 조건부채권을 무조건으로 하는 경우 ····································· 420
사. 저당권 준공유지분의 경정의 이유 ······································ 420

4. 저당권말소 ··· 421

가. 변제 ·· 421

나. 저당권 포기 또는 해제 ·· 421

5. 물상담보부사채신탁계약에 의한 저당권등기 ································· 421

가. 사채의 전액발행의 경우 ·· 421

나. 사채의 분할발행의 경우 ·· 422

제5절 저당권부채에 대한 질권에 관한 등기

1. 근저당권부채권 질권설정 ·· 422

2. 근저당권부채권 근질권설정 ·· 423

3. 근저당권부채권 질권이전 ·· 423

제1장 용익권에 관한 등기

제1절 총 설

1. 의의

부동산의 소유자는 법률의 범위 내에서 부동산을 사용·수익·처분할 수 있고, 그 중 사용·수익권능을 타인에게 넘겨 줄 수도 있다. 이와 같이 타인의 부동산을 일정한 목적과 범위 내에서 사용·수익할 수 있는 제한물권을 용익물권이라 한다. 민법상 용익물권에는 지상권·지역권·전세권이 있다.
한편 임차권은 부동산등기법 제2조 에서 등기할 사항으로 규정하고 있을 뿐만 아니라, 등기된 임차권(민법 제621조)은 제3자에게 대항할 수 있다.

2. 용익물권 설정등기의 공통점

가. 부동산 일부에 대한 설정

지상권·전세권·임차권은 부동산의 일부에 대하여 설정할 수 있다. 그러나 지역권의 경우에는 승역지는 토지의 일부에도 설정할 수 있으나, 요역지는 1필지의 토지 전부여야 한다(민법 제293조 제2항 단서, 법 제70조).

나. 공유지분에 대한 설정

용익물권은 설정행위에 의하여 정하여진 목적의 범위 내에서 목적부동산을 전면적·배타적으로 사용·수익하는 것을 내용으로 하는 물권이므로 공유지분상에 용익물권을 설정하면 그 효력은 공유물 전체에 미치게 되고, 따라서 수인이 공유하는 토지의 전부 또는 그 일부에 대하여 용익물권을 설정하기 위해서는 공유자 전원을 등기의무자로 하여 그 등기를 경료해야 하고, 공유자 중 1인 또는 수인을 등기의무자로 하여 그의 지분만을 목적으로 하는 용익물권의 설정등기를 경료할 수는 없다(선례 6-305).

[선례 1] 수인이 공유하는 토지에 대한 구분지상권등기 절차

제정 1999. 3. 9. [등기선례 제6-305호, 시행]

수인이 공유하고 있는 토지에 대하여 구분지상권등기를 경료받으려면 공유자 전원을 등기의무자로 하여야 하며, 공유자 중 1인 또는 수인을 등기의무자로 하여 그의 지분만을 목적으로 하는 구분지상권등기를 경료받을 수는 없다.
(1999. 3. 9. 등기 3402-237 질의회답)
참조조문 : 민법 제289조의2, 도시철도법 제5조의2
참조예규 : 제389호

[선례 2] 토지의 일부지분에 대한 지상권설정등기말소등기절차를 명하는 확정판결에 따른 말소등기절차

제정 1990. 10. 31. [등기선례 제3-636호, 시행]

토지의 전부에 관하여 지상권설정등기가 경료된 후 위 토지의 일부지분에 대한 지상권설정등기의 말소를 명하는 승소확정판결에 따라 지상권말소등기를 신청한 경우에는 그 등기전부를 말소하여야 한다.
90.10.31. 등기 제2142호

[선례 3] 건물의 공유지분에 대한 전세권설정등기 가부와 그 절차 여하

제정 1998. 8. 17. [등기선례 제5-417호, 시행]

2층짜리 단독건물을 각 층의 면적비율에 상응하는 지분비율로 갑과 을이 공유하고 있는 경우, 갑이 그의 공유지분에 대하여만 전세권설정등기를 설정할 수는 없으며, 이는 전세권의 성질상 받게 되는 제한이므로 그 등기신청서에 을의 동의서와 인감증명을 첨부한다고 하여도 위와 같은 등기를 경료할 수는 없다.
이 경우, 당해 건물 중 2층부분에 대하여만 전세권설정등기를 경료하고자 한다면 갑과 을이 함께 등기의무자가 되어 등기권리자와 공동으로 그 등기를 신청하여야 한다.
(1998. 8. 17. 등기 3402-774 질의회답)
참조조문 : 민법 제303조
참조예규 : 제574호

[선례 4] 전유부분과 대지권을 함께 전세권의 목적으로 할 수 있는지 여부 등

제정 1998. 8. 29. [등기선례 제5-418호, 시행]

집합건물에 대하여 대지권등기가 경료된 경우, 특정의 전유부분과 그 대지권을 함께 전세권의 목적으로 하는 전세권설정등기를 경료받을 수는 없다.
(1998. 8. 29. 등기 3402-824 질의회답)
참조예규 : 제574호

[선례 5] 대지권등기가 된 집합건물의 대지와 건물 모두에 대하여 전세권설정등기를 할 수 있는지 여부

제정 1996. 4. 6. [등기선례 제4-449호, 시행]

전세권은 1부동산의 일부에는 설정이 가능하나 이용권으로서의 성질상 지분에는 설정을 할 수 없으므로 집합건물에 있어서 특정 전유부분의 대지권에 대하여는 전세권설정등기를 할 수가 없고 따라서 집합건물의 전유부분과 대지권을 동일한 전세권의 목적으로 하는 전세권설정등기 신청도 수리될 수 없다.
(1996. 4. 6. 등기 3402-254 질의회답)
참조조문 : 법 제139조 제2항, 규칙 제62조
참조예규 : 제574호

[선례 6] 대지권등기가 된 구분건물에 대한 전세권설정등기

제정 1987. 4. 9. [등기선례 제2-363호, 시행]

대지권의 등기가 경료된 구분건물에 있어서는 대지권을 제외한 건물만에 대하여 전세권설정등기를 할 수 있다.
87. 4. 9 등기 제213호
참조예규 : 837-19항

[판례 1] 배당이의 (대법원 2002. 6. 14. 선고 2001다68389 판결)

【판시사항】

건물 일부만에 관하여 전세권이 설정되었다가 그 건물이 집합건물로 된 후 그 전세권이 구분건물의 전유 부분만에 관한 전세권으로 이기된 경우, 그 전세권의 효력은 그 대지권에 까지 미치는지 여부(한정 적극) 및 그 전세권의 효력이 대지사용권에 미치는 시점(=대지사용권이 성립한 때)

【판결요지】

집합건물이 되기 전의 상태에서 건물 일부만에 관하여 전세권이 설정되었다가 그 건물이 집합건물로 된 후 그 전세권이 구분건물의 전유 부분만에 관한 전세권으로 이기된 경우, 구분소유자가 가지는 전유 부분과 대지사용권의 분리처분이 가능하도록 규약으로 정하는 등의 특별한 사정이 없는 한, 그 전유 부분의 소유자가 대지사용권을 취득함으로써 전유 부분과 대지권이 동일소유자에게 귀속하게 되었다면 위 전세권의 효력은 그 대지권에 까지 미친다고 보아야 할 것이고, 위 집합건물에 관하여 경매가 실행된 경우 대지권의 환가대금에 대한 배당순위에 있어서, 위 전세권이, 대지사용권이 성립하기 전의 토지에 관하여 이미 설정된 저당권보다 우선한다고 할 수는 없는 바, 이는 대지사용권에 대한 전세권의 효력은 대지사용권이 성립함으로써 비로소 미치게 되는 것이므로 대지사용권이 성립하기 전에 그 토지에 관하여 이미 저당권을 가지고 있는 자의 권리를 해쳐서는 안되기 때문이다.

【참조조문】

집합건물의소유및관리에관한법률 제2조 제6호, 제20조, 민법 제358조

【전　문】

【원고, 피상고인】 합자회사 영진상호저축은행

【피고, 상　고　인】 피고 (소송대리인 변호사 김강연)

【원심판결】 서울고법 2001. 9. 18. 선고 2001나34081 판결

【주　문】

상고를 기각한다. 상고비용은 피고의 부담으로 한다.

【이　유】

상고이유를 본다.

1. 원심판결 이유에 의하면, 원심은 그 채용 증거들을 종합하여, 소외인은 (주소 생략) 대 540.1㎡(이하 '이 사건 종전 대지'라 한다) 및 그 지상에 건축된 지하 1층, 지상 4층짜리 1동의 단일건물(이하 '이 사

건 종전 건물'이라 한다)을 소유하고 있었는데, 피고는 1996. 1. 9. 이 사건 종전 건물 중 3층 282.82㎡ 보육원 전부에 관하여 전세금 250,000,000원의 전세권설정등기를 경료하였고, 원고는 이 사건 종전 건물 및 종전 대지에 관하여 1996. 8. 21. 채권최고액 172,500,000원의 근저당설정등기, 1996. 9. 9. 채권최고액 90,000,000원의 근저당설정등기를 각 경료한 사실, 소외인은 1997. 3. 22. 이 사건 종전 건물을 각 층과 호실별로 구분하는 집합건물(이하 '이 사건 집합건물'이라 한다)로 전환하여 구분된 각 층과 호실별로 전유 부분 등기를 경료함과 동시에 이 사건 종전 대지를 대지권의 목적인 토지로 하여 전유 부분의 대지권 등기를 경료한 사실, 이에 따라 이 사건 종전 건물 중 3층 부분은 3층 301호와 3층 302호로 각 구분되었는데, 이 사건 종전 건물 및 종전 대지에 관한 각 구등기부가 폐쇄되고 구분건물별로 새로운 등기부가 만들어짐에 따라 위 301호, 302호의 각 등기부의 을구의 사항란에는 순위번호 1번으로 피고의 위 전세권설정등기(건물 부분에만 미친다는 취지의 부기는 없다)가, 2번과 3번으로 원고의 위 각 근저당설정등기가 각 이기된 사실, 그 후 인천지방법원 부천지원은 근저당권자인 원고의 신청에 의하여 이 사건 집합건물 중 원심 판시 별지 목록 기재 부동산에 관하여 1998. 12. 28. 위 법원 98타경 39720호 부동산임의경매개시결정을 한 후 임의경매절차를 진행하여 배당기일인 2000. 7. 25. 3층 301호, 3층 302호, 4층 401호, 4층 402호의 매각대금과 보증금이자를 합한 금액에서 집행비용 등을 제외한 실제 배당할 401,221,722원을 감정가의 비율로 안분하여 피고에게는 3층 301호, 3층 302호에 안분된 실제 배당할 금액의 합계 215,289,704원 중 213,689,604원을 배당하고, 원고에게는 4층 401호, 4층 402호에 안분된 실제 배당할 금액의 합계 185,932,018원 중에서만 154,257,848원을 배당한 사실, 원고는 위 배당기일에 피고에 대한 배당액 중 3층 301호, 3층 302호에 안분된 실제 배당할 금액의 합계 213,689,604원에서 그 각 대지권 가액이 차지하는 비율인 30%에 해당하는 64,106,881원(213,689,604 × 30%)에 대하여 이의한 사실을 인정한 다음, 집합건물의 경우 특별한 사정이 없는 한 전유 부분에 관하여 설정한 전세권은 민법 제358조를 유추적용하여 그 후에 등기된 대지권에 관하여도 그 효력이 미친다고 봄이 상당하다고 할 것이지만, 집합건물이 되기 전의 상태에서 건물만에 관하여 설정한 전세권은 집합건물로 된 후 등기된 대지권에 관하여는 그 효력이 미치지 않는다고 하여야 할 것인데, 이 사건 집합건물이 원래 단일건물이었을 당시에 피고는 이 사건 종전 건물의 3층 부분에 관하여서만 전세권설정등기를 경료한 반면 원고는 이 사건 종전 건물뿐만 아니라 이 사건 종전 대지에 관하여서도 근저당권설정등기를 각 경료하였으므로, 원고의 저당권은 이 사건 집합건물의 각 전유 부분 및 대지권에 그 효력이 미친다고 할 것이나 피고의 전세권은 이 사건 집합건물 중 3층 301호, 302호의 각 전유 부분에만 그 효력이 미치고 그 각 대지권에 관하여는 그 효력이 미치지 아니하므로, 그 각 대지권 부분의 경락대금에 관하여는 원고가 우선변제 받을 권리가 있다고 판단하였다.

2. 집합건물이 되기 전의 상태에서 건물 일부만에 관하여 전세권이 설정되었다가 그 건물이 집합건물로 된 후 그 전세권이 구분건물의 전유 부분만에 관한 전세권으로 이기된 경우 구분소유자가 가지는 전유 부분과 대지사용권의 분리처분이 가능하도록 규약으로 정하는 등의 특별한 사정이 없는 한, 그 전유 부분의 소유자가 대지사용권을 취득함으로써 전유 부분과 대지권이 동일소유자에게 귀속하게 되었다면 위 전세권의 효력은 그 대지권에 까지 미친다고 보아야 할 것이다.

따라서 집합건물이 되기 전의 상태에서 건물만에 관하여 설정한 전세권은 집합건물로 된 후 등기된 대지권에 관하여는 그 효력이 미치지 않는다고 한 원심의 판단은 상고이유의 지적과 같이 잘못이라 하겠으나, 그렇다고 하여 집합건물에 관하여 경매가 실행된 경우 대지권의 환가대금에 대한 배당순위에 있어서, 위 전세권이, 대지사용권이 성립하기 전의 토지에 관하여 이미 설정된 저당권보다 우선한다고 할 수는 없다.

대지사용권에 대한 전세권의 효력은 대지사용권이 성립함으로써 비로소 미치게 되는 것이므로 대지사용권이 성립하기 전에 그 토지에 관하여 이미 저당권을 가지고 있는 자의 권리를 해쳐서는 안되기 때문이다.

결국 원심이, 이 사건 대지권 부분의 경락대금에 관하여 저당권자인 원고가 우선변제를 받을 권리가 있다는 이유로 원고의 청구를 받아들인 조치는 결과적으로 정당하고, 원심판결에 상고이유에서 주장하는 바와 같이 채증법칙 위배로 인한 사실오인 등의 위법이 없다.

상고이유에서 들고 있는 대법원판례들은 사안과 취지를 달리하는 것으로 이 사건에 원용하기에 적절하지 아니하다.

3. 그러므로 상고를 기각하고, 상고비용은 패소자의 부담으로 하기로 하여 관여 법관의 일치된 의견으로 주문과 같이 판결한다.

대법관   이규홍(재판장) 송진훈 변재승(주심) 윤재식

다. 용익물권의 중복 설정 등기

(1) 용익물권이 동일한 경우

1물 1권주의의 원칙상 동일한 용익물권은 중복하여 설정할 수 없다.

[선례 7] 존속기간이 만료된 건물 전세권설정등기를 말소하지 않고 중복으로 전세권설정등기를 신청할 수 있는지 여부(소극)

제정 2003. 10. 8. [등기선례 제7-268호, 시행]

건물 전세권의 존속기간이 만료된 경우에도 그 전세권설정등기를 말소하지 않고는 후순위로 중복하여 전세권설정등기를 신청할 수 없다.
(2003. 10. 8. 부등 3402-547 질의회답)

[선례 8] 이미 지상권설정등기가 경료되어 있는 상태에서 지상권설정청구권가등기를 신청할 수 있는지 여부(적극)

제정 2000. 11. 1. [등기선례 제6-439호, 시행]

1. 지상권은 타인의 토지를 배타적으로 사용하는 용익물권이므로 동일한 토지에 대한 이중의 지상권설정등기는 허용되지 않지만, 이미 지상권설정등기가 경료되어 있는 상태에서 기존 지상권설정등기의 말소를 조건으로 하는 정지조건부 지상권설정등기청구권을 보존하기 위한 조건부지상권설정청구권가등기는 신청할 수 있다.
2. 다만 위 가등기에 기한 지상권설정의 본등기는 기존의 지상권설정등기가 말소되기 전에는 신청할 수 없다.

(2000. 11. 1. 등기 3402-776 질의회답)
참조조문 : 법 제3조

(2) 용익물권이 다른 경우

동일한 부동산 위에는 종류가 상이한 용익물권이라 하더라도 그 물권들이 상충된다면 중복하여 설정할 수 없다.

라. 농지에 대한 용익물권의 설정

농지법은 농지의 소유권취득과 임대차를 제한하고 있고(농지법 제6조, 제23조), 민법은 농지에 대한 전세권의 설정을 금지(민법 제303조 제2항)하고 있다. 다만, 지상권의 설정을 제한하는 법률은 없다.

제2절 지상권에 관한 등기

1. 지상권의 의의

지상권은 타인 소유의 토지에 건물 기타 공작물이나 수목을 소유하기 위하여 그 토지를 사용할 수 있는 물권이다(민법 제279조).

2. 지상권등기절차

가. 지상권설정등기

(1) 신청인

지상권을 취득하는 자가 등기권리자, 토지소유자가 등기의무자가 되어 공동신청하여야 한다.

(2) 신청서의 기재사항

(가) 필요적 기재사항

지상권 설정등기신청서에는 부동산의 표시, 신청인의 성명 또는 명칭과 주소, 등기원인과 그 연월일 등과 같이 부동산등기법 43조 제1항 에서 정한 일반적인 기재사항 이외에 지상권설정의 목적과 범위를 기재하여야 한다(규칙 제126조 제1항).

① **지상권설정의 목적**

지상권은 타인의 토지 위에 건물 기타 공작물이나 수목을 소유하기 위한 것이므로 그 목적을 명확히 기재해야 한다. 이는 지상권의 최단기간이 견고한 건물의 소유를 목적으로 하는 경우와 기타 건물의 소유를 목적으로 하는 경우에 따라 다르기 때문이다(민법 제280조, 제281조).

건물의 소유를 목적으로 하는 경우에는 "철근콘크리트조 건물의 소유", "목조물의 소유" 등과 같이 구체적으로 표시해야 한다.

② **지상권 설정의 범위**

지상권은 1필의 토지 전부에 설정등기를 할 수 있을 뿐만 아니라 일부에 대하여서도 지적도면을 첨부하여 설정등기를 할 수 있다(규칙 제126조 제2항).

[선례 1] 구분지상권이 이미 설정되어 있는 토지에 통상의 지상권을 추가로 설정할 수 있는지 여부(적극)

제정 2014. 7. 17. [등기선례 제201407-2호, 시행]

구분지상권이 설정되어 있는 토지에 대하여도 기존 구분지상권자의 승낙을 증명하는 정보(인감증명 포함)를 첨부정보로서 제공하여 통상의 지상권설정등기를 신청할 수 있다.
(2014. 7. 17. 부동산등기과-1848 질의회답)
참조조문 : 민법 제289조의2
참조예규 : 등기예규 제1040호

(나) **임의적 기재사항**

지상권설정등기를 신청하는 경우 설정계약서에 존속기간, 지료 및 지급시기에 관한 약정이 있는 때에는 신청서에 기재하여야 한다(규칙 제126조 제1항).

① **존속기간**

민법은 지상권자를 보호하기 위하여 지상권의 설정목적에 따라 지상권의 최단기간을 규정하고 있다(민법 제280조).

제1장 용익권에 관한 등기 11

[선례 2] 존속기간을 100년 또는 120년으로 하는 지상권 설정등기 가부 등

제정 1998. 12. 15. [등기선례 제5-412호, 시행]

가. 민법 제280조는 지상권의 존속기간에 대하여 그 최단기간만을 제한하고 있으므로 존속기간을 100년, 120년 또는 그보다 장기(특정된 기간임)로 하는 지상권설정등기도 경료받을 수 있다.

나. 1필 토지의 특정 일부에 대한 지상권설정등기 신청서에 첨부되는 지적도는 지상권의 목적인 토지부분을 특정할 수 있을 정도의 것이면 되고, 반드시 측량성과에 따라 정밀하게 작성된 것일 필요는 없다.

(1998. 12. 15. 등기 3402-1242 질의회답)
참조조문 : 민법 제280조, 제281조, 법 제136조

[선례 3] 구분지상권설정등기시 존속기간을 목적물의 존속시까지로의 기재 가부

제정 1993. 2. 9. [등기선례 제3-576호, 시행]

지하철도 소유를 목적으로 한 구분지상권설정등기 기재사항 중 존속기간을 지하철도 존속시까지로 약정한 경우에는 이를 등기할 수 있다.

93.2.9. 등기 제323호 서울특별시 지하철본부장 대 질의회답
참조조문 : 민법 제280조 제1항 제3호, 제281조
참조예규 : 307항

[판례 1] 손해배상(기) (대법원 2001. 5. 29. 선고 99다66410 판결)

【판시사항】

[1] 상가아파트 건물의 1층 옥상 위에 일정 층수까지 건물을 추가로 신축하기 위한 공간을 사용할 수 있는 내용의 구분지상권을 가진 자가 건물 1층 위에 2·3층에 해당하는 건물을 준공하여 이를 분양하면서 수분양자에게 2·3층 건물의 존립 및 사용·수익에 필요한 구분지상권도 일체로서 양도한 것으로 본 사례

[2] 지상권의 존속기간을 영구로 약정할 수 있는지 여부(적극)

【판결요지】

[1] 상가아파트 건물의 1층 옥상 위에 일정 층수까지 건물을 추가로 신축하기 위한 공간을 사용할 수 있는 내용의 구분지상권을 가진 자

가 건물 1층 위에 2·3층에 해당하는 건물을 준공하여 이를 분양하면서 수분양자에게 2·3층 건물의 존립 및 사용·수익에 필요한 구분지상권도 일체로서 양도한 것으로 본 사례.

[2] 민법상 지상권의 존속기간은 최단기만이 규정되어 있을 뿐 최장기에 관하여는 아무런 제한이 없으며, 존속기간이 영구(영구)인 지상권을 인정할 실제의 필요성도 있고, 이러한 지상권을 인정한다고 하더라도 지상권의 제한이 없는 토지의 소유권을 회복할 방법이 있을 뿐만 아니라, 특히 구분지상권의 경우에는 존속기간이 영구라고 할지라도 대지의 소유권을 전면적으로 제한하지 아니한다는 점 등에 비추어 보면, 지상권의 존속기간을 영구로 약정하는 것도 허용된다.

【참조조문】

[1] 민법 제282조, 제289조의2, 제393조 [2] 민법 제280조, 제281조

【전 문】

【원고,상고인겸피상고인】 합자회사 조양산업사 외 8인 (소송대리인 변호사 조현우)

【피고,상고인겸피상고인】 주식회사 서울은행 (소송대리인 변호사 김평우)

【원심판결】 서울고법 1999. 10. 27. 선고 95나30743 판결

【주 문】

상고를 모두 기각한다. 상고비용은 상고인들 각자의 부담으로 한다.

【이 유】

1. 원고들의 상고에 관한 판단

   가. 과실상계에 관하여

   원심이, 원고 합자회사 조양산업사(아래에서는 '조양산업사'라 한다)가 1975. 9. 19.(원심판결의 1975. 9. 27.은 착오로 보인다) 피고로부터 추가 대출받은 2억 원의 원리금채무는 1980. 9. 26.까지 전부 변제되었다고 인정한 다음, 그 채무의 담보로 피고에게 양도된 이 사건 지상권이 소멸하게 된 경위 등 모든 사정을 종합하

여, 원고들측의 과실 정도를 60%로 판단한 것은 정당하고, 거기에 상고이유의 주장과 같은 채증법칙 위배나 심리미진 또는 법리오해 등의 위법이 없다. 따라서 이 부분 상고이유는 받아들일 수 없다.

나. 구분지상권의 변동 및 손해배상의 범위에 관하여

원심이, 이 사건 지상권은 상가아파트 A·B동 건물의 각 1층 옥상 위에 건물을 추가로 신축하기 위한 공간을 사용할 수 있는 내용의 구분지상권인데, 원고 조양산업사와 원고 2(아래에서는 '원고 등'이라 한다)가 1977년경 A·B동 건물 1층 위에 2·3층에 해당하는 건물을 준공한 다음 제3자들에게 이를 분양하면서 당시 구분지상권의 이전등기 방법이 없었던 관계로 2·3층 건물의 구분지상권을 수분양자들에게 이전하지 못하였으나 구분지상권을 원고 등에게 유보시키고 건물만 분양한다는 등의 특약을 분양계약서에 명시하지 아니하였고, 원고 등 및 주식회사 부전역전상가아파트 및 대지 소유자들은 1974. 1. 25. 원고 등으로부터 2·3층 건물을 양수한 제3취득자가 원고 등의 권리의무를 당연히 승계하기로 약정하였으며, 원고 등은 2·3층 건물을 분양한 후 약 19년이 경과된 지금까지 수분양자들로부터 분양대금 이외에 2·3층 건물에 대한 구분지상권의 이용 대가를 전혀 징수하지 아니한 사실을 인정한 다음, 원고 등이 제3자들에게 2·3층 건물을 분양함에 있어 이 사건 지상권 중 2·3층 건물의 존립 및 사용·수익에 필요한 구분지상권도 원고 등에게 유보하지 아니한 채 일괄하여 매도함으로써 2·3층 건물에 대한 구분지상권은 실질적으로는 2·3층 건물의 수분양자 또는 그 승계인에게 그 구분건물의 소유권과 일체로서 순차 양도되었고, 원고 등은 위와 같은 일괄 매도를 통하여 이미 2·3층 건물에 대한 구분지상권의 가액에 상당하는 이익을 실현한 이상, 이 사건 지상권 가격을 산정함에 있어서 이를 제외함이 상당하다고 판단한 것은 정당하고, 거기에 상고이유의 주장과 같은 채증법칙 위배나 심리미진 또는 법리오해 등의 위법이 없다. 따라서 이 부분 상고이유도 받아들일 수 없다.

2. 피고의 상고에 관한 판단
  가. 지상권의 존속기간에 관하여
    민법상 지상권의 존속기간은 최단기만이 규정되어 있을 뿐 최장기에 관하여는 아무런 제한이 없으며, 존속기간이 영구(영구)인 지상권을 인정할 실제의 필요성도 있고, 이러한 지상권을 인정한다고 하더라도 지상권의 제한이 없는 토지의 소유권을 회복할 방법이 있을 뿐만 아니라, 특히 이 사건에서와 같은 구분지상권의 경우에는 존속기간이 영구라고 할지라도 대지의 소유권을 전면적으로 제한하지 아니한다는 점 등에 비추어 보면, 지상권의 존속기간을 영구로 약정하는 것도 허용된다. 같은 취지의 원심 판단은 정당하고, 거기에 상고이유의 주장과 같은 채증법칙 위배나 심리미진 또는 법리오해 등의 위법이 없다. 따라서 이 부분 상고이유는 받아들일 수 없다.
  나. 인과관계에 관하여
    이 사건 지상권을 양도담보로 받은 피고로서는 그 피담보채무가 소멸한 경우 담보제공자인 원고 등에게 이를 반환하여야 함에도 불구하고 이를 말소함으로써 이 사건 지상권을 상실하게 하였으면 그로 인하여 원고 등이 입은 손해를 배상할 책임이 있고, 이 때 이 사건 지상권자인 원고 등이 이 사건 지상권을 장기간 활용하지 않았다거나 스스로 이를 이용할 능력이 부족하다는 등의 사유가 있다고 할지라도 이는 원고 등에게 귀속되어야 할 이 사건 지상권이 소멸함으로써 원고 등이 손해를 입게 되는 것에 영향을 미치지 아니한다. 같은 취지의 원심 판단은 정당하고, 거기에 상고이유의 주장과 같은 채증법칙 위배나 심리미진 또는 법리오해 등의 위법이 없다. 따라서 이 부분 상고이유도 받아들일 수 없다.
  다. 대환경개계약 및 신의칙에 관하여
    원심이, 원고 등이 이 사건 지상권을 설정받은 것은 주식회사 부전역전상가아파트 및 대지 소유자들의 책임있는 사유로 공사가 지연됨으로 인한 1973. 6. 4.의 약정에 따른 배상금 9천만 원 및 기타 각종 공사지연으로 인한 손해배상금의 대물변제 명목이지이 사건 상가아파트 신축공사대금 2억 원에 대한 대물변제조로 받은 것이 아니므로, 원고 조양산업사가 피고로부터 위 공사자금에 사용하기 위하여 대출받은 2억 원의 대출금채무를 대지소유자들이 대환경개계약에 따라 대위변제하였다고 하더라도 위 손해배상금 지급의무에 대한 대물변제약정이 실효되는 것은 아니라고 판단한 것은 정당하고, 거기에 상고이유의 주장과 같은 채증법칙 위배나 심리미진 또는 법리오해 등의 위법이 없다. 따라서 이 부분 상고이유도 받아들일 수 없다.

한편, 위와 같은 대환경개계약에 원고 조양산업사가 동의하였다고 할지라도 그로 인하여 원고 등이 2·3층 이외에 더 이상 증축하지 아니하겠다는 의사표시를 한 것이라거나 혹은 원고 등에게 추가 증축 권한이 없게 되었다고 볼 수는 없으므로, 같은 취지에서 원고들이 피고에게 손해배상을 청구하는 것이 신의칙에 위배되지 아니한다고 한 원심의 판단도 정당하고, 거기에 채증법칙 위배나 심리미진 또는 법리오해 등의 위법이 있다는 상고이유도 받아들일 수 없다.

라. 지상권의 소멸에 관하여

이 사건 지상권설정등기는 피고 스스로의 의사에 따라서 말소되었으므로, 비록 착오에 기인한 것이라 할지라도 그로써 이 사건 지상권은 소멸하였다. 같은 취지의 원심의 판단은 정당하고, 거기에 상고이유의 주장과 같은 채증법칙 위배나 심리미진 또는 법리오해 등의 위법이 없다. 따라서 이 부분 상고이유도 받아들일 수 없다.

마. 나머지 상고이유에 관하여

원심이 이 사건 지상권은 사유지 및 국유지가 혼재된 대지 위에 건축되어 있는 기존 건물을 활용하여 그 옥상 위에 비록 제한된 범위이기는 하지만 일정 층수까지 추가 증축할 수 있는 권리라고 판시한 데에 상고이유의 주장과 같은 이유모순 등의 위법이 없다. 따라서 이 부분 상고이유도 받아들일 수 없다.

또한, 이 사건에서 보면, 원고 조양산업사는 이 사건 2·3층 건물을 분양·매도하고 그에 따른 소유권이전등기를 넘겨줌에 있어 그 매수인들로부터 원고 조양산업사가 장차 각 3층 옥상 위에 다시 건물을 증축하는 데 동의하고 그에 필요한 모든 협력을 하기로 하는 각서를 교부한 사실을 알 수 있는바, 이에 의하면 원고 등이 2·3층 건물을 수분양자들에게 양도함에 있어 이 사건 지상권도 전부 함께 양도하였다고 볼 수는 없다. 같은 취지의 원심 판단은 정당하고, 거기에 채증법칙 위배나 심리미진 또는 법리오해 등의 위법이 있다는 상고이유도 받아들일 수 없다.

3. 그러므로 상고를 모두 기각하고, 소송비용의 부담을 정하여 주문과 같이 판결한다.

대법관   배기원(재판장) 서성(주심) 유지담 박재윤

[예규 1] 지상권설정등기의 존속기간에 관한 업무처리지침

지상권설정등기의 존속기간에 관한 업무처리지침

개정 2011. 10. 12. [등기예규 제1425호, 시행 2011. 10. 13.]

1. 지상권의 존속기간을 「민법」 제280조제1항 각호의 기간보다 긴 기간으로 하는 약정은 유효하므로, 그 기간을 위 기간보다 장기로 하거나 불확정기간(예 : 철탑존속기간으로 한다)으로 정할 수도 있다.

2. 「민법」 제280조제1항제1호의 30년은 수목의 소유를 목적으로 하는 때에는 그 원인(예 : 수목의 육림, 벌채 등)에 관계없이 일률적으로 최단기인 30년보다 단축하지 못한다는 것이나, 등기신청서에 지상권의 존속기간을 같은 조 제1항 각호의 기간보다 단축한 기간으로 기재한 경우라도 그 기간은 같은 조 제2항에 의하여 법정기간까지 연장되므로, 신청서 기재대로 수리하여야 한다.

부 칙 (2011. 10. 12. 제1425호)

1. (시행일) 이 예규는 2011년 10월 13일부터 시행한다.
2. (다른 예규의 폐지) 지상권설정등기의 존속기간(등기예규 제146호)은 이를 폐지한다.

② 지료 및 그 지급시기

지료는 지상권의 요소는 아니지만 토지의 사용대가로서 지료 지급을 약정하여 그러한 약정이 설정계약서에 표시되었다면 신청서에 기재해야 한다(규칙 제126조 제1항)

(3) 첨부서면

등기원인을 증명하는 서면, 등기의무자의 권리에 관한 등기필증 등 부동산등기법 40조 에서 정한 일반적인 첨부서면 이외에 토지거래허가구역 안의 토지에 관하여 지상권의 설정시 지료의 약정이 있는 경우에는 토지거래허가서를 첨부하여야 한다(「국토의 계획 및 이용에 관한 법률」 제118조 제1항).

나. 구분지상권설정등기

(1) 서설

(가) 의의

구분지상권이라 함은 타인 소유 토지의 지하 또는 지상의 공간에 상하의 범위를 정하여 건물 기타 공작물을 소유하기 위한 지상권을 말한다(민법 제289조의2 제1항).

(나) 구분지상권설정등기가 문제되는 경우

① **구분지상권의 중복 설정**

동일 토지에 관하여 지상권이 미치는 범위가 다르다면 2개 이상의 구분지상권을 그 토지의 등기용지에 각기 등기할 수 있다(예규 1040호 4.).

[예규 2] 구분지상권에 관한 등기처리요령

구분지상권에 관한 등기처리요령

개정 2001. 11. 19. [등기예규 제1040호, 시행]

1. 건물 또는 공작물 등을 소유하기 위하여 타인 소유 토지의 일정범위의 지하 또는 공간을 사용하는 권리로서의 지상권, 이른바 구분지상권은 그 권리가 미치는 지하 또는 공간의 상하의 범위를 정하여 등기할 수 있다.
2. 지하 또는 공간의 상하의 범위는 평균 해면 또는 지상권을 설정하는 토지의 특정지점을 포함한 수평면을 기준으로 하여 이를 명백히 하여야 한다. 예컨대, "범위, 평균 해면위 100미터로부터 150미터 사이" 또는 "범위, 토지의 동남쪽 끝 지점을 포함한 수평면을 기준으로 하여 지하 20미터로부터 50미터 사이" 등으로 기재하여야 한다. 그러나 도면을 등기신청서에 첨부할 필요는 없다.
3. 구분지상권 등기를 하고자 하는 토지의 등기용지에 그 토지를 사용하는 권리에 관한 등기와 그 권리를 목적으로 하는 권리에 관한 등기가 있는 때(예컨대, 통상의 지상권, 전세권, 임차권 등의 등기와 이를 목적으로 하는 저당권 또는 처분 제한의 등기 등)에는 신청서에 이들의 승낙서를 첨부케 하여야 한다.
4. 동일토지에 관하여 지상권이 미치는 범위가 각각 다른 2개 이상의

> 구분지상권은 그 토지의 등기용지에 각기 따로 등기할 수 있다.
> 5. 통상의 지상권등기를 구분지상권 등기로 변경하거나, 구분지상권 등기를 통상의 지상권 등기로 변경하는 등기신청이 있는 경우에는 등기상의 이해관계인이 없거나, 이해관계인이 있더라도 그의 승낙서 또는 이에 대항할 수 있는 재판의 등본을 제출한 때에 한하여 부기등기에 의하여 그 변경등기를 할 수 있다.
> 6. 계층적 구분건물의 특정계층의 구분소유를 목적으로 하는 구분지상권의 설정등기는 할 수 없다.
> 7. 구분지상권등기의 기록은 다음 기록례주)에 따른다.

주 : 위 기록례는 부동산등기기재례집 제121항, 제122항 및 제128항, 제129항 참조

(다) 통상의 지상권과의 차이

구분지상권은 (ⅰ) 목적인 토지의 지하 또는 지상공간의 상하의 범위를 정해야 하고, (ⅱ) 건물 기타 공작물을 소유하기 위한 경우에만 허용되고 수목을 소유하기 위한 경우에는 설정할 수 없으며, (ⅲ) 구분지상권의 목적인 토지의 상하의 범위 이외의 부분에 대해서는 사용제한의 특약을 할 수 있고, (ⅳ) 구분지상권의 목적인 부분에 이미 제3자가 사용·수익할 권리 등을 가지는 경우에는 그 제3자의 승낙을 받아야 하는 등(민법 제289조의2 제2항)의 차이가 있다.

(2) 신청절차

신청인과 신청서의 기재사항 및 첨부서면은 통상의 지상권 설정등기의 경우와 대부분 동일하다. 그러나 구분지상권은 그 목적과 범위를 신청서에 명확히 기재해야 하며, 소유자와 구분지상권자 간의 사용제한 특약을 기재할 수 있다는 차이가 있다.

(가) 신청서의 기재사항

① **구분지상권설정의 목적**

구분지상권은 지하 또는 지상의 공간에 상하의 범위를 정하여 건물 기타 공작물을 소유하기 위한 것이므로 그 목적을 명확히 하여야 한다.
"지하철도 소유", "고가철도 소유"라고 기재한다.

② **구분지상권설정의 범위**

구분지상권의 설정에 있어서 지하 또는 지상의 공간의 상하의 범위는 평균 해면 또는 지상권을 설정하는 토지의 특정지점을 포함한 수평면을 기준으로 하여 명백히 해야 한다.

③ **사용제한의 특약**

구분지상권자는 설정행위에서 정한 범위 내에서 토지를 사용할 권리를 갖고, 구분지상권이 미치지 못하는 토지부분에 관하여는 여전히 토지소유자가 사용권을 가지게 된다.
토지의 사용을 제한하는 특약을 할 수도 있고(민법 제289조의2 제1항 후단), 이러한 특약을 한 때에는 신청서에 기재하여야 한다(법 제69조 제5호, 규칙 제126조 제1항).

④ **존속기간, 지료 및 그 지급시기**

존속기간, 지료 및 그 지급시기는 통상의 지상권설정등기의 경우와 동일하다.

(나) 첨부서면

구분지상권설정등기도 통상의 지상권설정등기의 경우와 동일한 서면을 첨부하여야 한다.

① **제3자의 승낙서를 첨부해야 하는 경우**

지상권 또는 전세권을 목적으로 하는 저당권이 있는 경우에는 그 권리자인 제3자 전원의 승낙을 받아야 한다. 만약 제3자의 승낙서를 첨부하지 아니한 경우에는 그 등기신청은 수리할 수 없다(법 제29조 제9호).

(3) 등기의 실행

통상의 지상권설정등기의 경우와 동일하다.

<기록례> 지하의 일정공간을 범위로 하는 구분지상권설정

【 을　구 】	(소유권 이외의 권리에 관한 사항)			
순위번호	등기목적	접수	등기원인	권리자 및 기타사항
1	구분지상권설정	2003년 8월 20일 제3200호	2003년 8월 13일 설정계약	목적　지하철도 소유 존속기간　50년 범위　토지의 남쪽 끝지점을 포함한 수평면을 기준으로 하여 지하 15m로부터 35m 사이 지상권자　서울특별시 411

다. 도시철도법 및 도로법에 의한 구분지상권등기

(1) 의의

[선례 4] 협의 또는 수용재결에 의한 구분지상권설정등기 절차

제정 1997. 6. 10. [등기선례 제5-406호, 시행]

도시철도건설을 위하여 필요한 토지의 지하부분의 사용에 관한 구분지상권은 당사자간의 협의에 의하거나 수용재결에 의하여 설정할 수 있는바, 협의에 의한 구분지상권설정등기는 도시철도건설자와 토지소유자의 공동신청에 의하고 그 신청서에는 통상의 지상권설정등기 신청에 필요한 서면 외에, 구분지상권의 목적인 토지의 등기부에 그 토지를 사용수익할 권리에 관한 등기와 그 권리를 목적으로 하는 권리에 관한 등기가 있는 때(예컨대, 통상의 지상권, 전세권, 임차권 등의 등기와 이를 목적으로 하는 저당권 또는 처분제한의 등기 등)에는 이들의 승낙서를 첨부하여야 할 것이며, 수용재결에 의한 구분지상권설정 등기는 등기권리자인 도시철도건설자가 재결서 및 보상 또는 공탁을 증명하는 서면을 첨부하여 단독으로 신청할 수 있다. (1997. 6. 10. 등기 3402-405 질의회답)

주 : 도시철도법에의한구분지상권등기처리규칙의 개정(1999. 2. 27. 대법원규칙 제1,591호)으로 사용재결에 의한 구분지상권등기의 설정도 가능하게 되었음.

도로법에도 도로가 있는 지역의 적정하고 합리적인 토지이용을 촉진하기 위하여 필요한 구분지상권의 취득을 위하여 위 도시철도법과 유사한 규정(도로법 제28조)을 두고 있으며, 전기사업법 제89조의2에서 같은 취지의 규정을 두고 있다.

[예규 3] 도시철도법 등에 의한 구분지상권 등기규칙

도시철도법 등에 의한 구분지상권 등기규칙

개정 2021. 10. 29. [규칙 제3005호, 시행 2021. 12. 16.]

제1조 (목적) 이 규칙은 「도시철도법」 제12조 제3항, 「도로법」 제28조 제5항,

「전기사업법」 제89조의2 제3항, 「농어촌정비법」 제110조의3 제3항, 「철도의 건설 및 철도시설 유지관리에 관한 법률」 제12조의3 제3항, 「지역 개발 및 지원에 관한 법률」 제28조 제4항, 「수도법」 제60조의3 제3항, 「전원개발촉진법」 제6조의4 제3항, 및 「하수도법」 제10조의3 제3항에 따른 부동산등기의 특례를 규정함을 목적으로 한다.

제2조 (수용·사용의 재결에 의한 구분지상권설정등기) ① 「도시철도법」 제2조 제7호의 도시철도건설자(이하 "도시철도건설자"라 한다), 「도로법」 제2조 제5호의 도로관리청(이하 "도로관리청"이라 한다), 「전기사업법」 제2조 제2호의 전기사업자(이하 "전기사업자"라 한다), 「농어촌정비법」 제10조의 농업생산기반 정비사업 시행자(이하 "농업생산기반 정비사업 시행자"라 한다), 「철도의 건설 및 철도시설 유지관리에 관한 법률」 제8조의 철도건설사업의 시행자(이하 "철도건설사업 시행자"라 한다), 「지역 개발 및 지원에 관한 법률」 제19조의 지역개발사업을 시행할 사업시행자(이하 "지역개발사업 시행자"라 한다), 「수도법」 제3조 제21호의 수도사업자(이하 "수도사업자"라 한다), 「전원개발촉진법」 제3조의 전원개발사업자(이하 "전원개발사업자"라 한다) 및 「하수도법」 제10조의3의 공공하수도를 설치하려는 자(이하 "공공하수도를 설치하려는 자"라 한다)가 「공익사업을 위한 토지 등의 취득 및 보상에 관한 법률」에 따라 구분지상권의 설정을 내용으로 하는 수용·사용의 재결을 받은 경우 그 재결서와 보상 또는 공탁을 증명하는 정보를 첨부정보로서 제공하여 단독으로 권리수용이나 토지사용을 원인으로 하는 구분지상권설정등기를 신청할 수 있다.
② 제1항의 구분지상권설정등기를 하고자 하는 토지의 등기기록에 그 토지를 사용·수익하는 권리에 관한 등기 또는 그 권리를 목적으로 하는 권리에 관한 등기가 있는 경우에도 그 권리자들의 승낙을 받지 아니하고 구분지상권설정등기를 신청할 수 있다.

제3조 (수용재결에 의한 구분지상권이전등기) ① 도시철도건설자, 도로관리청, 전기사업자, 농업생산기반 정비사업 시행자, 철도건설사업 시행자, 지역개발사업 시행자, 수도사업자, 전원개발사업자 및 공공하수도를 설치하려는 자가 「공익사업을 위한 토지 등의 취득 및 보상에 관한 법률」에 따라 이미 등기되어 있는 구분지상권을 수용하는 내용의 재결을 받은 경우 그 재결서와 보상 또는 공탁을 증명하는 정보를 첨부정보로서 제공하여 단독으로 권리수용을 원인으로 하는 구분지상권이전등기를 신청할 수 있다.
② 제1항의 구분지상권이전등기 신청이 있는 경우 수용의 대상이 된 구분지상권을 목적으로 하는 권리에 관한 등기가 있거나 수용의 개시일 이후에 그 구분

지상권에 관하여 제3자 명의의 이전등기가 있을 때에는 직권으로 그 등기를 말소하여야 한다.

제4조 (강제집행 등과의 관계) 제2조에 따라 마친 구분지상권설정등기 또는 제3조의 수용의 대상이 된 구분지상권설정등기(이하 "구분지상권설정등기"라 한다)는 다음 각호의 경우에도 말소할 수 없다.
1. 구분지상권설정등기보다 먼저 마친 강제경매개시결정의 등기, 근저당권 등 담보물권의 설정등기, 압류등기 또는 가압류등기 등에 기하여 경매 또는 공매로 인한 소유권이전등기를 촉탁한 경우
2. 구분지상권설정등기보다 먼저 가처분등기를 마친 가처분채권자가 가처분채무자를 등기의무자로 하여 소유권이전등기, 소유권이전등기말소등기, 소유권보존등기말소등기 또는 지상권·전세권·임차권설정등기를 신청한 경우
3. 구분지상권설정등기보다 먼저 마친 가등기에 의하여 소유권이전의 본등기 또는 지상권·전세권·임차권설정의 본등기를 신청한 경우

부 칙 (2021.10.29 제3005호)

제1조 (시행일) 이 규칙은 2021년 12월 16일부터 시행한다. 다만 「하수도법」 제10조의3에 관한 개정규정은 2022년 1월 6일부터 시행한다.

제2조 (적용례) 「전원개발촉진법」 제6조의4에 관한 개정규정은 2021년 12월 16일 이후 전원개발사업자가 구분지상권의 등기를 신청하는 경우(2021년 12월 15일 이전에 「전원개발촉진법」에 따라 구분지상권에 관한 수용·사용 재결을 완료하였으나 등기를 마치지 못한 경우를 포함한다)부터 적용한다.

(2) 사용의 재결에 의한 구분지상권등기의 타당성

[선례 5] 도시철도법에 의한 구분지상권등기(변경)

제정 1997. 7. 22. [등기선례 제5-408호, 시행]

가. 도시철도법 제5조의2 제2항은 도시철도건설자가 토지수용법에 의하여 구분지상권의 설정 또는 이전을 내용으로 하는 수용 또는 사용의 재결을 받은 경우에는 구분지상권의 설정 또는 이전등기를 신청할 수 있다고 규정하고 있으나, 토지수용법에 의한 사용재결은 그 본질상 공법상의 사용권의 설정을 내용으로 하고 구분지상권과 같은 권리의 취득을 내용으로 할 수 없는 것이어서, 위 규정이 말하는 구분지상권의 취득을 내용으로 하는 수용 또는 사용재결이란 토지수용법에 의한 수용재결만을 의미하는 것으로 해석하여야 할 것이고, 그에 따라 도시철도법에의한구분지상권등기처리규칙 제2조 제1항은 토지수용법에 의한 수용재결에 의하여서만 구분지상권등기를 신청할 수 있다고 규정하고 있는 것이므로, 토지수용법에 의한 사용재결을 등기원인으로 하여 구분지상권설정등기를 신청할 수는 없다.

나. 도시철도법에의한구분지상권등기처리규칙 제2조 제2항에 규정된 '그 토지를 사용 . . . .하는 권리'란 용익물권 또는 임차권 등을 의미하는 것으로서, 동 규정의 취지는 계약 등을 원인으로 구분지상권을 설정할 때에는 그러한 용익물권자 등의 승낙을 얻어야 하지만 수용을 원인으로 하는 경우에는 그들의 승낙 없이도 구분지상권을 설정할 수 있다는 것에 불과하므로, 이때의 '사용'을 토지수용법에 의한 사용재결을 받았을 경우로 해석하여 동 규정을 근거로 사용재결을 원인으로 한 구분지상권설정등기를 신청할 수는 없을 것이다.

다. 사용재결에서 정한 사용의 시기 이후에 토지소유자의 변동이 있더라도 사업시행자는 사용재결에 따른 공법상의 사용권을 행사할 수 있으나, 위 가항과 같은 이유로 사용재결을 등기원인으로 하여 구분지상권설정등기를 신청할 수는 없다.

(1997. 7. 22. 등기 3402-554 질의회답)

주 : 도시철도법에의한구분지상권등기처리규칙의 개정(1999. 2. 27. 대법원규칙 제1,591호)으로 사용재결에 의한 구분지상권등기의 설정도 가능하게 되었음.

[선례 6] 공공하수도 설치를 위하여 「하수도법」에 의한 사용재결을 득한 경우 구분지상권 설정등기 가능 여부(소극)

제정 2012. 9. 25. [등기선례 제201209-1호, 시행]

공공하수도 설치를 위하여 「하수도법」 및 「공익사업을 위한 토지 등의 취득 및 보상에 관한 법률」에 따라 중앙토지수용위원회에 사용재결을 신청하여 이를 받았다 하더라도 「하수도법」에 "사업시행자가 사용재결을 받으면 단독으로 구분지상권의 설정등기를 신청할 수 있다"는 취지의 규정이 없는 이상, 그 사용재결에 의해서는 단독으로 구분지상권설정등기를 신청하거나 촉탁할 수 없다.
(2012. 09. 25. 부동산등기과-1854 질의회답)
참조선례 : 부동산등기선례요지집 Ⅶ 제255항

(3) 수용 또는 사용의 재결에 의한 구분지상권 설정등기

(가) 신청인

토지수용 또는 사용재결을 원인으로 하는 구분지상권설정등기는 단독으로 신청할 수 있다(위 규칙 제2조 제1항).

[선례 7] 도시철도법에 의한 구분지상권등기

제정 1999. 3. 11. [등기선례 제6-306호, 시행]

도시철도법에 의한 도시철도건설자와 토지소유자 등과의 사이에 구분지상권설정을 전제로 하는 수용협의가 성립되어 관할 토지수용위원회로부터 협의성립확인을 받거나, 협의가 성립되지 아니하거나 협의를 할 수 없어서 도시철도건설자가 관할 토지수용위원회로부터 구분지상권을 설정하는 내용의 수용 또는 사용재결을 받은 경우에는, 등기원인을 증명하는 서면으로 협의성립확인서 또는 재결서등본을, 보상을 증명하는 서면으로 보상금수령증원본 또는 공탁서원본을 각 첨부하여 도시철도건설자가 단독으로 구분지상권설정등기를 신청(또는 촉탁)할 수 있다. (1999. 3. 11. 등기 3402-255 질의회답)
참조조문 : 도시철도법 제5조, 제5조의2, 도시철도법에의한구분지상권등기처리규칙 제2조
참조예규 : 제889호

(나) 첨부서면

① 등기원인서면과 보상을 증명하는 서면

[선례 8] 토지의 공중공간에 대한 재결은 있었으나 구분지상권 설정을 내용으로 하지 않는 경우 위 재결서에 의하여 구분지상권설정등기를 신청할 수 있는지 여부(소극)

제정 2004. 8. 10. [등기선례 제7-260호, 시행]

공익사업을위한토지등의취득및보상에관한법률 제19조 및 같은 법 제34조에 의하여 송전선로의 설치 및 유지를 위하여 공중공간에 대한 재결이 있는 경우에도 구분지상권 설정을 내용으로 하는 수용 재결이 아닌 이상 위 재결서에 의하여서는 구분지상권 설정등기를 신청할 수 없다.
(2004. 8. 10. 부등 3402-392 질의회답)
참조조문 : 부동산등기법 제115조
참조선례 : 등기선례요지집 Ⅵ 제307항, 제141항

[선례 9] 구분지상권의 설정을 내용으로 하는 사용재결에 의하여 지상권을 설정할 수 있는지 여부

제정 1999. 5. 7. [등기선례 제6-308호, 시행]

도시철도건설자가 토지수용법에 의하여 구분지상권의 설정을 내용으로 하는 사용재결을 받은 경우에는 단독으로 당해 구분지상권설정등기를 신청할 수 있으나, 통상의 지상권설정등기를 신청할 수는 없다.
(1999. 5. 7. 등기 3402-487 질의회답)

(4) 수용에 의한 구분지상권이전등기

도시철도건설자가 공익사업법에 의하여 이미 등기되어 있는 구분지상권을 수용하는 내용의 재결을 받은 경우 그 재결서 및 보상 또는 공탁을 증명하는 서면을 첨부하여 토지수용을 원인으로 하는 구분지상권이전등기를 신청할 수 있다.

(5) 강제집행 등과의 관계

[선례 10] 협의취득에 의한 구분지상권설정등기의 말소가부

제정 1999. 7. 1. [등기선례 제6-354호, 시행]

도시철도법의 규정에 의한 협의 또는 수용(또는 사용)재결에 의하여 취득한 구분지상권설정등기는 1995. 6. 5. 이후 최초로 사용에 관하여 협의 또는 재결에 의하여 취득한 구분지상권의 경우에 한하여 신청할 수 있고(1995. 1. 5. 개정된 도시철도법 부칙 제1항, 제2항), 협의에 의하여 취득한 구분지상권의 경우에 관할토지수용위원회의 협의성립확인을 받으면 재결에 의하여 취득한 것과 같은 것으로 보기 때문에(토지수용법 제25조의2 제4항), 이에 따라 경료된 구분지상권설정 또는 이전등기는 그 등기보다 먼저 설정된 강제경매기입등기 또는 근저당권설정등기 등에 기한 경매 또는 공매로 인한 소유권이전등기 촉탁시 말소의 대상이 되지 않는다. 다만, 도시철도법상의 협의에 의하여 구분지상권을 취득한 경우에도 관할토지수용위원회의 협의성립확인을 받지 않은 경우이거나 공공용지의취득및손실보상에관한특례법상의 협의에 의하여 구분지상권을 취득한 경우에는 단순한 승계취득에 불과하기 때문에 그 등기보다 선순위인 근저당권설정등기 등에 기한 경매 등으로 인하여 소유권이전등기를 촉탁하는 경우에는 말소의 대상이 될 것이다.

(1999. 7. 1. 등기 3402-673 질의회답)

[선례 11] 소유권이전청구권보전의 가등기에 기한 본등기를 경료한 경우 도시철도법상 사용재결에 의한 구분지상권설정등기를 직권으로 말소하여야 하는지 여부(소극)

제정 2002. 9. 27. [등기선례 제7-305호, 시행]

1. 매매예약에 의한 소유권이전등기청구권보전의 가등기가 경료된 토지에 도시철도법상의 도시철도건설자인 지하철공사가 토지수용법에 의한 사용재결에 따라 구분지상권설정등기를 경료한 후에는 가등기에 기한 소유권이전의 본등기를 경료하는 경우에도 사용재결에 의한 구분지상권설정등기는 말소되지 아니한다.

2. 다만, 위와 같은 가등기가 경료된 토지에 도시철도건설자인 지하철공사와 토지소유자간에 도시철도법상의 협의에 의하여 구분지상권을 취득한 경우에도 관할토지수용위원회의 협의성립확인을 받지 않은 경우이거나 공공용지의취득및손실보상에관한특례법상의 협의성립에 의하여 구분지상권을 취득한 경우에

는 단순한 승계취득에 불과하기 때문에 그 등기보다 선순위인 가등기에 기한 소유권이전의 본등기시 협의성립에 의한 구분지상권설정등기가 직권말소된다.
(2002. 9. 27. 등기 3402-530 질의회답)
참조조문 : 도시철도법에 의한 구분지상권등기처리규칙 제4조
참조선례 : 등기선례요지집Ⅵ 제354항
주) 도시철도법에의한구분지상권등기처리규칙은 도시철도법및도로법에의한구분지상권등기처리규칙(2004.7.26.자)으로 개정됨

라. 지상권이전등기

(1) 의의

지상권은 양도·상속에 따른 이전등기를 할 수 있으며, 그 이전등기에는 토지 소유자의 승낙이 필요 없다.

(2) 신청절차

지상권의 이전등기는 양수인과 양도인이 공동신청해야 하고, 지상권이전등기신청서에는 부동산의 표시, 신청인의 성명 또는 명칭과 주소, 등기원인과 그 연월일과 같이 부동산등기법 41조 에서 정한 일반적인 기재사항 이외에 이전할 지상권의 접수연월일과 접수번호를 기재하여야 한다.

또한 등기원인을 증명하는 서면등 규칙 46조 1항, 법 50조 2항 등에서 정한 일반적인 첨부정보 외에 토지거래허가구역 안의 지상권 이전시 지료의 약정이 있는 경우에는 토지거래허가서를 첨부하여야 한다.

(3) 등기의 실행

소유권 이외의 권리의 이전등기는 부기에 의하여 하므로(법 제52조 제2호), 지상권의 이전등기는 부기등기로 하여야 한다.

마. 지상권변경등기

(1) 의의

지상권의 내용, 즉 지상권설정의 목적(예컨대 공작물 또는 수목의 소유를 목적으로 하는 지상권에서 건물의 소유를 목적으로 하는 지상권으로의 변경 등), 존속기간(연장 또는 단축, 폐지 또는 신설), 지료(증액 또는 감액, 폐지 또는 신설), 지료의 지급시기 등이 변경된 때에는 등기를 하여야 제3자에게 대항할 수 있다.

(2) 신청절차

(가) 신청인

지상권변경등기는 권리의 변경등기로서 지상권자와 지상권설정자(토지의 소유권등기명의인)의 공동신청에 의한다.

(나) 신청서의 기재사항

지상권변경등기신청서에는 부동산의 표시, 신청인의 성명 또는 명칭과 주소, 등기원인과 그 연월일 등과 같이 규칙 43조에서 정한 일반적인 기재사항 이외에 변경할 사항과 변경하고자 하는 지상권을 특정하여 기재한다.

(다) 첨부서면

등기원인을 증명하는 서면 등 규칙 제46조 제1항, 법 제50조 제2항에서 정한 일반적인 첨부정보 재판의 등본을 제출하여야 한다.

바. 지상권말소등기

(1) 의의

지상권은 목적 토지의 멸실, 존속기간의 만료, 혼동(민법 제191조), 소멸시효완성(민법 제162조 제2항), 선순위 담보권의 실행으로 인한 경매, 토지의 수용, 토지소유자와 지상권자의 합의해제, 지상권자의 포기, 당사자간의 약정소멸사유 발생(법 제54조의2), 지상권설정자의 소멸청구(민법 제287조) 등으로 소멸한다.

[선례 12] 지상권자 아닌 제3자가 지상권이 설정되어 있는 토지 위에 건물을 신축한 후 소유권보존등기를 할 수 있는지 여부

제정 1989. 9. 27. [등기선례 제2-238호, 시행]

지상권이 설정되어 있는 토지 위에 지상권자 아닌 제3자가 건물을 신축한 후 동 건물에 대한 소유권보존등기를 신청함에 있어서, 사전에 그 지상권을 말소하여야 하거나 소유권보존등기신청서에 지상권자의 승낙서를 첨부할 필요는 없다.
89. 9.27 등기 제1817호
참조선례 : 등기선례요지집 제1권 291항

(2) 신청절차

(가) 신청인

지상권말소등기는 지상권자(지상권이전등기가 되어있는 때에는 그 이전등기를 받은 현재의 등기명의인)가 등기의무자, 토지의 소유권자가 등기권리자가 되어 공동신청하는 것이 원칙이다.

[선례 13] 지분에 대하여 근저당권을 설정한 일부 공유자가 공유물 보존행위를 근거로 지상권자와 공동으로 담보목적으로 설정된 지상권설정등기의 말소신청을 할 수 있는지 여부(적극)

제정 2013. 5. 31. [등기선례 제201305-6호, 시행]

공유토지 중 일부 공유자의 지분에 대해서만 근저당권을 설정하면서 담보를 강화할 목적으로 공유지분 전부에 대하여 지상권설정등기를 함께 경료한 후 근저당권설정계약이 해지되어 근저당권설정등기와 지상권설정등기를 동시에 말소하고자 하는 경우, 근저당권설정자 겸 공동 지상권설정자인 일부 공유자는 공유물의 보존행위로서 지상권자와 공동으로 공유지분 전부에 대한 지상권설정등기의 말소신청을 할 수 있다.
(2013. 5. 31. 부동산등기과-1257 질의회답)
참조조문 : 민법 제265조
참조판례 : 대법원 2005. 9. 29. 선고 2003다40651 판결, 2011. 4. 14. 선고 2011다6342 판결
참조선례 : 부동산등기선례요지집 Ⅱ 제551항

(나) 신청서의 기재사항

지상권말소등기신청서에는 부동산의 표시, 신청인의 성명 또는 명칭과 주소, 등기원인과 그 연월일 등과 같이 규칙 제43조에서 정한 일반적인 기재한다.

(다) 첨부서면

등기원인을 증명하는 서면 등 규칙 제46조 제1항, 법 제50조 제2항에서 정한 일반적인 첨부정보 재판의 등본을 첨부하여야 한다(법 제57조 제1항).

3. 법정지상권

가. 총설

우리 법은 토지와 건물을 별개의 부동산으로 취급하여 토지와 건물의 소유자가 달라질 수 있다.

건물을 독립한 부동산으로 하는 우리 법제를 보완하려는 제도가 법정지상권이다.

[판례 2] 건물수거등 (대법원 1966. 9. 27. 선고 66다1433 판결)

【판시사항】

관습상의 법정지상권의 처분

【판결요지】

관습상의 법정지상권도 등기하지 않으면 이를 타에 처분할 수 없으므로 이를 양수한 자도 법정지상권의 등기를 마쳐야만 그 지상권을 주장할 수 있다.

【참조조문】

민법 제187조

【전 문】

【원고, 피상고인】 영남학원 (소송대리인 변호사 엄주하)

【피고, 상 고 인】 피고 1 외 3인 (소송대리인 변호사 김택현)

【원 판 결】 대구고등법원 1966. 6. 8. 선고 65나329 판결

【주 문】

피고들의 상고를 기각한다.
상고소송비용은 피고들의 부담으로 한다.

【이 유】

피고소송대리인의 상고이유 제1점에 대하여 본다.

기록에 의하여, 살피면, 소론 피고들 주장(1965. 2. 18. 자 준비서면)가운데에, 원고는 이 사건 대지를 불하받은뒤 앞으로 있을 그 지상건물의 불하를 받지 못하게 된때에는 이미 불하받은 대지의 권리를 건물을 불하받은자에게 양도한다는 각서를 정부에 제출한바 있는데, 피고들(피고 4 제외)이 위 건물을 불하받아 각 그 소유권이전등기를 마쳤다는 내용의 진술이 있으나, 이것은 논지가 말하는바와 같이 원고가 위 각서를 제출한바 있으므로 그 내용에 구속되어 피고들에게 위 건물의 철거와 대지명도를 구할수 없다는 취지의 주장으로 진술된 것이 아니라, 위와 같이 피고들이 이사건건물의 소유권을 취득하므로서 이사건 대지상에 관습상의 법정지상권을 취득하였으므로 원고의 철거 및 명도청구는 이유없다는 취지의 주장을 하기위하여 진술된 내용에 불과함을 알수있고, 이러한 법정지상권의 주장에 대하여는 원심이 적법히 이를 판단하고 있으니, 피고들 주장에 대하여 판단을 유탈하였다는 논지는 이유없다.

같은 상고이유 제2점에 대하여 본다.

귀속재산인 이 사건 대지와 건물중 대지만이 먼저 원고에게 불하되어 원고가 그 소유권을 취득한경우에, 국은 이 대지상에 아직 불하되지 않은 건물을 위한 관습상의 법정지상권을 취득하게 되나, 이 법정지상권은 등기하지 않으면 타에 처분할 수 없는 것이므로, 피고들(피고 4 제외)이 그후 위 건물을 국으로부터 불하받아 그 소유권을 취득하였다 하여도, 당연히 국의 법정지상권까지 양수한다고 할 수 없고, 법정지상권의 등기를 마쳐야만 원고에 대하여 이를 주장할 수 있는 것이니, 이와 같은 취지로 해석하여 피고들에게 이사건 대지에 대한 법정지상권이 없다고 판시한 원판결은 정당하고, 논지는 그릇된 견해로서 이유없다.

그러므로 피고들의 상고를 모두 모두 기각하고, 소송비용은 패소인의 부담으로 하여, 관여법관 전원의 일치된 의견으로 주문과 같이 판결한다.

대법원판사 손동욱(재판장) 한성수 방순원 나항윤

[판례 3] 건물철거등 (대법원 1968. 7. 31. 선고 67다1759 판결)

【판시사항】

관습에 의한 법정 지상권의 승계 취득과 등기 여부

【판결요지】

토지와 그 지상건물이 같은 소유자의 소유에 속하였다가 그 건물 또는 토지가 매매되어 양자의 소유자가 다르게 될 때에는 특히 그 건물을 철거한다는 조건이 없는 한, 당연히 건물소유자는 그 토지위에 소위 관습에 의한 법정지상권을 취득하게 되나 위 지상권양도에 있어서는 등기를 요한다.

【참조조문】

민법 제279조, 제186조, 제187조

【전 문】

【원고, 피상고인】 원고

【피고, 상 고 인】 피고 1 외 1명

【원심판결】 제1심 남원지원 제2심 전주지방 1967. 6. 23. 선고 67나20 판결

【주 문】

상고를 모두 기각한다.

상고비용은 피고들의 부담으로 한다.

【이 유】

피고들의 상고이유를 본다.

토지와 그 지상건물이 같은 소유자의 소유에 속하였다가 그 건물 또는 토지가 매매되어 양자의 소유자가 다르게 될때에는, 특히 그 건물을 철거한다는 조건이 없는한, 당연히 건물소유자는 그 토지 위에 소위 관습에 의한 법정지상권을 취득하게 되는 것은 소론 과 같으나, 위 지상권의 양도에 있어서는 등기를 요한다 할 것인 바 이 사건에서 피고들의 주장에 의하면, 이 사건대지와 건물은 원래 귀속재산이어서 모두 국가

의 소유였는데 국가가 이 대지를 소외 재단법인 대구남산여학교 유지재단에 매각함으로서 국가가 위 대지상에 취득하였던 관습상의 지상권을, 피고들이 1964.10.21.자로 위 건물을 국가로 부터 매수함으로써, 피고들에 있어 이를 승계취득하였다고 함에 있으나, 피고들이 그 지상권의 등기를 마치지 않고 있음을 자인하고 있으니, 이 점에 있어 벌써 피고들의 위 지상권승계 취득의 주장은, 위 설시한 바에 의하여 그 이유없음이 명백하다 할 것이다. 과연이면, 같은 취지로한 원판결 판단은 정당하고, 거기에는 소론과 같은 법리오해의 잘못이 없으며, 원판결은 소론 적시의 당원의 판례에 저촉되는 바 없다.

논지는 이유없어 이 상고를 모두 기각하기로 하고, 상고비용은 패소자들의 부담으로 하여, 관여법관의 일치된 의견으로 주문과 같이 판결한다.

대법원판사 홍순엽(재판장) 양회경 이영섭 주재황

나. 법정지상권의 성립

법정지상권은 법률의 규정 또는 판례가 인정하는 요건을 충족한 경우에 성립한다. 법률규정에 의한 것으로는 (ⅰ) 민법 제305조, (ⅱ) 민법 제366조, (ⅲ)「가등기담보 등에 관한 법률」 제10조, (ⅳ)「입목에 관한 법률」 제6조 의 경우를 들 수 있다.

[판례 4] 건물명도등 (대법원 1966. 2. 22. 선고 65다2223 판결)

【판시사항】

관습상의 법정지상권의 성립요건

【판결요지】

토지와 건물이 동일한 소유자에 속하였다가 건물 또는 토지가 매각 기타의 원인으로 인하여 양자의 소유자가 다르게 될 때에는 특히 그 건물을 철거한다는 조건이 없는 이상 건물소유자는 토지소유자에 대하여 그 건물을 위한 관습상의 법정지상권을 취득한다.

【참조조문】

민법 제185조 제366조

【전 문】

【원고, 상 고 인】 원고

【피고, 피상고인】 피고

【원심판결】 제1심 전주지법, 제2심 전주지법 1965. 10. 1. 선고 65나 204 판결

【주 문】

원심판결을 파기하고, 사건을 전주지방법원 합의부에 환송한다.

【이 유】

원심이 피고의 관습상의 법정지상권에 관한 주장을 받아들여 원고의 건물철거의 청구를 배척한 이유로서 원심은 열거하는 증거에 의하여 이리시 중앙동 1가 (지번 1 생략) 대지 14평은 원래 일본인 재산으로 국가에 귀속되었다가 1952.4.30 소외 1에게 동가 (지번 1 생략) 대지 12평과 동가 (지번 2 생략) 대지 2평[후에 합병에 의하여 지번이 동가 (지번 1 생략) 대지 14평이 되다]으로 표시하여 불하하고 동인이 점거하다가 소외 2에게 그 지상의 건물과 함께 매도하고(적어도 1956년 이전이라 규지되며 동 소외 2는 국가로부터 직접 귀속부동산 매도증서를 교부받아 1957.5.30 접수로 1955.12.20 매매를 원인으로 하여 원고 앞으로 소유권이전등기를 마친 사실, 동가 (지번 3 생략) 대지 및 동가 (지번 1 생략) 대지14평중 원심판결 첨부도면 표시(ㄱ)부분 2평 1홉 양지상 목조 와즙 평가건 점포 1동 건평 15평은 동가 (지번 1 생략) 대지상의 건물과 이른바 "○○○"로 구성된 일본인 소유의 건물로서 국가에 귀속되었다가 1952.4.30 이를 점거하고 있던 소외 3에게 불하되고 피고는 1950.6.25 사변 수복직후 동인으로부터 불하대금 완납을 정지조건으로 하여 매수한 바 1957.1.22 그 불하대금이 완납되고 1957.2.24 접수 1952.4.30 매매를 원인으로 국가로부터 피고 앞으로 직접 소유권이전등기를 마친 사실을

인정하고 이에 대하여 이 사건 피고소유의 건물이 앞에서 적시한 도면표시 (ㄱ)부분 2평 1홉의 원고 대지를 침범한 건물을 피고가 소유하고 있으나 동 대지 부분에 대하여는 피고가 원시적으로 관습상의 법정지상권을 얻었다고 할수있고(전단 인정사실로 보아 피고가 소외 3으로부터 동 지상권을 승계하였다고 볼수없다) 동 법정지상권은 대지의 전전매수자인 원고에 대하여도 등기없이 대항할수 있다고 해석할 것이므로 원고의 이 부분 지상건물의 철거를 구한 원고의 주장은 배척을 면치 못할것이라는 판단을 내렸다.

그러나 당원이 판례로 삼은 관습상의 법정지상권에 관한 법리는 토지와 건물이 동일한 소유자에 속하였다가 건물 또는 토지가 매각 또는 기타의 원인으로 인하여 양자의 소유자가 다르게 될때에 특히 그 건물을 철거한다는 조건이 없는 이상 건물소유자는 토지소유자에 대하여 그 건물을 위한 관습상의 법정지상권을 취득한다는 것을 내용으로 하고 있는바 이 사건에 관하여 살펴보면 원고 소유인 이리시 중앙동 1가 (지번 1 생략) 대지 14평과 피고 소유의 전시건물(계쟁부분포함)은 원래 일본인 재산으로 국가에 귀속되었으므로 피고가 본건 계쟁대지위에 있는 건물에 대하여 관습상의 법정지상권을 취득하려면 피고가 국가로부터 직접 본건건물을 매수한자일것과 그 건물 매수당시에 계쟁건물과 대지가 국가의 소유에 속하였을 것과 계쟁건물 매매에 있어서 특히 건물을 철거할 특단의 합의있음이 입증되지 않았을 것을 요하는바 원심은 피고가 본건 건물 매수시에 본건 계쟁토지와 건물이 아직 국가 소유에 속한 사실(적어도 국가 소유명의로 등기되어 있는 사실) 국가로부터 직접 피고앞으로 계쟁건물 소유권이전등기를 할때에 국가와 피고사이에 직접 불하계약이 이루어진 사실을 확정하여야 함에도 불구하고(원심이 확정한 사실은 피고가 국가로부터 소외 3에게 불하된 본건 건물을 소외 3으로부터 대금완납을 정지조건부로 매수하였다는 사실이나 기록에 의하면 소외 3이 불하를 받은후에 위 건물을 피고에게 정지조건부로 매도한 사실을 인정할만한 자료가 없고 귀속재산매수인 명의를 다른사람 명의를 빌려 불하계약을 할 수 없는 터이므로 국가로부터 피고에게 직접 소유권 이전등기된 원유가 소외 3에 대한 불하계약을 적법하게 취소하고 피고에

게 새로운 불하처분을 한 것인지의 여부를 석명심리 하였어야 할것이
다) 원심은 위와같은 사실에 대하여 심리함이 없이 만연히 위에서 설시
한바와 같은 이유로 피고가 본건 계쟁대지위에 원시적으로 관습법상의
법정지상권을 취득한 것이라고 단정하였음은 이른바 관습상의 법정지상
권의 성립요건을 잘못 이해하므로써 심리를 다하지 아니하였거나 석명
권의 행사를 게을리한 위법이 있다 할 것이다.
그러므로 피고는 본건에 있어 원시적인 관습상의 법정지상권의 취득자
가 아니라는 원고의 상고이유 제1점은 이유있다 할 것이다.
그러므로 나머지의 상고이유에 대한 판단을 생략하고 원판결을 파기하
기로 하여 원심으로 하여금 다시 재판하게 하기 위하여 관여법관 전원
의 일치된 의견으로 주문과 같이 판결한다.

　　　　　　대법원판사　　한성수(재판장) 손동욱 방순원 나항윤

다. 신청절차

(1) 신청인

법정지상권의 취득은 법률규정에 의한 것이나, 지상권을 취득하는 자가 등기권리자, 토지소유자가 등기의무자로서 공동신청하여야 한다.

(2) 신청서의 기재사항과 첨부서면

법정지상권의 취득에 따른 지상권설정등기신청서의 기재사항과 첨부서면은 통상의 지상권설정등기의 경우와 대부분 동일하다.

4. 등기예규

[예규 4] 기존 1층 건물옥상에 건물소유를 목적으로 하는 지상권의 효력

기존 1층 건물옥상에 건물소유를 목적으로 하는 지상권의 효력

제정 1978. 3. 14. [등기예규 제314호, 시행]

기존 1층 건물의 옥상에 대하여 건물의 소유를 목적으로 하는 지상권설정계약을 체결한 취지는 위 기존 1층 건물 위에 건물을 소유하기 위하여 그 대지에 대하여 한 지상권설정계약으로 봄이 상당하다.
(대법원 1978. 03. 14. 선고 77다2379 판결)

[관련판례] 계약금반환 (대법원 1978. 3. 14. 선고 77다2379 판결)

【판시사항】

기존 1층 건물 옥상위에 건물소유를 목적으로 하는 지상권의 효력

【판결요지】

기존 1층의 건물옥상위에 건물을 소유하기 위한 지상권설정계약은 그 건물의 대지에 지상권을 설정하기 위한 계약으로 보아 유효하다.

【참조조문】

민법 제279조

【전 문】

【원고, 피상고인】 원고
【피고, 상 고 인】 주식회사계림시장 소송대리인 변호사 이기홍
【원심판결】 광주고등법원 1977.11.16 선고 76나475 판결

【주 문】

원심판결을 파기하고 사건을 광주고등법원에 환송한다.

【이 유】

상고이유를 판단한다.
1. 원심판결은 그 이유에서 피고회사는 광주시 동구 계림동 294 지상에 건평 702평

의 1층 건물을 소유하고 동 건물에 시장을 개설 운영하고 있는데 원고와의 간에 위 피고소유 1층 건물의 옥상 702평에 대하여 건물의 소유를 목적으로 하는 지상권을 설정하기로 하는 계약을 체결하였다는 사실을 인정한 다음 지상권이란 타인의 토지에 건물 기타 공작물이나 수목을 소유하기 위하여 그 토지를 사용할 수 있는 물권적 권리를 말하는 것인데 위에서 본바와 같이 본건 원, 피고간의 위 계약은 토지에 대한 지상권 설정계약이 아니고 옥상에 대한 지상권설정계약으로서 그 지상권설정등기절차의 이행이 당사자의 의도한바와 는 달리 법률상 불가능하여 당사자의 의도한 바를 달성할 수 없는 즉 처음부터 불능을 내용으로 한 계약으로서 무효라고 보아야 할 것이라는 취지의 판시를 하여 원고의 계약금 반환청구를 인용하였다.

2. 기록에 의하여 원심 의용의 갑 제1호증의 기재를 살펴보면 인쇄된 '부동산 매매계약서'라는 용지에 부동산표시로서 '광주시 동구 계림동294의 (계림시장2층 이상 지상권) (공부상건평 702평)1층을 제외한 2층'이라 기재하고 특약으로 대금완불일로부터 1년이내에 건물시공에 착공하며 대금완불일부터 3개월 이내에 소유권이전등기를 필한다고 되어 있는바 원, 피고가 이런 계약을 하게 된 것이 원심이 인정한바 같이 위 기존 1층의 시장건물 위에 원고가건물을 소유하기 위한 것이라면 위 계약의 취지는 피고소유의 시장 대지상에 있는 기존 1층 건물 702평 위에 원고가 건물을 소유하기 위하여 그 대지에 지상권을 설정하기 위한 계약으로 봄이 당사자의 본건 계약을 체결한 의사에 합치되는 것으로 보아진다.

그러하거늘 원심이 건물위에 지상권을 설정한 것으로 보아 그런 지상권설정등기를 할 수 없는 것이니 본건 계약은 원시적으로 무효라고 단정한 처사는 채증법칙을 어겨 당사자의 법률행위를 오해한 위법이 있다 할 것이며 이의 위법은 재판의 결과에 영향을 미쳤다 할 것이니 이점에서 논지 이유 있어 원심판결은 파기를 면할 수 없다.

3. 그러므로 관여법관의 일치된 의견으로 원심판결을 파기환송하기로 하여 주문과 같이 판결한다.

대법관   정태원(재판장) 민문기 이일규 강안희

[예규 5] 다년생 개량 목초의 소유를 목적으로 하는 지상권설정등기의 가부

다년생 개량 목초의 소유를 목적으로 하는 지상권설정등기의 가부

제정 1988. 4. 9. [등기예규 제661호, 시행]

초지법에 의한 초지조성을 위하여 다년생 개량목초의 소유를 목적으로 한 지상권설정등기의 신청은 이를 수리하여야 한다.

[예규 6] 공공용지의 취득 및 손실보상에 관한 특례법에 의한 지상권설정등기를 위한 대위등기

공공용지의 취득 및 손실보상에 관한 특례법에 의한 지상권설정등기를 위한 대위등기

개정 1996. 12. 24. [등기예규 제855호, 시행]

공공용지의 취득 및 손실보상에 관한 특례법주)은 사업시행자가 공공사업의 원활한 수행을 위하여 소유권의 보존 또는 이전등기가 되어 있지 아니한 토지 등을 간이한 절차에 의하여 취득하는 것을 규정하고 있으므로 사업시행자가 소유권의 보존 또는 이전등기가 되어 있지 아니한 토지 위에 지상권을 취득하고자 하는 경우에도 같은 법이 규정하는 확인서와 보상금의 지급을 증명하는 서면을 첨부하여 대위에 의한 소유권의 보존 또는 이전등기를 한 후에 사업시행자 명의의 지상권설정등기를 할 수 있다.

주 : 2002. 2. 4. 「공공용지의 취득 및 손실보상에 관한 특례법」은 폐지되고, 「공익사업을 위한 토지 등의 취득 및 보상에 관한 법률」로 대체됨.

5. 등기선례

[선례 14] 사회기반시설에 대하여 사업시행자가 「사회기반시설에 대한 민간투자법」 및 「공익사업을 위한 토지 등의 취득 및 보상에 관한 법률」에 따라 사용재결을 받은 경우 사업시행자가 단독으로 구분지상권설정등기를 신청할 수 있는지 여부

제정 2021. 4. 24. [부동산등기선례 제202104-4호, 시행]

사회기반시설에 대하여 사업시행자가 「사회기반시설에 대한 민간투자법」 및 「공익사업을 위한 토지 등의 취득 및 보상에 관한 법률」에 따라 중앙토지수용위원회의 사용재결을 받았다고 하더라도 「사회기반시설에 대한 민간투자법」에 "사업시행자가 사용재결을 받으면 단독으로 구분지상권설정등기를 신청할 수 있다"는 취지의 규정이 없는 이상 그 사용재결에 의해서는 단독으로 구분지상권설정등기를 신청할 수 없다.

(2021. 04. 24. 부동산등기과-1097질의회답)

참조조문 : 「사회기반시설에 대한 민간투자법」 제15조, 제20조, 부동산등기법 제99조, 「도시철도법 등에 의한 구분지상권 등기규칙」 제2조, 제8조, 민법 제289조의2

참조선례 : 등기선례 제9-284호, 제9-291호

[선례 15] 전기사업자가 토지의 사용에 관한 지상권의 설정을 내용으로 하는 사용재결을 받은 경우 지상권설정등기신청 가부

제정 2021. 4. 19. [부동산등기선례 제202104-3호, 시행]

전기사업자가 토지의 지상 또는 지하 공간의 사용에 관한 구분지상권의 설정을 내용으로 하는 사용재결을 받은 경우 「전기사업법」 제89조의2 제2항에 따라 단독으로 토지사용을 원인으로 한 구분지상권설정등기를 신청할 수 있으나, 전기사업자가 토지의 사용에 관한 지상권의 설정을 내용으로 하는 사용재결을 받은 경우에는 이에 관한 법령상의 근거규정이 없으므로, 토지사용을 원인으로 한 지상권설정등기를 단독으로는 물론 소유명의인(등기의무자)과 공동으로도 신청할 수 없다. 다만 전기사업자와 소유명의인(등기의무자)은 지상권설정계약서를 등기원인을 증명하는 정보로서 제공하여 공동으로 지상권설정등기를 신청할 수 있다.

(2021. 04. 19. 부동산등기과-1041질의회답)

참조조문 : 전기사업법 제89조의2, 민법 제279조, 제289조의2, 부동산등기법 제23조, 제29조, 제99조, 부동산등기규칙 제52조, 「공익사업을 위한

토지 등의 취득 및 보상에 관한 법률」 제2조, 제3조, 제19조, 제86조
참조판례 : 대법원 2009. 9. 10. 선고 2009두5343 판결
참조선례 : 등기선례 제5-408호, 제9-285호

[선례 16] 한국전력공사가 토지에 대한 사용재결을 받은 경우 구분지상권설정등기의 단독신청 가부

제정 2020. 2. 6. [부동산등기선례 제202002-1호, 시행]

1. 한국전력공사가 전기사업자로서 전기사업의 시행을 위하여 「전기사업법」을 근거로 하여 구분지상권의 설정을 내용으로 하는 사용재결을 받은 경우에는 같은 법 제89조의2제2항에 따라 단독으로 구분지상권설정등기를 신청할 수 있다.
2. 반면 한국전력공사가 전원(전원)개발사업자로서 전원개발사업의 시행을 위하여 「전원개발촉진법」을 근거로 하여 토지의 사용에 관한 재결을 받은 경우에는 같은 법에 "전원개발사업자가 사용재결을 받으면 단독으로 구분지상권설정등기를 신청할 수 있다."는 취지의 규정이 없는 이상 단독으로 구분지상권설정등기를 신청할 수 없다.

(2020. 2. 6. 부동산등기과-354 질의회답)

[선례 17] 토지의 일부분에 지역권이 설정되어 있는 경우에 그 토지의 전부에 대한 지상권설정 등기신청 가부

제정 2018. 10. 5. [등기선례 제9-289호, 시행]

지역권은 토지 소유자의 토지에 대한 사용·수익 권능을 전면적으로 배제하는 것은 아니어서 그 소유자는 지역권과 저촉되지 않는 한도에서 승역지를 직접 점유하면서 지역권자와 공동으로 그 토지를 사용·수익할 수 있으므로(민법 제291조 참조), 토지의 일부에 지역권이 설정되어 있는 경우라도 토지 소유명의인은 지상권자와 함께 후순위로 토지 전부에 대하여 철근콘크리트조 건물의 소유를 위한 지상권설정등기를 신청할 수 있다.

(2018. 10. 5. 부동산등기과-2232 질의회답)
참조조문 : 민법 제214조, 제291조, 제297조, 제300조, 법 제4조
참조판례 : 1977. 9. 13. 선고 75다1958 판결
참조예규 : 제1413호

[선례 18] 건물 옥상에 대한 전세권설정등기신청 가부 및 건물 옥상에 건물 기타 공작물을 소유하기 위하여 대지에 대한 지상권 또는 구분지상권설정등기신청의 가부

제정 2018. 12. 3. [등기선례 제9-290호, 시행]

1. 건축물대장에 등재된 건축물에 대하여 건물로서 등기능력이 인정되어 소유권보존등기를 마친 경우라면 그 건물의 일부인 옥상에 대하여 그 전부 또는 일부를 사용하기 위한 전세권설정등기를 신청할 수 있다. 다만, 집합건물의 옥상은 구조상 공용부분으로서 등기능력이 없어 이에 대한 등기기록이 개설될 수는 없으므로 이를 사용하기 위한 전세권설정등기는 신청할 수 없다.
2. 기존 건물의 옥상에 건물이나 기타 공작물을 소유하기 위한 경우 그 대지에 대하여 통상의 지상권설정등기를 신청할 수 있지만, 구분지상권설정등기는 신청할 수 없다.

(2018. 12. 3. 부동산등기과-2731 질의회답)

참조조문 : 민법 제279조, 제289조의2제1항, 제303조제1항, 제311조제1항, 집합건물의 소유 및 관리에 관한 법률 제2조제4호, 제3조, 법 제72조 제1항제6호, 규칙 제104조제3항, 제128조제2항

참조판례 : 1978. 3. 14. 선고 77다2379 판결

참조예규 : 제314호, 제1040호

참조선례 : Ⅵ 제311항

[선례 19] 「전원개발촉진법」상 전원개발사업자가 사용재결을 받은 경우 구분지상권설정등기의 단독신청 가부(소극)

제정 2019. 5. 13. [등기선례 제9-291호, 시행]

전원(電源)개발사업자가 전원개발사업의 시행을 위하여 「전원개발촉진법」 및 「공익사업을 위한 토지 등의 취득 및 보상에 관한 법률」에 따라 중앙토지수용위원회에 토지 사용재결을 신청하여 이를 받았다고 하더라도, 「전원개발촉진법」에 "전원개발사업자가 사용재결을 받으면 단독으로 구분지상권설정등기를 신청할 수 있다"는 취지의 규정이 없는 이상, 그 사용재결에 의해서는 단독으로 구분지상권설정등기를 신청할 수 없다.

(2019. 5. 13. 부동산등기과-1175 질의회답)

참조조문 : 전원개발촉진법 제3조, 제6조의2, 공익사업을 위한 토지 등의 취득 및 보상에 관한 법률 제19조

참조판례 : 2009. 9. 10. 선고 2009두5343 판결

참조선례 : IX 제284항

[선례 20] 토지의 특정 일부에 대한 지상권설정등기의 가부

제정 1987. 8. 3. [등기선례 제2-358호, 시행]

지상권의 목적인 부동산은 1필의 토지 전부라야 할 필요는 없고 그 일부라도 무방하나(다만 이미 지상권이 설정되어 있는 토지부분에 대하여는 다시 지상권을 설정할 수 없을 것임), 1필의 토지의 일부에 대하여 지상권설정등기를 신청하고자 할 경우에는 신청서에 지상권의 범위를 특정할 수 있도록 기재하고 그 부분을 표시한 지적도를 첨부하여야 한다.

87. 8. 3 등기 제467호 농업협동조합중앙회장 대 법원행정처장

참조예규 : 391항

[선례 21] 공유토지에 대하여 지상권설정등기를 명하는 승소확정판결을 받았으나 그 등기실행 전에 공유자 중 일부가 그의 지분을 다른 사람에게 이전한 경우의 등기절차

제정 1988. 5. 25. [등기선례 제2-143호, 시행]

갑이 을, 병의 공유토지에 대하여 지상권설정등기를 명하는 승소확정판결을 받았으나 그 등기실행 전에 을이 그의 지분을 정에게 이전등기 한 경우 정은 민사소송법 제204조의 승계인이라 할 수 없으므로 비록 "정이 을로부터 위 지상권설정등기의무를 승계하였다"는 취지의 증서를 첨부하여도 갑은 단독으로 위 확정판결에 의한 지상권설정등기를 신청할 수 없다. 다만, 갑이 정에 대한 관계에서는 정이 을로부터 당초의 지상권설정계약상의 지위를 승계하였음을 증명하는 서면(갑, 을, 정 3인의 합의의사가 나타나야 할 것임)과 당초의 설정계약서를 원인증서로 첨부하여 갑, 정 공동으로, 병에 대한 관계에서는 위 판결정본과 그 확정증명서를 첨부하여 갑 단독으로, 동일한 신청서에 의하여 위 지상권설정등기신청을 할 수는 있다. (88. 5. 25 등기 제289호)

참조조문 : 부동산등기법 제29조

참조판례 : 69.7.22 69다609

* 판결에 의한 소유권보존등기의 신청 또는 대위신청에 있어서 제출 할 서면 - 제6장 제1절
* 판결에 의한 소유권이전등기의 신청에 있어서 제출할 서면 - 제6장 제2절 제2관 제1항 및 제2항
* 판결에 의한 소유권등기의 말소등기신청에 있어서 제출할 서면 - 제8장 제2절 및 제3절

[선례 22] 토지사용에 관한 재결에 의한 지상권설정등기의 가부

제정 1987. 11. 27. [등기선례 제2-360호, 시행]

토지사용에 관한 재결에 의하여 지상권설정등기의 촉탁을 할 수는 없다.

87.11.27 등기 제681호 부산직할시장 대 법원행정처장

질의요지 : 지하철공사의 시행에 따라 개인소유 토지의 지하부분 사용을 위하여 소유자와 보상협의하고 협의불성립 토지에 대하여는 토지수용법에 의한 손실보상재결을 받아 재결된 보상금을 공탁한 후 그 토지에 대하여 지상권설정등기촉탁을 하고자 하나, 그 등기의 가능여부에 대하여 다음과 같은 2가지 견해가 있으니, 어느 것이 타당한지 알려주시기 바랍니다.

갑설 - 민법 제279조의 규정에 의한 지상권에는 지하철 등 지하공작물 사용권이 포함되어 있고 지상권 자체의 성격이 토지를 사용하는 권리이며 토지수용법 제67조 제2항에서 "기업자는 토지 또는 물건을 사용한 날에 그의 사용권을 취득하며 그 토지나 물건에 관한 다른 권리는 사용의 기간 중 이를 행사하지 못한다"라고 규정하여 사용권의 취득을 인정하고 있을 뿐만 아니라 같은 법에 소유권의 경우에는 수용으로, 지상권 등 용익물권의 경우에는 사용으로 표현할 뿐 수용과 사용이 동일한 절차에 의하도록 되어 있고, 중앙토지수용위원회의 재결서에서도 "사업에 사용될 토지의 지하부분을 사용하고"라고 하였으므로, 부동산등기법 제115조의 규정에 의하여 지상권설정등기를 할 수 있다.

을설 - 부동산등기법 제115조가 적용되는 것은 소유권에 관한 수용의 경우이며, 중앙토지수용위원회의 재결도 토지수용재결이 아닌 손실보상재결이므로 지상권설정등기를 할 수 없다.

[선례 23] 토지의 합필등기와 지상권자의 승낙 요부

제정 1987. 6. 12. [등기선례 제2-475호, 시행]

갑지를 을지에 합병할 경우 갑지에 지상권설정등기가 되어 있다 하더라도 지상권자의 소멸승낙 없이 위 양 토지의 합필등기신청을 할 수 있다.

87. 6.12 등기 제347호

[선례 24] 농지에 대한 지상권설정등기신청과 비농지증명 등의 제출 여부

제정 1989. 1. 19. [등기선례 제2-362호, 시행]

농지에 대한 지상권설정등기신청서에는 그 농지가 도시계획법 제2조 제1항 제1호 나목 또는 도시계획법 제2조 제1항 제1호 다목에 해당하거나 실제로는 농지가 아니라는 것을 증명하는 서면을 별도로 첨부할 필요가 없다.

89. 1.19 등기 제123호

참조예규 : 833-2항

[선례 25] 토지수용법상 토지사용의 재결에 의한 지상권설정등기 가부

제정 1991. 9. 20. [등기선례 제3-572호, 시행]

토지수용법에 의한 토지사용에 관한 재결에 의하여 기업자가 지상권설정등기를 촉탁할 수는 없다.

91.9.20. 등기 제1959호 부산교통공단 이사장 대 질의회답

[선례 26] 건물이 건립되어 있는 토지에 대한 지상권설정등기 가부

제정 1992. 3. 10. [등기선례 제3-573호, 시행]

그 지상에 건물이 건립되어 있는 토지에 대하여도 지상권설정등기를 할 수 있다.

92.3.10. 등기 제585호

참조조문 : 민법 제279조

[선례 27] 관리인이 선임된 구분건물의 대지에 대한 구분지상권설정방법 및 토지수용법상의 사용재결에 의한 구분지상권설정등기촉탁 가부

제정 1993. 1. 13. [등기선례 제3-574호, 시행]

가. 공유토지에 대하여 구분지상권설정등기신청을 할 경우에는 공유자 전원이 등기의무자이므로, 관공서가 등기권리자인 때에는 그 공유자전원의 승낙서를 첨부하여야 하며 그 공유자 중 1인이 국인 때에는 관리청의 승낙서를 첨부하여야 한다. 다만 관공서가 집합건물의소유및관리에관한법률 제24조 제1항의 규정에 의하여 관리인이 선임된 구분건물의 대지에 대하여 그 관리인(규약에 의하여 구분지상권을 설정할 수 있는 권한이 부여되어 있는 관리인)과 구분지상권설정계약을 체결하여 그 등기촉탁을 하는 경우에는 공유자 전원의 승낙서 대신에 그 관리인의 승낙서를 첨부할 수 있을 것이다.

나. 토지수용법에 의한 사용재결에 의하여는 구분지상권설정등기촉탁을 할 수 없다.

93.1.13. 등기 제80호 서울 중구청장 대 질의회답

[선례 28] 대지권인 취지의 등기가 된 토지에 대한 구분지상권설정등기 가부와 그 구분건물의
관리인과 구분지상권설정계약 등

제정 1993. 2. 9. [등기선례 제3-575호, 시행]

대지권인 취지의 등기가 된 토지에 대하여도 구분지상권설정등기를 할 수 있으며, 관공서가 그 토지에 대하여 구분지상권설정등기신청을 하기 위하여는, 집합건물의소유및관리에관한법률 제24조 제1항의 규정에 의하여 관리인이 선임된 경우에는 그 토지에 대하여 그 관리인(규약에 의하여 구분지상권을 설정할 수 있는 권한이 부여되어 있는 관리인)과 구분지상권설정계약을 체결하여 그 관리인의 승낙서를 첨부하여 그 등기촉탁을 하거나, 위와 같은 관리인이 없는 경우에는 토지공유자인 대지권자 전원과 구분지상권설정계약을 체결하여 그 대지권자 전원의 승낙서를 첨부하여 그 등기촉탁을 할 수 있다.(그러나 대지권자인 토지공유자 개개인과 구분지상권설정계약을 체결하고 그 지분에 대하여 구분지상권설정등기신청을 한다면 그 신청은 수리될 수 없다).

93.2.9. 등기 제317호 서울 종로구청장 대 질의회답

참조조문 : 민법 제279조

[선례 29] 서울특별시 교육감으로 그 소관청의 명칭이 첨기등기된 토지에 대하여 서울특별시가
구분지상권설정등기 신청 가부

제정 1994. 6. 20. [등기선례 제4-448호, 시행]

서울특별시 소유의 토지가 교육비특별회계 소관의 공유재산이어서 서울특별시 교육감으로 그 소관청의 명칭을 첨기등기한 경우라고 할 지라도, 서울특별시 교육감은 서울특별시와 다른 지방자치단체가 아니라 서울특별시의 집행기관에 불과한 것이어서 위 토지의 소유자는 서울특별시이므로, 위 토지에 대하여 다시 서울특별시가 구분지상권자가 되는 구분지상권설정등기는 신청할 수 없다.

(1994. 6. 20 등기 3402-540 질의회답)

참조조문 : 지방자치법 제2조, 제112조, 지방교육자치에관한법률 제25조, 지방
재정법 제6조, 제76조

[선례 30] 토지수용법에 의한 토지사용의 재결에 의한 구분지상권설정등기 촉탁 가부(변경)

제정 [등기선례 제5-405호, 시행]

토지수용법에 의한 토지사용에 관한 재결에 의하여 기업자가 구분지상권설정등기를 촉탁할 수는 없다.

(1997. 1. 21. 등기 3402-48 질의회답)

주 : 도시철도법에의한구분지상권등기처리규칙의 개정(1999. 2. 27. 대법원규칙 제1,591호)으로 사용재결에 의한 구분지상권설정등기가 가능하게 되었음.

[선례 31] 공공용지의취득및손실보상에관한특례법에 의한 지상권설정등기

제정 1997. 6. 30. [등기선례 제5-407호, 시행]

한국전력공사가 공공용지의취득및손실보상에관한특례법 제5조의 규정에 따라 소유권의 보존 또는 이전등기가 되어 있지 않은 토지 위에 지상권을 취득하고자 하는 경우에는, 구청장·시장〈도농복합형태의 시에 있어서는 동(동)지역에 한한다〉 또는 읍·면장이 확인하는 정당한 권리자에게 보상금을 지급하고 그 확인서와 보상금의 지급을 증명하는 서면을 첨부하여 대위에 의한 소유권보존 또는 이전등기를 한 후에 한국전력공사 명의의 지상권설정등기를 할 수 있다.

(1997. 6. 30. 등기 3402-466 질의회답)

[선례 32] 지상권설정등기에 있어 지료 부증액(부증액) 특약사항 등기 가부

제정 [등기선례 제5-409호, 시행]

특약사항은 이를 등기할 수 있다는 법령상의 근거가 있어야만 이를 등기할 수 있는 것인바, 당사자간에 '송전선의 건설 및 소유'를 목적으로 하는 지상권설정계약을 체결하면서 '장래에 있어 지료를 증액하지 않는다'는 내용의 특약을 하였다면, 그 특약사항은 부동산등기법 제136조의 규정에 의거 이를 등기할 수 있다고 할 것이므로, 당사자가 지상권설정등기의 신청과 동시에 위와 같은 특약사항의 등기를 신청하였음에도 등기관이 그 등기를 누락하였다면, 이를 발견한 등기관이 부동산등기법 제72조에 의하여 직권경정등기를 경료하여야 할 것이다. 그러나, '지상권 존속기간 동안의 총지료 금○○○원을 일시에 지급한다'는 내용의 특약은 지상권설정등기의 등기사항 중 '지료액'과 '지료의 지급시기'에 의해 공시되는 내용이고, '본 지료에는 지상권자가 본 토지상의 공간에 송전선을 건설하고 소유하는데 따른 지료도 포함되어 있다'라는 특약은 지상권설정계약의 내용을 한 번 더 반복한 것에 불과하여 별도의 특약사항은 아니므로, 이와 같은 내용에 대하여는 특약사항으로서 부기등기를 경료받을 수 없다.
(1998. 2. 18. 등기 3402-162 질의회답)
참조조문 : 법 제43조의2
참조예규 : 제876호

[선례 33] 대지권등기가 경료된 토지에 대한 구분지상권설정 등기 가부

제정 1998. 4. 17. [등기선례 제5-410호, 시행]

대지권인 취지의 등기가 경료된 토지에 대하여도, 집합건물의소유및관리에관한법률 제24조의 규정에 의한 관리인이 선임되어 있고 관리인에게 구분지상권을 설정할 수 있는 권한이 부여되어 있는 때에는, 그 관리인과 구분지상권설정계약을 체결한 후 그와 공동으로 등기를 신청할 수 있을 것이나, 그와 같은 관리인이 없는 경우에는 토지공유자인 전유부분의 소유자 전원과 구분지상권설정계약을 체결한 후 그들과 공동으로 등기를 신청하는 방법으로 구분지상권설정등기를 경료받을 수 있다.
(1998. 4. 17. 등기 3402-342 질의회답)

[선례 34] 토지 상부에 인공대지를 조성하여 아파트 등을 조성한 경우 구분지상권설정등기 가부와 방법

제정 1998. 10. 31. [등기선례 제5-411호, 시행]

갑이 을의 소유로서 차량기지로 사용되고 있는 연접한 수 필의 토지 중 두 필의 토지(이하 각 ①, ②번 토지라 한다) 상부에 인공대지를 조성(①번 토지의 수평적 일부 위에 아파트 부지를, ②번 토지 전부의 위에 학교 부지를 각 조성)하여 아파트와 학교를 짓는 한편, 위 인공대지로의 진입을 위하여 ①번 토지의 일부 위에 위치를 달리하여 두 군데의 고가도로를 설치하고자 한다면, 갑과 을의 공동신청으로 위 공작물들을 소유하기 위한 구분지상권설정등기를 경료받을 수 있을 것이고, 이때 ①번 토지에 대하여는 구분지상권설정의 대상이 되는 수평적 일부의 범위를 각 특정하여(그 부분을 특정할 수 있는 지적도를 첨부하여야 할 것임) 3개의 구분지상권설정등기를 별개로 신청하여야 할 것이나, ②번 토지에 대하여는 별도로 지적도를 첨부할 필요가 없다.
(1998. 10. 31. 등기 3402-1099 질의회답)
참조조문 : 법 제136조, 규칙 제63조, 민법 제289조의2

[선례 35] 전통사찰의 소유인 토지에 대하여 지상권설정등기를 경료받기 위한 절차 여하

제정 1999. 2. 10. [등기선례 제6-304호, 시행]

전통사찰보존법의 규정이 적용되는 전통사찰 소유의 토지에 대한 지상권설정등기는 그 사찰을 대표하는 주지와 지상권을 설정받는 자의 공동신청에 의하여야 할 것이고, 이 때 등기목적인 토지가 당해 사찰의 경내지 안(전통사찰보존법 제2조 제3호 참조)에 있는 토지인 경우에는 등기신청서에 일반적인 첨부서면 외에 문화관광부장관의 허가를 증명하는 서면을 첨부하여야 한다.
(1999. 2. 10. 등기 3402-146 질의회답)
참조조문 : 전통사찰보존법 제6조, 동법시행령 제7조
참조판례 : 1995. 7. 4. 선고 93다60038 판결
참조예규 : 제893호

[선례 36] 사용재결에 의한 구분지상권 설정

제정 1999. 4. 28. [등기선례 제6-307호, 시행]

도시철도법에의한구분지상권등기처리규칙이 개정(1999. 2. 27.)되어 수용뿐만 아니라 사용재결에 의하여도 구분지상권설정등기를 신청할 수 있게 되었는바, 위 규칙 개정 전에 토지수용법에 의하여 구분지상권의 설정을 내용으로 하는 사용재결을 받은 경우에도 위 사용재결을 원인으로 한 구분지상권설정등기를 신청할 수 있다. (1999. 4. 28. 등기3402-465 질의회답)

[선례 37] 공공용지의취득및손실보상에관한특례법에 의한 지상권설정등기를 위한 대위등기

제정 [등기선례 제6-309호, 시행]

공공용지의취득및손실보상에관한특례법에 의한 사업시행자가 소유권의 보존 또는 이전등기가 되어 있지 아니한 토지 위에 지상권을 취득하고자 하는 경우, 같은 법 제5조의 규정에 의한 확인서와 보상금의 지급을 증명하는 서면을 첨부하여 대위에 의한 소유권의 보존 또는 이전의 등기를 신청할 수 있을 것이다.
(1999. 5. 24. 등기 3402-545 질의회답)
참조조문 : 공공용지의취득및손실보상에관한특례법 제5조
참조예규 : 제560호

[선례 38] 이미 지상권설정등기가 경료되어 있는 상태에서 지상권설정청구권가등기를 신청할 수 있는지 여부(적극)

제정 [등기선례 제6-310호, 시행]

1. 지상권은 타인의 토지를 배타적으로 사용하는 용익물권이므로 동일한 토지에 대한 이중의 지상권설정등기는 허용되지 않지만, 이미 지상권설정등기가 경료되어 있는 상태에서 기존 지상권설정등기의 말소를 조건으로 하는 정지조건부 지상권설정등기청구권을 보존하기 위한 조건부지상권설정청구권가등기는 신청할 수 있다.
2. 다만 위 가등기에 기한 지상권설정의 본등기는 기존의 지상권설정등기가 말소되기 전에는 신청할 수 없다.

(2000. 11. 1. 등기 3402-776 질의회답)
참조조문 : 법 제3조

[선례 39] 토지 위에 건물이 존재하는 경우, 그 토지에 대하여 지상권설정등기를 할 수 있는지 여부

제정 2001. 10. 16. [등기선례 제6-311호, 시행]

토지 위에 등기된 건물이 있다 하더라도, 당해 토지의 등기부상 지상권과 양립할 수 없는 용익물권이 존재하지 않는다면, 그 토지에 대하여 지상권설정등기를 신청할 수 있다.

(2001. 10. 16. 등기 3402-703 질의회답)
참조선례 : Ⅲ 제573항

[선례 40] 도시철도법에 의한 사용재결에 따른 구분지상권설정등기

제정 2002. 2. 27. [등기선례 제7-255호, 시행]

도시철도법상의 도시철도건설자가 아닌 자가 토지수용법에 의한 사용재결을 받은 경우, 그 재결에 의해서는 구분지상권설정등기촉탁(신청)을 할 수 없다.

(2002. 2. 27. 등기 3402-138 질의회답)
참조조문 : 도시철도법에의한구분지상권등기처리규칙 제2조
참조선례 : 등기선례요지집 Ⅴ 제141항
주) 도시철도법에의한구분지상권등기처리규칙은 도시철도법및도로법에의한구분지상권등기처리규칙(2004. 7.26.자)으로 개정됨.

[선례 41] 지하사용에 대한 재결이 성립된 토지가 사용의 시기 이후에 소유권 이전 또는 분할·합병된 경우 사용재결에 따른 구분지상권설정등기를 할 수 있는지 여부

제정 2002. 3. 18. [등기선례 제7-256호, 시행]

도시철도법상 도시철도건설자가 토지수용법에 의하여 구분지상권을 설정하는 내용의 사용재결을 받았으나 사용한 날 이후에 사용토지의 소유권이 이전된 경우, 건설자는 종전 소유자를 상대로 한 재결서 및 공탁서를 첨부하고, 현재의 등기부상 소유명의인(재결서상의 피사용자의 승계인)을 등기의무자로 하여 사용재결에 따른 구분지상권설정등기를 신청할 수 있을 것이며, 사용재결 이후 사용토지가 분할·합병된 경우라도 종전 토지에 대한 재결서 및 공탁서와 등기필증의 작성을 위한 신청서부본 1부를 첨부하고, 신청서에 분할 또는 합병된 후의 부동산표시를 하여 사용재결에 따른 구분지상권설정등기를 신청할 수 있을 것이다. 다만, 합병 후 토지 일부에 대해서만 구분지상권이 설정되는 경우에는 구분지상권의 목적인 토지부분을 특정할 수 있는 지적도면을 첨부하여야 한다.

(2002. 3. 18. 등기 3402-180 질의회답)

참조조문 : 도시철도법 제5조, 제5조의2, 토지수용법 제6조제2항, 67조 제2항

참조예규 : 등기예규 제889호

[선례 42] 사용재결에 따른 구분지상권설정등기시 등기원인일자

제정 2002. 4. 2. [등기선례 제7-257호, 시행]

도시철도법상 도시철도건설자가 토지수용법에 의하여 구분지상권을 설정하는 내용의 사용재결을 받은 후 재결서상의 사용의 시기 이전에 보상금을 지급 또는 공탁한 경우, 위 사용재결에 따른 구분지상권설정등기를 촉탁할 때에는 재결서상에 기재된 "사용의 시기(사용한 날)"를 등기원인일자로 기재하여야 할 것이다.

(2002. 4. 2. 등기 3402-204 질의회답)

참조조문 : 토지수용법 제67조 제2항

참조예규 : 등기예규 제889호

주) 토지수용법은 공익사업을위한토지등의취득및보상에관한법률(2002. 2. 4.자)의 시행으로 사용의 시기가 아닌 사용의 개시일로 변경됨.

[선례 43] 소유권이전등기청구권보전의 가등기에 기한 본등기를 경료한 경우 도시철도법상 사용재결에 의한 구분지상권설정등기를 직권으로 말소하여야 하는지 여부(소극)

제정 [등기선례 제7-258호, 시행]

1. 매매예약에 의한 소유권이전등기청구권보전의 가등기가 경료된 토지에 도시철도법상의 도시철도건설자인 지하철공사가 토지수용법에 의한 사용재결에 따라 구분지상권설정등기를 경료한 후에는 가등기에 기한 소유권이전의 본등기를 경료하는 경우에도 사용재결에 의한 구분지상권설정등기는 말소되지 아니한다.
2. 다만, 위와 같은 가등기가 경료된 토지에 도시철도건설자인 지하철공사와 토지소유자간에 도시철도법상의 협의에 의하여 구분지상권을 취득한 경우에도 관할토지수용위원회의 협의성립확인을 받지 않은 경우이거나 공공용지의취득및손실보상에관한특례법상의 협의성립에 의하여 구분지상권을 취득한 경우에는 단순한 승계취득에 불과하기 때문에 그 등기보다 선순위인 가등기에 기한 소유권이전의 본등기시 협의성립에 의한 구분지상권설정등기가 직권말소된다.

(2002. 9. 27. 등기 3402-530 질의회답)
참조조문 : 도시철도법에 의한 구분지상권등기처리규칙 제4조
참조선례 : 등기선례요지집Ⅵ 제354항
주) 도시철도법에의한구분지상권등기처리규칙은 도시철도법및도로법에의한구분지상권등기처리규칙(2004.7.26.자)으로 개정됨

[선례 44] 판결이유중의 판단에서 관습법상의 법정지상권의 성립을 인정한 경우 위 판결에 의하여 지상권설정등기를 신청할 수 있는지 여부(소극)

제정 2003. 10. 16. [등기선례 제7-259호, 시행]

갑이 을을 상대로 한 토지인도소송의 판결이유중의 판단에서 을에게 관습법상의 법정지상권이 인정된 경우라도 위 판결에 의하여는 을이 단독으로 지상권설정등기를 신청할 수 없다.

(2003. 10. 16. 부등 3402-567 질의회답)
참조조문 : 부동산등기법 제29조, 민사집행법 제263조
참조선례 : 등기선례요지집 Ⅳ 제22항, 제217항

[선례 45] 지상권자가 지상권의 목적인 토지의 일부를 임대하는 경우 등기신청절차 등

제정 [등기선례 제7-261호, 시행]

지상권자는 그 권리의 존속기간 및 범위 내에서 그 토지를 임대할 수 있으므로 지상권자가 그 목적물인 대지를 임대하고 그에 따른 임차권설정등기를 신청하는 경우 그 임차권의 존속기간은 지상권의 존속기간 내이어야 하며, 이 때 그 임대차의 목적이 지상권의 목적물인 토지의 일부인 때에는 신청서에 임차권 설정의 범위를 기재하고 그 범위를 표시한 도면을 첨부하여야 한다. 한편, 민법 제651조는 강행규정이므로 비록 지상권의 존속기간 내이더라도 동조 제1항 전단(견고한 건물을 위한 토지임대차 등)의 경우 외에는 임대차 존속기간이 20년을 초과할 수 없을 것이나, 위 규정에 반하는 등기신청이 있더라도 등기관은 실질적 심사권이 없고 등기가 경료되더라도 임대차기간은 법정기간으로 단축되므로 신청서 기재대로 수리하여야 할 것이다.
(2004. 9. 24. 부등 3402-490 질의회답)
참조조문 : 부동산등기법 제156조
참조판례 : 2003. 8. 22. 선고 2003다19961 판결
참조예규 : 등기예규 제146호

[선례 46] 방식이 적합하지 아니한 촉탁서에 의하여 경료된 소유권 보존등기를 직권말소할 수 있는지 여부 등

제정 2005. 5. 23. [등기선례 제8-243호, 시행]

1. 구 토지구획정리사업법에 의한 사업시행자로부터 토지구획정리사업의 시행에 따른 소유권보존등기의 촉탁이 있어 그에 따라 소유권보존등기가 경료되었으나, 그 촉탁서의 방식이 규정에 적합하지 아니하며, 환지계획서 인가서 등본 등 필요한 첨부서면이 누락되었다 하더라도, 위 촉탁에 따른 소유권보존등기는 등기관이 직권으로 말소할 것은 아니다.
2. 지상권설정등기 신청서의 첨부서면이 아님에도 불구하고 신청인이 그 신청서에 토지대장등본을 첨부하였고 그 등본의 기재에 의하면 당해 토지대장이 구획정리되어 폐쇄된 경우, 위 지상권설정등기는 수리할 수 없을 것이다.
(2005. 05. 23. 부동산등기과-402 질의회답)

[선례 47] 대지권의 목적인 토지 위에 구분지상권 설정등기를 하는 경우의 등기방법

제정 2005. 7. 29. [등기선례 제8-244호, 시행]

도시철도건설자가 1동의 건물이 소재하는 수 필의 대지 중 한 필지에 대하여 구분소유자 전원을 상대로 공익사업을위한토지등의취득및보상에관한법률에 의하여 구분지상권의 설정을 목적으로 하는 사용재결을 받은 경우(도시철도법 제5조의2 참조), 대지권인 취지가 기재된 토지에 대하여 대지권변경(대지권말소)등기를 할 필요 없이 구분지상권설정등기를 신청할 수 있다.
(2005. 07. 29. 부동산등기과-1068 질의회답)
참조선례 : Ⅲ 제575항, Ⅵ 제312항

[선례 48] 신탁된 부동산에 대한 구분지상권설정등기의 가부

제정 2007. 5. 10. [등기선례 제8-245호, 시행]

신탁등기가 경료된 토지에 대하여 수탁자를 등기의무자로 하는 구분지상권설정등기의 신청은 그 등기신청이 신탁목적에 반하지 않으면 할 수 있다.
(2007. 05. 10. 부동산등기과-1589 질의회답)
참조조문 : 신탁법 제1조 제2항
참조예규 : 제1211호

[선례 49] 지하철도 소유를 위한 구분지상권설정등기에 철도운행으로 인한 소음, 진동에 대하여 건축주가 책임지기로 하는 내용의 특약사항 등기를 할 수 있는지 여부(소극)

제정 2010. 2. 4. [등기선례 제201002-1호, 시행]

지하철도의 소유를 목적으로 하는 구분지상권설정등기를 마친 후 당사자 사이에 "건물 준공 후 수분양자로부터 지하철 열차운행으로 인한 소음, 진동에 대한 민원 및 이의가 없도록 건축주가 책임진다."는 내용의 약정을 하였다 하더라도 법령상에 그러한 사항을 등기할 수 있다는 특별한 규정이 없는 한 이를 특약사항으로 등기할 수 없다.
(2010. 2. 4. 부동산등기과-250 질의회답)
참조조문 : 부동산등기법 제136조, 민법 제289조의2제1항
참조예규 : 등기예규 제1256호
참조선례 : 부동산등기선례요지집 Ⅱ 제357항

[선례 50] 지상권설정등기신청서에 법인인 등기권리자의 취급지점을 표시한 등기신청이 있는 경우 등기부에 이를 기재할 수 있는지 여부(소극)

제정 2010. 2. 25. [등기선례 제201002-5호, 시행]

법인이 권리에 관한 등기를 신청하는 경우 등기부에 그 명칭과 사무소 소재지를 기재하는바, 법령 등에서 특별히 정한 경우를 제외하고는 이와 달리 기재할 수 없다. 따라서 법인이 (근)저당권자, 가압류권자, 가처분권자 등인 경우와 공공기관이 압류권자인 경우에는 업무상 필요에 의하여 취급지점 등의 표시규정을 두고 있으나 지상권자에 대하여는 이러한 규정이 없으므로 지상권설정등기신청서에 취급지점 등의 표시가 있다 하더라도 등기부에 이를 기재할 수 없다.
(2010. 2. 25. 부동산등기과 - 405 질의회답)
참조조문 : 부동산등기법 제41조제1항제3호, 제57조제2항
참조예규 : 등기예규 제1188호, 재판예규 제866-19호

[선례 51] 공익법인 아닌 재단법인이 기본재산에 지상권설정등기를 신청할 때 주무관청의 허가를 증명하는 서면의 첨부 요부 (소극)

제정 2010. 5. 14. [등기선례 제201005-3호, 시행]

「공익법인의 설립·운영에 관한 법률」의 적용을 받지 않는 공익법인 아닌 재단법인이 기본재산인 부동산에 관하여 매매 등 처분행위를 원인으로 한 소유권이전등기를 신청할 때에는 주무관청의 허가를 증명하는 서면을 첨부하여야 하나, 지상권설정등기를 신청할 때에는 이를 첨부할 필요가 없다.
(2010. 5. 14. 부동산등기과 - 970 질의회답)
참조조문 : 민법 제42조 , 제43조 , 제45조 , 공익법인의 설립·운영에 관한 법률 제2조 , 제11조
참조예규 : 등기예규 제886호
참조선례 : 부동산등기선례요지집 IV 제114항 , VI 제50항 , VIII 제18항

[선례 52] 한국전력공사가 송전철탑에 대하여 「전기사업법」에 의한 사용재결을 받은 경우 지상권 또는 구분지상권설정등기를 신청할 수 있는지 여부

제정 2013. 7. 24. [등기선례 제201307-7호, 시행]

「전기사업법」 제2조 제2호의 전기사업자가 타인의 토지에 송전철탑을 설치하기 위하여 「전기사업법」 제89조의2 및 「도시철도법 등에 의한 구분지상권 등기규칙」 제2조 제1항에 따라 구분지상권의 설정을 내용으로 하는 사용재결을 받은

경우에는 그 재결서와 보상 또는 공탁을 증명하는 서면 등을 첨부정보로 제공하여 토지사용을 원인으로 하는 구분지상권설정등기를 단독으로 신청할 수 있으나, 지상권설정을 내용으로 하는 사용재결에 관하여는 법령상에 그 근거규정이 없으므로 설령 사업시행자가 지상권설정에 관한 사용재결을 받았다고 하더라도 이에 따른 지상권설정등기를 단독으로 신청할 수 없다.
(2013. 7. 24. 부동산등기과-1765 질의회답)
참조조문 : 민법 제279조, 제289조의2 제1항, 전원개발촉진법 제3조, 제6조의2, 부동산등기법 제99조, 공익사업을 위한 토지 등의 취득 및 보상에 관한 법률 제4조
참조판례 : 대법원 2009. 9. 10. 선고 2009두5343 판결
참조예규 : 등기예규 제1040호
참조선례 : 2012. 9. 25. 부동산등기과-1854 질의회답

[선례 53] 분할 후의 토지에 전사된 지상권을 구분지상권으로 변경하는 등기의 신청절차

제정 2015. 5. 8. [등기선례 제201505-1호, 시행]

송전철탑과 송전선의 소유를 목적으로 하는 지상권이 토지의 일부에 설정되어 있는데, 위 토지가 분할되어 갑 토지 일부에는 종전과 같이 송전철탑과 송전선의 소유를 목적으로 하는 지상권이, 을 토지 일부에는 송전선의 소유만을 목적으로 하는 지상권이 각 존속하게 되는 경우, 지상권과 구분지상권은 그 권리의 내용을 달리하므로 을 토지에 전사된 지상권을 구분지상권으로 변경하기 위해서는 지상권자와 지상권설정자가 그 변경내용을 기재한 계약서를 등기원인을 증명하는 서면으로 첨부하여 변경등기를 신청하여야 하고, 지상권자가 작성한 지상권설정의 목적과 범위를 기재한 서면만을 첨부해서는 변경등기를 신청할 수 없다.
(2015. 5. 8. 부동산등기과-1055 질의회답)
참조조문 : 민법 제279조, 제289조의2, 부동산등기규칙 제60조, 제74조

6. 관련 기록례

<기록례> 지하의 일정 공간을 범위로 하는 구분지상권설정

【을 구】		(소유권 이외의 권리에 관한 사항)		
순위번호	등기목적	접 수	등기원인	권리자 및 기타사항
1	구분지상권설정	2012년 8월 20일 제3200호	2012년 8월 13일 설정계약	목적 지하철도 소유 존속기간 50년 범위 토지의 남쪽 끝지점을 포함한 수평면을 기준으로 하여 지하 15m부터 35m 사이 지상권자 서울특별시 411

7. 지상권설정

가. 지상권설정

【을 구】		(소유권 이외의 권리에 관한 사항)		
순위번호	등기목적	접수	등기원인	권리자 및 기타사항
1	지상권설정	2023년 3월 14일 제2222호	2023년 3월 14일 설정계약	목적 철근콘크리트조 건물의 소유 범위 토지 전부 존속기간 2023년 3월 14일부터 30년 지료 월 금 200,000원 지급시기 매월 말일 지상권자 이영식 650422-1045115 서울특별시 종로구 율곡로 16 (원서동)

㈜ 1. 범위는 필수적 등기사항이므로 범위가 『부동산 전부』일 경우에도 범위를 반드시 기록한다.
2. 존속기간, 지료 및 지급시기는 약정이 있는 경우에만 이를 기록한다.
3. 지료를 ㎡당 얼마로 약정한 경우에는 『몇 ㎡당 금000원』으로 기록한다.

나. 토지의 일부에 대한 지상권설정

【 을 구 】			(소유권 이외의 권리에 관한 사항)	
순위번호	등기목적	접수	등기원인	권리자 및 기타사항
1	지상권설정	2022년 8월 3일 제3200호	2022년 8월 3일 설정계약	목적 철근콘크리트조 건물의 소유 범위 동남쪽 300㎡ 존속기간 2022년 8월 3일부터 30년 지료 월 금 300,000원 지급시기 매월 말일 지상권자 이영식 650422-1045115 　　서울특별시 종로구 율곡로 16 (원서동) 도면 제2018-12호

㈜ 지상권설정의 범위가 토지의 일부인 경우에는 그 부분을 표시한 도면의 번호를 기록한다.

다. 지상권의 소멸에 관한 약정이 있는 경우의 지상권설정

【 을 구 】			(소유권 이외의 권리에 관한 사항)	
순위번호	등기목적	접수	등기원인	권리자 및 기타사항
1	지상권설정	2022년 8월 3일 제3200호	2022년 8월 3일 설정계약	목적 철근콘크리트조 건물의 소유 범위 토지의 전부 존속기간 2022년 8월 3일부터 30년 지료 월 금 300,000원 지급시기 매월 말일 지상권자 이영식 650422-1045115 　　서울특별시 종로구 율곡로 16 (원서동)
1-1	1번 지상권 소멸약정			소멸사유 지상권자의 사망 2022년 8월 3일 부기

8. 구분지상권설정

가. 지하의 경우

【 을 구 】			(소유권 이외의 권리에 관한 사항)	
순위번호	등기목적	접수	등기원인	권리자 및 기타사항
1	구분지상권설정	2022년 8월 13일 제3200호	2022년 8월 13일 설정계약	목적 지하철도 소유 범위 토지의 남쪽 끝지점을 포함한 수평면을 기준으로 하여 지하 15m로부터 35m 사이 존속기간 50년 지상권자 서울특별시 411

㈜ 지하 또는 공간의 상하 범위는 평균해면 또는 지상권을 설정하는 토지의 특정 지점을 포함한 수평면을 기준으로 하여 이를 명백히 하여야 한다(등기예규 제1040호)

나. 공간의 경우

【 을 구 】			(소유권 이외의 권리에 관한 사항)	
순위번호	등기목적	접수	등기원인	권리자 및 기타사항
1	구분지상권설정	2022년 8월 16일 제11111호	2022년 8월 13일 토지사용	목적 고가철도의 소유 범위 토지의 서북간 ○○지점을 포함한 수평면을 기준으로 하여 지상 15m로부터 지상 35m 사이 존속기간 고가철도 존속기간으로 한다 지상권자 서울특별시 411

9. 지상권이전

가. 지상권 전부이전

【 을 구 】			(소유권 이외의 권리에 관한 사항)	
순위번호	등기목적	접수	등기원인	권리자 및 기타사항
1-1	1번지상권이전	2023년 3월 5일 제1006호	2023년 3월 4일 매매	지상권자 이영식 650422-1045115 서울특별시 종로구 율곡로 16 (원서동)

㈜ 1번 지상권자의 표시를 말소하는 표시를 한다.

나. 지상권 일부이전

【 을 구 】			(소유권 이외의 권리에 관한 사항)	
순위번호	등기목적	접수	등기원인	권리자 및 기타사항
1-1	1번지상권 일부(21분의1)이전	2023년 3월 5일 제1006호	2023년 3월 4일 매매	지상권자 지분 2분의1 이영식 650422-1045115 서울특별시 종로구 율곡로 16 (원서동)

다. 공유지상권의 지분이전

【 을 구 】			(소유권 이외의 권리에 관한 사항)	
순위번호	등기목적	접수	등기원인	권리자 및 기타사항
1-1	1번지상권 이영식 지분전부이전	2023년 3월 5일 제1006호	2023년 3월 4일 매매	지상권자 지분 3분의1 최영철 750614-1035852 서울특별시 종로구 창덕궁길 100(계동)

라. 지상권 일부이전에 의하여 취득한 공유지상권지분의 일부이전

【 을 구 】		(소유권 이외의 권리에 관한 사항)		
순위번호	등기목적	접수	등기원인	권리자 및 기타사항
1-1	지상권 설정	(생략)	(생략)	지상권자 김창수 721205-1352121 서울특별시 종로구 인사동6길5 (인사동)
1-1	1번지상권 일부 (2분의1) 이전	2022년 3월 5일 제1006호	2022년 3월 4일 매매	지상권자 지분 4분의1 　이영식 650422-1045115 　서울특별시 종로구 율곡로 16(원서동) 지분 4분의1 　최영철 750614-1035852 　서울특별시 종로구 창덕궁길 100(계동)
1-2		2023년 3월 5일 제1006호	2023년 3월 4일 매매	지상권자 지분 8분의1 조미숙 790513-1052134 서울특별시 용산구 원효로 10(원효로1가)

10. 지상권변경 등

가. 지상권의 목적 및 존속기간의 변경

【 을 구 】		(소유권 이외의 권리에 관한 사항)		
순위번호	등기목적	접수	등기원인	권리자 및 기타사항
1-1	지상권 설정	2022년 5월9일 제2121호	2022년 5월8일 설정계약	목적 ~~목조건물의 소유~~ 범위 토지의 전부 존속기간 ~~15년~~ 지상권자 설마영 680703-1562316 　서울특별시 마포구 마포대로 11가길 　25(염리동)
1-1	1번지상권 변경	2022년 9월5일 제4100호	2022년 9월4일 변경계약	목적 석조건물의 소유 존속기간 30년

㈜ 1. 변경 전의 목적, 존속기간을 말소하는 표시를 한다.

2. 존속기간의 변경으로 인하여 등기상 이해관계인이 있는 경우에는 그의 승낙을 증명하는 정보 또는 이에 대항할 수 있는 재판이 있음을 증명하는 정보를 제공한 때에 한하여 부기등기로 한다.

나. 통상의 지상권등기를 구분지상권등기로 변경하는 부기등기

【 을 구 】			(소유권 이외의 권리에 관한 사항)	
순위번호	등기목적	접수	등기원인	권리자 및 기타사항
1-1	지상권 설정	(생략)	(생략)	(생략)
1-1	1번 지상권을 구분지상권으로 변경	2022년 8월20일 제1006호	2022년 8월14일 변경계약	범위 평균해면 위 100m부터 150m 사이

㈜ 1. 1번 등기사항 중 범위에 관한 기록을 말소하는 표시를 한다.
   2. 등기상의 이해관계인이 없거나 이해관계인이 있더라도 그의 승낙을 증명하는 정보 또는 이에 대항할 수 있는 재판이 있음을 증명하는 정보를 제공한 때에 한하여 부기등기로 한다.

다. 구분지상권등기를 통상의 지상권등기로 변경하는 부기등기

【 을 구 】			(소유권 이외의 권리에 관한 사항)	
순위번호	등기목적	접수	등기원인	권리자 및 기타사항
1-1	구분지상권 설정	(생략)	(생략)	(구분지상권의 등기사항)
1-1	1번 구분지상권을 지상권으로 변경	2022년 8월23일 제1001호	2022년 8월22일 변경계약	범위 토지의 전부

㈜ 1. 1번 등기사항 중 범위에 관한 기록을 말소하는 표시를 한다.
   2. 등기상의 이해관계인이 없거나 이해관계인이 있더라도 그의 승낙을 증명하는 정보 또는 이에 대항할 수 있는 재판이 있음을 증명하는 정보를 제공한 때에 한하여 부기등기로 한다.

라. 지료 및 지급시기의 변경

【 을 구 】			(소유권 이외의 권리에 관한 사항)	
순위번호	등기목적	접수	등기원인	권리자 및 기타사항
1-1	1번지상권 변경	2023년 3월5일 제1006호	2023년 3월4일 변경계약	지료 1㎡당 월 금 300원 지급시기 매월 말일

㈜ 1. 등기상 이해관계인이 있는 경우에는 그의 승낙을 증명하는 정보 또는 이에 대항할 수 있는 재판이 있음을 증명하는 정보를 제공한 때에 한하여 부기등기로 한다.
   2. 변경 전의 지료와 지급시기를 말소하는 표시를 한다.

11. 지상권 말소

가. 존속기간 만료로 인한 지상권설정등기말소

【 을 구 】			(소유권 이외의 권리에 관한 사항)	
순위번호	등기목적	접수	등기원인	권리자 및 기타사항
3	1번지상권 설정 등기말소	2023년 3월5일 제1006호	2023년 3월4일 존속기간 만료	

㈜ 1번 지상권등기를 말소하는 표시를 한다.

나. 계약해제 또는 포기로 인한 지상권설정등기 말소

【 을 구 】			(소유권 이외의 권리에 관한 사항)	
순위번호	등기목적	접수	등기원인	권리자 및 기타사항
2	1번지상권 설정 등기말소	2023년 3월5일 제1006호	2023년 3월4일 해제(또는 포기)	

㈜ 1번 지상권등기를 말소하는 표시를 한다.

다. 근저당권의 목적인 지상권설정등기의 말소

【 을 구 】			(소유권 이외의 권리에 관한 사항)	
순위번호	등기목적	접수	등기원인	권리자 및 기타사항
2	1-1번 근저당권 설정등기 말소			1번 지상권의 말소로 인하여 2023년 3월 5일 등기
3	1번지상권 설정 등기말소	2023년 3월5일 제1006호	2023년 3월4일 포기	

㈜ 1번 지상권 및 1-1번의 근저당권등기를 말소하는 표시를 한다. 이 경우 지상권말소등기 신청서에는 근저당권자의 승낙을 증명하는 정보 또는 이 대항할 수 있는 재판이 있음을 증명하는 정보를 제공하여야 한다.

라. 이전된 지상권설정등기의 말소

【 을 구 】			(소유권 이외의 권리에 관한 사항)	
순위번호	등기목적	접수	등기원인	권리자 및 기타사항
1	지상권설정	(생략)	(생략)	(생략)
1-1	1번지상권 이전	(생략)	(생략)	(생략)
2	1번지상권 설정 등기말소	2023년 3월5일 제1006호	2023년 3월4일 해제 (또는포기)	

㈜ 1번 지상권등기 및 1-1번의 지상권이전등기를 말소하는 표시를 한다.

마. 이전된 지상권설정등기의 이전원인을 해제한 경우

【 을 구 】		(소유권 이외의 권리에 관한 사항)		
순위번호	등기목적	접수	등기원인	권리자 및 기타사항
1	지상권설정	(생략)	(생략)	(생략)
~~1-1~~	~~1번지상권이전~~	~~(생략)~~	~~(생략)~~	~~(생략)~~
1-2	2번등기로 인하여 1번 등기명의인 회복			지상권자 이영식 650422-1045115 서울특별시 종로구 율곡로 16 (원서동) 2022년 8월 10일 부기
2	1-1번 지상권이전 등기말소	2022년 8월10일 제22233호	2022년 8월5일 해제	

㈜ 1-1번의 지상권이전등기를 말소하는 표시를 하고 종전 지상권자를 회복한다.

바. 지상권설정등기의 소멸에 관한 사항의 약정이 있는 경우의 소멸

【 을 구 】		(소유권 이외의 권리에 관한 사항)		
순위번호	등기목적	접수	등기원인	권리자 및 기타사항
~~1~~	~~지상권설정~~	~~(생략)~~	~~(생략)~~	~~(생략)~~
~~1-1~~	~~1번지상권 소멸약정~~	~~(생략)~~		~~소멸사유 지상권자의 사망~~ ~~2011년 3월 4일 부가~~
2	1번 지상권설정 등기말소	2023년 3월3일 제22233호	2023년 2월2일 지상권자 사망	

제3절 지역권에 관한 등기

1. 지역권의 의의와 법적 성질

가. 의의

지역권이란 일정한 목적을 위하여 타인의 토지를 자기 토지의 편익에 이용하는 권리를 말한다(민법 제291조). 편익을 받는 토지를 "요역지(要役地)"라 하고 편익을 주는 토지를 "승역지(承役地)"라 한다.

나. 지역권의 부종성

지역권은 요역지 소유권의 내용이 아닌 독립된 권리이지만 요역지를 위하여 존재하는 권리이므로 당사자 간에 다른 약정이 없는 한 요역지 소유권에 부종하여 이전한다.

2. 지역권등기절차

가. 지역권설정등기

(1) 관할 등기소

승역지와 요역지의 관할등기소가 다를 경우 지역권설정등기신청은 승역지를 관할하는 등기소에 하여야 한다.

(2) 신청인

지역권설정등기는 지역권자가 등기권리자, 지역권설정자가 등기의무자로서 공동신청하여야 한다.

(3) 신청서의 기재사항

(가) 필요적 기재사항

지역권설정등기신청서에는 부동산(요역지 또는 승역지)의 표시, 신청인의 성명 또는 명칭과 주소, 등기원인과 그 연월일 등과 같이 규칙 제43조에서 정한 일반적인 기재사항

① 요역지 또는 승역지의 표시

신청서에는 요역지와 함께 승역지를 기재한다.

② 지역권설정의 목적

목적은 승역지가 요역지에 제공하고 있는 편익의 종류를 기재한다.

③ 지역권설정의 범위

지역권이 승역지의 전부에 설정되는지 또는 일부에 설정되는지를 명확히 하기 위하여 그 범위를 구체적으로 특정해야 하므로, "전부" 또는 "동측 20㎡" 등과 같이 기재한다.

(나) 임의적 기재사항

민법 제292조 제1항 단서, 민법 제297조 제1항 단서의 약정이나 민법 298조의 약정이 있는 경우에는 이를 신청서에 기재하여야 하고(규칙 제127조, 법 제70조 제4호), 그 약정은 승역지의 등기부상에 표시된다(기록례 140-141항).

(4) 첨부정보

등기원인을 증명하는 서면 등 규칙 제46조 제1항, 법 제50조 제2항에서 정한 일반적인 첨부정보를 제공하여야 한다.

(5) 등기의 실행

(가) 승역지의 지역권등기

승역지 등기기록의 을구에 등기의 목적·접수연월일·접수번호·등기원인과 그 연월일·목적·범위·요역지의 표시 등의 사항을 기록하되, 요역지의 표시는 소재지번만을 기록한다.

<기록례> 승역지

【 을　　　구 】	(소유권 이외의 권리에 관한 사항)			
순위번호	등기목적	접수	등기원인	권리자 및 기타사항
1	지역권설정	2003년 3월 5일 제1006호	2003년 3월 4일 설정계약	목적　통행 범위　동측 50㎡ 요역지　경기도 고양시 덕양구 원신동 5 도면편철장 제6책 제8면

<기록례> 요역지(승역지와 요역지가 동일등기소 관내인 경우)

【 을　　　구 】	(소유권 이외의 권리에 관한 사항)			
순위번호	등기목적	접수	등기원인	권리자 및 기타사항
1	요역지 지역권			승역지　경기도 고양시 덕양구 원신동 6 목적　통행 범위　동측 50㎡ 2003년 3월 5일 등기

나. 지역권변경등기

(1) 의의

지역권 변경계약에 의하여 지역권 설정의 목적 또는 범위를 변경하거나 임의적 기재사항(민법 제292조 제1항 단서 등)의 폐지 또는 신설이 있는 경우

(2) 신청절차

(가) 신청인

지역권변경등기는 권리의 변경의 등기로서 지역권자와 지역권설정자의 공동신청에 의한다.

(나) 신청서의 기재사항

지역권변경등기신청서에는 부동산의 표시, 신청인의 성명 또는 명칭과 주소, 등기원인과 그 연월일 등과 같이 규칙 제43조에서 정한 일반적인 기재사항

(다) 첨부서면

등기원인을 증명하는 서면 등 규칙 제46조 제1항, 법 제50조 제2항에서 정한 일반적인 첨부정보를 제공하여야 한다.

다. 지역권말소등기

(1) 의의

지역권은 승역지 또는 요역지의 멸실, 권리혼동, 소멸시효, 제3자의 승역지의 취득시효, 선순위 담보권의 실행으로 인한 경매, 수용, 합의해제, 지역권자의 권리포기 또는 약정소멸사유 발생 등을 원인으로 말소된다.

(2) 신청절차

(가) 신청인

지역권말소등기는 지역권자가 등기의무자, 지역권설정자가 등기권리자로서 공동신청해야 한다.

(나) 신청서의 기재사항

지역권말소등기신청서에는 부동산의 표시, 신청인의 성명 또는 명칭과 주소, 등기원인과 그 연월일 등과 같이 규칙 제43조에서 정한 일반적인 기재사항

(다) 첨부서면

등기원인을 증명하는 서면, 등기의무자의 권리에 관한 등기필증 등 부동산등기법 제40조에서 정한 일반적인 첨부서면을 제출하여야 한다.

3. 등기예규

[예규 1] 요역지의 일부가 타인에게 이전된 경우 지역권설정등기청구의 가부

요역지의 일부가 타인에게 이전된 경우 지역권설정등기청구의 가부

제정 1971. 4. 6. [등기예규 제172호, 시행]

요역지가 분필되어 일부분의 소유권이 타인에게 이전되었다 하여도 요

> 역지의 소유자가 아직 지역권설정등기를 이행받지 못하고 있는 이상 타인소유로 된 대지부분까지를 요역지로 하여 지역권설정등기의 이행을 청구할 수 있다.
> (대법원 1971. 04. 06. 선고 71다249 판결)

[관련판례] 지역권설정등기 (대법원 1971. 4. 6. 선고 71다249 판결)

【판시사항】

요역지가 분필되어 그 부분의 소유권이 타인에게 이전되었다 하여도 요역지의 소유자가 아직 지역권설정등기를 이행받지 못하고 있는 이상, 타인소유로 된 대지부분까지를 요역지로 하여 지역권설정등기의 이행을 청구할 수 있다.

【판결요지】

요역지가 분필되어 일부분의 소유권이 타인에게 이전되었다 하더라도 요역지의 소유자가 아직 지역권설정등기의 이행을 청구할 수 있다.

【참조조문】

민법 제291조, 민법 제292조

【전 문】

【원고, 피상고인】 원고
【피고, 상 고 인】 피고
【원심판결】 제1심 서울민사지방, 제2심 서울고등법원 1970. 12. 18. 선고 70나1250 판결

【주 문】

상고를 기각한다.
상고소송비용은 피고의 부담으로 한다.

【이 유】

피고 소송대리인의 상고이유 제1점을 판단한다.

원판결이 채택 거시하고 있는 모든 증거를 기록에 대조하여 종합 검토하면 피고 소유이던 서울 마포구 (지번 1 생략) 대 590평에서 326평2홉을 같은 곳 (지번 2 생략)으로 분할한 나머지 대 263평 8홉(같은 곳 (지번 1 생략))을 원고가 피고로부터 매수하는 계약을 할 당시 위 매수대지의 편익을 위하여 피고는 그 소유의 위 같은 곳 (지번 2 생략) 대 326평2홉 중의 본건 27평5홉 부분을 대가없이 또 무기한으로 원고의

통로로 제공하기로 원판시 통로개설의 약정이 있었다는 사실을 수긍하기에 족하다 할 것이고, 소론이 지적하는 사유는 원판결이 배척하였거나 인정한 바 없는 증거 및 사실에 관한 것으로서 이로써 1심증인 소외인의 증언이 일반부동산 매매의 통념이나 일상 경험칙상 신빙성없는 이유의 자료로 된다할 수 없고 그 밖에 어느 모로도 원판결이 소외인의 증언을 사실인정의 자료로 삼은 조처에 채증법칙을 어긴 잘못있다 할 수 없으니 논지는 원심의 적법한 증거취사 및 사실인정을 비난하는 것에 불과하여 이유없다.

같은 상고이유 제2점을 판단한다.

원고가 매수한 위 같은 곳 (지번 1 생략) 대 263평8홉이 같은 곳 (지번 1 생략) 대 133평8홉과 같은 곳 (지번 3 생략) 대 100평 및 다른 대 30평으로 분필되어 그 부분의 소유권이 타인에게 이전되었다 하여도 원고는 아직 지역권설정등기를 이행받지 못하여 지역권을 취득하지 못하고 있는 본건에 있어서 (따라서 위 대지소유권의 일부이전에 부종하여 일부이전될 지역권도 없다), 원심은 원고가 피고와 간의 앞에서 본 바 통로개설약정으로 된 지역권설정계약을 원인으로 위 타인소유로 된 대지부분까지를 요역지로 하여 피고에게 구하는 본건 지역권설정등기 이행청구를 정당한 것이라 하여 인용할 수 있는 것이니, 이와 같은 원판결에 소론이 지적하는 바와 같은 지역권에 관한 법리를 오해한 잘못있다 할 수 없으므로 논지는 이유없다.

그러므로 상고를 기각하기로 하고 상고소송비용의 부담에 관하여 민사소송법 제95조, 제89조를 적용하여 관여법관의 일치된 의견으로 주문과 같이 판결한다.

대법원판사 김치걸(재판장) 사광욱 홍남표 김영세 양병호

[예규 2] 장거리 송유관 건설을 위한 지역권설정등기 절차

장거리 송유관 건설을 위한 지역권설정등기 절차

제정 1972. 1. 11. [등기예규 제192호, 시행]

① 1개의 토지를 요역지로 하고 소유자를 달리하는 여러 개의 토지를 승역지로 할 경우의 지역권설정등기는 각 소유자별로 신청하여야 하며

② 등록세 납부주1)는 승역지를 관할하는 등기소 관내에 있는 한국은행

본점·지점이나 국고금을 취급하는 체신관서주2)에 매건마다 납부하여야 한다.

주 1 : 「지방세법」의 개정으로 등록세가 등록면허세로 그 용어가 변경됨.
주 2 : 등록세의 납부절차와 방법은 「지방세법 시행령」의 개정으로 납세지를 관할하는 지방자치단체나 당해 금고 또는 지방세수납대행기관(「지방재정법시행령」 제103조제1항 및 제2항 참조)에 납부하여야 함.

[예규 3] 지상권자의 지역권설정등기의 가부

지상권자의 지역권설정등기의 가부

제정 1972. 6. 10. [등기예규 제205호, 시행]

지상권자는 그 권리의 범위내에서 그 목적인 토지를 위하여 또는 그 토지 위에 지역권설정을 할 수 있는 것이다.

4. 등기선례

[선례 1] 요역지의 소유자가 승역지의 공유자 중 일부인 경우 지역권설정등기를 신청할 수 있는지 여부(소극)

제정 2018. 3. 22. [등기선례 제9-292호, 시행]

지역권은 타물권으로서 자신의 소유물에 성립할 수 없는데, A토지의 공유자 중 일부가 B토지를 소유하는 경우에 B토지의 소유자들은 A토지의 공유자들로서 이미 A토지의 전부를 지분의 비율로 사용, 수익할 수 있는 지위에 있으므로, A토지를 B토지의 편익에 이용하기 위하여 지역권을 설정하는 등기를 신청할 수 없다. (2018. 03. 22. 부동산등기과-699 질의회답)
참조조문 : 민법 제263조부터 제265조까지, 제291조, 제295조

[선례 2] 대지권인 취지가 등기된 토지에 대하여 지역권설정등기를 신청할 수 있는지 여부(적극)

제정 2001. 3. 6. [등기선례 제6-312호, 시행]

1. 구분소유자는 규약으로써 달리 정하지 않는 한 그가 가지는 전유부분과 분리하여 대지사용권을 처분할 수 없으며(집합건물의소유및관리에관한법률 제20조 제2항), 대지권인 취지의 등기가 된 토지의 등기용지에는 소유권이전등기, 저당권설정등기등을 신청할 수 없는바(부동산등기법 제135조의2, 제165조의2), 이는 집합건물의 전유부분과 대지사용권의 일체적 처분을 집합건물의 등기용지만에 의하여 공시하고자 하는 취지에 기한 것으로서, 지역권의 경우에는 권리의 성질상 위와 같은 전유부분과 대지사용권의 일체적 처분원칙이 적용되지 않으므로 대지권인 취지가 등기된 토지에 대해서도 지역권설정등기를 신청할 수 있다.
2. 다만 위와 같이 대지권인 취지가 등기된 토지에 대하여 그 토지만에 관한 지역권설정등기를 한 경우에는, 그 건물의 표제부에 토지등기부에 별도의 등기가 있다는 취지의 기재를 하게 된다(부동산등기법시행규칙 제75조의4).

(2001. 3. 6. 등기 3402-154 질의회답)

참조선례 : III 제575항

[선례 3] 조정성립에 따른 지역권설정등기 신청을 당사자 1인이 포기한 경우 나머지 1인이 등기신청을 할 수 있는지 여부(적극)

제정 [등기선례 제7-262호, 시행]

법원의 조정절차에서 "피신청인 병은 신청인 갑·을으로부터 금10,000,000원을 지급받음과 상환으로 신청인들에게 2000. 9. 5.자 조정성립을 원인으로 하여 피신청인 소유 토지 중 특정일부에 대하여 신청인 갑 소유 A토지 및 신청인 을 소유 B토지를 위하여 통행을 목적으로 한 지역권설정등기절차를 이행한다"는 취지의 조정이 성립되었으나 신청인 을이 지역권을 설정할 필요성이 없어짐에 따라 위 조정에 따른 등기신청을 포기한 경우, 갑은 위 금10,000,000원의 상환급부를 모두 이행하고 조정조서에 집행문을 부여받아 단독으로 갑 소유 토지를 요역지로 하는 지역권설정등기를 신청할 수 있다.

(2002. 2. 18. 등기 3402-112 질의회답)

참조조문 : 부동산등기법제137조, 민법제291조

[선례 4] 통행권확인확정판결에 의하여 경료된 지역권 설정등기의 말소절차

제정 2004. 7. 28. [등기선례 제7-322호, 시행]

원고에게 통행권이 있음을 확인하는 확정판결에 의하여서는 지역권설정등기를 할 수 없는바, 등기관의 착오로 위 판결에 의하여 지역권 설정등기가 경료된 경우 이는 부동산등기법 제55조 제1호 또는 제2호에 해당하지 아니하기 때문에 등기관이 직권으로 말소할 수 없고, 당사자의 공동 신청에 의하여 말소하여야 하나 등기의무자의 협력을 받을 수 없는 경우에는 지역권설정등기말소절차의 이행을 명하는 확정판결을 첨부하여 단독으로 말소 신청할 수 있다.
(2004. 7. 28. 부등 3402-367 질의회답)
참조조문 : 부동산등기법 제175조
참조선례 : 등기선례요지집 V 제4항

5. 관련 기록례

<기록례> 승역지

【을 구】	(소유권 이외의 권리에 관한 사항)			
순위번호	등기목적	접 수	등기원인	권리자 및 기타사항
1	지역권설정	2022년 3월 5일 제1006호	2022년 3월 4일 설정계약	목적 통행 범위 동측 50㎡ 요역지 경기도 고양시 덕양구 원신동 5 도면 제2022-5호

<기록례> 요역지(승역지와 요역지가 동일 등기소 관내인 경우)

【을 구】	(소유권 이외의 권리에 관한 사항)			
순위번호	등기목적	접 수	등기원인	권리자 및 기타사항
1	요역지지역권			승역지 경기도 고양시 덕양구 원신동 6 목적 통행 범위 동측 50㎡ 2022년 3월 5일 등기

6. 지역권설정

가. 통행지역설정

(1) 승역지

【 을 구 】		(소유권 이외의 권리에 관한 사항)		
순위번호	등기목적	접수	등기원인	권리자 및 기타사항
1	지역권설정	2023년 3월5일 제1006호	2023년 3월4일 설정계약	목적 통행 범위 동측 50㎡ 요역지 경기도 고양시 덕양구 신원동 5 도면 제2019-5호

㈜ 1. 1필지의 승역지 일부에 지역권설정등기를 신청하는 경우에는 그 부분을 표시한 도면의 번호를 기록한다.
2. 지역권자는 등기사항이 아니다.

(2) 요역지(동일 등기소 관내일 때)

【 을 구 】		(소유권 이외의 권리에 관한 사항)		
순위번호	등기목적	접수	등기원인	권리자 및 기타사항
1	요역지 지역권			승역지 경기도 고양시 덕양구 신원동 6 목 적 통행 범 위 동측 50㎡ 2023년 3월 5일 등기

㈜ 1. 동일 관내에서 하는 요역지의 지역권 등기는 직권으로 하는 것이므로 접수번호가 기재되지 않는다.
2. 요역지 지역권등기의 등기사항인 범위는 승역지에서의 범위를 기록한다.

(3) 요역지(다른 등기소 관내일 때)

【 을 구 】		(소유권 이외의 권리에 관한 사항)		
순위번호	등기목적	접수	등기원인	권리자 및 기타사항
1	요역지 지역권	2023년 3월5일 제1006호		승역지 서울특별시 영등포구 문래동 10-2 목 적 통행 범 위 동측 100㎡

㈜ 다른 관내에서 하는 요역지의 지역권 등기는 통지에 의해 하는 것이므로 접수번호를 기재한다.

나. 특약부 통행지역권설정(민법 제292조 제1항 단서의 약정이 있는 경우)

【 을 구 】			(소유권 이외의 권리에 관한 사항)	
순위번호	등기목적	접수	등기원인	권리자 및 기타사항
1	지역권설정	2023년 3월5일 제1006호	2023년 3월4일 설정계약	목적 통행 범위 전부 특약 지역권은 요역지 소유권과 함께 이전하지 않고 요역지상의 소유권 이외의 권리의 목적으로 되지 아니함 요역지 서울특별시 관악구 봉천동 5

㈜ 요역지에 관하여는 특약사항을 기록하지 아니한다.

다. 용수지역권설정

(1) 승역지

【 을 구 】			(소유권 이외의 권리에 관한 사항)	
순위번호	등기목적	접수	등기원인	권리자 및 기타사항
1	지역권설정	2023년 3월5일 제1006호	2023년 3월4일 설정계약	목적 용수사용 범위 동측 40㎡ 특약 1. 용수는 요역지를 위하여 먼저 사용함 2. 승역지 소유자는 인수시설을 수리함 요역지 서울특별시 마포구 망원동 15-1 도면 제2019-5호

(2) 요역지

【 을　구 】			(소유권 이외의 권리에 관한 사항)	
순위 번호	등기목적	접수	등기원인	권리자 및 기타사항
1	요역지 지역권			승역지　서울특별시 마포구 망원동 10 목　적　용수사용 범　위　동측 40㎡ 2023년 3월 5일 등기

㈜ 요역지가 승역지와 동일한 등기소의 관할에 속하는 경우이다.

라. 요역지가 지상권인 경우(등기예규 제205호)

(1) 승역지

【 을　구 】			(소유권 이외의 권리에 관한 사항)	
순위 번호	등기목적	접수	등기원인	권리자 및 기타사항
1	지역권 설정	2023년 3월5일 제1006호	2023년 3월4일 설정계약	목　적　통행 범　위　동측 100㎡ 요역지　서울특별시 종로구 원서동 1 　　　　을구 제1번의 지상권 도면　제2019-5호

(2) 요역지

【 을　구 】			(소유권 이외의 권리에 관한 사항)	
순위 번호	등기목적	접수	등기원인	권리자 및 기타사항
1	요역지 지역권			승역지　서울특별시 마포구 망원동 10 목　적　용수사용 범　위　동측 40㎡ 2023년 3월 5일 등기

㈜ 요역지가 승역지와 동일한 등기소의 관할에 속하는 경우이다.

마. 지상권을 목적으로 하는 지역권설정

(1) 승역지

【 을 구 】				(소유권 이외의 권리에 관한 사항)
순위번호	등기목적	접수	등기원인	권리자 및 기타사항
1-1	1번지상권 지역권 설정	2023년 3월5일 제1006호	2023년 3월4일 설정계약	목 적 전선로에 장애가 되는 공작물을 설치하지 아니한다. 범 위 동측 60㎡ 요역지 서울특별시 중구 신당동 250 도 면 제2019-5호

(2) 요역지

【 을 구 】				(소유권 이외의 권리에 관한 사항)
순위번호	등기목적	접수	등기원인	권리자 및 기타사항
1	요역지 지역권			승역지 서울특별시 중구 신당동 251 을구 제1번의 지상권 목 적 전선로에 장애가 되는 공작물을 설치하지 아니한다. 범 위 동측 60㎡ 2023년 3월 5일 등기

㈜ 요역지가 승역지와 동일한 등기소의 관할에 속하는 경우이다.

7. 지역권변경

가. 지역권변경(민법 제288조의 특약추가)

【 을 구 】			(소유권 이외의 권리에 관한 사항)	
순위번호	등기목적	접수	등기원인	권리자 및 기타사항
1-1	1번지역권 변경	2023년 3월5일 제1006호	2023년 3월4일 변경계약	특약 승역지의 소유자는 지역권행사를 위하여 공작물의 설치 또는 수선을 할 의무를 부담함

㈜ 요역지에 대하여는 특약추가에 대한 사항을 기록하지 아니한다.

나. 지역권의 범위 변경

(1) 승역지

【 을 구 】			(소유권 이외의 권리에 관한 사항)	
순위번호	등기목적	접수	등기원인	권리자 및 기타사항
3-1	3번지역권 변경	2023년 3월5일 제1006호	2023년 3월4일 변경계약	범위 동측 60㎡ 도면 제2019-5호

㈜ 1. 변경 전의 범위를 말소하는 표시를 한다.
2. 등기상의 이해관계인이 있는 경우에는 그의 승낙을 증명하는 정보 또는 이에 대항할 수 있는 재판이 있음을 증명하는 정보를 제공한 때에 한하여 부기등기로 한다.

(2) 요역지

【 을 구 】			(소유권 이외의 권리에 관한 사항)	
순위번호	등기목적	접수	등기원인	권리자 및 기타사항
3-1	3번요역지 지역권 변경		2023년 3월4일 변경계약	범 위 동측 60㎡ 2023년 3월 5일 부기

㈜ 변경 전의 범위를 말소하는 표시를 한다.

8. 지역권말소

가. 승역지

【 을 구 】			(소유권 이외의 권리에 관한 사항)	
순위번호	등기목적	접수	등기원인	권리자 및 기타사항
3	2번지역권설정등기말소	2023년 3월5일 제1006호	2023년 3월4일 포기	

나. 요역지(동일 등기소 관내)

【 을 구 】			(소유권 이외의 권리에 관한 사항)	
순위번호	등기목적	접수	등기원인	권리자 및 기타사항
4	3번요역지 지역권설정 등기말소			승역지 지역권 말소등기로 인하여 2023년 3월 5일 등기

다. 요역지(다른 등기소 관내)

【 을 구 】			(소유권 이외의 권리에 관한 사항)	
순위번호	등기목적	접수	등기원인	권리자 및 기타사항
2	1번요역지 지역권설정 등기말소	2023년 5월2일 제1441호		승역지 지역권 말소등기로 인하여

라. 지역권이 요역지 소유권과 함께 이전하지 않는다는 특약이 있는 경우의 소유권이전에 따른 지역권 말소

【 을 구 】		(소유권 이외의 권리에 관한 사항)		
순위번호	등기목적	접수	등기원인	권리자 및 기타사항
2	1번지역권설정 등기말소	2023년 3월5일 제1006호	2023년 3월4일 요역지의 소유권이전	

㈜ 요역지의 지역권 말소의 기록방법에 관하여는 포기를 원인으로 한 말소의 경우와 동일함

제4절 전세권에 관한 등기

1. 전세권의 의의

전세권은 전세금을 지급하고 타인의 부동산을 점유하여 그 부동산의 용도에 따라 사용·수익하며, 그 부동산 전부에 대하여 후순위 권리자 기타 채권자보다 전세금의 우선변제를 받을 수 있는 물권을 말한다(민법 제303조 제1항).

[선례 1] 1동의 건물 일부에 대하여 전세권설정을 하면서 동 건물의 대지 전부에 대한 전세권설정이 가능한지 여부

제정 1989. 8. 23. [등기선례 제2-368호, 시행]

1동의 건물의 특정일부에 관하여 전세권을 설정하는 경우라 하더라도 동시에 동 건물의 대지전체를 전세권의 목적으로 하는 동일인 명의의 전세권설정등기를 신청할 수 있다.
89. 8.23 등기 제1616호

[선례 2] 건물 일부 전세권자의 그 건물 대지 전부에 대한 전세권설정등기 가부

제정 1998. 10. 7. [등기선례 제5-420호, 시행]

토지와 건물은 별개의 부동산이므로 건물의 일부에 대한 전세권설정등기와 관계없이 그 대지의 전부에 대하여도 전세권설정등기를 경료받을 수 있을 것이나, 그 대지가 공유지분 등의 형식으로 되어 있는 경우 그 지분에 대하여는 전세권설정등기를 경료받을 수 없다.
(1998. 10. 7. 등기 3402-976 질의회답)

2. 전세권등기절차

가. 전세권설정등기

(1) 신청인

전세권설정등기는 전세권자가 등기권리자, 토지 또는 건물의 소유자가 등기의무자로서 공동으로 신청해야 한다.

(2) 신청서의 기재사항

(가) 필요적 기재사항

전세권설정등기신청서에는 부동산의 표시, 신청인의 성명 또는 명칭과 주소, 등기원인과 그 연월일 등과 같이 규칙 제43조에서 정한 일반적인 기재사항

① 전세금

전세금은 전세권자가 전세권설정자에게 교부하는 금전으로 전세권이 소멸한 때에 반환을 받게 되는 전세권의 요소이며, 등록세의 기준이 된다(지방세법 제28조 제1항 제1호 다목 4).).

전세금은 전세권의 본질적 요소이므로 전세권설정등기신청서에는 전세금을 반드시 기재하여야 한다(규칙 제128조 제1항).

② 전세권의 목적인 범위

신청서에는 전세권의 목적이 토지(건물)의 전부 또는 일부인지를 표시해야 한다(규칙 제128조 제1항). 전세권의 목적이 부동산의 전부인 때에 "토지 전부", "건물 전부" 등으로, 부동산의 일부인 때에는 "건물 2층 전부", "건물 1층 동측 300㎡" 등으로 표시한다.

(나) 임의적 기재사항

전세권설정계약서에 존속기간, 위약금이나 배상금 또는 민법 제306조 단서에 의한 약정(양도, 임대금지의 약정)이 있는 때에는 신청서에 기재해야 한다(규칙 제128조 제1항).

① 존속기간

전세권의 존속기간은 10년을 넘지 못하고, 건물에 대한 전세권의 존속기간을 1년 미만으로 정한 때에는 1년으로 한다(민법 제312조 제2항).

[예규 1] 전세기간 만료와 전세권설정등기청구권의 소멸

전세기간 만료와 전세권설정등기청구권의 소멸

제정 1974. 4. 23. [등기예규 제229호, 시행]

전세계약이 그 존속기간의 만료로서 종료하게 되면 전세권설정등기청구권도 소멸한다.
(대법원 1974. 04. 23. 선고 73다1262 판결)

[관련판례] 소유권이전등기등 (대법원 1974. 4. 23. 선고 73다1262 판결)

【판시사항】

전세기간 만료 후에도 전세권 설정등기를 청구할 수 있는가 여부

【판결요지】

전세계약이 그 존속기간의 만료로 종료되면 위 계약을 원인으로 하는 전세권설정등기절차의 이행청구권도 소멸한다.

【참조조문】

민법 제312조, 부동산등기법 제139조

【전 문】

【원고, 상 고 인】 원고 소송대리인 변호사 김연수
【피고, 피상고인】 피고 1 외 1명
【원 판 결】 서울고등법원 1973.7.18. 선고 72나2482 판결

【주 문】

상고를 기각한다.
상고비용은 원고의 부담으로 한다.

【이 유】

원고 소송대리인의 상고이유에 대하여 판단한다.

일건기록에 의하면, 원고는 피고 2와의 1971.10.5 자 전세계약에 터잡아 그 피고에게 위 계약을 원인으로 하는 전세권설정등기절차의 이행을 구하고, 이 피고를 대위하여 피고 1에게 피고 2에 대한 1968.7.20자 피고들간의 매매를 원인으로 하는 소유권이전등기절차의 이행을 소구하고 있음이 분명한바, 이러한 원고로서의 각 청구권은 피고 2와의 전세계약이 유효하게 존속하고 있음을 전제로 하고 있는 것이므로 이 계약관계가 그 존속기간의 만료로서 종료하게 되면 이러한 청구권도 소멸한다고 하지 않을 수 없다.

그러므로 같은 취지에서 원심이 원고와 위 피고 2 간의 이 사건 전세계약이 1973.6.5 그 기간만료로서 종료되었다고 본 다음 이 전세계약이 유효하게 존속함을 전제로 한 원고의 이 사건 청구는 그 이유없다고 하여 배척한 조처는 정당하다할 것이며, 여기에 소론과 같은 전세권의 법리를 오해한 위법이 있다고 할 수 없다.

그러므로 논지는 이유없다 하여 이 상고를 기각하기로 하고, 상고소송비용은 패소자인 원고의 부담으로 하기로 하여 관여법관의 일치된 의견으로 주문과 같이 판결한다.

대법관 양병호(재판장) 이영섭 한환진 김윤행

[선례 3] 전세권설정 등기시 존속기간의 시작일을 등기접수 이전의 일자로 하여 등기할 수 있는지 여부(적극)

제정 2001. 5. 18. [등기선례 제6-319호, 시행]

부동산 전세권설정등기를 신청할 때에 존속기간은 전세권설정계약서에 따라야 할 것인바, 위 존속기간의 시작일이 등기신청접수일자 이전이라고 하더라도 등기관으로서는 당해 전세권설정등기신청을 수리하여야 할 것이다.
(2001. 5. 18. 등기 3402-346 질의회답)

[선례 4] 전세권의 존속기간이 개시되기 이전에 전세권설정등기를 신청할 수 있는지 여부

제정 2003. 4. 30. [등기선례 제200304-19호, 시행]

부동산 전세권등기를 신청할 때에 존속기간은 전세권설정계약서에 따라야 하는 것이므로, 존속기간의 시작일이 등기신청접수일자 이후라 하더라도 등기관으로서는 당해 전세권설정등기신청을 수리하여야 한다.
(2003. 4. 30. 부등 3402-243 질의회답)
참조조문 : 민법 제303조, 부동산등기법 제139조
참조선례 : 등기선례요지집 Ⅵ 제319항

② 위약금 또는 배상금

계약서에 위약금 또는 배상금에 관한 약정이 있는 경우에는 신청서에 기재해야 한다(규칙 제128조 제1항).

(3) 첨부서면

등기원인을 증명하는 서면 등 규칙 46조 1항에서 일반적인 첨부정보 외에 전세권의 목적이 토지 또는 건물의 일부인 때에는 지적도나 건물도면을 첨부하여야 한다(규칙 제128조 제2항).

나. 전세권이전등기

(1) 의의

전세권자는 설정행위로 금지하지 않는 한 전세권을 설정자의 동의 없이 타인에게 양도하거나 담보로 제공할 수 있고, 제3자에게 전세권의 일부(준공유지분)를 양도하는 전세권일부이전도 허용된다(선례 6-320).

[선례 5] 전세권의 일부 준공유지분을 양도하는 전세권 일부이전등기를 할 수 있는지 여부(적극)

제정 2001. 8. 23. [등기선례 제6-320호, 시행]

전세금이 상향조정되었다면 전세금변경계약에 의한 전세권변경등기를 하여야 하고 그 등기를 신청하는 때에는 신청서에 이해관계인의 승낙서 또는 이에 대항할 수 있는 재판의 등본을 첨부한 때에 한하여 부기등기로 할 수 있고 그렇지 아니한 때에는 주등기로 할 수 있으며, 현재의 전세권자가 제3자와 공동으로 전세권을 준공유하기 위하여는 제3자에게 전세권의 일부(준공유지분)를 양도하는 전세권일부이전등기를 부기등기로 할 수 있다.
(2001. 8. 23. 등기 3402-588 질의회답)
참조조문 : 민법 제278조, 제306조

[선례 6] 존속기간이 만료된 전세권의 전세금반환채권에 대하여 전부명령을 받은 경우 전부명령에 의한 전세권이전등기를 경료받을 수 있는지 여부(적극)

제정 2002. 3. 30. [등기선례 제7-265호, 시행]

전세권의 존속기간이 만료되더라도 당해 전세권설정등기는 전세금반환채권을 담보하는 범위 내에서는 유효하므로, 채권자가 전세금반환채권에 대하여 전부명령을 받아 전세권이전등기 촉탁을 신청하여 집행법원이 전세금반환채권에 대한 압류 및 전부명령에 기하여 전세권이전등기 촉탁을 하였다면 등기관은 채권전부명령을 등기원인으로 하는 전세권이전등기를 실행할 수 있다.
(2002. 3. 30. 등기 3402-202 질의회답)
참조선례 : 등기선례요지집 V 제415항

[선례 7] 전세금반환청구권에 대한 전부명령을 받은 경우 이를 등기부에 공시할 수 있는 방법 여하 등

제정 1998. 12. 3. [등기선례 제5-422호, 시행]

부동산에 관한 등기는 소유권, 지상권, 전세권 등 부동산등기법 제2조에 열거된 권리의 설정, 보존, 이전, 변경, 처분의 제한 또는 소멸에 대하여 하는 것이므로, 갑의 을에 대한 전세금반환청구권에 대하여 병이 전부명령을 받은 후, 병이 갑을 대위하여 을을 상대로 전세권설정등기 절차이행을 명하는 확정판결을 받아 판결에 의한 등기를 신청하는 경우, 위 전부명령과 관련하여 별도의 등기(전부명령기입등기)를 경료받거나 전부명령에 의한 전세권이전등기를 경료받을 수는 없을 것이다.
(1998. 12. 3. 등기 3402-1205 질의회답)
참조조문 : 민사소송법 제562조, 563조의2

(2) 신청절차

전세권의 양수인이 등기권리자, 양도인이 등기의무자로서 공동신청해야 한다(예규 616호).

[예규 2] 저당권 등의 양도등기와 신청인

> ## 저당권 등의 양도등기와 신청인
>
> 제정 1986. 7. 9. [등기예규 제616호, 시행]
>
> 전세권, 저당권, 가등기상의 권리의 각 이전등기는 양도인과 양수인이 신청인이 되어 이를 할 수 있다.

[예규 3] 등기원인에 대하여 행정관청의 허가등을 요하는 경우의 업무처리 예규

등기원인에 대하여 행정관청의 허가등을 요하는 경우의 업무처리 예규

제정 1997.10.17 등기예규 제893호
개정 1998.10.13 등기예규 제951호
개정 1999.03.24 등기예규 제968호
개정 2005.01.14 등기예규 제1095호
전부개정 2007.03.05 등기예규 제1169호
개정 2007.09.27 등기예규 제1209호
개정 2008.07.14 등기예규 제1257호
개정 2018.03.07 등기예규 제1638호

1. 등기원인에 대하여 행정관청의 허가 등을 요하는 경우
   나. 등기원인에 대하여 행정관청의 허가 등을 요하는 경우의 예시
      (9) 「북한이탈주민의 보호 및 정착지원에 관한 법률」에 의한 주거지원을 받는 보호대상자가 그 주민등록전입신고일부터 2년 이내에 그 주거지원에 따라 취득한 부동산의 소유권, 전세권 또는 임차권을 양도하거나 저당권을 설정하는 경우의 통일부장관의 허가(「북한이탈주민의 보호 및 정착지원에 관한 법률」 제20조 제2항)

다. 전세권변경등기

(1) 의의

전세권의 내용, 즉 전세금의 증감, 존속기간의 변경(연장·단축 또는 폐지·신설), 범위의 확대·축소, 위약금의 증감이나 폐지·신설 등의 변경이 발생한 때에는 등기를 하여야 제3자에게 대항할 수 있다.

[선례 8] 전세권의 범위를 A에서 B로 하는 전세권 변경등기가 가능한지 여부(소극)

제정 2001. 9. 5. [등기선례 제6-321호, 시행]

건물의 일부(17층 북쪽 201.37㎡)를 목적으로 하는 전세권설정등기와 근저당권설정등기가 순차로 경료된 이후, 당사자 사이에 전세권의 범위를 건물의 3층 동쪽 484.58㎡로 변경하는 계약이 체결된 경우 등기부상 이해관계인의 유무와 관계없이 전세권의 목적물 자체의 동일성이 인정되지 아니하므로 새로운 전세권의 등기는 전세권변경등기에 의할 것이 아니고 별개의 전세권설정등기신청으로 하여야 할 것이다.
(2001. 9. 5. 등기 3402-619 질의회답)
참조조문 : 법 제63조, 제139조

(2) 신청절차

(가) 신청인

전세권변경등기는 권리의 변경등기로서 전세권자와 전세권설정자의 공동신청에 의한다.

(나) 신청서의 기재사항

전세권변경등기신청서에는 부동산의 표시, 신청인의 성명 또는 명칭과 주소, 등기원인과 그 연월일 등과 같이 규칙 43조에서 정한 일반적인 기재사항

(다) 첨부정보

등기원인을 증명하는 서면 등 규칙 제46조 제1항, 법 제50조 제2항에서 정한 일반적인 첨부정보

[선례 9] 존속기간 연장 및 전세금 감액을 위한 전세권변경등기시 이해관계 있는 제3자의 승낙서 등을 첨부하지 않고도 부기등기로 할 수 있는지 여부

제정 1998. 11. 17. [등기선례 제5-421호, 시행]

전세권설정등기에 대한 변경등기를 신청하는 경우, 그 변경등기에 대하여 등기상 이해관계 있는 제3자가 있는 경우에는 신청서에 그 승낙서 또는 그에 대항할 수 있는 재판등본을 첨부한 때에 한하여 부기에 의하여 그 등기를 하고, 승낙서 등을 첨부하지 않은 때에는 주등기에 의하여 그 등기를 하게 되는바, 전세권설정등기 후에 제3자 명의의 근저당권설정등기가 경료된 후 전세권설정등기의 변경등기를 신청하는 경우, 그 내용이 전세금의 감액인 경우에는 근저당권자의 승낙서 등을 첨부하지 않아도 부기에 의하여 그 등기를 할 것이나, 전세권의 존속기간 연장과 전세금의 감액을 함께 신청하는 경우에는 근저당권자의 승낙서 등을 첨부한 때에 한하여 부기에 의하여 그 등기를 할 수 있다.
(1998. 11. 17. 등기 3402-1146 질의회답)
참조조문 : 법 제63조
참조예규 : 제551호

[선례 10] 전세권등기의 존속기간 변경등기시 후순위 전세권자의 승낙서 등 첨부 여부

제정 2002. 1. 31. [등기선례 제7-264호, 시행]

4층 근린생활시설 건물 중 1층 전부 및 2층 일부에 대하여 갑 명의의 전세권설정등기가 경료되고, 이어 4층 전부에 대하여 을 명의의 전세권설정등기가 경료된 상태에서, 갑 명의의 전세권설정등기의 존속기간 연장을 위한 변경등기를 할 경우 을은 부동산등기법 제63조의 등기상 이해관계 있는 제3자라 할 것이므로, 위 변경등기를 부기등기의 방식으로 하기 위해서는 신청서에 을의 승낙서 또는 이에 대항할 수 있는 재판의 등본을 반드시 첨부하여야 하며, 승낙서 등을 첨부할 수 없는 경우에는 주등기(독립등기)의 방식으로 그 등기를 할 수 있을 것이다. (2002. 1. 31. 등기 3402-75 질의회답)
참조선례 : 등기선례요지집 V 제421항

[판례 1] 부동산임의경매 (대법원 2001. 7. 2.자 2001마212 결정)

【판시사항】

건물의 일부에 대하여 전세권이 설정되어 있는 경우, 전세권자가 전세권의 목적물이 아닌 나머지 건물부분에 대하여 경매신청을 할 수 있는지 여부(소극)

【결정요지】

건물의 일부에 대하여 전세권이 설정되어 있는 경우 그 전세권자는 민법 제303조 제1항의 규정에 의하여 그 건물 전부에 대하여 후순위권리자 기타 채권자보다 전세금의 우선변제를 받을 권리가 있고, 민법 제318조의 규정에 의하여 전세권설정자가 전세금의 반환을 지체한 때에는 전세권의 목적물의 경매를 청구할 수 있는 것이나, 전세권의 목적물이 아닌 나머지 건물부분에 대하여는 우선변제권은 별론으로 하고 경매신청권은 없으므로, 위와 같은 경우 전세권자는 전세권의 목적이 된 부분을 초과하여 건물 전부의 경매를 청구할 수 없다고 할 것이고, 그 전세권의 목적이 된 부분이 구조상 또는 이용상 독립성이 없어 독립한 소유권의 객체로 분할할 수 없고 따라서 그 부분만의 경매신청이 불가능하다고 하여 달리 볼 것은 아니다.

【참조조문】

민법 제303조 제1항, 제318조

【참조판례】

대법원 1992. 3. 10.자 91마256, 257 결정(공1992, 1269)
대법원 1997. 8. 22. 선고 96다53628 판결(공1997하, 2793)
대법원 2000. 2. 25. 선고 98다50869 판결(공2000상, 801)

【전 문】

【재항고인】 한국바스프 주식회사
【원심결정】 대구지법 2000. 12. 9.자 2000라305 결정

【주 문】

재항고를 기각한다.

【이 유】

건물의 일부에 대하여 전세권이 설정되어 있는 경우 그 전세권자는 민법 제303조 제1항의 규정에 의하여 그 건물 전부에 대하여 후순위권리자 기타 채권자보다 전세금의 우선변제를 받을 권리가 있고, 민법 제318조의 규정에 의하여 전세권설정자가 전세금의 반환을 지체한 때에는 전세권의 목적물의 경매를 청구할 수 있는 것이나, 전세권의 목적물이 아닌 나머지 건물부분에 대하여는 우선변제권은 별론으로 하고 경매신청권은 없으므로(대법원 1992. 3. 10.자 91마256, 257 결정 참조), 위와 같은 경우 전세권자는 전세권의 목적이 된 부분을 초과하여 건물 전부의 경매를 청구할 수 없다고 할 것이고, 그 전세권의 목적이 된 부분이 구조상 또는 이용상 독립성이 없어 독립한 소유권의 객체로 분할할 수 없고 따라서 그 부분만의 경매신청이 불가능하다고 하여 달리 볼 것은 아니다.

원심은, 대구 북구 (주소 1 생략), (주소 2 생략) 지상 철근콘크리트조 슬래브지붕 7층 근린생활시설 및 업무시설 건물의 7층 업무시설 504.8㎡ 중 사무실용 남측 132.3㎡에 관한 전세권자인 재항고인이 위 건물 전부에 대한 임의경매 신청을 하자 이를 부적법하다고 하여 각하한 제1심결정을 그대로 유지하였는바, 원심의 조치는 위에서 본 법리에 따른 것으로 정당하고 거기에 어떠한 위법이 있다고 할 수 없다. 그리고 건물 일부의 전세권자에게 건물 전부에 대한 경매청구권이 인정되지 않는 이상, 전세권설정자에 대한 화의인가 확정으로 다른 담보권자들이나 일반 채권자들도 경매신청을 할 수 없어 전세권자가 우선변제를 받을 방법이 없게 되었다는 사정이 있다고 하여 건물 전부에 대한 경매청구가 허용될 수 없는 것이므로, 이 점에 관한 재항고인의 주장도 이유 없다.

그러므로 재항고를 기각하기로 하여 관여 법관의 일치된 의견으로 주문과 같이 결정한다.

대법관　윤재식(재판장) 송진훈 이규홍 손지열(주심)

(3) 등기의 실행

전세권변경등기는 부기등기에 의하나, 등기상 이해관계 있는 제3자의 승낙서 또는 이에 대항할 수 있는 재판의 등본을 첨부하지 못한 때에는 주등기의 방법에 의한다(규칙 제112조 제1항, 선례 2-366).

[선례 11] 등기상 이해관계 있는 제3자가 있는 경우 전세권변경등기의 형식

제정 1987. 7. 1. [등기선례 제2-366호, 시행]

전세권설정등기 후 전세권자와 전세권설정자의 합의에 의하여 전세금 변경의 등기를 할 경우에 그 등기에 관하여 등기상 이해관계 있는 제3자(예 : 후순위 저당권자)가 있는 때에는, 그 승낙서 또는 이에 대항할 수 있는 재판의 등본을 첨부하면 부기에 의하여 그 변경등기를 하고, 그 승낙서 등을 첨부하지 않으면, 주등기(독립등기)로 그 변경등기(이때에는 그 부분이 위 저당권보다 후순위가 됨)를 한다.

87. 7. 1. 등기 제390호
참조예규 : 405-1항

라. 전세권말소등기

(1) 의의

전세권은 목적부동산의 멸실, 존속기간의 만료, 혼동(민법 제191조), 소멸시효(민법 제162조 제2항), 전세권에 우선하는 저당권의 실행에 의한 경매, 수용, 전세권의 포기, 당사자 간의 약정소멸사유 등으로 소멸한다.

(2) 신청절차

(가) 신청인

전세권말소등기는 전세권자(전세권이전등기가 되어있는 때에는 그 이전등기를 받은 현재의 등기명의인)가 등기의무자, 부동산소유권자가 등기권리자가 되어 공동신청하는 것이 원칙이다.

(나) 신청서의 기재사항

전세권말소등기신청서에는 부동산의 표시, 신청인의 성명 또는 명칭과 주소, 등기원인과 그 연월일 등 규칙 43조에서 정한 일반적인 기재사항

(다) 첨부정보

등기원인을 증명하는 서면등 규칙 46조 1항, 법 50조 2항에서 정한 일반적인 첨부정보

① **등기상 이해관계인의 승낙서 등**

전세권을 목적으로 하는 저당권자, 전전세권자 등 이해관계 있는 제3자의 등기가 있는 경우에 그 전세권의 말소를 위해서는 이해관계 있는 제3자의 승낙서 또는 대항할 수 있는 재판의 등본을 첨부해야 한다(법 제57조 제1항).

② **제권판결 등**

등기의무자의 행방불명 등의 사유로 등기권리자가 단독으로 전세권의 말소등기를 신청하는 경우에는 제권판결의 등본(법 제56조 제2항)을 첨부해야 한다.

마. 전세권의 존속기간 만료와 다른 등기의 신청

(1) 일반적인 경우

전세권의 존속기간이 만료되면 그 전세권은 전세권설정등기의 말소등기 없이도 소멸하고 목적물과 전세금의 상환 등 청산관계로 들어서게 되며, 전세권등기도 용익물권적 기능을 상실하고 전세금의 우선변제 등을 담보하는 담보권적 기능만을 유지하게 된다(대법원 1999. 9. 17. 선고 98다31301 판결, 선례 3-577).

[판례 2] 전세권설정등기말소 (대법원 1999. 9. 17. 선고 98다31301 판결)

【판시사항】

[1] 전세권이 기간만료로 종료된 경우, 전세권을 목적으로 한 저당권의 소멸 여부(적극)

[2] 전세권에 대하여 저당권이 설정되어 있는데 전세권이 기간만료로 종료된 경우, 전세금반환채권에 대한 제3자의 압류 등이 없는 한 전세권설정자는 전세권자에 대하여만 전세금반환의무를 부담하는지 여부(적극) 및 그 저당권의 실행 방법

【판결요지】

[1] 전세권이 기간만료로 종료된 경우 전세권은 전세권설정등기의 말소등기 없이도 당연히 소멸하고, 저당권의 목적물인 전세권이 소멸하면 저당권도 당연히 소멸하는 것이므로 전세권을 목적으로 한 저당권자는 전세권의 목적물인 부동산의 소유자에게 더 이상 저당권을 주장할 수 없다.

[2] 전세권에 대하여 저당권이 설정된 경우 그 저당권의 목적물은 물권인 전세권 자체이지 전세금반환채권은 그 목적물이 아니고, 전세권의 존속기간이 만료되면 전세권은 소멸하므로 더 이상 전세권 자체에 대하여 저당권을 실행할 수 없게 되고, 이러한 경우에는 민법 제370조, 제342조 및 민사소송법 제733조에 의하여 저당권의 목적물인

전세권에 갈음하여 존속하는 것으로 볼 수 있는 전세금반환채권에 대하여 압류 및 추심명령 또는 전부명령을 받거나 제3자가 전세금반환채권에 대하여 실시한 강제집행절차에서 배당요구를 하는 등의 방법으로 자신의 권리를 행사하여 비로소 전세권설정자에 대해 전세금의 지급을 구할 수 있게 된다는 점, 원래 동시이행항변권은 공평의 관념과 신의칙에 입각하여 각 당사자가 부담하는 채무가 서로 대가적 의미를 가지고 관련되어 있을 때 그 이행에 있어서 견련관계를 인정하여 당사자 일방은 상대방이 채무를 이행하거나 이행의 제공을 하지 아니한 채 당사자 일방의 채무의 이행을 청구할 때에는 자기의 채무이행을 거절할 수 있도록 하는 제도인 점, 전세권을 목적물로 하는 저당권의 설정은 전세권의 목적물 소유자의 의사와는 상관없이 전세권자의 동의만 있으면 가능한 것이고, 원래 전세권에 있어 전세권설정자가 부담하는 전세금반환의무는 전세금반환채권에 대한 제3자의 압류 등이 없는 한 전세권자에 대해 전세금을 지급함으로써 그 의무이행을 다할 뿐이라는 점에 비추어 볼 때, 전세권저당권이 설정된 경우에도 전세권이 기간만료로 소멸되면 전세권설정자는 전세금반환채권에 대한 제3자의 압류 등이 없는 한 전세권자에 대하여만 전세금반환의무를 부담한다고 보아야 한다.

【참조조문】

[1] 민법 제312조, 제371조[2] 민법 제317조, 제342조, 제370조, 제371조, 민사소송법 제733조

【참조판례】

[2] 대법원 1990. 12. 26. 선고 90다카24816 판결(공1991, 628)
대법원 1992. 7. 10.자 92마380 결정(공1992, 2512)
대법원 1994. 11. 12. 선고 94다25728 판결(공1995상, 71)
대법원 1995. 9. 18.자 95마684 결정(공1995하, 3504)

【전 문】

【원고, 피상고인】 대한부동산신탁 주식회사

【피고, 상 고 인】 신용보증기금 (소송대리인 변호사 홍준표 외 4인)
【원심판결】 서울고법 1998. 5. 26. 선고 97나50857 판결
【주 문】
상고를 기각한다. 상고비용은 피고의 부담으로 한다.
【이 유】
상고이유를 판단한다.
원심판결 이유에 의하면 원심은 그 증거에 의하여 판시와 같은 사실을 인정하고, 그 인정 사실에 의하면 이 사건 전세권은 기간만료로 종료되었으므로 전세권은 전세권설정등기의 말소등기 없이도 당연히 소멸하는 것이고, 저당권의 목적물인 전세권이 소멸하면 저당권도 당연히 소멸하는 것이므로 전세권을 목적으로 한 저당권자는 전세권의 목적물인 부동산의 소유자에게 더 이상 저당권을 주장할 수는 없다고 할 것이며, 이미 전세권이 기간만료로 소멸한 상태에 있는 저당권자인 피고는 특별한 사정이 없는 한 이 사건 부동산 소유자인 원고에 대해 전세권저당권 말소등기절차를 이행할 의무가 있다는 취지로 판시한 다음, 전세권에 대한 저당권자는 전세권자가 갖고 있는 전세금반환채권에 대해 우선변제권이 있기 때문에, 원고는 피고에게 위 전세금을 직접 지급하여야 하고, 전세금을 공탁하는 경우에도 피공탁자를 피고로 특정하여 잔존 전세금을 변제공탁하였어야 하는데도, 원고는 피공탁자를 특정하지 아니한 채 집행공탁하였으므로 그 집행공탁은 적법하지 아니하여 무효이고, 따라서 피고는 잔존 전세금을 모두 지급받기 전에는 원고의 이 사건 청구에 응할 수 없다는 취지의 피고의 주장에 대하여, 피고의 위와 같은 주장에는 전세권을 목적으로 하는 저당권이 설정된 경우에는 전세권설정자가 저당권자에 대해 직접 전세금반환의무를 지고 위 전세금반환의무는 전세권저당권설정등기의 말소의무보다 선이행관계에 있거나 적어도 동시이행관계에 있다는 것을 전제로 한 것으로 보이는바, 전세권에 대하여 저당권이 설정된 경우 그 저당권의 목적물은 물권인 전세권 자체이지 전세금반환채권은 그 목적물이 아니고, 전세권의 존속기간이 만료되면 전세권은 소멸하므로 더 이상 전세권 자체에 대하여 저당권을 실행

할 수 없게 되고, 이러한 경우에는 민법 제370조, 제342조 및 민사소송법 제733조에 의하여 저당권의 목적물인 전세권에 갈음하여 존속하는 것으로 볼 수 있는 전세금반환채권에 대하여 압류 및 추심명령 또는 전부명령을 받거나 제3자가 전세금반환채권에 대하여 실시한 강제집행절차에서 배당요구를 하는 등의 방법으로 자신의 권리를 행사하여 비로소 전세권설정자에 대해 전세금의 지급을 구할 수 있게 된다는 점(대법원 1995. 9. 18.자 95마684 결정 참조), 원래 동시이행항변권은 공평의 관념과 신의칙에 입각하여 각 당사자가 부담하는 채무가 서로 대가적 의미를 가지고 관련되어 있을 때 그 이행에 있어서 견련관계를 인정하여 당사자 일방은 상대방이 채무를 이행하거나 이행의 제공을 하지 아니한 채 당사자 일방의 채무의 이행을 청구할 때에는 자기의 채무이행을 거절할 수 있도록 하는 제도인 점, 전세권을 목적물로 하는 저당권의 설정은 전세권의 목적물 소유자의 의사와는 상관없이 전세권자의 동의만 있으면 가능한 것이고, 원래 전세권에 있어 전세권설정자가 부담하는 전세금반환의무는 전세금반환채권에 대한 제3자의 압류 등이 없는 한 전세권자에 대해 전세금을 지급함으로써 그 의무이행을 다할 뿐이라는 점에 비추어 볼 때 전세권저당권이 설정된 경우에도 전세권이 기간만료로 소멸되면 전세권설정자는 전세금반환채권에 대한 제3자의 압류 등이 없는 한 전세권자에 대하여만 전세금반환의무를 부담한다고 보아야 하므로 전세권저당권자가 위 전세금반환채권에 대해 압류, 추심, 전부명령 등을 받았다는 자료가 없는 이 사건에서 전세권설정자가 전세권저당권자에게 잔존 전세금을 직접 지급할 의무를 지는 것은 아니라 할 것이어서 전세금반환의무가 전세권저당권자에 대한 의무임을 전제로 한 피고의 위 주장은 더 나아가 살펴 볼 필요 없이 이유 없다는 취지로 판시하였다.

기록과 관계 법령에 비추어 보면 원심의 증거취사, 사실인정 및 판단은 옳은 것으로 여겨지고, 거기에 상고이유에서 지적하는 바와 같은 판단유탈이나 민사소송법 제581조 제1항에 대한 법리오해의 잘못이 없다.

상고이유는 모두 받아들일 수 없다.

그러므로 상고를 기각하고, 상고비용은 패소자의 부담으로 하기로 관여

법관들의 의견이 일치되어 주문과 같이 판결한다.

　　　　대법관　　송진훈(재판장) 이돈희(주심) 지창권 변재승

[선례 12] 전세권의 존속기간의 만료와 전세권의 효력

제정 1990. 9. 11. [등기선례 제3-577호, 시행]

전세계약은 그 존속기간의 만료로서 종료하게 되는 것이므로 갱신계약 등 다른 사유가 없는 한, 그 전세권설정등기가 말소되지 않았다 하여 전세권이 유효하게 존속하는 것은 아니다.

90.9.11. 등기 제1811호 질의회답

참조조문 : 민법 제312조, 제313조

[선례 13] 존속기간이 만료된 전세권의 이전 및 전전세등기 가능 여부

제정 1998. 3. 24. [등기선례 제5-415호, 시행]

전세권자는 설정행위로 금지하지 않는 한 전세권을 타인에게 양도 또는 담보로 제공할 수 있고 그 존속기간 내에서 그 목적물을 타인에게 전전세 또는 임대할 수 있으며, 전세금 반환과 전세권설정등기의 말소 및 전세목적물의 인도와는 동시이행의 관계에 있으므로, 전세권이 존속기간의 만료로 인하여 소멸된 경우에도 당해 전세권설정등기는 전세금반환채권을 담보하는 범위 내에서는 유효한 것이라 할 것이다. 따라서 전세권의 존속기간이 만료되고 전세금 반환시기가 경과된 전세권의 경우에도 설정행위로 금지하지 않는 한 그러한 전세권의 이전등기는 가능할 것이다.

그러나 전전세는 전세권의 존속기간 내에서만 타인에게 할 수 있으며, 전세권의 존속기간이 만료된 건물 전세권에 대한 전전세등기는 이를 할 수 없다.

(1998. 3. 24. 등기 3402-259 질의회답)

참조조문 : 민법 제187조, 제306조, 제312조 제4항, 제317조

참조판례 : 1989. 7. 11. 선고 88다카21029 판결

참조선례 : Ⅲ 제577항

[선례 14] 존속기간이 지난 전세권을 목적으로 하는 근저당권설정등기 가부(소극)

제정 2001. 9. 17. [등기선례 제6-322호, 시행]

전세권이 존속기간의 만료로 종료된 경우 전세권은 전세권설정등기의 말소등기 없이도 당연히 소멸하므로, 그 전세권을 목적으로 하는 근저당권은 설정할 수 없을 것이다.

(2001. 9. 17. 등기 3402-651 질의회답)
참조조문 : 민법 제342조, 제370조, 민사소송법 제733조
참조판례 : 1995. 9. 18. 95마684 결정
참조선례 : III 제577항

(2) 건물전세권의 경우

건물전세권의 경우에는 전세권설정자가 전세권의 존속기간 만료 전 6개월부터 1개월 사이에 전세권자에 대하여 갱신거절의 통지 등을 하지 않은 채 당초 전세권의 존속기간이 만료된 때에 종전과 동일한 조건으로 다시 전세권을 설정한 것으로 보는(다만, 존속기간에 관하여는 그 정함이 없는 것으로 본다)법정갱신이 인정된다(민법 제312조 제4항).

[선례 15] 전세기간 만료와 전세권의 효력 등

제정 1998. 12. 10. [등기선례 제5-424호, 시행]

가. 전세기간을 갱신하는 전세권변경계약을 체결하였으나 그에 따른 변경등기를 하지 않은 경우 존속기간이 만료되면 용익물권으로서의 전세권은 소멸하는 것이 원칙이지만, 민법 제312조 제4항의 규정에 의하여 건물전세권이 법정갱신되는 경우에는 전세권갱신에 관한 등기없이도 전세권자는 전세권설정자나 그 건물을 취득한 제3자에 대하여 그 권리를 주장할 수 있다.

나. 전세권자인 주식회사가 합병으로 인하여 소멸한 경우 합병으로 인한 전세권이전등기를 하지 않은 경우에도, 법률의 규정에 의하여 합병으로 존속하는 회사가 그 전세권을 포괄승계하게 되므로 전세권이 소멸하는 것은 아니다.

다. 합병 후 존속하는 회사가 합병으로 인하여 소멸한 회사 명의로 있는 전세권등기의 말소등기를 신청하는 경우에 있어서는, 그 등기원인이 합병등기 후에 발생한 것인 때(예컨대, 합병 후에 전세권설정계약을 해지하는 경우)에는 합

병을 원인으로 한 전세권이전등기를 선행하지 아니하고서 곧바로 전세권말
소등기를 신청할 수는 없다.
(1998. 12. 10. 등기 3402-1221 질의회답)
참조조문 : 상법 제234조, 민법 제187조
참조판례 : 1989. 7. 11. 선고 88다카21029 판결

[선례 16] 존속기간이 만료된 건물 전세권설정등기의 존속기간 및 전세금에 대한 변경등기 가능 여부

제정 1998. 6. 5. [등기선례 제5-416호, 시행]

건물 전세권의 경우에는 토지 전세권과는 달리 법정갱신제도가 인정되고 있으므로, 존속기간이 만료된 때에도 그 전세권설정등기의 존속기간이나 전세금에 대한 변경등기신청은 가능하다.
(1998. 6. 5. 등기 3402-487 질의회답)
참조판례 : 1988. 3. 18. 선고 87나2968 판결, 1989. 7. 11. 선고 88다카21029 판결
참조선례 : III 제577항, 제1009항, 본집 제415항

[선례 17] 존속기간이 만료된 건물전세권을 목적으로 한 저당권 설정등기

제정 2001. 11. 14. [등기선례 제200111-4호, 시행]

전세권의 법정갱신은 법률의 규정에 의한 물권변동이므로 전세권자는 전세권갱신에 관한 등기없이도 전세권설정자나 그 건물을 취득한 제3자에 대하여 권리를 주장할 수 있으나 그 처분을 위하여는 존속기간에 대한 변경등기를 하여야 하므로, 존속기간이 만료된 건물전세권을 목적으로 한 저당권설정등기신청을 하기 위하여는 우선 존속기간에 대한 변경등기를 경료하여야 한다.
(2001. 11. 14. 등기 3402-762 질의회답)
참조판례 : 1989. 7. 11. 선고 88다카21029 판결

[선례 18] 존속기간이 만료된 건물전세권의 존속기간 변경 없이 전세권이전등기 또는 전세권에 대한 저당권을 설정할 수 있는지 여부(소극)

제정 2013. 2. 1. [등기선례 제201302-1호, 시행]

1. 건물전세권의 법정갱신은 법률의 규정에 의한 물권변동이므로 전세권자는 전세권갱신에 관한 등기 없이도 전세권설정자나 그 건물을 취득한 제3자에 대

하여 권리를 주장할 수 있으나, 그 처분을 위하여는 존속기간을 연장하는 변경등기를 하여야 한다.
2. 따라서 「민법」 제312조 제4항에 따라 법정갱신된 건물전세권에 대하여 전세권이전등기나 전세권에 대한 저당권을 설정하기 위해서는 존속기간을 연장하는 변경등기의 신청을 선행 또는 동시에 하여야 한다.

(2013. 02. 01. 부동산등기과-246 질의회답)
참조조문 : 민법 제187조
참조선례 : 부동산등기선례요지집 Ⅷ 제247항

바. 전전세 등기

(1) 의의

전전세란 전세권자의 전세권은 그대로 존속·유지하면서 그 전세권을 목적으로 하는 전세권을 다시 설정하는 것을 말한다.

(2) 신청절차

원전세권자, 즉 전전세설정자가 등기의무자, 전전세권자가 등기권리자로서 공동신청하여야 한다.

(3) 전전세권의 말소등기

전전세권의 말소등기는 전전세권자가 등기의무자, 원전세권자가 등기권리자로서 공동신청해야 한다.

3. 등기예규

[예규 4] 전세권변경등기 등의 기록방법에 관한 사무처리지침

전세권변경등기 등의 기록방법에 관한 사무처리지침

제정 2019.03.13 등기예규 제1671호

1. 목적

   이 예규는 전세금을 증액 또는 감액하는 변경등기, 전세권의 이전등기 그리고 전세권을 목적으로 한 근저당권의 설정등기를 하는 경우의 기록방법을 규정함을 목적으로 한다.

2. 전세금을 증액 또는 감액하는 변경등기를 하는 경우

   가. 전세권을 목적으로 하는 권리에 관한 등기 또는 전세권에 대한 처분제한의 등기가 없는 경우

   1) 전세금 증액의 변경등기

      전세권설정등기 후 근저당권설정등기와 주등기로 마쳐진 전세금 증액의 변경등기가 있는 상태에서 다시 그 전세금을 증액하는 변경등기를 하는 경우, 그 변경등기는 종전 전세금 증액의 변경등기에 부기로 한다[기록례 1 참조]. 다만, 주등기로 마쳐진 전세금 증액의 변경등기 이후 등기상 이해관계 있는 제3자(후순위 근저당권자 등)가 있는 때에는 그의 승낙이 있으면 종전 전세금 증액의 변경등기에 부기로 그 변경등기를 하고[기록례 2 참조], 그의 승낙이 없으면 주등기로 그 변경등기를 한다[기록례 3 참조].

< 기록례 1 >

【 을 구 】				(소유권 이외의 권리에 관한 사항)
순위번호	등기목적	접 수	등기원인	권리자 및 기타사항
1	전세권설정	2018년2월2일 제100호	2018년2월1일 설정계약	전세금 금100,000,000원 범 위 건물 전부 존속기간 2018년2월2일부터 2020년2월1일까지 전세권자 배현정 890703-2567891 서울특별시 서초구 명달로11길 17-3

2	근저당권 설정	(생략)	(생략)	(생략)
3	1번전세권 변경	2018년 4월2일 제300호	2018년 4월1일 변경계약	전세금 금200,000,000원
3-1	3번전세권 변경	2019년 2월8일 제120호	2019년 2월7일 변경계약	전세금 금300,000,000원

(주) 1. 순위번호 2번 근저당권자의 승낙이 없어 순위번호 3번 주등기로 전세금을 증액하는 변경등기를 마친 후, 다시 그 전세금을 증액하는 변경등기를 할 때의 기록례이다.
2. 등기상 이해관계 있는 제3자가 없으므로 변경등기는 순위번호 3번의 주등기에 부기로 한다.

< 기록례 2 >

【 을 구 】		(소유권 이외의 권리에 관한 사항)		
순위 번호	등기목적	접 수	등기원인	권리자 및 기타사항
1	전세권 설정	2018년2월2일 제100호	2018년2월1일 설정계약	전세금 금100,000,000원 범 위 건물 전부 존속기간 2018년2월2일부터 2020년2월1일까지 전세권자 배현정 890703-2567891 서울특별시 서초구 명달로11길 17-3
2	근저당권 설정	(생략)	(생략)	(생략)
3	1번전세권 변경	2018년4월2일 제300호	2018년4월1일 변경계약	전세금 금200,000,000원
3-1	3번전세권 변경	2019년2월8일 제120호	2019년2월7일 변경계약	전세금 금300,000,000원
4	근저당권 설정	(생략)	(생략)	(생략)

(주) 1. 순위번호 2번 근저당권자의 동의가 없어 순위번호 3번 주등기로 전세금을 증액하는 변경등기를 마친 후, 다시 그 전세금을 증액하는 변경등기를 할 때의 기록례이다.
2. 등기상 이해관계 있는 제3자(순위번호 4번 근저당권자)의 승낙이 있는 때에는

변경등기를 순위번호 3번의 주등기에 부기로 한다.

< 기록례 3 >

【 을 구 】		(소유권 이외의 권리에 관한 사항)		
순위번호	등기목적	접 수	등기원인	권리자 및 기타사항
1	전세권설정	2018년2월2일 제100호	2018년2월1일 설정계약	전세금 금100,000,000원 범 위 건물 전부 존속기간 2018년2월2일부터 2020년2월1일까지 전세권자 배현정 890703-2567891 서울특별시 서초구 명달로11길 17-3
2	근저당권설정	(생략)	(생략)	(생략)
3	1번전세권변경	2018년4월2일 제300호	2018년4월1일 변경계약	전세금 금200,000,000원
4	근저당권설정	(생략)	(생략)	(생략)
5	1번전세권변경	2019년2월8일 제120호	2019년2월7일 변경계약	전세금 금300,000,000원

(주) 1. 순위번호 2번 근저당권자의 승낙이 없어 순위번호 3번 주등기로 전세금을 증액하는 변경등기를 마친 후, 다시 그 전세금을 증액하는 변경등기를 할 때의 기록례이다.
2. 등기상 이해관계 있는 제3자(순위번호 4번 근저당권자)의 승낙이 없는 때에는 변경등기를 주등기로 한다.

< 기록례 4 >

【 을 구 】		(소유권 이외의 권리에 관한 사항)		
순위번호	등기목적	접 수	등기원인	권리자 및 기타사항
1	전세권설정	2018년2월2일 제100호	2018년2월1일 설정계약	전세금 금100,000,000원 범 위 건물 전부 존속기간 2018년2월2일부터 2020년2월1일까지 전세권자 배현정 890703-2567891 서울특별시 서초구 명달로11길 17-3
2	근저당권설정	(생략)	(생략)	(생략)

3	1번전세권 변경	2018년4월2일 제300호	2018년4월1일 변경계약	전세금 금200,000,000원
3-1	3번전세권 변경	2019년2월8일 제120호	2019년2월7일 변경계약	전세금 금150,000,000원

(주) 1. 순위번호 2번 근저당권자의 동의가 없어 순위번호 3번 주등기로 전세금을 증액하는 변경등기를 마친 이후, 그 전세금을 원래의 전세금보다 많은 금액으로 감액하는 변경등기를 할 때의 기록례이다.
2. 변경등기는 순위번호 3번의 주등기에 부기로 한다.

< 기록례 5 >

【 을 구 】			(소유권 이외의 권리에 관한 사항)	
순위번호	등기목적	접 수	등 기 원 인	권 리 자 및 기 타 사 항
1	전세권 설정	2018년2월2일 제100호	2018년2월1일 설정계약	전세금 금100,000,000원 범 위 건물 전부 존속기간 2018년2월2일부터 2020년2월1일까지 전세권자 배현정 890703-2567891 서울특별시 서초구 명달로11길 17-3
1-1	1번전세권 변경	2019년2월8일 제120호	2019년2월7일 변경계약	전세금 금50,000,000원
2	근저당권 설정	(생략)	(생략)	(생략)
3	~~1번전세권 변경~~	~~2018년4월2일 제300호~~	~~2018년4월1일 변경계약~~	~~전세금 금200,000,000원~~
4	3번전세권변경등기말소			1-1번 전세권변경등기로 인하여 2019년2월8일 등기

(주) 1. 순위번호 2번 근저당권자의 동의가 없어 순위번호 3번 주등기로 전세금을 증액하는 변경등기를 마친 이후, 그 전세금을 원래의 전세금보다 적은 금액으로 감액하는 변경등기를 할 때의 기록례이다.
2. 변경등기는 순위번호 1번의 주등기에 부기로 하고, 순위번호 3번의 변경등기를 직권으로 말소한다.

< 기록례 6 >

【 을 구 】			(소유권 이외의 권리에 관한 사항)	
순위번호	등기목적	접 수	등기원인	권리자 및 기타사항
1	전세권설정	2018년2월2일 제100호	2018년2월1일 설정계약	전세금 금100,000,000원 범 위 건물 전부 존속기간 2018년2월2일부터 2020년2월1일까지 전세권자 배현정 890703-2567891 서울특별시 서초구 명달로11길 17-3
1-1	1번전세권근저당권설정	2018년4월2일 제300호	2018년4월1일 설정계약	채권최고액 금50,000,000원 채무자 배현정 서울특별시 서초구 명달로11길 17-3 근저당권자 강탁 841102-1234567 서울특별시 강남구 강남대로5 9-1
1-2	1번전세권변경	2019년2월8일 제120호	2019년2월7일 변경계약	전세금 금200,000,000원

< 기록례 7 >

【 을 구 】			(소유권 이외의 권리에 관한 사항)	
순위번호	등기목적	접 수	등기원인	권리자 및 기타사항
1	전세권설정	2018년2월2일 제100호	2018년2월1일 설정계약	전세금 금100,000,000원 범 위 건물 전부 존속기간 2018년2월2일부터 2020년2월1일까지 전세권자 배현정 890703-2567891 서울특별시 서초구 명달로11길 17-3
1-1	1번전세권근저당권설정	2018년4월2일 제300호	2018년4월1일 설정계약	채권최고액 금50,000,000원 채무자 배현정 서울특별시 서초구 명달로11길 17-3 근저당권자 강탁 841102-1234567 서울특별시 강남구 강남대로5 9-1
1-2	1번전세권변경	2019년2월8일 제120호	2019년2월7일 변경계약	전세금 금50,000,000원

3. 전세권이전등기를 하는 경우

    소유권 외의 권리의 이전등기는 해당 권리에 관한 등기에 부기로 하여야 하므로(부동산등기법 제52조제2호), 전세금 증액의 변경등기가 주등기로 마쳐진 경우라도 그 전세권을 이전하는 등기는 전세권설정등기에 부기로 한다[기록례 8 참조].

< 기록례 8 >

【 을 구 】		(소유권 이외의 권리에 관한 사항)		
순위번호	등기목적	접 수	등 기 원 인	권 리 자 및 기 타 사 항
1	전세권설정	2018년2월2일 제100호	2018년2월1일 설정계약	전세금 금100,000,000원 범 위 건물 전부 존속기간 2018년2월2일부터 2020년2월1일까지 전세권자 배현정 ~~890703-2567891~~ ~~서울특별시 서초구 명달로11길 17-3~~
1-1	1번전세권이전	2019년2월8일 제120호	2019년2월7일 매매	전세권자 최미숙 590103-2345671 광주광역시 북구 대자실로23 10-1
2	근저당권설정	(생략)	(생략)	(생략)
3	1번전세권변경	2018년4월2일 제300호	2018년4월1일 변경계약	전세금 금200,000,000원

4. 전세권근저당권설정등기를 하는 경우

    소유권 외의 권리를 목적으로 하는 권리에 관한 등기는 해당 권리에 관한 등기에 부기로 하여야 하므로(부동산등기법 제52조제3호), 전세금 증액의 변경등기가 주등기로 마쳐진 경우라도 그 전세권에 근저당권을 설정하는 등기는 전세권설정등기에 부기로 한다[기록례 9 참조].

< 기록례 9 >

【 을 구 】		(소유권 이외의 권리에 관한 사항)		
순위번호	등기목적	접 수	등기원인	권리자 및 기타사항
1	전세권설정	2018년2월2일 제100호	2018년2월1일 설정계약	전세금 금100,000,000원 범 위 건물 전부 존속기간 2018년2월2일부터 2020년2월1일까지 전세권자 배현정 890703-2567891 서울특별시 서초구 명달로11길 17-3
1-1	1번전세권근저당권설정	2019년2월8일 제120호	2019년2월7일 설정계약	채권최고액 금50,000,000원 채무자 배현정 서울특별시 서초구 명달로11길 17-3 근저당권자 강탁 841102-1234567 서울특별시 강남구 강남대로5 9-1
2	근저당권설정	(생략)	(생략)	(생략)
3	1번전세권변경	2018년4월2일 제300호	2018년4월1일 변경계약	전세금 금200,000,000원

부 칙

이 예규는 즉시 시행한다.

[예규 5] 이해관계 있는 제3자의 승낙서 등을 첨부하지 아니한 경우의 전세권변경등기

이해관계 있는 제3자의 승낙서 등을 첨부하지 아니한 경우의 전세권변경등기

제정 1985. 1. 31. [등기예규 제551호, 시행]

(갑호질의)

최초 계약시 임차보증금 2억 8천만원으로 토지에 대하여 전세권을 설정하였으나 최근 임차보증금이 상향조정되었기에 그 추가분에 대하여 현재 당 토지에 대한 저당권이 설정된 다음의 순위로 전세권설정을 할 수 있는지의 여부

(을호회답)

권리변경등기에 관하여 등기상 이해관계 있는 제3자가 있는 경우에 신청서에 그 승낙서 또는 이에 대항할 수 있는 재판의 등본을 첨부한 때에는 부기에 의하여 그 등기를 하고 그 승낙서 등을 첨부하지 않았을 때는 주등기(독립등기)에 의하여 그 변경등기를 할 수 있고 전세금이 상향조정되었다면 전세금 변경 계약에 인한 전세권 변경등기를 하여야 하고 그 등기를 신청하는 때에는 신청서에 이해관계인인 후순위 저당권자의 승낙서 또는 이에 대항할 수 있는 재판의 등본을 첨부한 때에 한하여 부기등기로 할 수 있고 그렇지 아니한 때에는 독립등기로 할 수 있다. 주)

주 : 위 기록례는 부동산등기기재례집 제161항 참조

[예규 6] 공유지분에 대한 전세권설정등기

공유지분에 대한 전세권설정등기

개정 2011. 10. 11. [등기예규 제1351호, 시행 2011. 10. 13.]

전세권의 목적인 부동산은 1필의 토지 또는 1동의 건물의 전부라야 할 필요는 없고 그 일부라도 무방하나, 부동산의 일부에 대하여 전세권설정등기를 신청하고자 할 경우에는 전세권의 범위를 특정하고 그 부분을 표시한 지적도나 건물도면을 첨부정보로 제공하여야 하므로(「부동산등기법」 제72조, 「부동산등기규칙」 제128조제2항 참조), 건물의 특정 부분이 아닌 공유지분에 대한 전세권은 등기할 수 없다.

부 칙 (2011. 10. 11. 제1351호)

이 예규는 2011년 10월 13일부터 시행한다.

[예규 7] 전세금반환채권의 일부양도에 따른 전세권 일부이전등기에 관한 업무
처리지침

전세금반환채권의 일부양도에 따른 전세권 일부이전등기에 관한 업무처리지침

제정 2011. 10. 12. [등기예규 제1406호, 시행 2011. 10. 13.]

단서에 따라 전세권의 존속기간 만료 전에 등기를 신청하는 경우에는 전세권이 소멸하였음을 증명하는 정보(전세권의 소멸청구나 소멸통고 등)를 첨부정보로서 등기소에 제공하여야 한다.

제1조 (목적) 이 예규는 부동산등기법(이하 "법"이라 한다) 제73조 및 부동산등기규칙(이하 "규칙"이라 한다) 제129조에 규정된 전세금반환채권의 일부양도에 따른 전세권 일부이전등기에 관한 사항을 규정함을 목적으로 한다.

제2조 (등기신청인) 전세권 일부이전등기는 전세권의 양도인이 등기의무자가 되고 양수인이 등기권리자가 되어 공동으로 신청하여야 한다.

제3조 (신청정보) ① 전세권 일부이전등기를 신청할 때에는 규칙 제43조에서 정한 일반적인 신청정보 외에 이전할 전세권의 접수연월일과 접수번호, 양도액을 신청정보의 내용으로 등기소에 제공하여야 한다.
② 등기의 목적으로는 "전세권 일부이전", 등기원인은 "전세금반환채권 일부양도"로 표시한다.

제4조 (첨부정보) ① 전세권 일부이전등기를 신청할 때에는 규칙 제46조에서 정한 일반적인 첨부정보 외에 법 제73조제2항 단서에 따라 전세권의 존속기간 만료

전에 등기를 신청하는 경우에는 전세권이 소멸하였음을 증명하는 정보(전세권의 소멸청구나 소멸통고 등)를 첨부정보로서 등기소에 제공하여야 한다.
② 건물전세권의 존속기간이 만료되어 등기를 신청하는 경우에는 「민법」 제312조제4항에 따라 전세권이 소멸하였음을 증명하는 정보(갱신거절의 통지 등)를 첨부정보로서 등기소에 제공하여야 한다.

제5조 (등기실행절차) ① 전세금반환채권의 일부양도에 따른 전세권 일부이전등기는 부기등기로 한다.
② 등기관이 전세금반환채권의 일부양도를 등기원인으로 하여 전세권 일부이전등기를 할 때에는 양도액을 기록하여야 한다.

제6조 (등기기록례) 전세금반환채권의 일부양도에 따른 전세권 일부이전등기의 등기기록례는 별지와 같다.

부 칙

이 예규는 2011. 10. 13.부터 시행한다.

별지 : 전세금반환채권의 일부양도에 따른 전세권 일부이전등기에 따른 등기기록례

【 을 구 】		(소유권 이외의 권리에 관한 사항)		
순위번호	등기목적	접수	등기원인	권리자 및 기타사항
1	전세권설정	2009년5월10일 제5678호	2000년 5월 8일 설정계약	전세금 금 200,000,000원 범 위 건물 전부 존속기간 2009년 5월 9일부터 2011년 5월 8일까지 전세권자 이병한 700407-1234567 서울특별시 서초구 서초동 123
1-1	1번전세권 일부이전	2011년11월3일 제10567호	2011년 11월 1일 전세금반환채권 일부양도	양도액 금 100,000,000원 전세권자 장동군 690707-1012518 서울특별시 강남구 테헤란로 568(역삼동)

4. 등기선례

[선례 19] 이미 전세권설정등기가 마쳐진 주택을 대상으로 임차권등기의 기입이 촉탁된 경우 등기관이 당해 등기촉탁을 수리할 수 있는지 여부 (일부 선례변경)

제정 2022. 10. 18. [부동산등기선례 제202210-2호, 시행]

이미 전세권설정등기가 마쳐진 주택에 대하여 전세권자와 동일인이 아닌 자를 등기명의인으로 하는 주택임차권등기명령에 따른 등기의 촉탁이 있는 경우 등기관이 당해 등기촉탁을 수리할 수 있는지 여부와 관련하여, ① 임대차는 그 등기가 없는 경우에도 임차인이 주택의 인도와 주민등록을 마친 때에는 그 다음 날부터 제3자에 대하여 효력이 생기고(「주택임대차보호법」 제3조 제1항), 그 주택에 임차권등기명령의 집행에 따라 임차권등기가 마쳐지면 그 대항력이나 우선변제권은 그대로 유지된다는 점(같은 법 제3조의3 제5항), ② 위 임차권등기는 이러한 대항력이나 우선변제권을 유지하도록 해 주는 담보적 기능만을 주목적으로 하는 점(대법원 2005. 6. 9. 선고 2005다4529 판결) 및 ③ 임차인의 권익보호에 충실을 기하기 위하여 도입된 임차권등기명령제도의 취지 등을 볼 때, 주택임차인이 대항력을 취득한 날이 전세권설정등기의 접수일자보다 선일(선일)이라면, 기존 전세권의 등기명의인과 임차권의 등기명의인으로 되려는 자가 동일한지 여부와는 상관없이 주택임차권등기명령에 따른 등기의 촉탁이 있는 경우 등기관은 그 촉탁에 따른 등기를 수리할 수 있을 것이다.

주) 이 선례에 의하여 등기선례(7-281)는 그 내용이 일부 변경됨
주) 이 선례에 의하여 등기선례(9-300)는 그 내용이 일부 변경됨
(2022. 10. 18. 부동산등기과-2781 질의회답)

참조조문 : 부동산등기법 제29조, 제100조, 부동산등기규칙 제161조, 주택임대차보호법 제3조, 제3조의3, 제4조, 임차권등기명령 절차에 관한 규칙 제2조, 제5조, 제6조

참조판례 : 대법원 1995. 2. 10. 선고 94다18508 판결, 대법원 1999. 5. 25. 선고 99다9981 판결, 대법원 2005. 6. 9. 선고 2005다4529 판결, 대법원 2007. 6. 28. 선고 2004다69741 판결, 대법원 2021. 12. 30. 선고 2018다40235, 40242 판결, 인천지방법원 2019. 12. 19.자 2018라669 결정

참조예규 : 등기예규 제1688호, 제1689호
참조선례 : 등기선례 7-281, 9-300

[선례 20] 전세금 감액을 위한 전세권변경등기와 존속기간을 연장하는 전세권변경등기를 일괄하여 신청할 수 있는지 여부

제정 2022. 3. 28. [부동산등기선례 제202203-2호, 시행]

건물과 그 대지에 공동으로 전세권등기가 마쳐지고 그 존속기간이 만료된 경우 그 건물에 대한 전세권은 「민법」 제312조 제4항에 따라 법정갱신 될 수 있으며, 이 경우 전세금 감액을 위한 전세권변경등기를 신청하기 위해서는 존속기간을 연장하는 전세권변경등기를 먼저 신청하거나, 별개의 신청서로 위 전세금 감액을 위한 전세권변경등기와 동시에 신청하여야 한다(2013. 02. 01. 부동산등기과-246 질의회답 참조).
(2022. 03. 28. 부동산등기과-844 질의회답)
참조조문 : 「민법」 제312조, 「부동산등기법」 제51조, 제60조 제1항 제1호
참조선례 : 등기선례 5-449, 5-126, 2013. 02. 01. 부동산등기과-246 질의회답

[선례 21] 건물 전세권이 법정갱신 된 경우의 등기절차

제정 2018. 5. 18. [등기선례 제9-294호, 시행]

건물전세권이 법정갱신된 경우 이는 법률규정에 의한 물권변동에 해당하여 전세권갱신에 관한 등기를 하지 아니하고도 전세권 설정자나 그 목적물을 취득한 제3자에 대하여 그 권리를 주장할 수 있으나, 등기를 하지 아니하면 이를 처분하지 못하므로, 갱신된 전세권을 다른 사람에게 이전하기 위해서는 먼저 전세권의 존속기간을 변경하는 등기를 하여야 한다. 전세권이 법정갱신되면 그 존속기간은 정함이 없는 것이므로, 등기관이 법정갱신을 원인으로 전세권변경등기를 할 때에는 존속기간을 기록하지 않고 종전의 존속기간을 말소하는 표시만을 하게 된다. 따라서 전세권변경등기를 신청할 때에 신청정보 중 변경할 사항으로는 변경하고자 하는 전세권을 특정하여 그 등기사항 중 존속기간을 말소한다는 뜻을 제공하고(예: 2016년 3월 10일 접수 제1000호로 마친 전세권 등기사항 중 존속기간을 말소함), 등기원인은 '법정갱신'으로, 그 연월일은 '등기된 존속기간 만료일의 다음날'로 제공하여야 한다. 다만, 등기상 이해관계 있는 제3자가 있으나 그의 승낙이 없어 변경등기를 주등기로 하는 경우에는 등기관이 종전의 존속기간을 말소하는 표시를 하지 않으므로, 변경할 사항이 없다는 뜻을 신청정보의 내용으로 등기소에 제공하여야 한다. 법정갱신을 원인으로 전세권변경등기를 신청할 때에는 일반적인 첨부정보 외에 등기원인을 증명하는 정보로서 건물의 전세권설정자가 갱신거절의 통지 등을 하지 않아 법정갱신되었음을 소명하는 정보(예: 전세권

설정자가 작성한 확인서)를 제공하여야 한다.
(2018. 05. 18. 부동산등기과-1158 질의회답)
참조조문 : 민법 제312조제4항, 제187조 단서, 법 제52조제5호, 제72조제1항 단서, 규칙 제112조제1항

[선례 22] 공동전세권자의 공유지분을 표시하는 전세권 경정등기의 가능 여부(적극)

제정 2018. 7. 20. [등기선례 제9-295호, 시행]

1. 전세권을 여러 명이 준공유하는 경우에는 전세권자별 지분을 기록하여야 하는 바(민법 제278조, 부동산등기법 제48조제4항 참조), 공동전세권자 갑, 을, 병, 정이 준공유하는 건물전세권을 등기할 때에 그들의 각 지분을 기록하여야 함에도 착오로 이를 누락하였다면 갑, 을, 병, 정은 자신들의 각 지분을 추가 기록하는 경정등기를 신청할 수 있다. 이 경우 공동전세권자별 지분이 4분의 1로 균등하다면 별도의 지분을 증명하는 정보를 첨부정보로서 제공할 필요가 없으나, 만일 공동전세권자별 실제 지분이 균등하지 않다면 공동전세권자들 사이에 작성된 실제 지분 비율을 증명하는 정보(공동전세권자 전원이 함께 작성한 확인서 등)와 현재 등기 기록상 균등하게 추정되는 지분보다 지분이 적은 자의 인감증명을 첨부정보로 제공하여야 한다.
2. 위와 같이 누락된 공동전세권자별 지분을 추가 기록하는 경정등기는 그 전세권의 존속기간이 만료된 경우라 하더라도 신청할 수 있다.

(2018. 07. 20. 부동산등기과-1629 질의회답)
참조조문 : 법 제48조, 민법 제262조, 제278조, 제312조
참조판례 : 1989. 7. 11. 선고 88다카21029 판결
참조예규 : 제1564호
참조선례 : I 제407항, III 제711항, VI 제313항

[선례 23] 「국토의 계획 및 이용에 관한 법률」 제36조의 도시지역 내의 농지에 대한 전세권설정등기신청 가부

제정 2018. 11. 30. [등기선례 제9-296호, 시행]

농지에 대하여는 원칙적으로 전세권설정등기를 신청할 수 없으나, 「국토의 계획 및 이용에 관한 법률」 제36조의 용도지역 중 도시지역(녹지지역의 농지에 대하여는 도시·군계획시설사업에 필요한 농지에 한함) 내의 농지에 대하여는 전세권설정등기를 신청할 수 있다. 다만, 이 경우 도시지역 내의 농지임을 소명하기 위

한 토지이용계획확인서를 첨부정보로서 제공하여야 한다.
(2018. 11. 30. 부동산등기과-2715 질의회답)
참조조문 : 민법 제303조제2항, 국토의 계획 및 이용에 관한 법률 제34조, 제36조, 제83조, 농지법 제2조제1호·제7호, 제6조제2항제8호, 제8조
참조판례 : 2009. 4. 16. 선고 2007도6703 전원합의체 판결

[선례 24] 후순위 근저당권자가 있는 경우 전세권의 변경등기의 형식

제정 1986. 1. 24. [등기선례 제1-422호, 시행]

권리변경등기에 관하여 등기상 이해관계 있는 제3자가 있는 경우에 신청서에 그 승낙서 또는 이에 대항할 수 있는 재판의 등본을 첨부한 때에는 부기에 의하여 그 등기를 하고 그 승낙서등을 첨부하지 않았을 때에는 주등기(독립등기)로 그 변경등기를 하는 것이므로, 전세권의 존속기간 연장을 목적으로 하는 변경등기는 후순위 근저당권자의 승낙서 또는 이에 대항할 수 있는 재판의 등본을 첨부한 때에 한하여 부기등기로 이를 할 수 있다.

86. 1. 24 등기 제19호
참조예규 : 405, 405-1항

[선례 25] 전세권의 양도등기의 신청인

제정 1986. 7. 9. [등기선례 제1-423호, 시행]

전세권, 저당권, 가등기상의 권리 (주)의 각 이전등기는 양도인과 양수인이 신청인이 되어 이를 할 수 있다.

86. 7. 9 등기 제323호
참조예규 : 591-3항

주 : 다만 예규 581, 582항은 상속에 인한 경우 외에는 가등기상 권리의 이전 등기는 할 수 없다는 입장을 취하고 있다.

[선례 26] 대지권등기가 된 구분건물에 대한 전세권설정등기

제정 1986. 10. 13. [등기선례 제1-424호, 시행]

대지권의 등기가 경료된 구분건물에 있어서는 건물만에 대하여 전세권설정등기를 할 수 있다.

86. 10. 13 등기 제466호
참조예규 : 837-19항

[선례 27] 토지의 특정 일부에 대한 전세권설정등기의 신청

제정 1986. 11. 13. [등기선례 제1-425호, 시행]

전세권의 목적은 1필의 토지 전부라야 할 필요는 없고 그 일부라도 무방하나 1필의 토지의 특정 일부에 대한 전세권설정등기를 하고자 할 때에는 신청서에 전세권의 범위를 특정할 수 있도록 기재하고 그 부분을 표시한 지적도를 첨부하여야 한다.
(부동산등기법 제139조 제2항, 동법시행규칙 제62조 참조)
86. 11. 13 등기 제546호
참조예규 : 405-2항

[선례 28] 건물의 특정층 전부에 대한 전세권설정등기신청과 도면 첨부

제정 1987. 4. 9. [등기선례 제2-364호, 시행]

부동산의 일부에 대하여 전세권설정등기를 신청하고자 할 경우에는 전세권의 범위를 특정하고 그 도면을 첨부하여야 하는데, 건물 중 특정 층 전부에 대하여 전세권설정등기를 신청할 때에도 마찬가지이다.
87. 4. 9 등기 제218호
주 : 선례 제8-88호(2007.07.30. 부동산등기과-2482 질의회답)에 의하여 내용이 변경됨.

[선례 29] 공유지분에 대한 전세권설정등기 가부

제정 1987. 4. 29. [등기선례 제2-365호, 시행]

전세권설정등기는 부동산의 전부 또는 특정된 일부에 대하여 할 수 있으나, 부동산의 공유지분에 대하여는 이를 할 수 없다.
87. 4.29 등기 제261호
참조예규 : 405-2항

[선례 30] 공유지분에 대한 전세권설정등기의 가부

제정 1987. 7. 2. [등기선례 제2-367호, 시행]

건물은 물론 건물이 서 있는 대지도 전세권의 목적이 될 수 있으며, 전세권의 목적인 부동산은 1필의 토지 또는 1동의 건물 전부라야 할 필요는 없고 그 부동산의 특정된 일부라도 무방하나, 부동산의 공유지분에 대한 전세권설정등기는 이를 할 수 없다.
87. 7. 2 등기 제393호

참조예규 : 405-2항
참조선례 : 365항

[선례 31] 건물에 대한 전세권의 존속기간 만료 후 전세권변경등기신청시의 등록세

제정 [등기선례 제3-578호, 시행]

건물에 대한 전세권의 존속기간이 만료되어 전세권변경계약을 체결한 후 전세권변경등기를 함에 있어서, 존속기간의 변경등기를 신청하는 경우에는 법정갱신 제도가 있어 그 존속기간 만료 전에 하는 통상의 변경등기 신청에 있어서와 마찬가지로 지방세법 제131조 제1항 제8호의 규정에 의한 등록세를 납부하면 된다. 그러나 전세금 증액에 따른 전세금 변경등기를 신청하는 경우에는 전세권 존속기간 만료일 전후를 불문하고 그 증액된 금액에 관하여는 지방세법 제131조 제1항 제6호 (4)의 규정에 의한 등록세를 납부하여야 한다.
93.3.23. 등기 제687호 국민연금관리공단이사장 대 질의회답

[선례 32] 가압류된 전세권을 전세권말소확정판결로 말소할 수 있는지 여부

제정 [등기선례 제4-250호, 시행]

갑 소유 부동산에 을 명의의 전세권등기와 병 명의의 전세권가압류가 순차로 경료된 부동산에 대하여 을 명의의 전세권등기를 말소하라는 판결을 받았다고 하더라도 그 판결에 의하여 전세권말소등기를 신청할 때에는 병의 승낙서 또는 병에게 대항할 수 있는 재판의 등본을 첨부하여야 한다.
(1996. 4. 20. 등기 3402-282 질의회답)
참조조문 : 제171조

[선례 33] 전세권설정등기 후 목적부동산의 소유권이 이전된 경우의 전세권변경등기 의무자

제정 1997. 12. 4. [등기선례 제5-413호, 시행]

전세권설정등기 후 목적부동산의 소유권이 제3자에게 이전된 경우, 그 소유권을 이전받은 제3취득자는 전세권설정자의 지위까지 승계하였다고 할 것이므로, 그 존속기간을 단축하거나 연장하기 위한 전세권변경등기신청은 전세권자와 제3취득자(소유자)가 공동으로 신청하여야 한다.
(1997. 12. 4. 등기 3402-968 질의회답)

[선례 34] 임대주택법상의 임대주택의 임대의무기간 중에 전세권설정등기 가부

제정 1997. 12. 29. [등기선례 제5-414호, 시행]

주택건설촉진법 제32조의3에서 저당권이나 전세권 등의 설정을 제한하는 것은 당해 주택을 공급받는 자를 보호하기 위한 것이므로, 그와 같은 제한을 받는 주택은 동법 제33조 규정에 의하여 사업계획승인을 얻어 주택건설사업자가 건설한 분양주택에 한하는 것이고, 임대주택법상의 임대주택에 대하여는 주택건설촉진법 제32조의3의 제한규정이 적용되지 않으므로, 주택건설촉진법 제33조의 규정에 의한 사업계획승인을 받아 건설한 주택이라 하더라도 임대주택법상의 임대주택에 대하여는 당해 주택을 임차한 임차인 명의의 전세권설정등기를 할 수 있을 것이다.

(1997. 12. 29. 등기 3402-1064 질의회답)

참조조문 : 임대주택법 제2조, 동법시행령 제9조

[선례 35] 한국방송통신대학교기성회 명의의 전세권설정등기 가부

제정 1998. 9. 22. [등기선례 제5-419호, 시행]

한국방송통신대학교기성회가 민법상 권리능력 없는 사단이나 재단으로서의 실체를 가지고 있다면, 부동산등기법 제41조의2의 규정에 따라 부동산등기용등록번호를 부여받은 후, 부동산등기법시행규칙 제56조가 정하고 있는 서면을 첨부하여 그 명의로 전세권설정등기를 경료받을 수 있다.

(1998. 9. 22. 등기 3402-922 질의회답)

참조조문 : 법 제30조, 제40조

[선례 36] 전세권자가 등기의무자로서 전세권이전등기를 신청하면서 인감증명을 첨부해야 할 경우

제정 1998. 12. 3. [등기선례 제5-423호, 시행]

전세권자가 등기의무자로서 전세권이전등기를 신청하는 경우에는, 그 권리에 관한 등기필증이 멸실되어 부동산등기법 제49조 제1항 단서의 규정에 의한 서면을 첨부하여 등기를 신청하는 경우를 제외하고는, 전세권자의 인감증명을 첨부할 필요가 없다.

(1998. 12. 3. 등기 3402-1207 질의회답)

[선례 37] 공동전세권의 지분양도 가부

제정 1999. 1. 8. [등기선례 제6-313호, 시행]

수인이 전세권을 준공동소유하는 경우, 그들 사이의 법률관계의 성질이 준공유인 경우에는 공동전세권자 중 1인이 다른 공동전세권자 동의를 얻지 아니하고도 그의 지분을 제3자에게 양도할 수 있지만, 그들 사이의 법률관계의 성질이 준합유인 경우(예컨대, 민법상의 조합관계인 경우)에는 다른 공동전세권자 전원의 동의를 얻지 아니하면 그의 지분을 제3자에게 처분할 수 없다.
(1999. 1. 8. 등기 3402-21 질의회답)
참조조문 : 민법 제278조

[선례 38] 전세권등기의 말소등기신청과 이해관계인의 동의 여부

제정 1999. 5. 10. [등기선례 제6-314호, 시행]

갑 소유 부동산에 대하여 을이 전세권을 설정한 후 병이 그 전세권에 대하여 근저당권을 설정하였고, 그 후 전세권자의 채권자에 의하여 전세권에 대한 가압류등기가 경료된 경우, 전세권자 을이 전세권말소등기 신청을 하기 위하여는 근저당권자 병과 가압류채권자의 동의서를 첨부하거나 이들에 대항할 수 있는 재판의 등본을 첨부하여야 할 것이며, 위의 경우에 병이 위 근저당권부채권을 집행채권으로, 을의 갑에 대한 전세금반환채권을 피전부채권으로 하여 채권압류 및 전부명령을 받았고 위 채권압류 및 전부명령이 확정된 경우에도 마찬가지이다.
(1999. 5. 10. 등기 3402-496 질의회답)
참조조문 : 부동산등기법 제171조

[선례 39] 공유지분에 대한 전세권말소등기 가부

제정 1999. 8. 24. [등기선례 제6-315호, 시행]

건물의 특정부분이 아닌 공유지분에 대하여는 전세권이 설정될 수 없으므로 수인의 공유자들이 전세권설정등기를 한 후 그 일부 공유자의 지분에 대하여만 전세권말소등기를 신청할 수는 없으며, 이는 판결을 받는다고 하더라도 마찬가지이다. 다만, 전세권이 설정된 부분 중 일정 부분을 전세권범위변경등기의 형식으로 말소할 수는 있으며 이 경우의 등기는 전세권자와 건물의 공유자 전원이 공동으로 신청하여야 한다.
(1999. 8. 24. 등기 3402-846 질의회답)

[선례 40] 건물에 대한 전세권설정등기 후, 대지에 대하여 추가로 전세권설정등기를 할 수 있는지 여부

제정 2000. 2. 16. [등기선례 제6-316호, 시행]

1동의 건물의 일부에 대하여 전세권설정등기가 경료된 후, 그 건물의 대지 전부를 추가하여 위 전세권의 목적으로 하는 추가전세권설정등기를 신청할 수 있다(부동산등기법 제139조 제3항, 제147조).
(2000. 2. 16. 등기 3402-111 질의회답)
참조선례 : V 제420항

[선례 41] 추가전세권설정등기신청이 가능한지 여부와 이 경우에 납부할 등록세

제정 2000. 6. 13. [등기선례 제6-317호, 시행]

건물에 대하여 전세권설정등기가 경료된 후 그 전세권의 목적으로 건물의 대지를 추가하는 추가전세권설정등기를 신청할 수 있으며, 이때 추가전세권설정등기의 등록세는 지방세법 제131조 제1항 제8호(매 1건당 3,000원)에 의하여야 할 것이다.
(2000. 6. 13. 등기 3402-406 질의회답)
참조조문 : 법 제139조 제3항, 제147조

[선례 42] 건물에 대한 전세권이 등기되어 있는 경우, 토지에 대하여 전세권설정등기를 신청할 수 있는지 여부(적극) (변경)

제정 2000. 10. 4. [등기선례 제6-318호, 시행]

토지와 건물은 별개의 부동산이므로 건물 전부에 대한 전세권설정등기가 경료된 경우에도 토지에 대하여 별도의 전세권설정등기를 신청할 수 있으며, 또한 이미 건물의 일부에 전세권이 설정된 경우에도 위 건물부분과 중복되지 않는 다른 건물부분에 대하여 전세권설정등기를 신청할 수 있다.
(2000. 10. 4. 등기 3402-691 질의회답)
참조선례 : V 제420항
주 : 이 선례에 의하여 1999. 1. 16. 등기 3402-43 질의회답(본집에 수록되지 않음)은 그 내용이 변경됨.

[선례 43] 존속기간이 만료된 전세권에 대한 이전등기 가부(적극)

제정 2001. 12. 4. [등기선례 제7-263호, 시행]

전세금의 반환과 전세권설정등기의 말소 및 전세권목적물의 인도와는 동시이행의 관계에 있으므로 전세권이 존속기간의 만료로 인하여 소멸된 경우에도 당해 전세권설정등기는 전세금반환채권을 담보하는 범위내에서는 유효한 것이라 할 것이어서, 전세권의 존속기간이 만료되고 전세금의 반환시기가 경과된 전세권의 경우에도 설정행위로 금지하지 않는 한 전세권의 이전등기는 가능하며, 이 경우 전세권설정등기 후에 경료된 소유권가압류 등기권자는 위 전세권이전등기에 관하여 이해관계 있는 제3자에 해당하지 않는다.
(2001. 12. 4. 등기 3402-782 질의회답)
참조선례 : 등기선례요지집 V 제421항

[선례 44] 등기용지의 상당구를 잘못 기재한 경우 직권경정등기 가부 등

제정 2002. 6. 14. [등기선례 제7-266호, 시행]

A 명의의 전세권에 대하여 채권자 갑이 전세권일부(130,000,000분의 91,987,500)이전의 대위등기신청을 하였으나 등기관의 착오로 전세권전부에 대하여 을 명의로 전세권이전등기가 경료되고, 을 명의의 전세권에 대하여 집행법원이 전부명령을 등기원인으로 하여 을 명의의 전세권을 갑 명의로 하는 전세권이전등기촉탁을 하였으나 등기관의 착오로 전세권전부에 대하여 갑구에 갑을 채권자로 한 전세권압류등기가 경료된 후, 위 전세권전부에 대하여 집행법원에서 을을 등기의무자, 병을 등기권리자로 기재한 전부명령을 등기원인으로 한 전세권이전등기촉탁을 한 경우,

가. 위 을 명의의 전세권이전등기에 직권경정등기사유가 있다면, 당해 대위채권자인 갑은 본래 자신의 대위등기신청에 따른 경정등기가 이루어지는 것이고 경정등기에 따른 손해가 발생하지 아니하여 등기상 이해관계 있는 제3자라고 할 수 없으므로 실체관계와 합치하지 아니하는 무효부분의 등기에 대하여 말소하는 의미의 직권경정등기를 할 수 있고,

나. 집행법원에서 전세권에 대하여 전부명령을 등기원인으로 하여 전세권이전등기촉탁을 하였는데 전세권에 대하여 갑구에 경료된 압류등기는 을구사항란에 기재되어야 할 것이 착오로 갑구사항란에 기재된 것으로서 그 등기가 무효의 등기라고는 할 수 없으므로 을구사항란에 이기할 수 있을 것이고, 이건 촉탁사건이 등기되기 전이라면 설사 등기촉탁서가 접수되었다고 하더라도 그 촉탁서상 권리자인 병은 등기부상 이해관계인이 아니므로 위 압류등기를 이전등기로 하는 직권경정등기를 할 수 있으며,

다. 따라서, 전세권의 존속기간이 만료되더라도 당해 전세권설정등기는 전세금반환채권을 담보하는 범위내에서는 유효하므로 채권자가 전세금반환채권에 대하여 전부명령을 받아 전세권이전등기촉탁을 신청하여 집행법원이 전세금반환채권에 대하여 전부명령에 기하여 전세권이전등기촉탁을 하였다면 등기관은 그 전부명령의 유·무효에 대하여 판단하지 아니하고 전세권이전등기를 수리하여야 하지만, 위와같이 경정등기가 경료되었다면 전세권은 A(130,000,000분의 38,012,500)와 갑(130,000,000분의 91,987,500)의 준공유가 되므로, 을 채무자로 한 전부명령에 터 잡아 을을 등기의무자로 하여 촉탁한 전세권이전등기촉탁은 촉탁서에 기재된 등기의무자의 표시가 등기부와 부합하지 아니한 때에 해당하여 부동산등기법 제55조 제6호에 의하여 각하하여야 한다.

(2002. 6. 14. 등기 3402-327 질의회답)
참조판례 : 대법원 1980. 10. 14. 선고 80다1385 판결
참조선례 : 등기선례요지집 V 제561항

[선례 45] 건물의 특정일부를 목적으로 한 전세권등기가 경료되어 있는 일반 건물에 대하여 구분등기를 신청하는 방법

제정 2002. 11. 16. [등기선례 제7-267호, 시행]

건물의 특정일부를 목적으로 설정된 전세권의 등기가 있는 경우에는, 그 건물의 구분등기를 신청할 때에 신청서에 종전의 전세권이 존재하는 부분을 명백히 하여 전세권이 존속할 건물부분을 기재하고 이를 증명하는 전세권자의 서면을 첨부(그 서면에 날인한 권리자의 인감증명 포함)하도록 하여, 전세권이 존속하는 부분에 대하여만 전세권설정등기를 이기하도록 하고 있으므로(부동산등기법 제103조의2, 제91조의2 참조), 전세권이 존속하는 부분을 특정하지 아니한 구분등기신청은 각하하여야 하며 전세권설정등기를 구분건물 전체에 대하여 이기할 수는 없다. 따라서, 신청서에 전세권이 존속하는 부분에 관한 전세권자의 증명서가 첨부되지 아니하였음에도 불구하고 일부 전유부분에 관하여만 전세권설정등기가 이기된 경우에, 나머지 전유부분 전체에 대하여 전세권설정등기의 이기를 구하는 등기신청은 전세권이 존속하는 부분을 특정하지 아니하는 등기를 허용하는 결과가 되어 수리할 수 없으며, 이는 전세권자가 나머지 전유부분에 관한 소유자 등을 상대로 이기등기에 대한 승낙의 의사를 표시하라는 판결을 받은 경우에도 마찬가지이다.

(2002. 11. 16. 등기 3402-634 질의회답)

[선례 46] 건물의 특정층 전부에 대한 전세권설정등기신청과 도면 첨부

제정 2007. 7. 30. [등기선례 제8-246호, 시행]

부동산의 일부에 대한 전세권(임차권)설정등기 신청서에는 그 도면을 첨부하여야 할 것인바, 다만 전세권(임차권)의 목적인 범위가 건물의 일부로서 특정층 전부인 때에는 그 도면을 첨부할 필요가 없다.
(2007. 07. 30. 부동산등기과-2482 질의회답)
주 : 이 선례에 의하여 등기선례요지집 Ⅱ 제364항은 그 내용이 변경됨.

[선례 47] 존속기간이 만료된 건물전세권의 존속기간 변경없이 전세권의 범위를 축소하는 전세권변경등기 가부(소극)

제정 2008. 2. 1. [등기선례 제8-247호, 시행]

건물전세권은 존속기간이 만료되더라도 법정갱신으로 등기하지 않아도 전세권자는 전세권설정자 및 제3자에게 그 권리를 주장할 수 있지만, 위 등기의 처분 또는 내용을 변경하는 등기를 신청하기 위해서는 존속기간의 변경등기의 신청을 선행 또는 동시에 하여야 한다.
(2008. 02. 01. 부동산등기과-382 질의회답)
참조조문 : 민법 제312조 제4항
참조판례 : 1989. 7. 11. 선고 88다카21029 판결
참조선례 : Ⅴ 제416항, Ⅶ 제264항

[선례 48] 일부지분이 그 지분에 설정된 근저당권의 실행으로 인하여 매각된 경우 후순위 전세권설정등기의 말소방법

제정 2008. 7. 9. [등기선례 제8-248호, 시행]

1. 전세권설정등기는 부동산의 전부 또는 특정 일부분에 대하여 할 수 있으나 일부지분에 대하여는 할 수 없으므로 전세권의 일부지분에 대한 말소등기(일부말소의미의 경정등기) 또한 할 수 없다.
2. 따라서 수인이 공유하는 부동산의 일부공유자의 지분에 대한 근저당권설정등기와 전세권설정등기가 순차적으로 경료된 후, 위 근저당권의 실행에 따른 경매절차에서 전세권의 인수에 관한 특별매각조건이 없이 매각되고 대금이 완납되었다면 위 전세권등기는 매수인이 인수하지 아니할 부담에 관한 기입의 등기에 해당하여 전부말소의 대상이 된다.
3. 다만, 위 등기의 말소는 집행법원의 촉탁에 의하여 하는바, 전부말소 촉탁이

아닌 일부말소촉탁이 있는 경우 등기관은 이를 각하할 수밖에 없다.
(2008. 07. 09. 부동산등기과-1843 질의회답)
참조조문 : 민사집행법 제91조 제3항, 제144조
참조예규 : 제574호, 제1027호
참조선례 : Ⅱ 제551항, Ⅴ 제417항, Ⅵ 제315항

5. 관련 판례

[판례 3] 임의경매취소결정 (대법원 1995. 9. 18.자 95마684 결정)

【판시사항】

전세권에 대하여 저당권이 설정된 경우, 전세기간 만료 후에 그 저당권을 실행하는 방법

【결정요지】

전세권에 대하여 설정된 저당권은 민사소송법 제724조 소정의 부동산경매절차에 의하여 실행하는 것이나, 전세권의 존속기간이 만료되면 전세권의 용익물권적 권능이 소멸하기 때문에 더 이상 전세권 자체에 대하여 저당권을 실행할 수 없게 되고, 이러한 경우는 민법 제370조, 제342조 및 민사소송법 제733조에 의하여 저당권의 목적물인 전세권에 갈음하여 존속하는 것으로 볼 수 있는 전세금반환채권에 대하여 추심명령 또는 전부명령을 받거나(이 경우 저당권의 존재를 증명하는 등기부등본을 집행법원에 제출하면 되고 별도의 채무명의가 필요한 것이 아니다), 제3자가 전세금반환채권에 대하여 실시한 강제집행절차에서 배당요구를 하는 등의 방법으로 자신의 권리를 행사할 수 있을 뿐이다.

【참조조문】

민법 제342조, 제370조, 제371조, 민사소송법 제724조, 제733조

【참조판례】

대법원 1990.12.26. 선고 90다카24816 판결
1992.7.10. 자 92마380 결정

1994.11.12. 선고 94다25728 판결

【전 문】

【재항고인】 재항고인 소송대리인 변호사 주상수
【원심결정】 인천지방법원 1995.6.2. 자 95라41 결정

【주 문】

재항고를 기각한다.

【이 유】

재항고이유를 본다.

이 사건 기록을 검토하여 보면, 원심이 이 사건 임의경매신청의 목적물인 전세권은 그 존속기간인 1993.4.26.이 경과됨에 따라 소멸하여 현재에는 전세금반환채권만이 남은 상태라고 보았음은 정당하다.

전세권에 대하여 설정된 저당권은 민사소송법 제724조 소정의 부동산경매절차에 의하여 실행하는 것이나, 전세권의 존속기간이 만료되면 전세권의 용익물권적 권능이 소멸하기 때문에 더 이상 전세권 자체에 대하여 저당권을 실행할 수 없게 되고, 이러한 경우는 민법 제370조, 제342조 및 민사소송법 제733조에 의하여 저당권의 목적물인 전세권에 갈음하여 존속하는 것으로 볼 수 있는 전세금반환채권에 대하여 추심명령 또는 전부명령을 받거나(이 경우 저당권의 존재를 증명하는 등기부등본을 집행법원에 제출하면 되고 별도의 채무명의가 필요한 것이 아니다), 제3자가 위 전세금반환채권에 대하여 실시한 강제집행절차에서 배당요구하는 등의 방법으로 우선변제를 받을 수 있을 뿐이라고 할 것이다.

같은 취지에서 이 사건 전세권 자체에 대하여 경매신청을 한 재항고인의 이 사건 경매신청을 받아들이지 아니한 원심은 정당하고, 거기에 소론과 같은 위법이 있다고 할 수 없다. 논지는 이유 없다.

그러므로 재항고를 기각하기로 하여 관여 법관의 일치된 의견으로 주문과 같이 결정한다.

대법관   이용훈(재판장) 박만호 박준서(주심) 김형선

6. 전세권설정

가. 전세권설정

【 을 구 】			(소유권 이외의 권리에 관한 사항)	
순위 번호	등기목적	접수	등기원인	권리자 및 기타사항

1	전세권설정	2023년
		3월5일
		제1006호
			2023년
			3월5일
			설정계약
				전세금 금50,000,000원
				범 위 건물 전부
				존속기간 2023년 3월 5일부터
				         2024년 3월 4일까지
				전세권자 설마영 680703-1562316
				   서울특별시 마포구 마포대로11가길
				   25(염리동)

㈜ 1. 존속기간은 약정이 있는 경우에 등기한다.
   2. 존속기간은
      가. 연월일부터 연월일까지
      나. 연월일부터 몇 년간
      다. 연월일까지를 각 기록할 수 있다.

나. 일부 전세권 설정

【 을 구 】			(소유권 이외의 권리에 관한 사항)	
순위 번호	등기목적	접수	등기원인	권리자 및 기타사항

1	전세권설정	2023년
		3월5일
		제1006호
			2023년
			3월5일
			설정계약
				전세금 금30,000,000원
				범 위 건물 2층 전부
				존속기간 2023년 3월 5일부터
				         2024년 3월 4일까지
				전세권자 설마영 680703-1562316
				   서울특별시 마포구 마포대로11가길
				   25(염리동)

㈜ 1. 토지나 건물의 특정부분이 아닌 공유지분에 대하여는 전세권을 설정할 수 없다.
   2. 전세권설정이나 전전세의 범위나 부동산의 일부인 경우에는 그 부분을 표시한 도면의 번호를 기록한다.
   3. 전세권의 범위가 특정 층의 전부인 경우에는 도면을 첨부할 필요가 없다.

다. 전세권의 처분제한에 관한 특약이 있는 경우(민법 제306조 단서)

【 을 구 】			(소유권 이외의 권리에 관한 사항)	
순위번호	등기목적	접수	등기원인	권리자 및 기타사항

1	전세권설정	2023년 3월5일 제1006호	2023년 3월5일 설정계약	전세금 금100,000,000원
				범 위 건물 전부
				존속기간 2023년 3월 5일부터
				         2024년 3월 4일까지
				특 약 전세권자는 전세권설정자의 승낙 없이 전세권을 타인에게 양도, 담보제공, 전전세 또는 임대하지 못한다.
				전세권자 설마영 680703-1562316
				         서울특별시 마포구 마포대로11가길 25(염리동)

7. 전전세

【 을 구 】			(소유권 이외의 권리에 관한 사항)	
순위번호	등기목적	접수	등기원인	권리자 및 기타사항

1	전세권설정	2022년 3월9일 제2201호	2022년 3월9일 설정계약	전세금 금 50,000,000원
				범 위 건물 전부
				존속기간 2022년 3월 9일부터
				         2025년 3월 8일까지
				전세권자 김창수 721205-1352121
				         서울특별시 종로구 인사동6길 5(인사동)

1-1	1번전세권전전세권설정	2022년 9월4일 제8217호	2022년 9월4일 전전세권설정계약	전전세금 금 50,000,000원
				범 위 건물 전부
				존속기간 2022년 9월 4일부터
				         2023년 9월 3일까지
				전전세권자 이영식 650422-1045115
				         서울특별시 종로구 율곡로 16(원서동)

8. 전세권이전

가. 전부이전

【 을 구 】			(소유권 이외의 권리에 관한 사항)	
순위번호	등기목적	접수	등기원인	권리자 및 기타사항
1	전세권설정	2022년 3월4일 제2001호	2022년 3월4일 설정계약	전세금 금 50,000,000원 범위 건물 전부 ~~전세권자 김창수 721205-1352121~~ ~~서울특별시 종로구 인사동 6길~~ ~~5(인사동)~~
1-1	1번전세권이전	2022년 9월3일 제1313호	2022년 9월2일 매매	전세권자 이영식 650422-1045115 서울특별시 종로구 율곡로 16 (원서동)

㈜ 1번 전세권자를 말소하는 표시를 한다.

나. 전세금반환채권의 일부양도에 따른 전세권 일부이전

【 을 구 】			(소유권 이외의 권리에 관한 사항)	
순위번호	등기목적	접수	등기원인	권리자 및 기타사항
1	전세권설정	2023년 3월4일 제2001호	2023년 3월4일 설정계약	전세금 금 50,000,000원 범 위 건물 전부 전세권자 김창수 721205-1352121 서울특별시 종로구 인사동6길 5(인사동)
1-1	1번전세권 일부이전	2023년 9월3일 제1313호	2023년 9월2일 전세금반환채권 일부양도	양도액 금 30,000,000원 전세권자 이영식 650422-1045115 서울특별시 종로구 율곡로16 (원서동)

9. 전세권변경

가. 존속기간 등의 변경(경정)

【 을 구 】		(소유권 이외의 권리에 관한 사항)		
순위번호	등기목적	접수	등기원인	권리자 및 기타사항
1	전세권설정	(생략)	(생략)	(생략)
1-1	1번전세권변경 (또는경정)	2023년 3월5일 제1006호	2023년 3월4일 변경계약 (또는 신청착오)	존속기간 2023년 3월 5일부터 2024년 3월 4일까지

㈜ 1. 변경 전의 존속기간을 말소하는 표시를 한다.
   2. 등기상 이해관계 있는 제3자의 승낙을 증명하는 정보 또는 이에 대항할 수 있는 재판이 있음을 증명하는 정보를 제공한 경우에 한하여 부기등기로 한다.

나. 법정갱신

【 을 구 】		(소유권 이외의 권리에 관한 사항)		
순위번호	등기목적	접수	등기원인	권리자 및 기타사항

1	전세권
	설정
		2024년
		3월9일
		제2201호
			2024년
			3월9일
			설정계약
				전세금 금 50,000,000원
				범 위 건물 전부
				존속기간 ~~2024년 3월 9일부터~~
				         ~~2024년 3월 8일까지~~
				전세권자 김창수 721205-1352121
				   서울특별시 종로구 인사동6길 5(인사동)

1-1	1번 전세권변경	2022년 5월2일 제1207호	2022년 3월9일 법정갱신	

(주) 1. 전세권이 법정갱신되면 그 존속기간은 정함이 없는 것이므로, 등기관이 법정갱신을 원인으로 전세권 변경등기를 할 때에는 존속기간을 기록하지 않고 종전의 존속기간을 말소하는 표시만을 하게 된다. 따라서 전세권변경등기를 신청할 때에 신청정보 중 변경할 사항으로는 변경하고자 하는 전세권을 특정하여 그 등기사항 중 존속기간을 말소한다는 뜻을 제공하고(예: 2024년 3월 9일 접수 제2201호로 마친

전세권 등기사항 중 존속기간을 말소함), 등기원인은 '법정갱신'으로, 그 연월일은 '등기된 존속 기간 만료일의 다음날'로 제공하여야 한다.
2. 등기상 이해관계 있는 제3자가 있으나 그의 승낙이 없어 변경등기를 주등기로 하는 경우에는 등기관이 종전의 존속기간을 말소하는 표시를 하지 않으므로, 변경할 사항이 없다는 뜻을 신청정보의 내용으로 등기소에 제공하여야 한다.
3. 법정갱신을 원인으로 전세권변경등기를 신청할 때에는 일반적인 첨부정보 외에 등기원인을 증명하는 정보로서 건물의 전세권설정자가 갱신거절의 통지 등을 하지 않아 법정갱신되었음을 소명하는 정보 (예: 전세권설정자가 작성한 확인서)를 제공하여야 한다(2018. 5. 18. 부동산등기과 - 1158 질의회답 참조).

다. 전세금의 변경

(1) 전세권을 목적으로 하는 권리에 관한 등기 또는 전세권에 대한 처분제한의 등기가 없는 경우

(가) 전세금 증액의 변경등기

【 을 구 】			(소유권 이외의 권리에 관한 사항)	
순위번호	등기목적	접수	등기원인	권리자 및 기타사항
1	전세권설정	2022년 2월2일 제200호	2022년 2월1일 설정계약	전세금 금100,000,000원 범 위 건물의 전부 존속기간 2022년 2월 2일부터 2024년 2월 1일까지 전세권자 차미영 790703-2567891 서울특별시 서초구 명달로 17-3
2	근저당권 설정	(생략)	(생략)	(생략)
3	1번전세권 변경	2022년 4월2일 제222호	2022년 4월1일 변경계약	전세금 ~~금200,000,000원~~
3-1	3번전세권 변경	2023년 2월8일 제201호	2023년 2월7일 변경계약	전세금 금300,000,000원

㈜ 1. 순위번호 2번 근저당권자의 승낙이 없어 순위번호 3번 주등기로 전세금을 증액하는 변경등기를 마친후, 다시 그 전세금을 증액하는 변경등기를 할 때의 기록례이다.
2. 등기상 이해관계 있는 제3자가 없으므로 변경등기는 순위번호 3번의 주등기에 부기로 한다.

【 을　구 】				(소유권 이외의 권리에 관한 사항)
순위번호	등기목적	접수	등기원인	권리자 및 기타사항
1	전세권설정	2022년 2월2일 제200호	2022년 2월1일 설정계약	전세금　금100,000,000원 범　위　건물의 전부 존속기간　2022년 2월 2일부터 　　　　　　2024년 2월 1일까지 전세권자　차미영 790703-2567891 　　서울특별시 서초구 명달로 17-3
2	근저당권설정	(생략)	(생략)	(생략)
3	1번전세권변경	2022년 4월2일 제222호	2022년 4월1일 변경계약	~~전세금　금200,000,000원~~
3-1	3번전세권변경	2023년 2월8일 제201호	2023년 2월7일 변경계약	전세금　금300,000,000원
4	근저당권설정	(생략)	(생략)	(생략)

㈜ 1. 순위번호 2번 근저당권자의 승낙이 없어 순위번호 3번 주등기로 전세금을 증액하는 변경등기를 마친 후, 다시 그 전세금을 증액하는 변경등기를 할 때의 기록례이다.
　2. 등기상 이해관계 있는 제3자(순위번호 4번 근저당권자)의 승낙이 있는 때에는 변경등기를 순위번호 3번의 주등기에 부기로 한다.

【 을　구 】				(소유권 이외의 권리에 관한 사항)
순위번호	등기목적	접수	등기원인	권리자 및 기타사항
1	전세권설정	2022년 2월2일 제200호	2022년 2월1일 설정계약	전세금　금100,000,000원 범　위　건물의 전부 존속기간　2022년 2월 2일부터 　　　　　　2024년 2월 1일까지 전세권자　차미영 790703-2567891 　　서울특별시 서초구 명달로 17-3
2	근저당권설정	(생략)	(생략)	(생략)
3	1번전세권변경	2022년 4월2일 제222호	2022년 4월1일 변경계약	전세금　금200,000,000원

4	근저당권설정	(생략)	(생략)	(생략)
5	1번전세권변경	2023년 2월8일 제201호	2023년 2월7일 변경계약	전세금 300,000,000원

㈜ 1. 순위번호 2번 근저당권자의 승낙이 없어 순위번호 3번 주등기로 전세금을 증액하는 변경등기를 마친 후, 다시 그 전세금을 증액하는 변경등기를 할 때의 기록례이다.
2. 등기상 이해관계 있는 제3자(순위번호 4번 근저당권자)의 승낙이 있는 때에는 변경등기를 주등기로 한다.

(나) 전세금 감액의 변경등기

① 원래의 전세금보다 많은 금액으로 전세금을 감액하는 경우

【 을 구 】			(소유권 이외의 권리에 관한 사항)	
순위번호	등기목적	접수	등기원인	권리자 및 기타사항
1	전세권설정	2022년 2월2일 제200호	2022년 2월1일 설정계약	전세금 금100,000,000원 범 위 건물의 전부 존속기간 2022년 2월 2일부터 2024년 2월 1일까지 전세권자 차미영 790703-2567891 서울특별시 서초구 명달로 17-3
2	근저당권설정	(생략)	(생략)	(생략)
3	1번전세권변경	2022년 4월2일 제222호	2022년 4월1일 변경계약	~~전세금 금200,000,000원~~
3-1	1번전세권변경	2023년 2월8일 제201호	2023년 2월7일 변경계약	전세금 금150,000,000원

㈜ 1. 순위번호 2번 근저당권자의 승낙이 없어 순위번호 3번 주등기로 전세금을 증액하는 변경등기를 마친 이후, 그 전세금을 원래의 전세금보다 많은 금액으로 감액하는 변경등기를 할 때의 기록례이다.
2. 변경등기는 순위번호 3번의 주등기에 부기로 한다.

② 원래의 전세금보다 적거나 같은 금액으로 전세금을 감액하는 경우

【 을 구 】				(소유권 이외의 권리에 관한 사항)
순위 번호	등기목적	접수	등기원인	권리자 및 기타사항
1	전세권설정	2022년 2월2일 제200호	2022년 2월1일 설정계약	전세금 금100,000,000원 범 위 건물의 전부 존속기간 2022년 2월 2일부터 2024년 2월 1일까지 전세권자 차미영 790703-2567891 서울특별시 서초구 명달로 17-3
1-1	1번전세권 변경	2023년 2월8일 제201호	2023년 2월7일 변경계약	전세금 금 50,000,000원
2	근저당권 설정	(생략)	(생략)	(생략)
3	~~1번전세권 변경~~	~~2022년 4월2일 제222호~~	~~2022년 4월1일 변경계약~~	~~전세금 금 200,000,000원~~
4	3번전세권 변경 등기말소			1-1번 전세권변경등기로 인하여 2023년 2월 8일 등기

㈜ 1. 순위번호 2번 근저당권자의 승낙이 없어 순위번호 3번 주등기로 전세금을 증액하는 변경등기를 마친 이후, 그 전세금을 원래의 전세금보다 많은 금액으로 감액하는 변경등기를 할 때의 기록례이다.
2. 변경등기는 순위번호 1번의 주등기에 부기로하고, 순위번호 3번의 변경등기를 직권으로 말소한다.

(2) 전세권을 목적으로 하는 권리에 관한 등기 또는 전세권에 대한 처분제한의 등기가 있는 경우

(가) 전세금 증액의 변경등기

【 을 구 】				(소유권 이외의 권리에 관한 사항)
순위 번호	등기목적	접수	등기원인	권리자 및 기타사항
1	전세권설정	2022년 2월2일 제200호	2022년 2월1일 설정계약	전세금 ~~금100,000,000원~~ 범 위 건물의 전부 존속기간 2022년 2월 2일부터 2024년 2월 1일까지 전세권자 차미영 790703-2567891 서울특별시 서초구 명달로 17-3

1-1	1번전세권 근저당권 설정	2022년 4월2일 제222호	2022년 4월1일 설정계약	채권최고액 금 50,000,000원 채무자 차미영 서울특별시 서초구 명달로 17-3 근저당권자 강탁 841102-1234567 서울특별시 강남구 강남대로5 9-1
2	1번전세권 변경	2023년 2월8일 제201호	2023년 2월7일 변경계약	전세금 금 200,000,000원

(나) 전세금 감액의 변경등기

【 을 구 】			(소유권 이외의 권리에 관한 사항)		
순위번호	등기목적	접수	등기원인	권리자 및 기타사항	
1	전세권설정	2022년 2월2일 제200호	2022년 2월1일 설정계약	전세금 ~~금100,000,000원~~ 범 위 건물의 전부 존속기간 2022년 2월 2일부터 2024년 2월 1일까지 전세권자 차미영 790703-2567891 서울특별시 서초구 명달로 17-3	
1-1	1번전세권 근저당권 설정	2022년 4월2일 제222호	2022년 4월1일 설정계약	채권최고액 금 50,000,000원 채무자 차미영 서울특별시 서초구 명달로 17-3 근저당권자 강탁 841102-1234567 서울특별시 강남구 강남대로5 9-1	
2	1번전세권 변경	2023년 2월8일 제201호	2023년 2월7일 변경계약	전세금 금 200,000,000원	

(주) 전세권설정등기 후 그 전세권을 목적으로 하는 근저당권설정등기 또는 그 전세권에 대한 가압류등기 등이 있는 상태에서 전세금을 감액하는 변경등기를 하는 때에 그 근저당권자 또는 가압류권자 등은 등기상 이해관계 있는 제3자에 해당하므로 그의 승낙이 있으면 그 변경등기를 전세권설정등기에 부기로 하고, 그의 승낙이 없으면 그 변경등기를 할 수 없다.

라. 특약사항 등을 폐기하는 경우

【 을 구 】			(소유권 이외의 권리에 관한 사항)	
순위번호	등기목적	접수	등기원인	권리자 및 기타사항
1	전세권설정	(생략)	(생략)	(생략)
1-1	1번전세권설정	2023년 3월5일 제1006호	2023년 3월4일 변경계약	특약사항 폐기

10. 전세권말소

가. 해지

【 을 구 】			(소유권 이외의 권리에 관한 사항)	
순위번호	등기목적	접수	등기원인	권리자 및 기타사항
~~1~~	전세권설정	(생략)	(생략)	(생략)
2	1번전세권설정등기말소	2023년 3월5일 제1006호	2023년 3월4일 해지	

나. 소멸청구

【 을 구 】			(소유권 이외의 권리에 관한 사항)	
순위번호	등기목적	접수	등기원인	권리자 및 기타사항
2	1번전세권설정등기말소	2023년 3월5일 제1006호	2023년 3월4일 소멸	

㈜ 소멸통고의 경우에도 같은 양식으로 기록한다.

다. 전전세권등기말소

(1) 해지

【 을 구 】			(소유권 이외의 권리에 관한 사항)	
순위번호	등기목적	접수	등기원인	권리자 및 기타사항
1	전세권설정	(생략)	(생략)	(생략)
~~1-1~~	~~1번전세권 전전세권 설정~~	~~2025년 10월5일 제5500호~~	~~2025년 10월4일 전전세권 설정계약~~	~~전전세금 금 30,000,000원 범위 건물 전부 존속기간 2022년 10월 3일까지 전전세권자 이영식 650422-1045115 서울특별시 종로구 율곡로 16(원서동)~~
2	1-1번 전세권 전전세권 설정 등기말소	2022년 10월3일 제2200호	2022년 10월2일 해지	

(2) 전세권설정등기의 말소로 인한 경우

【 을 구 】			(소유권 이외의 권리에 관한 사항)	
순위번호	등기목적	접수	등기원인	권리자 및 기타사항
1	전세권설정	(생략)	(생략)	(생략)
1-1	1번전세권 전전세권 설정	(생략)	(생략)	(생략)
2	1-1번 전세권 전전세권 설정등기 말소			1번 전세권설정등기의 말소로 인하여 2023년 3월 27일 등기
3	1번전세권 설정 등기말소	2023년 3월27일 제280호	2023년 3월26일 해지	

㊉ 전전세권자의 승낙을 증명하는 정보 또는 이에 대항할 수 있는 재판이 있음을 증명하는 정보를 제공하여야 한다.

라. 전세권이전의 부기등기가 되어 있는 전세권등기의 말소

【 을 구 】			(소유권 이외의 권리에 관한 사항)	
순위번호	등기목적	접수	등기원인	권리자 및 기타사항
~~1~~	~~전세권설정~~	2022년 10월2일 제1441호	2022년 10월1일 설정계약	전세금 금50,000,000원 범위 건물 전부 존속기간 설정계약일로부터 2년간 전세권자 이영식 650422-1045115 서울특별시 종로구 율곡로 10(원서동)
~~1-1~~	~~1번전세권이전~~	~~2022년 12월8일 제7014호~~	~~2022년 12월7일 매매~~	~~전세권자 최영철 750614-1035852 서울특별시 종로구 창덕궁길 100(계동)~~
2	1번전세권설정 등기말소	2023년 5월2일 제2048호	2023년 4월30일 해지	

㈜ 1. 1번 전세권 등기와 1-1번 전세권 이전등기를 말소하는 표시를 한다.
2. 이전된 전세권의 이전원인을 해제하고 종전 전세권자를 회복하는 경우의 기록례는 339항에 준한다.

제5절 임차권에 관한 등기

1. 총설

가. 의의

임대차는 당사자의 일방이 상대방에게 임차목적물을 사용·수익하게 할 것을 약정하고, 상대방은 이에 대하여 차임을 지급할 것을 약정함으로써 효력이 발생하는 채권계약이다(민법 제618조)

나. 임차권등기의 유형

민법은 부동산임차인은 반대의 약정이 없으면 임대인에 대하여 임차권등기청구권이 있고, 임차권이 등기된 경우 임차인은 임차권을 제3자에게 대항할 수 있도록 규정하고 있다(민법 제621조).

2. 임차권등기절차

가. 민법 621조에 의한 임차권설정등기

(1) 신청절차

(가) 신청인

임차권설정자가 등기의무자, 임차권자가 등기권리자로서 공동신청해야 한다. 임차권설정자는 일반적으로 부동산의 소유자이지만, 지상권자도 그 권리의 범위와 존속기간 내에서 임차권을 설정할 수 있다(민법 제282조, 제645조).

[선례 1] 공유 부동산 지분의 과반수를 보유하는 공유자가 등기의무자로서 임차권등기를 신청할 수 있는지 여부(소극)

제정 2012. 5. 21. [등기선례 제201205-4호, 시행]

공유 부동산에 대한 임차권 등기를 경료하기 위해서는 공유자 전원이 등기의무자로서 계약당사자가 되어 체결한 임대차계약서를 등기원인서류로 첨부하여 임차권 등기를 신청하여야 한다.
(2012. 05. 21. 부동산등기과-1008 질의회답)
참조조문 : 민법 제621조, 부동산등기법 제23조
참조판례 : 대법원 2002. 02. 26. 선고 99다67079 판결
참조예규 : 등기예규 제1382호

(나) 신청서의 기재사항

임차권설정등기신청서에는 부동산의 표시, 신청인의 성명 또는 명칭과 주소, 등기원인과 그 연월일 등과 같이 규칙 43조에서 정한 일반적인 기재사항

① **필수적 기재사항**

㉮ **차임**

임차인이 임대인에게 지급하는 차임은 임차물에 대한 사용, 수익의 대가로서 임대차의 요소를 이루므로 임차권설정등기 신청서에 기재하여야 한다.

[선례 2] 임차권설정등기의 차임을 임차인의 연매출의 일정비율로 기재할 수 있는지 여부 (적극)

제정 2010. 8. 27. [등기선례 제201008-4호, 시행]

임대차계약의 내용은 사적자치의 원칙에 의해 당사자들이 자유롭게 정할 수 있으므로 차임에 대해서도 임차인의 연매출의 일정비율로 정하는 계약도 가능하며, 등기부상 차임에 대한 기재를 가변적인 비율(예를 들어, 연 매출이 400억 미만일 경우 : 차임 없음, 연매출이 400억 이상 500억 미만일 경우 : 연매출의 2.0%, 연매출이 500억 이상 600억 미만일 경우 : 연매출의 2.5%, 연매출이 600억 이상 700억 미만일 경우 : 연매출의 3.0%, ···연매출이 1,000억원 이상일 경우 : 연매출의 4.2%)로 하더라도 차임등기의 제도적 취지에 반하지 않으므로 이러한 임차권설정등기를 신청할 수 있다.
(2010. 8. 27. 부동산등기과-1691 질의회답)
참조조문 : 민법 제618조, 제621조, 부동산등기법 제156조

② **임의적 기재사항**

임차권설정등기신청시 등기원인에 존속기간, 차임의 전급(전급) 및 그 지급시기나 임차보증금의 약정이 있는 때 또는 임차권의 양도나 임차물의 전대에 대한 임대인의 동의가 있는 때, 「민법」 제619조의 단기임대차인 때에는 신청서에 기재하여야 한다(규칙 제130조 제1항)

㉮ **존속기간**

임대차계약에서 임대차의 존속기간에 관한 약정이 있는 때에는 신청서에 기재하여야 한다.

[선례 3] 불확정기간을 존속기간으로 하는 임차권설정 등기

제정 1997. 5. 15. [등기선례 제5-457호, 시행]

불확정기간을 존속기간으로 하는 임대차계약도 허용된다 할 것인바, 송전선이 통과하는 선하부지에 대한 임대차의 존속기간을 "송전선이 존속하는 기간"으로 정함은 민법 제651조 제1항에 해당하는 "20년을 최장기간으로 하는 불확정기간"이라고 생각되므로, 위 불확정기간을 존속기간으로 하는 임차권설정등기도 가능할 것이다.
(1997. 5. 15. 등기 3402-332 질의회답)

㈏ 차임의 지급시기

등기원인에서 차임의 지급시기를 약정하지 않은 때에는 민법 제633조에 따라 건물이나 대지에 대하여는 매월 말에, 그 밖의 토지에 대하여는 매년 말에 지급하는 것으로 결정되므로 당사자가 다른 약정을 한 때에는 신청서에 기재하여야 한다.

㈐ 임차보증금

보증금은 차임채무 기타 임차인의 채무를 담보하기 위하여 임차인 또는 제3자가 임대인에게 교부하는 금전 기타의 유체물로서, 보증금의 약정이 있으면 신청서에 기재하여야 한다.
양도 또는 전대에 관한 임대인의 동의가 있는 경우에는 신청서에 기재하여야 하고(규칙 제130조 제1항, 법 제74조 제5호), 이는 특약사항으로 등기하게 된다.

㈑ 처분의 능력 또는 권한이 없는 자의 단기임대차

처분 능력 또는 처분권한 없는 임대인에 의한 「민법」 제619조의 단기

임대차라는 뜻을 기재하여야 한다(규칙 제130조 제1항, 법 제74조 제3호 단서).

(다) 첨부정보

등기원인을 증명하는 서면 등 규칙 제46조 제1항에서 정한 일반적인 첨부정보 외에 임차권의 목적이 토지 또는 건물의 일부인 때에는 그 부분을 표시한 지적도나 건물도면을 첨부하여야 한다.

나. 임차권등기명령에 의한 임차권등기

(1) 의의

임대차가 종료된 후 보증금을 반환받지 못한 임차인은 임차주택 또는 임차상가건물의 소재지를 관할하는 지방법원·지원 또는 시·군법원에 임차권등기명령을 신청할 수 있다(주택임대차보호법 제3조의3 제1항, 상가건물임대차보호법 제6조 제1항).

(2) 임차권등기명령의 촉탁

[선례 4] 주택임차권등기명령의 결정 후 주택의 소유권이 이전된 경우의 임차권등기 여부(소극)

제정 2003. 6. 23. [등기선례 제7-285호, 시행]

주택임차권등기명령의 결정 후 주택의 소유권이 이전된 경우, 등기촉탁서에 전소유자를 등기의무자로 기재하여 임차권등기의 기입을 촉탁한 때에는 촉탁서에 기재된 등기의무자의 표시가 등기부와 부합하지 아니하므로 등기관은 그 등기촉탁을 각하하여야 한다.

(2003. 6. 23. 부등 3402-353 질의회답)

참조조문 : 부동산등기법 제55조 제6호

(3) 등기의 실행

(가) 미등기 부동산인 경우

　미등기 주택에 대한 임차권등기명령의 촉탁이 있는 경우에는 등기관은 법 제66조(미등기부동산의 처분제한의 등기와 직권보존)의 규정을 준용하여 직권보존등기를 한 후 임차권등기를 하여야 한다.

(나) 등기의 실행

① 주택임차권등기인 경우

　등기관은 건물등기기록의 을구에, 등기목적은 "주택임차권"으로 기록하고, 접수연월일 및 접수번호, 등기원인과 그 연월일, 임차보증금액, 범위, 임대차계약을 체결한 날, 주민등록을 마친 날, 주택을 점유하기 시작한 날, 임대차계약서상의 확정일자를 받은 날과 임차권자를 기록한다(위 규칙 제6조, 예규 제1688호 3. 가.)

[예규 1] 현행 임차권등기에 관한 업무처리지침

현행 임차권등기에 관한 업무처리지침

개정 2020.07.21 등기예규 제1688호

3. 임차권등기명령을 원인으로 한 임차권등기
　　가. 임차권등기명령에 의한 주택임차권등기(이하 "주택임차권등기"라 한다)를 하는 경우에는 임대차계약을 체결한 날 및 임차보증금액(「주택임대차보호법」 제3조 제2항의 경우에는 법인과 임대인 사이에 임대차계약을 체결한 날 및 임차보증금액을 말한다), 임대차의 목적인 주택의 범위(임대차의 목적이 주택의 일부인 경우

> 에는 그 목적인 부분을 표시한 도면의 번호를 함께 기록한다), 임차주택을 점유하기 시작한 날, 주민등록을 마친 날, 임대차계약증서상의 확정일자를 받은 날을 등기기록에 기록하고, 등기의 목적을 "주택임차권"이라고 하여야 한다. 이 경우 차임의 약정이 있는 때에는 이를 기록한다.

② **상가건물임차권등기인 경우**

상가건물임차권등기는 등기목적을 "상가건물임차권"으로, 주민등록을 마친 날 대신에 사업자등록을 신청한 날을 기재하는 것을 제외하고는 주택임차권등기의 기재사항과 동일하다.

<기록례> 주택의 전부에 대한 임차권등기명령에 의한 임차권 등기

【 을구 】 (소유권 이외의 권리에 관한 사항)				
순위번호	등기목적	접수	등기원인	권리자 및 기타사항
2	주택임차권	2023년 3월 12일 제200호	2023년 3월 8일 서울중앙지방법원의 임차권등기명령 (2006카기123)	임차보증금 금30,000,000원 차임월 금100,000원 범위 주택 전부 임대차계약일자 2020년 3월 2일 주민등록일자 2020년 3월 5일 점유개시일자 2020년 3월 6일 확정일자 2020년 3월 5일 임차권자 박정수 551004-1035789 　　　　　서울 서초구 서초동 123

다. 주택임대차보호법 3조의4 2항 에 의한 임차권설정등기

(1) 의의

임대인의 협력 없이 임차인이 단독으로 신청한 임차권등기명령에 의한 임차권등기는 전술한 바와 같이 대항력 및 우선변제권이 인정된다.

(2) 신청절차

(가) 신청인

민법 제621조 에 따른 임차권설정등기의 경우와 같다.

(나) 신청서의 기재사항

기재사항은 민법 제621조 에 따른 임차권설정등기의 경우와 같다.
(ⅰ) 주택임차권설정등기의 경우 주민등록을 마친 날과 임차주택을 점유하기 시작한날, 임대차계약증서상의 확정일자를 받은 날, (ⅱ) 상가건물 임차권설정등기의 경우 사업자등록을 신청한 날과 임차상가건물을 점유하기 시작한 날, 임대차계약증서상의 확정일자를 받은 날 등을 기재하여야 한다.

(다) 첨부정보

[예규 2] 현행 임차권등기에 관한 업무처리지침

현행 임차권등기에 관한 업무처리지침

제정 2002.11.01 등기예규 제1059호
전면개정 2007.10.24 등기예규 제1213호

개정 2011.10.11 등기예규 제1382호
개정 2020.07.21 등기예규 제1688호

1. 목적

   이 예규는 당사자의 신청에 의한 임차권설정등기, 임차권등기명령을 원인으로 한 임차권등기, 임차권이전 및 임차물전대의 등기에 관한 사항을 규정함을 목적으로 한다.

2. 당사자의 신청에 의한 임차권설정등기

   가. 신청서의 기재사항

   1) 「민법」 제621조에 의한 임차권설정등기(이하 "임차권설정등기"라 한다)의 경우

      신청서에 「부동산등기법」 제74조에서 정한 사항을 기재하여야 하나, 차임을 정하지 아니하고 보증금의 지급만을 내용으로 하는 임대차 즉 "채권적 전세"의 경우에는 차임을 기재하지 아니한다.

   2) 「주택임대차보호법」 제3조의4에 의한 주택임차권설정등기(이하 "주택임차권설정등기"라 한다)의 경우

      주택임차인이 「주택임대차보호법」 제3조의4 제2항의 규정에 의하여 임대인의 협력을 얻어 주택임차권설정등기를 신청하는 때에는, 신청서에 위 1)에서 정한 사항 이외에 주민등록을 마친 날과 임차주택을 점유하기 시작한 날(「주택임대차보호법」 제3조 제2항의 규정에 따른 대항력을 취득한 경우에는 지방자치단체장 또는 해당 법인이 선정한 입주자가 주민등록을 마친 날과 그 주택을 점유하기 시작한 날을 말한다. 이하 같다)을 기재하여야 하고, 주택임차인이 「주택임대차보호법」 제3조의2 제2항의 요건을 갖춘 때에는 임대차계약증서(「주택임대차보호법」 제3조 제2항의 경우에는 법인과 임대인 사이의 임대차계약증서를 말한다. 이하 같다)상의 확정일자를 받은 날도 기재하여야 한다.

   3) 「상가건물임대차보호법」 제7조에 의한 상가건물임차권설정

등기(이하 "상가건물임차권설정등기"라 한다)의 경우 상가건물임차인이 「상가건물임대차보호법」 제7조 제2항의 규정에 의하여 임대인의 협력을 얻어 상가건물임차권설정등기를 신청하는 때에는, 신청서에 위 1)에서 정한 사항 이외에 사업자등록을 신청한 날과 임차상가건물을 점유하기 시작한 날을 기재하여야 하고, 상가건물임차인이 「상가건물임대차보호법」 제5조 제2항의 요건을 갖춘 때에는 임대차계약서상의 확정일자를 받은 날도 기재하여야 한다.

나. 첨부서면

1) 신청서에 등기의무자의 인감증명·등기필정보와 임대차계약서(임차인이 「주택임대차보호법」 제3조의2 제2항이나 「상가건물임대차보호법」 제7조 제2항에서 정한 요건을 갖춘 때에는 공정증서로 작성되거나 확정일자를 받은 임대차계약서)를 첨부하여야 하고, 임대차의 목적이 토지 또는 건물의 일부분인 때에는 지적도 또는 건물의 도면을 첨부하여야 한다.

2) 주택임차권설정등기를 신청할 때에는 위 1)에서 정한 서면 외에 임차주택을 점유하기 시작한 날을 증명하는 서면(예: 임대인이 작성한 점유사실확인서)과 주민등록을 마친 날을 증명하는 서면으로 임차인(「주택임대차보호법」 제3조 제2항의 경우에는 지방자치단체장 또는 해당 법인이 선정한 입주자를 말한다)의 주민등록등(초)본을 첨부하여야 한다.

3) 상가건물임차권설정등기를 신청할 때에는 위 1)에서 정한 서면 외에 임차상가건물을 점유하기 시작한 날을 증명하는 서면(예: 임대인이 작성한 점유사실확인서)과 사업자등록을 신청한 날을 증명하는 서면을 첨부하여야 한다.

3. 임차권등기명령을 원인으로 한 임차권등기

가. 임차권등기명령에 의한 주택임차권등기(이하 "주택임차권등기"라 한다)를 하는 경우에는 임대차계약을 체결한 날 및 임차보증금액(「주택임대차보호법」 제3조 제2항의 경우에는 법인과 임대인 사이에 임대차계약을 체결한 날 및 임차보증금액을 말한다), 임

대차의 목적인 주택의 범위(임대차의 목적이 주택의 일부인 경우에는 그 목적인 부분을 표시한 도면의 번호를 함께 기록한다), 임차주택을 점유하기 시작한 날, 주민등록을 마친 날, 임대차계약증서상의 확정일자를 받은 날을 등기기록에 기록하고, 등기의 목적을 "주택임차권"이라고 하여야 한다. 이 경우 차임의 약정이 있는 때에는 이를 기록한다.

나. 임차권등기명령에 의한 상가건물임차권등기(이하 "상가건물임차권등기"라 한다)를 하는 경우에는 임대차계약을 체결한 날, 임대차의 목적인 건물의 범위(임대차의 목적이 건물의 일부인 경우에는 그 목적인 부분을 표시한 도면의 번호를 함께 기록한다), 임차보증금액, 임차상가건물을 점유하기 시작한 날, 사업자등록을 신청한 날, 임대차계약서상의 확정일자를 받은 날을 등기기록에 기록하고, 등기의 목적을 "상가건물임차권"이라고 하여야 한다. 이 경우 차임의 약정이 있는 때에는 이를 기록한다.

다. 미등기 주택이나 상가건물에 대하여 임차권등기명령에 의한 등기촉탁이 있는 경우에는 등기관은 「부동산등기법」 제66조의 규정에 의하여 직권으로 소유권보존등기를 한 후 주택임차권등기나 상가건물임차권등기를 하여야 한다.

4. 임차권이전 및 임차물전대의 등기

임대차의 존속기간이 만료된 경우와 주택임차권등기 및 상가건물임차권등기가 경료된 경우에는, 그 등기에 기초한 임차권이전등기나 임차물전대등기를 할 수 없다.

5. 등록면허세

임차권등기명령에 의한 경우이든 신청에 의한 경우이든 차임이 있는 경우에는 「지방세법」 제28조 제1항 제1호 (다)목 5)의 규정에 따른 세액을 납부하고, 차임이 없는 경우에는 같은 조 같은 항 같은 호 마목의 규정에 따른 세액을 납부한다. 임차권이전 및 임차물전대의 등기를 신청하는 경우에도 마찬가지이다.

6. 기록례

관련 기록례는 별지와 같다.

부 칙 (2020.07.21 제1688호)

① (시행일) 이 예규는 2020년 8월 5일부터 시행한다.
② (적용례) 개정규정은 이 예규 시행 이후 접수되는 신청(촉탁) 사건부터 적용한다.

(기록례1) 부동산의 일부에 대한 임차권설정등기

【 을 구 】			(소유권 이외의 권리에 관한 사항)	
순위번호	등기목적	접수	등기원인	권리자 및 기타사항
2	임차권설정	2007년 6월8일 제6232호	2007년 6월 7일 설정계약	임차보증금 금30,000,000원 차 임 월 금100,000원 차임지급시기 매월 말일 범 위 건물 2층 동남쪽 40㎡ 존속기간 2007년 6월 8일부터 　　　　　 2009년 6월 7일까지 임차권자 김갑동 560508-1456223 　　　　 서울특별시 서초구 서초동 24 도면편철장 제3책 제5면

(기록례2) 당사자의 신청에 의한 주택임차권설정등기

【 을 구 】			(소유권 이외의 권리에 관한 사항)	
순위번호	등기목적	접수	등기원인	권리자 및 기타사항
2	주택임차권설정	2007년 6월8일 제6232호	2007년 6월 1일 설정계약	임차보증금 금80,000,000원 차 임 월 금200,000원 차임지급시기 매월 말일 범 위 주택 전부 존속기간 2007년 6월 5일부터 　　　　　 2009년 6월 4일까지 주민등록일자 2007년 6월 5일 점유개시일자 2007년 6월 5일 확정일자 2007년 6월 5일 임차권자 이을동 360408-1456923 　　　　 서울특별시 노원구 중계동 24

※ 「주택임대차보호법」 제3조제2항의 규정에 따라 대항력을 취득한 법인(「한국토지주택공사법」에 따른 한국토지주택공사 및 「지방공기업법」 제49조의 규정에 따라 주택사업을 목적으로 설립된 지방공사에 한함)이 임차권자인 경우, 주민등록일자와 점유개시일자란에는 지방자치단체장 또는 해당 법인이 선정한 입주자가 주민등록을 마친 날과 그 주택을 점유하기 시작한 날을 기재함.

(기록례3) 임차권등기명령을 원인으로 한 주택임차권등기

【 을   구 】   (소유권 이외의 권리에 관한 사항)

순위번호	등기목적	접수	등기원인	권리자 및 기타사항
2	주택임차권	2007년 6월8일 제6233호	2007년 6월 5일 서울중앙지방법원의 임차권등기명령(2007카기780)	임차보증금 금80,000,000원 차 임 월 금200,000원 범 위 주택 전부 임대차계약일자 2005년 5월 20일 주민등록일자 2005년 5월 23일 점유개시일자 2005년 5월 23일 확정일자 2005년 5월 23일 임차권자 박병동 450521-1456223 　서울특별시 성북구 종암동 36

(기록례4) 당사자의 신청에 의한 상가건물임차권설정등기

【 을   구 】   (소유권 이외의 권리에 관한 사항)

순위번호	등기목적	접수	등기원인	권리자 및 기타사항
2	상가건물임차권설정	2007년 6월8일 제6234호	2007년 6월 1일 설정계약	임차보증금 금80,000,000원 차 임 월 금200,000원 차임지급시기 매월 말일 범 위 상가건물 전부 존속기간 2007년 6월 5일부터 　　　　　2009년 6월 4일까지 사업자등록신청일자 2007년 6월 5일 점유개시일자 2007년 6월 5일 확정일자 2007년 6월 5일 임차권자 최정동 680509-1453779 　서울특별시 강서구 방화동 48

(기록례5) 임차권등기명령을 원인으로 한 상가건물임차권등기

【 을 구 】			(소유권 이외의 권리에 관한 사항)	
순위번호	등기목적	접수	등기원인	권리자 및 기타사항
2	상가건물 임차권	2007년 6월8일 제6235호	2007년 6월 5일 서울중앙지방법원의 임차권등기명령(2007카기356)	임차보증금 금80,000,000원 차 임 월 금200,000원 범 위 상가건물 전부 임대차계약일자 2007년 5월 20일 사업자등록신청일자 2007년 5월 23일 점유개시일자 2007년 5월 23일 확정일자 2007년 5월 23일 임차권자 김갑순 730516-2456223 　서울특별시 서초구 방배동 52

(기록례6) 미등기 주택이나 상가건물에 대한 등기명령에 의한 경우

【 갑 구 】			(소유권에 관한 사항)	
순위번호	등기목적	접수	등기원인	권리자 및 기타사항
1	소유권 보존			소유자 이을순 621011-2345678 　서울특별시 광진구 자양동 64 임차권등기의 촉탁으로 인하여 2007년 6월 8일 등기

【 을 구 】			(소유권 이외의 권리에 관한 사항)	
순위번호	등기목적	접수	등기원인	권리자 및 기타사항
2	주택 (상가건물) 임차권	2007년 6월8일 제6236호	2007년 6월 5일 서울중앙지방법원의 임차권등기명령(2007카기234)	임차보증금 금80,000,000원 차 임 월 금200,000원 범 위 주택(상가건물) 전부 임대차계약일자 2005년 5월 20일 주민등록일자(사업자등록신청일자) 　　　　2005년 5월 23일 점유개시일자 2005년 5월 23일 확정일자 2005년 5월 23일 임차권자 박병순 650302-2456223 　서울특별시 강남구 청담동 76

라. 임차권의 이전 또는 임차물전대의 등기

(1) 의의

임차권의 이전이란 임차권 그 자체를 양도하는 것으로 임차권의 이전이 있으면 임차인은 그 임차인으로서의 지위를 벗어나고 양수인이 임차인의 지위를 승계하여 임차인으로서의 권리의무를 취득하게 된다.

(2) 신청절차

(가) 신청인

임차권의 양수인 또는 전차인이 등기권리자, 양도인 또는 전대인이 등기의무자로서 공동으로 신청해야 한다.

(나) 신청서의 기재사항

임차권이전이나 임차물전대등기신청서에는 부동산의 표시, 신청인의 성명 또는 명칭과 주소, 등기원인과 그 연월일과 같이 규칙 제43조에서 정한 일반적인 기재사항

(다) 첨부정보

등기원인을 증명하는 서면 등 규칙 46조 1항에서 정한 일반적인 첨부정보를 제공하여야 한다.

3. 등기선례

[선례 5] 건물의 지붕 또는 옥상에 대한 임차권설정등기신청 가부

제정 2018. 12. 31. [등기선례 제9-301호, 시행]

건물의 일부에 대해서 임차권설정등기를 할 수 있는 것이므로(부동산등기법 제74제6호), 건물의 일부에 해당하는 지붕이나 옥상에 대하여도 임차권설정등기를 신청할 수 있다. 이 경우 지붕이나 옥상의 일부에 대해서만 임차권설정등기를 신청할 때에는 그 부분을 표시한 도면을 첨부정보로서 제공하여야 한다.
(2018. 12. 31. 부동산등기과-2936 질의회답)
참조조문 : 민법 제618조, 제621조, 제654조, 제610조제1항, 법 제74조제6호, 규칙 제130조제2항

[선례 6] 소위 채권적 전세계약에 따른 임차권등기의 가부

제정 1995. 12. 8. [등기선례 제4-471호, 시행]

차임을 정하지 아니하고 보증금의 지급만을 내용으로 하는 임대차(소위 채권적 전세)계약을 체결한 경우에도 그 임차권설정등기를 신청할 수 있을 것이나, 다만 그 등기신청서에는 차임을 기재하는 대신 임차보증금을 기재하여야 할 것이다.
(1995. 12. 8 등기 3402-854 질의회답)
참조조문 : 부동산등기법 제156조, 주택임대차보호법 제12조

[선례 7] 부동산 임차권을 지상의 상부공간에 범위를 정하여 설정할 수 있는지 여부

제정 1997. 6. 30. [등기선례 제5-458호, 시행]

부동산등기법 제57조, 제156조의 각 규정에 의하면 부동산임차권의 범위는 등기의 기재사항이 아니므로, 송전선 선하부지의 상부공간에 상하의 범위를 정하여 부동산임차권 등기를 할 수는 없을 것이다.
(1997. 6. 30. 등기 3402-466 질의회답)

[선례 8] 다가구주택을 다세대주택으로 건축물대장을 전환하여 구분등기를 신청하는 경우, 다가구주택의 일부에 등기된 임차권 등의 처리

제정 1999. 8. 18. [등기선례 제6-349호, 시행]

갑 건물의 일부에 전세권 또는 임차권의 등기가 있는 경우에 그 건물의 구분등

기를 신청하는 때에는 그 권리가 존속하는 건물부분을 명백히 하기 위하여 신청서에 그 권리가 존속할 건물을 기재하여야 하고 그 전세권자 또는 임차권자의 증명서면(신청인이 기재한 건물에 자기의 권리가 존속함이 맞다는 취지의 서면)을 첨부하여야 하며 이는 다가구주택에 대하여 다세대주택으로 건축물대장을 전환하여 그에 따른 건물구분등기를 신청하는 경우에 있어 종전 건물인 다가구주택의 일부에 전세권 또는 임차권의 등기가 있는 때에도 마찬가지일 것이다.(부동산등기법 제103조의2, 제91조의2)

(1999. 8. 18. 등기 3402-827 질의회답)

참조조문 : 법 제103조의2, 제91조의2, 제55조 제8호, 제104조의2, 규칙 제53조 제14호

참조예규 : 제978호

참조선례 : 본집 제602항

[선례 9] 소유권이전청구권가등기에 기하여 소유권이전의 본등기를 한 경우, 가등기권자에 대항할 수 있는 주택임차인 명의의 주택임차권등기가 직권 말소의 대상이 되는지 여부(소극) 등

제정 2001. 7. 27. [등기선례 제6-350호, 시행]

1. 주택임차인 갑이 주택의 인도 및 주민등록을 마쳐 제3자에 대한 대항력을 갖게된 후, 그 주택에 관하여 을 명의의 소유권이전청구권가등기 및 법원의 임차권등기명령을 원인으로 한 위 갑 명의의 주택임차권등기가 순차로 이루어진 다음, 을이 위 가등기에 기한 소유권이전의 본등기를 한 경우, 갑은 가등기권자인 을에게 대항할 수 있는 임차인이라 할 것이므로(주택임대차보호법 제3조), 등기부상으로는 갑 명의의 주택임차권등기가 을 명의의 가등기 후 그 가등기에 기한 본등기 전에 이루어졌다 하더라도, 위 갑 명의의 주택임차권등기를 가등기에 기한 본등기와 양립할 수 없는 등기라 하여 등기관이 직권으로 말소할 수는 없을 것이다.

2. 소유권이전청구권가등기에 기한 본등기가 이루어진 후에 법원이 그 가등기권자에 대항할 수 있는 주택임차인을 권리자로 하는 주택임차권등기를 촉탁하면서, 등기의무자를 현재의 소유자가 아닌 전소유자(가등기의무자)로 하였다면, 이는 촉탁서에 기재된 등기의무자의 표시가 등기부와 부합하지 아니한 때에 해당한다고 할 것이므로 등기관으로서는 위 촉탁에 따른 등기를 할 수 없을 것이다(부동산등기법 제55조 제6호).

(2001. 7. 27. 등기 3402-510 질의회답)

[선례 10] 농지인 선하부지에 대한 임차권설정등기 가부

제정 2001. 8. 9. [등기선례 제6-351호, 시행]

송전선의 선하부지가 농지인 경우, 그 선하부지에 대해서는 한국전력공사명의의 임차권설정등기를 할 수 없을 것이다(농지법 제2조 제7호, 제22조).
(2001. 8. 9. 등기 3402-540 질의회답)

[선례 11] 신탁부동산에 대하여 임차권설정등기신청을 할 수 있는지 여부

제정 2001. 12. 5. [등기선례 제7-279호, 시행]

신탁등기가 경료된 토지에 대하여 수탁자를 등기의무자로 하는 임차권설정등기의 신청은 그 등기신청이 신탁목적에 반하지 않는 경우에만 할 수 있으며, 이는 위탁자의 동의 여부와는 상관이 없다.
(2001. 12. 5. 등기 3402-784 질의회답)
참조예규 : 등기예규 제863호

[선례 12] 대지권의 목적인 토지에 대하여 임차권설정등기가 가능한지 여부(적극)

제정 2002. 5. 7. [등기선례 제7-280호, 시행]

대지권의 목적인 토지에 대하여 그 토지만을 목적으로 하는 임차권설정등기가 금지되는 것은 아니며, 임차권의 목적은 1필 토지의 특정일부라도 무방하므로 임차권의 목적이 토지의 특정일부라면 그 신청서에 임차권의 범위를 특정하여 기재하고 지적도를 첨부하여 임차권설정등기신청을 할 수 있으며, 그러한 등기신청이 있는 경우 등기관이 당해 등기신청이 적법한 것으로 판단하여 수리하였다면 토지등기부에 임차권설정등기를 기재하고, 건물의 표제부에는 "토지등기부에 별도등기가 있다는 취지"를 기재하게 된다.
(2002. 5. 7. 등기 3402-267 질의회답)
참조예규 : 등기예규 제961호
주) 임차권등기에 관한 업무처리지침(등기예규 제1059호)에 의하여 등기예규 제961호는 폐지됨.

[선례 13] 이미 전세권설정등기가 경료된 부동산에 대하여 주택임차권등기의 촉탁을 수리할 수 있는지 여부(소극)

제정 2002. 12. 24. [등기선례 제7-281호, 시행]

이미 전세권설정등기가 경료되어 있는 주택의 일부분에 관하여 그 주택의 소재지를 관할하는 법원이 임차권등기명령에 의하여 동일 범위를 목적으로 하는 주택임차권등기를 촉탁하는 경우, 이는 기존 전세권설정등기와 양립할 수 없는 등기의 촉탁으로서 등기관은 부동산등기법 제55조 제2호에 의하여 각하하여야 한다.
(2002. 12. 24. 등기 3402-724 질의회답)
주 : 선례 제201510-1호(2015.10.29.부동산등기과-2481 질의회답) 의하여 내용이 일부 변경됨.

[선례 14] 송전선 통과를 위한 농지의 공중공간에 대한 임차권설정등기 여부(소극)

제정 2003. 6. 3. [등기선례 제7-283호, 시행]

농지는 농지법 제22조 각호에 해당하는 경우를 제외하고는 임대할 수 없으므로, 송전선의 선하부지가 농지인 경우 그 선하부지에 대하여 한국전력공사 명의의 임차권설정등기를 신청할 수 없으며, 또한 법령의 규정이 없으므로 선하부지의 공중공간에 상하의 범위를 정하여 송전선을 소유하기 위한 구분임차권등기를 할 수도 없다.
(2003. 6. 3. 부등 3402-299 질의회답)
참조조문 : 민법 제621조, 부동산등기법 제156조
참조예규 : 등기예규 제389호, 제1059호
참조선례 : 등기선례요지집 Ⅴ 제458항, Ⅵ 제351항

[선례 15] 송수관 매설을 위한 토지의 지하공간에 대한 임차권설정등기 여부(소극)

제정 2003. 6. 12. [등기선례 제7-284호, 시행]

법령의 규정이 없으므로 토지의 지하공간에 상하의 범위를 정하여 송수관을 매설하기 위한 구분임차권등기를 신청할 수 없다.
(2003.6.12 부등 3402-331 질의회답)
참조선례 : 본집 제283항

[선례 16] 지상권자가 지상권의 목적인 토지의 일부를 임대하는 경우 등기신청절차 등

제정 2004. 9. 24. [등기선례 제7-286호, 시행]

지상권자는 그 권리의 존속기간 및 범위 내에서 그 토지를 임대할 수 있으므로 지상권자가 그 목적물인 대지를 임대하고 그에 따른 임차권설정등기를 신청하는 경우 그 임차권의 존속기간은 지상권의 존속기간 내이어야 하며, 이 때 그 임대차의 목적이 지상권의 목적물인 토지의 일부인 때에는 신청서에 임차권 설정의 범위를 기재하고 그 범위를 표시한 도면을 첨부하여야 한다. 한편, 민법 제651조는 강행규정이므로 비록 지상권의 존속기간 내이더라도 동조 제1항 전단(견고한 건물을 위한 토지임대차 등)의 경우 외에는 임대차 존속기간이 20년을 초과할 수 없을 것이나, 위 규정에 반하는 등기신청이 있더라도 등기관은 실질적 심

사권이 없고 등기가 경료되더라도 임대차기간은 법정기간으로 단축되므로 신청서 기재대로 수리하여야 할 것이다.
(2004. 9. 24. 부등 3402-490 질의회답)
참조조문 : 부동산등기법 제156조
참조판례 : 2003. 8. 22. 선고 2003다19961 판결
참조예규 : 등기예규 제146호

[선례 17] 공유지분에 대한 주택임차권등기촉탁의 수리 여부(소극)

제정 2005. 1. 10. [등기선례 제8-249호, 시행]

부동산의 일부가 아닌 공유자의 공유지분에 대한 주택임차권등기촉탁은 수리할 수 없다.
(2005. 01. 10. 부등 3402-14 질의회답)

[선례 18] 임차권부채권가압류등기의 직권말소 가부

제정 2006. 10. 12. [등기선례 제8-250호, 시행]

임차권부채권가압류의 부기등기는 법 제55조 제2호의 '사건이 등기할 것이 아닌 때'에 해당하므로, 이러한 등기가 경료된 때에는 등기상 이해관계인은 등기관의 처분에 대한 이의신청을 할 수 있고, 등기관은 부동산등기법 제175조의 절차를 거쳐 그 등기를 직권말소 하여야 할 것이다.
(2006. 10. 12. 부동산등기과-3060 질의회답)
참조조문 : 법 제55조 제2호
참조예규 : 제1139호

[선례 19] 「임대주택법」에 따른 금지사항 부기등기가 마쳐진 주택의 임차인이 신청한 임차권 등기명령에 기한 임차권등기가 가능한지 여부(적극)

제정 2013. 7. 24. [등기선례 제201307-6호, 시행]

「임대주택법」제18조 제2항에 따른 금지사항 부기등기(제한물권의 설정이나 압류·가압류·가처분 등을 할 수 없는 재산임을 부기하는 등기)가 마쳐진 주택을 임차하여 사용하고 있는 임차인의 신청에 의한 주택임차권등기명령에 기하여 집행법원이 임차권등기의 촉탁을 한 경우에는 특별한 사정이 없는 한「임대주택법」제18조 제1항 단서 및「임대주택법 시행령」제17조 제1항에 의하여 임차인의 동의가 있는 것으로 볼 수 있으므로 위 금지사항의 부기등기에도 불구하고 임차권등기의 촉탁을 수리할 수 있을 것이다.
(2013. 7. 24. 부동산등기과-1764 질의회답)
참조조문 : 임대주택법 제18조, 주택임대차보호법 제3조의3 제7항, 임차권등기

명령 절차에 관한 규칙(대법원 규칙 제2356호) 제5조
참조예규 : 등기예규 제1319호
참조선례 : 부동산등기선례요지집 Ⅶ 제249항

[선례 20] 이미 전세권설정등기가 경료된 부동산에 대하여 동일인을 권리자로 하는 주택임차권등기의 촉탁을 수리할 수 있는 지 여부(적극)(일부 선례변경)

제정 2015. 10. 29. [등기선례 제201510-1호, 시행]

이미 전세권설정등기가 경료된 주택에 대하여 동일인을 권리자로 하는 법원의 주택임차권등기명령에 따른 촉탁등기는 이를 수리할 수 있을 것이다.
(2015. 10. 29. 부동산등기과-2481 질의회답)
참조조문 : 주택임대차보호법 제3조의3 제7항, 임차권등기명령 절차에 관한 규칙(대법원 규칙 제2513호) 제5조
참조판례 : 대법원 2007.6.28. 선고 2004다69741 판결, 대법원 2005.6.9. 선고 2005다4529 판결
참조선례 : 등기선례 Ⅶ 제281호
주) 등기선례 Ⅶ 제281호를 일부 변경함

4. 관련 기록례

<기록례> 주택의 전부에 대한 임차권등기명령에 의한 임차권 등기

【을 구】 (소유권 이외의 권리에 관한 사항)				
순위번호	등기목적	접 수	등기원인	권리자 및 기타사항
2	주택임차권	2023년 3월12일 제200호	2023년 3월8일 서울중앙지방법원의 임차권등기명령 (2023카기000)	임차보증금 금 30,000,000원 차임 월 금 100,000원 범위 주택 전부 임대차계약일자 2021년 3월 2일 주민등록일자 2021년 3월 5일 점유개시일자 2021년 3월 6일 확정일자 2021년 3월 5일 임차권자 이영식 650422-1045115 서울특별시 종로구 율곡로 16(원서동)

<기록례> 주택의 일부에 대한 주택임차권설정등기

【을 구】		(소유권 이외의 권리에 관한 사항)		
순위번호	등기목적	접 수	등기원인	권리자 및 기타사항
2	주택임차권설정	2023년 3월12일 제200호	2023년 3월2일 설정계약	임차보증금 금 30,000,000원 차임 월 금 100,000원 차임지급시기 매월 말일 범위 주택 2층 전부 존속기간 2023년3월5일부터 2024년3월5일까지 주민등록일자 2023년 3월 5일 점유개시일자 2023년 3월 5일 확정일자 2023년 3월 5일 임차권자 이영식 650422-1045115 서울특별시 종로구 율곡로 16(원서동)

5. 임차권설정

가. 임차권설정

【 을 구 】		(소유권 이외의 권리에 관한 사항)		
순위번호	등기목적	접수	등기원인	권리자 및 기타사항
2	임차권설정	2023년 3월5일 제1006호	2023년 3월4일 설정계약	임차보증금 금20,000,000원 차임 월 금500,000원 차임지급시기 매월 말일 존속기간 2023년 3월 5일부터 2024년 3월 4일까지 임차권자 이영식 650422-1045115 서울특별시 종로구 율곡로 16(원서동)

(주) 1. 임차보증금, 차임지급시기 및 존속기간 등은 이에 관한 약정이 있는 경우에만 등기한다.
  2. 임차권의 양도 또는 임차물의 전대에 대한 임대인의 동의가 있을 때에는 이를 기록하여야 한다(법 제 74조).
  3. 부동산의 일부가 임대차의 목적인 경우에는 그 부분을 표시한 지적도나 건물의 도면을 첨부정보로 제공 하여야 하나, 임대차의 목적 범위가 건물 특정 층의 전부인 경우에는 그렇지 않다.

나. 처분능력(또는 권한) 없는 자의 임차권설정

【 을 구 】			(소유권 이외의 권리에 관한 사항)	
순위번호	등기목적	접수	등기원인	권리자 및 기타사항
2	임차권설정	2023년 3월5일 제1006호	2023년 3월4일 설정계약	임차보증금 금20,000,000원 차임 월 금100,000원 차임지급시기 매월 말일 존속기간 [(처분능력 (또는 권한) 없는 자에 의한 단기 임대차)] 임차권자 이영식 650422-1045115 서울특별시 종로구 율곡로 16(원서동)

㈜ 처분능력(또는 권한) 없는 자에 의한 임차권 설정등기의 경우에는 존속기간 다음에 ( )안에 "처분능력(또는 권한) 없는 자에 의한 단기 임대차"라고 기록한다.

다. 신청에 따른 주택(상가건물) 임차권설정

(1) 주택의 전부

【 을 구 】			(소유권 이외의 권리에 관한 사항)	
순위번호	등기목적	접수	등기원인	권리자 및 기타사항
2	주택임차권설정	2023년 3월12일 제200호	2023년 3월2일 설정계약	임차보증금 금30,000,000원 차임 월금100,000원 차임지급시기 매월 말일 범위 주택 전부 존속기간 2023년3월5일부터 2025년3월4일까지 주민등록일자 2023년3월5일 점유개시일자 2023년3월5일 확정일자 2023년3월5일 임차권자 이영식 650422-1045115 서울특별시 종로구 율곡로 16 (원서동)

㈜ 주택임대차보호법 제3조의4 제2항의 규정에 의하여 임차인이 대항력 또는 우선변제권을 갖추고 임대인과 공동으로 임차권설정등기를 신청하는 경우이다.

(2) 주택의 일부

【 을 구 】		(소유권 이외의 권리에 관한 사항)		
순위번호	등기목적	접수	등기원인	권리자 및 기타사항
2	주택임차권설정	2023년 3월12일 제200호	2023년 3월2일 설정계약	임차보증금 금30,000,000원 차임 월금100,000원 차임지급시기 매월 말일 범위 주택 2층 전부 존속기간 2023년3월5일부터 2025년3월4일까지 주민등록일자 2023년3월5일 점유개시일자 2023년3월5일 확정일자 2023년3월5일 임차권자 이영식 650422-1045115 서울특별시 종로구 율곡로 16 (원서동)

(3) 상가건물의 전부

【 을 구 】		(소유권 이외의 권리에 관한 사항)		
순위번호	등기목적	접수	등기원인	권리자 및 기타사항
2	상가건물 임차권 설정	2022년 11월10일 제31000호	2022년 11월5일 설정계약	임차보증금 금30,000,000원 차임 월 금100,000원 차임지급시기 매월 말일 범위 상가건물 전부 존속기간 2022년11월7일부터 2024년11월6일까지 사업자등록신청일자 2022년 11월 7일 점유개시일자 2022년 11월 7일 확정일자 2022년 11월 7일 임차권자 이영식 650422-1045115 서울특별시 종로구 율곡로 16 (원서동)

(4) 상가건물의 일부

【 을 구 】			(소유권 이외의 권리에 관한 사항)	
순위번호	등기목적	접수	등기원인	권리자 및 기타사항
2	상가건물 임차권 설정	2022년 11월10일 제31000호	2022년 11월5일 설정계약	임차보증금 금30,000,000원 차임 월 금100,000원 차임지급시기 매월 말일 범위 상가건물 2층 전부 존속기간 2022년11월7일부터 　　　　　　2024년11월6일까지 사업자등록신청일자 2022년 11월 7일 점유개시일자 2022년 11월 7일 확정일자 2022년 11월 7일 임차권자 이영식 650422-1045115 서울특별시 종로구 율곡로 16 (원서동)

라. 임차권등기명령에 따른 주택(상가건물) 임차권등기

(1) 주택의 전부

【 을 구 】			(소유권 이외의 권리에 관한 사항)	
순위번호	등기목적	접수	등기원인	권리자 및 기타사항
2	주택임차권	2023년 3월12일 제200호	2023년 3월8일 서울중앙지방법원의 임차권등기명령(2019카기123)	임차보증금 금30,000,000원 차임 월 금100,000원 범위 주택 전부 임대차계약일자 2025년 3월 2일 주민등록일자 2025년 3월 5일 점유개시일자 2025년 3월 6일 확정일자 2025년 3월 5일 임차권자 이영식 650422-1045115 서울특별시 종로구 율곡로 16 (원서동)

㈜ 1. 차임이 없는 경우에는 기록하지 아니한다.
　 2. 전세권자와 임차권자가 같을 때에도 임차권등기명령에 의한 등기가 가능하다.

(2) 주택의 일부

【 을 구 】			(소유권 이외의 권리에 관한 사항)	
순위번호	등기목적	접수	등기원인	권리자 및 기타사항
2	주택임차권	2023년 3월12일 제200호	2023년 3월8일 서울중앙지방법원의 임차권등기명령 (2019카기123)	임차보증금 금30,000,000원 차임 월 금100,000원 범위 주택 2층 전부 임대차계약일자 2025년 3월 2일 주민등록일자 2025년 3월 5일 점유개시일자 2025년 3월 6일 확정일자 2025년 3월 5일 임차권자 이영식 650422-1045115 서울특별시 종로구 율곡로 16 (원서동)

(3) 상가건물의 전부

【 을 구 】			(소유권 이외의 권리에 관한 사항)	
순위번호	등기목적	접수	등기원인	권리자 및 기타사항
2	상가건물 임차권	2023년 11월10일 제31000호	2022년 11월5일 서울중앙지방법원의 임차권등기명령 (2018카기932)	임차보증금 금30,000,000원 차임 월 금100,000원 범위 상가건물 전부 임대차계약일자 2024년 11월 10일 사업자등록신청일자 2024년 11월 7일 점유개시일자 2024년 11월 11일 확정일자 2024년 11월 11일 임차권자 이영식 650422-1045115 서울특별시 종로구 율곡로 16 (원서동)

(4) 상가건물의 일부

【 을 구 】			(소유권 이외의 권리에 관한 사항)	
순위번호	등기목적	접수	등기원인	권리자 및 기타사항
2	상가건물 임차권	2023년 11월10일 제31000호	2022년 11월5일 서울중앙지방법원의 임차권등기명령 (2018카기932)	임차보증금 금30,000,000원 차임 월 금100,000원 범위 상가건물 2층 전부 임대차계약일자 2024년 11월 10일 사업자등록신청일자 2024년 11월 7일 점유개시일자 2024년 11월 11일 확정일자 2024년 11월 11일 임차권자 이영식 650422-1045115 서울특별시 종로구 율곡로 16 (원서동)

(5) 미등기 주택(상가건물)에 대한 등기명령에 의한 경우

【 을　구 】			(소유권 이외의 권리에 관한 사항)	
순위번호	등기목적	접수	등기원인	권리자 및 기타사항
1	소유권보존			소유자 김창수 721205-1352121 서울특별시 종로구 인사동6길5 (인사동) 임차권등기의 촉탁으로 인하여 2023년 3월 12일 등기

【 을　구 】			(소유권 이외의 권리에 관한 사항)	
순위번호	등기목적	접수	등기원인	권리자 및 기타사항
1	주택 (상가건물) 임차권	2023년 3월12일 제200호	2023년 3월8일 서울중앙 지방법원 의 임차권 등기명령 (2019카기 123)	임차보증금　금30,000,000원 차임　월 금100,000원 범위　주택(상가건물) 전부 임대차계약일자 2022년 3월 2일 주민등록일자(사업자등록신청일자) 2022년 3월 5일 점유개시일자 2022년 3월 6일 확정일자 2022년 3월 5일 임차권자 이영식 650422-1045115 서울특별시 종로구 율곡로 16 (원서동)

(6) 채권자대위 신청에 따른 임차권등기명령에 의한 경우

【 을　구 】			(소유권 이외의 권리에 관한 사항)	
순위번호	등기목적	접수	등기원인	권리자 및 기타사항
2	주택 (상가건물) 임차권	2023년 3월12일 제200호	2023년 3월8일 서울중앙 지방법원 의 임차권 등기명령 (2019카기 123)	임차보증금　금30,000,000원 차임　월 금100,000원 범위　주택 전부 임대차계약일자 2025년 3월 2일 주민등록일자　2025년 3월 5일 점유개시일자 2025년 3월 6일 확정일자 2025년 3월 5일 임차권자 이영식 650422-1045115 서울특별시 종로구 율곡로 16 (원서동) 대위자 주식회사 조흥은행 　　　　서울특별시 중구 남대문로88 　　　　(을지로2가) 대위원인 2022년 12월 18일 보증금반환채권의 양수

(7) 주택(상가건물) 임차권등기 전에 임차보증금이 변경된 경우

【 을 구 】			(소유권 이외의 권리에 관한 사항)	
순위번호	등기목적	접수	등기원인	권리자 및 기타사항

2	주택 임차권	2023년 3월12일 제200호	2023년 3월8일 서울중앙지방법원의 임차권등기명령 (2019카기123)	임차보증금 (1) 금 30,000,000원
				           (2) 금 35,000,000원
				차임 월 금 100,000원
				범위 주택 전부
				임대차계약일자 (1) 2019년 3월 2일
				               (2) 변경 2025년 3월 1일
				주민등록일자 2019년 3월 5일
				점유개시일자 2019년 3월 6일
				확정일자 (1) 2019년 3월 5일
				        (2) 변경 2025년 3월 2일
				임차권자 이영식 650422-1045115
				서울특별시 종로구 율곡로 16(원서동)

㈜ 임차보증금이 변경된 경우에는 변경 전후의 임차보증금 계약일자 및 확정일자를 각각 기록하되, 수차 변경된 경우에는 변경된 횟수만큼 순차번호[(1), (2), (3), ···]를 부여하여 이를 기록한다.

마. 지상권을 목적으로 하는 임차권 설정

【 을 구 】			(소유권 이외의 권리에 관한 사항)	
순위번호	등기목적	접수	등기원인	권리자 및 기타사항
1	지상권설정	(생략)	(생략)	(생략)
1-1	1번지상권 임차권설정	2023년 5월3일 제7060호	2023년 5월2일 설정계약	임차보증금 금20,000,000원 차임 월 금500,000원 차임지급시기 매월 말일 존속기간 2023년 5월 2일부터 2024년 5월 1일까지 임차권자 이영식 650422-1045115 서울특별시 종로구 율곡로16 (원서동)

㈜ 지상권을 목적으로 하는 임차권 설정등기는 부기등기로 한다.

6. 임차권전대

【 을 구 】			(소유권 이외의 권리에 관한 사항)		
순위번호	등기목적	접수	등기원인	권리자 및 기타사항	
1	임차권설정	(생략)	(생략)	(생략)	
1-1	1번 임차권전대	2023년 3월5일 제1006호	2023년 3월4일 전대계약	임차보증금 금20,000,000원 차임 월 금500,000원 차임지급시기 매월 말일 존속기간 2023년 3월 4일부터 2024년 3월 3일까지 임차권자 이영식 650422-1045115 서울특별시 종로구 율곡로16 (원서동)	

7. 임차권이전

가. 매매로 인한 이전

【 을 구 】			(소유권 이외의 권리에 관한 사항)	
순위번호	등기목적	접수	등기원인	권리자 및 기타사항
1	임차권설정	(생략)	(생략)	(생략)
1-1	1번 임차권이전	2023년 3월5일 제1006호	2023년 3월4일 매매	임차권자 이영식 650422-1045115 서울특별시 종로구 율곡로 16 (원서동)

㈜ 양도한 임차권자의 표시를 말소하는 표시를 하여야 한다.

나. 상속으로 인한 이전

【 을 구 】			(소유권 이외의 권리에 관한 사항)	
순위번호	등기목적	접수	등기원인	권리자 및 기타사항
1-1	1번 임차권이전	2023년 5월3일 제7060호	2023년 5월2일 상속	임차권자 지분 2분의1 이영식 650422-1045115 서울특별시 종로구 율곡로 16(원서동) 지분 2분의1 김창수 721205-1352121 서울특별시 종로구 인사동6길 5(인사동)

8. 임차권변경

가. 존속기간의 변경

【 을 구 】			(소유권 이외의 권리에 관한 사항)	
순위번호	등기목적	접수	등기원인	권리자 및 기타사항
1-1	1번임차권변경	2023년 3월5일 제1006호	2023년 3월2일 변경계약	존속기간 2022년 3월 4일부터 2024년 3월 3일까지

㈜ 1. 변경 전의 존속기간을 말소하는 표시를 한다.
2. 등기상 이해관계인이 있는 경우에는 그의 승낙을 증명하는 정보 또는 이에 대항할 수 있는 재판이 있음을 증명하는 정보를 제공한 때에 한하여 부기등기로 한다.

나. 임차보증금의 변경

【 을 구 】			(소유권 이외의 권리에 관한 사항)	
순위번호	등기목적	접수	등기원인	권리자 및 기타사항
1-1	1번임차권변경	2023년 3월5일 제2030호	2023년 3월2일 변경계약	임차보증금 금 200,000,000원

㈜ 1. 변경 전의 존속기간을 말소하는 표시를 한다.
2. 등기상 이해관계인이 있는 경우에는 그의 승낙을 증명하는 정보 또는 이에 대항할 수 있는 재판이 있음을 증명하는 정보를 제공한 때에 한하여 부기등기로 한다.

다. 차임변경(경정)

(1) 임차권의 차임변경

【 을 구 】			(소유권 이외의 권리에 관한 사항)	
순위번호	등기목적	접수	등기원인	권리자 및 기타사항
1-1	1번임차권변경	2023년 3월5일 제1006호	2023년 3월4일 변경계약	차임 월 금500,000원

㈜ 1. 변경 전의 차임을 말소하는 표시를 한다.
2. 등기상 이해관계인이 있는 경우에는 그의 승낙을 증명하는 정보 또는 그에 대항할 수 있는 재판이 있음을 증명하는 정보를 제공한 때에 한하여 부기등기로 한다.

(2) 이전한 임차권의 차임 변경

【 을 구 】			(소유권 이외의 권리에 관한 사항)	
순위번호	등기목적	접수	등기원인	권리자 및 기타사항
1	임차권설정	(생략)	(생략)	(생략)
1-1	1번임차권이전	(생략)	(생략)	(생략)
1-2	1번임차권변경	2023년 3월5일 제1006호	2023년 3월4일 변경계약	차임 월 금 500,000원

㈜ 1. 변경 전의 차임을 말소하는 표시를 한다.
2. 등기상 이해관계인이 있는 경우에는 그의 승낙을 증명하는 정보 또는 그에 대항할 수 있는 재판이 있음을 증명하는 정보를 제공한 때에 한하여 부기등기로 한다.

(3) 차임경정

【 을 구 】			(소유권 이외의 권리에 관한 사항)		
순위번호	등기목적	접수	등기원인	권리자 및 기타사항	
1-1	1번임차권경정	2023년 3월5일 제4066호	2023년 2월3일 신청착오	차임 월 금100,000원	

㈜ 1. 변경 전의 차임을 말소하는 표시를 한다.
2. 등기상 이해관계인이 있는 경우에는 그의 승낙을 증명하는 정보 또는 그에 대항할 수 있는 재판이 있음을 증명하는 정보를 제공한 때에 한하여 부기등기로 한다.

라. 전차권변경(경정)

(1) 특약사항 추가

【 을 구 】			(소유권 이외의 권리에 관한 사항)	
순위번호	등기목적	접수	등기원인	권리자 및 기타사항
1-1-1	1-1번 전차권 변경	2023년 3월5일 제1006호	2023년 3월4일 변경계약	특약 양도, 전대할 수 있다.

(2) 특약사항의 유루에 의한 경정

【 을 구 】			(소유권 이외의 권리에 관한 사항)	
순위번호	등기목적	접수	등기원인	권리자 및 기타사항
1-1-1	1-1번 전차권 경정	2023년 3월5일 제1006호	유루	특약 양도, 전대할 수 있다.

9. 임차권말소

가. 임차권설정등기 말소

【 을　구 】		(소유권 이외의 권리에 관한 사항)		
순위번호	등기목적	접수	등기원인	권리자 및 기타사항
~~1~~	임차권설정	(생략)	(생략)	(생략)
2	1번임차권설정등기말소	2023년 3월5일 제1006호	2023년 3월4일 해지 (또는포기)	

㈜ 존속기간의 만료로 인한 경우에는 그 원인을 존속기간 만료로 한다.

나. 전차권설정등기 말소

【 을　구 】		(소유권 이외의 권리에 관한 사항)		
순위번호	등기목적	접수	등기원인	권리자 및 기타사항
1	임차권설정	(생략)	(생략)	(생략)
~~1-1~~	~~1번임차권전대~~	(생략)	(생략)	(생략)
2	1-1번 전차권설정등기말소	2023년 3월5일 제1006호	2023년 3월4일 해지(또는 포기, 존속기간 만료)	

㈜ 전차권등기의 말소도 주등기로 한다.

다. 전차권의 등기가 되어 있는 임차권설정등기 말소

【 을 구 】			(소유권 이외의 권리에 관한 사항)	
순위번호	등기목적	접수	등기원인	권리자 및 기타사항
2	1-1번 전차권설정 등기말소			1번 임차권설정등기말소로 인하여 2023년 3월 5일 등기
3	1번임차권 설정등기 말소	2023년 3월5일 제1006호	2023년 3월4일 해지(또는 포기, 존속 기간 만료)	

㈜ 말소에 대하여 등기상 이해관계 있는 제3자가 존재하는 경우에는 그의 승낙을 증명하는 정보 또는 이에 대항할 수 있는 재판이 있음을 증명하는 정보를 제공하여야 한다. 그 경우 임차권을 목적으로 하는 제3자의 권리에 관한 등기도 말소한다.

제2장 담보물권에 관한 등기

제1절 근저당권에 관한 등기

제1관 근저당권 설정등기

1. 저당권 일반이론

　가. 저당권

　　(1) 의의

　저당권은 채무자 또는 제3자(물상보증인)가 채무의 담보로 제공한 부동산 기타의 목적물을 채권자가 담보제공자로부터 인도받지 아니하고 그 사용수익에 맡겨 두면서, 채무가 변제되지 아니할 경우에 그 목적물의 환가대금으로부터 우선변제를 받을 수 있는 담보물권이다(민법 제356조)

　　(2) 저당권의 성립

(가) 저당권은 약정담보물권으로서 당사자 사이의 저당권설정에 관한 물권적 합의와 등기에 의하여 성립하는 것이 보통이다.
　　 저당권설정등기청구권을 보전하기 위한 가등기를 할 수 있다(법 제3조, 제88조).
(나) 저당권설정계약의 당사자는 저당권자와 저당권설정자이다.

　　(3) 저당권의 객체

(가) 저당권은 등기·등록 등의 공시방법이 마련되어 있는 것에 관하여 설정할 수 있는바, 민법상 저당권설정등기의 목적이 될 수 있는 것은 부동산과 부동산 물권 중에서 지상권 및 전세권이다(민법 제356, 제371조).

[선례 1] 부동산의 일부에 대한 저당권설정등기의 가부

제정 1984. 8. 14. [등기선례 제1-429호, 시행]

1필의 토지 또는 1동의 건물중 특정 일부(예 : 76.91m2 중 동쪽 42.931m2) 에 대하여는 이를 분할 또는 구분하기 전에는 저당권을 설정할 수 없다. 다만 그 부동산의 지분(예 76.91분의 42.931지분)에 대하여는 저당권을 설정할 수 있다.
84. 8. 14 등기 제329호 주식회사 한국상업은행장 대 법원행정처장 회답
참조예규 : 615, 418-1항

[선례 2] 영유아보육시설로 사용되고 있는 사인 소유의 유치원·영유아보육시설용 건물에 대한 매매 또는 저당권등 설정 가부

제정 1997. 3. 26. [등기선례 제5-433호, 시행]

영유아보육시설은 교육법 제81조의 교육기관이 아니므로, 유치원 및 영유아보육시설용 건물의 소유자가 영유아보육법에 의하여 민간 보육시설로 인가 받아 그 소유건물 전부를 보육시설로 운영중인 자는 사립학교법 제2조 제3항 소정의 사립학교 경영자에 해당되지 않으므로, 그 소유건물에 대하여는 매매 또는 담보제공등 처분행위를 할 수 있을 것이다.
(1997. 3. 26. 등기 3402-230 질의회답)
참조조문 : 사립학교법 제2조, 제28조, 제51조, 제81조, 영유아보육법 제2조, 제6조, 제7조
참조선례 : Ⅳ 제104호

[선례 3] 전세금을 초과한 전세권을 목적으로 하는 근저당권설정등기 가능 여부

제정 1997. 12. 4. [등기선례 제5-435호, 시행]

동일한 전세권을 목적으로 하는 수 개의 근저당권설정등기의 채권최고액을 합한 금액이 대상 전세권의 전세금을 초과하는 등기도 가능하다 할 것이므로, 전세금이 5,000만원인 전세권을 목적으로 한 채권최고액이 3,500만원인 선순위 근저당권설정등기가 경료되어 있는 경우에 다시 위 전세권을 목적으로 한 채권최고액이 2,000만원인 후순위 근저당권설정등기를 할 수 있다.
(1997. 12. 4. 등기 3402-967 질의회답)

(다) 특별법에 의한 저당권의 객체로는 「입목에 관한 법률」에 의하여 등기된 입목, 등기된 선박(상법 제787조 제1항), 공장재단(공장 및 광

업재단저당법 제10조), 광업권(광업법 제10조 제1항, 제11조 제2항, 제38조 제1항 제2호), 어업권(수산업법 제16조 제2항), 자동차, 항공기, 건설기계, 소형선박 등(자동차 등 특정동산 저당법 제3조)이 있다.

(4) 저당권의 효력이 미치는 범위

(가) 저당권의 효력은 설정행위에서 다른 약정을 하지 아니하는 한 저당부동산에 부합된 물건과 종물에 미친다(민법 제358조).

[선례 4] 증축된 건물이나 부속건물에 근저당권의 효력이 미치게 하는 변경등기 요부

제정 1994. 2. 1. [등기선례 제4-460호, 시행]

증축한 건물이나 부속건물을 별개 독립한 건물로 보존등기를 하지 않고, 건물의 구조나 이용상 기존 건물과 일체성이 인정되어 기존건물에 건물표시변경등기 형식으로 증축등기나 부속건물등기를 하였다면 그 부분은 기존건물에 부합되는 것으로 보아야 하는 한편 근저당권의 효력은 다른 특별한 규정이나 약정이 없는한 근저당부동산에 부합된 부분과 종물에도 미치는 것이므로 이 경우 증축된 건물에 근저당권의 효력을 미치게 하는 변경등기는 할 필요가 없을 뿐만 아니라 할 수도 없을 것이다

(1994. 2. 1. 등기 3402-71 질의회답)

참조판례 : 1981.7.7. 선고 80다2643 판결, 1981.11.10. 선고 80다2757 판결
　　　　　　 1981. 12. 8. 선고 80다2821 판결
참조선례 : 선례요지 I 제384항

[판례 1] 배당이의 (대법원 1995. 8. 22. 선고 94다12722 판결)

【판시사항】

가. 저당권의 효력이 저당부동산에 종된 권리에까지 미치는지 여부
나. 구분건물의 전유부분에만 설정된 저당권의 효력 범위

【판결요지】

가. 민법 제358조 본문은 "저당권의 효력은 저당부동산에 부합된 물건과 종물에 미친다"고 규정하고 있는바, 이 규정은 저당부동산에 종된

권리에도 유추적용된다.
나. 구분건물의 전유부분만에 관하여 설정된 저당권의 효력은 대지사용권의 분리처분이 가능하도록 규약으로 정하는 등의 특별한 사정이 없는 한 그 전유부분의 소유자가 사후에라도 대지사용권을 취득함으로써 전유부분과 대지권이 동일 소유자의 소유에 속하게 되었다면, 그 대지사용권에까지 미치고 여기의 대지사용권에는 지상권 등 용익권 이외에 대지소유권도 포함된다.

【참조조문】

가.나. 민법 제358조 나. 집합건물의소유및관리에관한법률 제2조 제6호, 제20조 제1항, 제20조 제2항

【참조판례】

가. 대법원 1992.7.14. 선고 92다527 판결(공1992,2391)
1993.4.13. 선고 92다24950 판결(공1993상,1379)
1993.12.10. 선고 93다42399 판결(공1994상,353)

【전 문】

【원고, 상 고 인】 주식회사 조흥은행 소송대리인 변호사 유현석
【피고, 피상고인】 피고
【원심판결】 서울고등법원 1994.1.26. 선고 93나24126 판결

【주 문】

원심판결을 파기하고 사건을 서울고등법원으로 환송한다.

【이 유】

상고이유를 본다.

민법 제358조 본문은 "저당권의 효력은 저당부동산에 부합된 물건과 종물에 미친다"고 규정하고 있는바 이 규정은 저당부동산에 종된 권리에도 유추적용된다고 할 것이고(당원 1992.7.14. 선고 92다527 판결; 1993.12.10. 선고 93다42399 판결 등 참조), 한편 집합건물의소유및관리에관한법률 제20조 제1항은 "구분소유자의 대지사용권은 그가 가지는

전유부분의 처분에 따른다", 제2항은 "구분소유자는 그가 가지는 전유부분과 분리하여 대지사용권을 처분할 수 없다. 다만, 규약으로써 달리 정한 때에는 그러하지 아니하다"고 규정하고 있고 같은 법 제2조 제6항은 "대지사용권이라 함은 구분소유자가 전유부분을 소유하기 위하여 건물의 대지에 대하여 가지는 권리를 말한다"고 규정하고 있으므로, 구분건물의 전유부분만에 관하여 설정된 저당권의 효력은 대지사용권의 분리처분이 가능하도록 규약으로 정하는 등의 특별한 사정이 없는 한 그 전유부분의 소유자가 사후에라도 대지사용권을 취득함으로써 전유부분과 대지권이 동일소유자의 소유에 속하게 되었다면 그 대지사용권에까지 미치고 여기의 대지사용권에는 지상권 등 용익권 이외에 대지소유권도 포함된다고 해석함이 상당하다고 할 것이다.

그런데 원심이 적법하게 확정한 사실 및 기록에 의하면, 소외 1은 소외 서울특별시로부터 이 사건 구분건물 및 그 대지권을 1987.10.28. 분양받았으나 이 사건 구분건물이 속해 있는 목동신시가지 아파트단지 내 토지의 분·합필, 환지등기 등의 지연으로 대지권등기는 하지 않은 채 이 사건 구분건물의 전유부분에 관하여만 1987. 12. 22. 그 명의로 소유권이전등기를 마치고 이어서 1989.10.11. 및 1990.1.24. 2회에 걸쳐 채권최고액 합계 금 200,000,000원으로 된 근저당권을 원고에게 설정하여 준 뒤 대지권에 대하여는 대지권등기가 되면 추가로 근저당권을 설정하여 주기로 약정한 사실, 그 후 소외 1은 이 사건 대지권에 대하여 대지권 발생일이 1987.10.28.자로 된 대지권등기를 1990.5.12. 마치고서도 원고에게 추가로 근저당권을 설정하여 주지 아니한 채 피고에게 이 사건 구분건물의 전유부분 및 대지권에 관하여 1991.10.17. 담보가등기를 마쳐 준 사실, 그 후 이 사건 구분건물의 전유부분과 대지권이 원고의 경매신청으로 소외 2에게 금 160,300,000원에 경락되어 그 배당절차에서 원고는 이 사건 구분건물의 전유부분에 대하여만 피고보다 우선권이 있고 이 사건 대지권에 대하여는 우선권이 인정되지 아니하여 이 사건 대지권에 대한 경락대금 중 금 96,804,720원을 피고에게 배당한 사실이 인정된다.

그렇다면 이 사건 구분건물의 전유부분과 대지권을 분리하여 처분하는 것이 가능하도록 규약으로 정하였다는 등의 특별한 사정을 인정할 증거가 없는 이 사건에 있어서 위에서 본바와 같이 이 사건 구분건물의 전유부분의 소유자인 소외 1이 그 전유부분에 대하여만 원고에게 근저당권을 설정하여 준 후 이 사건 대지권에 대한 등기를 함으로써 그 전유부분과 대지권이 동일소유자의 소유에 속하게 된 이상 그 전유부분에 대한 근저당권은 대지권에 대하여도 미친다고 할 것이므로 이 사건 경락대금 중 대지권에 대한 부분에 대하여도 원고가 위 대지권등기 이후에 담보가등기를 설정한 피고보다 우선하여 변제받을 권리가 있다고 할 것이고, 따라서 원고는 피고에 대하여 이 사건 배당표중 피고에게 배당한 위 금 96,804,720원을 원고에게 배당하는 것으로 변경하는 청구를 할 수 있다고 할 것이다.

그럼에도 불구하고 원심이 이 사건 구분건물의 전유부분에 대한 근저당권이 이 사건 대지권에 미치지 않는다고 하여 원고의 이 사건 청구를 배척한 것은 구분건물의 대지권에 대한 법리와 저당권의 효력이 미치는 범위에 관한 법리를 오해한 위법이 있다고 할 것이고 이는 판결에 영향을 미쳤음이 명백하다고 할 것이다. 이 점을 지적하는 논지는 이유 있다. 그러므로 원고의 나머지 상고이유에 대한 판단을 생략하고 이 부분 상고이유를 받아들여 원심판결을 파기하고 사건을 원심법원에 환송하기로 하여 관여 법관의 일치된 의견으로 주문과 같이 판결한다.

대법관   이돈희(재판장) 김석수(주심) 정귀호 이임수

나. 근저당권

(1) 의의

(가) 근저당권은 계속적인 거래관계로부터 발생하는 다수의 불특정 채권을 장래의 결산기에 이르러 일정한 한도(채권최고액)까지 담보하는 특수한 저당권이다(민법 제357조)

(나) 근저당권이 보통의 저당권과 다른 점은, (ⅰ) 보통 저당권이 채권자와 채무자 사이의 특정채권을 담보하기 위한 것임에 반하여 근저당권은 계속적인 거래관계에서 발생하는 다수의 "불특정채권"을 담보하며, (ⅱ) 보통 저당권은 특정한 채권을 담보하는 것이므로 피담보채권이 소멸하면 저당권도 당연히 소멸하게 되나, 근저당권은 채권이 증감·변동하다가 개별채무가 일시적으로 전부 소멸되는 경우에도 그로 인하여 소멸하지 않고, 근저당권이 확정될 때까지 채권이 다시 발생하면 근저당권은 동일성을 유지한 채 그 채권을 담보한다.

(2) 근저당권과 보통 저당권의 등기절차상 차이

(가) 채권최고액

저당권은 확정된 채권액이 필수적 등기사항인 반면 근저당권은 채권최고액을 등기하여야 한다.

(나) 근저당권의 확정

이론상 (ⅰ) 근저당권의 존속기간의 도래 또는 설정계약에서 정한 확정시기(결산기)의 도래, (ⅱ) 존속기간이 정하여지지 않은 경우에는 기본계약의 종료(기본계약의 해제·해지 등), (ⅲ) 채권자의 경매신청, (ⅳ) 채무자 또는 물상보증인에 대한 파산선고 등을 근저당권의 확정사유로 볼 수 있다.

(다) 근저당권의 준공유

일반적으로 수인의 권리자가 어떤 재산권을 준공유하는 경우 그 공유지분을 표시하는 것이 원칙이다. 예컨대, 여러 명의 채권자가 피담보채권과 저당권을 준공유하는 경우에는 각각의 지분을 저당권설정등기의 신청서에 기재하여야 하고 이에 따라 등기부에도 지분을 기재한다(기록례 245항).

[선례 5] 근저당권설정등기시 각 근저당권자별 공유지분표시의 가부 등

제정 2007. 3. 28. [등기선례 제8-251호, 시행]

근저당권은 계속적인 거래관계로부터 발생하는 다수의 불특정채권을 장래의 결산기에서 채권최고액까지 담보하는 것이므로, 현행법 하에서는 근저당권설정등기를 신청하는 경우 각 근저당권자의 지분을 등기부에 기재할 수 없다.
(2007. 03. 28. 부동산등기과-1033 질의회답)
참조조문 : 법 제140조, 민법 제357조
참조판례 : 1996. 6. 14. 선고 95다53812 판결
참조예규 : 제880호
참조선례 : Ⅶ 제274항

2. 근저당권설정등기

가. 총설

근저당권은 설정계약과 그에 따른 등기를 함으로써 성립한다. 근저당권설정계약의 당사자는 근저당권자와 근저당권설정자이다.

나. 등기신청절차

(1) 신청인

근저당권설정등기는 근저당권자가 등기권리자가 되고 소유자·지상권자·전세권자 등 근저당권설정자가 등기의무자가 되어 공동으로 신청한다.
의사진술을 명하는 확정판결을 받아 단독으로 근저당권설정등기를 신청할 수 있다(법 제23조 제4항).

(2) 신청서의 기재사항

(가) 필요적 기재사항

근저당권의 설정등기를 신청하는 경우 신청서에는 일반적인 기재사항 이외에 등기원인이 근저당권설정계약이라는 뜻과 채권의 최고액 및 채무자를 기재하여야 한다(규칙 131조).

① **부동산표시란의 기재**

지상권이나 전세권이 근저당권의 목적인 때에는 신청서의 부동산표시란에 부동산의 표시 외에 그 권리의 표시를 하여야 한다(규칙 제131조 제2항)

② **등기원인**

등기원인은 근저당권설정계약이 되고 원인일자는 계약 연월일을 기재한다.

③ **등기의 목적**

소유권 전부에 대하여 근저당권을 설정하는 때에는 "근저당권 설정"이라고 기재하고, 지상권 또는 전세권을 목적으로 하는 근저당권 설정은 "○번 지상권(또는 전세권) 근저당권 설정"이라 기재한다.

④ **채권최고액**

근저당권설정등기에는 채권최고액을 기재하여야 하는데, 근저당권자는 채권최고액의 범위내에서 원본, 이자, 위약금, 지연손해금에 관하여 우선변제권을 갖는다.

[예규 1] 근저당권에 관한 등기사무처리지침

근저당권에 관한 등기사무처리지침

개정 2018. 11. 22. [등기예규 제1656호, 시행 2018. 11. 22.]

제1조 (목적) 이 예규는 근저당권설정·이전·변경·말소등기 등의 절차를 규정함을 목적으로 한다.

제2조 (근저당권설정등기) ① 근저당설정등기를 함에 있어 그 근저당권의 채권자 또는 채무자가 수인일지라도 단일한 채권최고액만을 기록하여야 하고, 각 채권자 또는 채무자별로 채권최고액을 구분하여(예, '채권최고액 채무자 갑에 대하여 1억원, 채무자 을에 대하여 2억원, 또는 '채권최고액 3억원 최고액의 내역 채무자 갑에 대하여 1억원, 채무자 을에 대하여 2억원'등) 기록할 수 없다.
② 채권최고액을 외국통화로 표시하여 신청정보로 제공한 경우에는 외화표시금액을 채권최고액으로 기록한다(예, "미화 금 ○○달러").
③ 채무자가 수인인 경우 그 수인의 채무자가 연대채무자라 하더라도 등기기록에는 단순히 "채무자"로 기록한다.
④ '어음할인, 대부, 보증 기타의 원인에 의하여 부담되는 일체의 채무'를 피담보채무로 하는 내용의 근저당권설정계약을 원인으로 한 근저당권설정등기도 신청할 수 있다.

제3조 (근저당권이전등기) ① 근저당권의 피담보채권이 확정되기 전의 근저당권 이전등기의 신청은 다음 각 호와 같이 한다.
  1. 근저당권의 피담보권이 확정되기 전에 근저당권의 기초가 되는 기본계약상의 채권자 지위가 제3자에게 전부 또는 일부 양도된 경우, 그 양도인 및 양수인은 "계약 양도"(채권자의 지위가 전부 제3자에게 양도된 경우), "계약의 일부 양도"(채권자의 지위가 일부 제3자에게 양도된 경우) 또는 "계약가입"(양수인이 기본계약에 가입하여 추가로 채권자가 된 경우)을 등기원인으로 하여 근저당권이전등기를 신청할 수 있다
  2. 위 1.호의 등기를 신청하는 경우 근저당권설정자가 물상보증인이거나 소유자가 제3취득자인 경우에도 그의 승낙을 증명하는 정보를 등기소에 제공할 필요가 없다.
  3. 근저당권의 피담보채권이 확정되기 전에 그 피담보채권이 양도 또는 대위

변제된 경우에는 이를 원인으로 하여 근저당권이전등기를 신청할 수는 없다.
② 근저당권의 피담보채권이 확정된 후의 근저당권이전등기의 신청은 다음 각 호와 같이 한다.
1. 근저당권의 피담보채권이 확정된 후에 그 피담보채권이 양도 또는 대위변제된 경우에는 근저당권자 및 그 채권양수인 또는 대위변제자는 채권양도에 의한 저당권이전등기에 준하여 근저당권이전등기를 신청할 수 있다. 이 경우 등기원인은 "확정채권 양도" 또는 "확정채권 대위변제" 등으로 기록한다.
2. 위 1.호의 등기를 신청하는 경우 근저당권설정자가 물상보증인이거나 소유자가 제3취득자인 경우에도 그의 승낙을 증명하는 정보를 등기소에 제공할 필요가 없다.

제4조 (채무자변경으로 인한 근저당권변경등기) ① 근저당권의 피담보채권이 확정되기 전에 근저당권의 기초가 되는 기본계약상의 채무자 지위의 전부 또는 일부를 제3자가 계약에 의하여 인수한 경우, 근저당권설정자(소유자) 및 근저당권자는 "계약인수"(제3자가 기본계약을 전부 인수하는 경우). "계약의 일부 인수"(제3자가 수개의 기본계약 중 그 일부를 인수하는 경우), "중첩적 계약인수"(제3자가 기본계약상의 채무자 지위를 중첩적으로 인수하는 경우)를 등기원인으로 하여 채무자변경을 내용으로 하는 근저당권변경등기를 신청할 수 있다.
② 근저당권의 피담보채권이 확정된 후에 제3자가 그 피담보채무를 면책적 또는 중첩적으로 인수한 경우에는 채무인수로 인한 저당권변경등기에 준하여 채무자 변경의 근저당권변경등기를 신청할 수 있다. 이 경우 등기원인은 "확정채무의 면책적 인수" 또는 "확정채무의 중첩적 인수" 등으로 기록한다.

제5조 (채무자의 사망으로 인한 근저당권변경등기) 근저당권의 채무자가 사망하고 그 공동상속인 중 1인만이 채무자가 되려는 경우에 근저당권자와 근저당권설정자 또는 소유자(담보목적물의 상속인, 제3취득자 등)는 근저당권변경계약정보를 첨부정보로서 제공하여 "계약인수" 또는 "확정채무의 면책적 인수"를 등기원인으로 하는 채무자 변경의 근저당권변경등기를 공동으로 신청할 수 있다.

제6조 (근저당권말소등기) ① 근저당권설정등기의 말소등기를 함에 있어 근저당권설정 후 소유권이 제3자에게 이전된 경우에는 근저당권설정자 또는 제3취득자가 근저당권자와 공동으로 그 말소등기를 신청할 수 있다.
② 근저당권이 이전된 후 근저당권설정등기의 말소등기를 신청하는 경우에는 근저당권의 양수인이 근저당권설정자(소유권이 제3자에게 이전된 경우에는 제3취득자)와 공동으로 그 말소등기를 신청할 수 있다.

③ 동일 부동산에 대한 소유권이전청구권 보전의 가등기상의 권리자와 근저당권자가 동일인이었다가 그 가등기에 기한 소유권이전의 본등기가 경료됨으로써 소유권과 근저당권이 동일인에게 귀속된 경우와 같이 혼동으로 근저당권이 소멸(그 근저당권이 제3자의 권리의 목적이 된 경우 제외)하는 경우에는 등기명의인이 근저당권말소등기를 단독으로 신청한다. 다만, 그 근저당권설정등기가 말소되지 아니한 채 제3자 앞으로 다시 소유권이전등기가 경료된 경우에는 현 소유자와 근저당권자가 공동으로 말소등기를 신청하여야 한다.

제7조 (기록례) 근저당권의 이전 및 채무자 변경에 따른 등기기록례는 별지와 같다.

부 칙 (2018.11.22 제1656호)

이 예규는 즉시 시행한다.

[별지]

1. 근저당권 이전
   가. 근저당권의 피담보채권이 확정되기 전에 기본계약상의 채권자 지위가 양도된 경우
      (1) 기본계약상 채권자 지위의 전부 양도

【 을　　　구 】			(소유권 이외의 권리에 관한 사항)	
순위번호	등기목적	접　　수	등기원인	권리자 및 기타사항
6-1	6번 근저당권 이전	2003년 3월 5일 제1006호	2003년 3월 4일 계약양도	근저당권자 김을동 561213-2015427 서울시 종로구 원서로 6

(주) 6번 근저당권자의 표시를 말소하는 표시를 기록한다.

      (2) 수개의 기본계약 중 그 일부의 양도

【 을 구 】				(소유권 이외의 권리에 관한 사항)
순위번호	등기목적	접 수	등기원인	권 리 자 및 기 타 사 항
6-1	6번 근저당권 일부이전	2003년 11월 5일 제8000호	2003년 9월 1일 계약일부 양도	근저당권자 김을동 561213-1089723 서울시 중구 필로 6

(3) 기본계약에 가입한 경우

【 을 구 】				(소유권 이외의 권리에 관한 사항)
순위번호	등기목적	접 수	등기원인	권 리 자 및 기 타 사 항
6-1	6번 근저당권 일부이전	2003년 11월 5일 제8000호	2003년 9월 1일 계약가입	근저당권자 김을동 561213-1089723 서울시 중구 필로 6

나. 근저당권의 피담보채권이 확정된 후에 피담보채권이 양도된 경우
   (1) 전부양도

【 을 구 】				(소유권 이외의 권리에 관한 사항)
순위번호	등기목적	접 수	등기원인	권 리 자 및 기 타 사 항
6-1	6번 근저당권 이전	2003년 11월 5일 제8000호	2003년 9월 1일 확정채권 양도	근저당권자 김을동 561213-1089723 서울시 중구 필로 6

(주) 6번 근저당권자의 표시를 말소하는 표시를 기록한다.

(2) 일부양도

【 을 구 】				(소유권 이외의 권리에 관한 사항)
순위번호	등기목적	접 수	등기원인	권리자 및 기타사항
6-1	6번 근저당권 일부이전	2003년 11월 5일 제8000호	2003년 9월 1일 확정채권 일부양도	양도액 금2,000,000원 근저당권자 김을동 561213-1089723 　　　서울시 중구 필로 6

다. 근저당권의 피담보채권이 확정된 후에 피담보채권이 대위변제된 경우

　　(1) 전부 대위변제

【 을 구 】				(소유권 이외의 권리에 관한 사항)
순위번호	등기목적	접 수	등기원인	권리자 및 기타사항
6-1	6번 근저당권 이전	2003년 11월 5일 제8000호	2003년 9월 1일 확정채권 대위변제	근저당권자 김을동 561213-1089723 　　　서울시 중구 필로 6

(주) 6번 근저당권자의 표시를 말소하는 표시를 기록한다.

　　(2) 일부 대위변제

【 을 구 】				(소유권 이외의 권리에 관한 사항)
순위번호	등기목적	접 수	등기원인	권리자 및 기타사항
6-1	6번 근저당권 일부이전	2003년 11월 5일 제8000호	2003년 9월 1일 확정채권 일부대위변제	변제액 금2,000,000원 근저당권자 김을동 561213-1089723 　　　서울시 중구 필로 6

2. 근저당권 변경 또는 경정의 등기
　　가. 채무자변경으로 인한 근저당권변경등기

(1) 근저당권의 피담보채권이 확정되기 전에 기본계약상 채무자 지위가 인수된 경우
　(가) 기본계약상의 채무자 지위 전부 인수

【 을　　구 】			(소유권 이외의 권리에 관한 사항)	
순위번호	등기목적	접　수	등기원인	권 리 자 및 기 타 사 항
6-1	6번 근저당권 변경	2003년 11월 5일 제8000호	2003년 9월 1일 계약인수	채무자 김삼남 　서울시 종로구 원남로 3-1

(주) 변경전의 채무자 표시를 말소하는 표시를 기록한다.

　(나) 수개의 기본계약 중 그 일부의 인수

【 을　　구 】			(소유권 이외의 권리에 관한 사항)	
순위번호	등기목적	접　수	등기원인	권 리 자 및 기 타 사 항
6-1	6번 근저당권 변경	2003년 11월 5일 제8000호	2003년 9월 1일 계약일부인수	채무자 김삼남 　서울시 종로구 원남로 3-1

　(다) 인수인이 기본계약에 가입한 경우

【 을　　구 】			(소유권 이외의 권리에 관한 사항)	
순위번호	등기목적	접　수	등기원인	권 리 자 및 기 타 사 항
6-1	6번 근저당권 변경	2003년 11월 5일 제8000호	2003년 9월 1일 중첩적 계약인수	채무자 김삼남 　서울시 종로구 원남로 3-1

(2) 근저당권의 피담보채권이 확정된 후에 피담보채무가 인수된 경우
　(가) 면책적 채무인수

【 을 구 】			(소유권 이외의 권리에 관한 사항)	
순위번호	등기목적	접　　수	등기원인	권 리 자 및 기 타 사 항
6-1	6번 근저당권 변경	2003년 11월 5일 제8000호	2003년 9월 1일 확정채무의 면책적 인수	채무자 김삼남 　서울시 종로구 원남로 3-1

(주) 변경 전의 채무자 표시를 말소하는 표시를 기록한다.

(나) 중첩적 채무인수

【 을 구 】			(소유권 이외의 권리에 관한 사항)	
순위번호	등기목적	접　　수	등기원인	권 리 자 및 기 타 사 항
6-1	6번 근저당권 변경	2003년 11월 5일 제8000호	2003년 9월 1일 확정채무의 중첩적인수	채무자 김삼남 　서울시 종로구 원남로 3-1

(3) 채무의 승계(상속)의 경우

(가) 채무자가 사망한 후 공동상속인 중 1인만이 상속재산협의분할에 의하여 기본계약 또는 확정채무를 인수한 경우

【 을 구 】			(소유권 이외의 권리에 관한 사항)	
순위번호	등기목적	접　　수	등기원인	권 리 자 및 기 타 사 항
6-1	6번 근저당권 변경	2003년 11월 5일 제8000호	2003년 9월 1일 협의분할에 의한 상속	채무자 김삼남 　서울시 종로구 원남로 3-1

(주) 1. 변경 전의 채무자 표시를 말소하는 표시를 기록한다.
　　 2. 원인일자는 상속개시일자를 기록한다.

[예규 2] 저당권(근저당권)의 채권액(채권최고액)의 표시로서 외화표시 채권액
(채권최고액)외에 "외환율이 변경될 때에는 그 변경된 환율에 의한 원
화 환산액으로 한다"는 특약사항의 등기 가부

저당권(근저당권)의 채권액(채권최고액)의 표시로서 외화표시
채권액(채권최고액)외에 "외환율이 변경될 때에는 그 변경된 환율에
의한 원화 환산액으로 한다" 는 특약사항의 등기 가부

개정 2011. 10. 11. [등기예규 제1341호, 시행 2011. 10. 13.]

등기사항은 「부동산등기법」 제3조에서 제한적으로 열거하여 규정하고 동법 제53조및 동법 제54조 등에 의하여 환매특약 및 권리의 소멸에 관한 약정과 같이 법률에 규정된 것에 한하므로 그와 같은 특약은 등기할 사항이 아닐뿐만 아니라 저당권(근저당권)등기에 있어서 피담보채권액(피담보채권최고액)을 특정하지 아니함은 공시 제도의 이상에도 반한다 할 것이므로 등기할 것이 아니다.

부　칙 (2011. 10. 11. 제1341호)

이 예규는 2011년 10월 13일부터 시행한다.

[선례 6] 1개의 근저당권설정계약상의 채권최고액을 수 개로 분할하여 수개의 근저당권을 설정할 수 있는지 여부

제정 1998. 5. 22. [등기선례 제5-436호, 시행]

채권최고액을 105,000,000원으로 약정한 1개의 근저당권설정계약을 체결한 후 이를 원인서면으로 첨부하여 채권최고액을 9,900,000원으로 하는 10개의 근저당권설정등기와 채권최고액을 6,000,000원으로 하는 1개의 근저당권설정등기로 분리하여 등기신청을 할 수는 없다.
(1998. 5. 22. 등기 3402-447 질의회답)

⑤ 채무자

근저당권의 설정등기를 신청하는 경우에는 신청서에 채무자의 성명(명칭)과 주소(사무소 소재지)를 기재하여야 한다(규칙 제131조 제1항, 법 제75조 제2항 제2호)

[선례 7] 민법상 조합 자체를 채무자로 표시한 저당권설정등기의 가부

제정 1984. 3. 8. [등기선례 제1-59호, 시행]

민법상 조합은 등기능력이 없는 것이므로 이러한 조합 자체를 채무자로 표시하여 근저당권설정등기를 할 수는 없다.
84. 3. 8. 등기 제97호

[판례 2] 채무부존재확인등 (대법원 1981. 9. 8. 선고 80다1468 판결)

【판시사항】

근저당권설정계약상의 채무자 아닌 자를 채무자로 하여 된 근저당권설정 등기의 효력(무효)

【판결요지】

근저당권 설정계약상의 채무자 아닌 제3자를 채무자로 하여 된 근저당권 설정등기는 채무자를 달리 한 것이므로 근저당권의 부종성에 비추어 원인 없는 무효의 등기이다.

【참조조문】

민법 제356조, 제369조

【전　문】

【원고, 피상고인】 원고
【피고, 상　고　인】 국제상사주식회사 소송대리인 변호사 김동환
【원심판결】 대구고등법원 1980.4.30 선고 78나906 판결
【주　문】

상고를 기각한다.
상고 소송비용은 피고의 부담으로 한다.

【이 유】

피고 소송대리인의 상고이유를 판단한다.

기록에 의하면, 피고가 1980.2.13자 준비서면(논지가 1980.2.12자라고 함은 오기로 보인다)3항에서 '원고와 피고 회사 간에 이 건 부동산을 담보하기로 하고(근저당권설정) 금원을 차용해 쓰기로 약정된 이상 원고의 주장대로 그 금원의 일부가 화성산업주식회사로 사용했다 하더라도 근저당권설정계약 자체가 존재하지 않거나 무효일 까닭이 있을 수 없음'을 주장하였음은 소론과 같으나, 원심이 그 판결이유에서 그 거시의 증거를 종합하여 원고가 그의 소유인 이 사건 부동산을 담보로 제공하여 피고로부터 금원을 차용할 의사로써 날인 교부한 서류를 피고의 직원인 소외 1이 허위 작성하여 이로써 이 사건 근저당권설정등기를 마친 사실을 인정한 다음 위 등기는 원인없이 된 것이라고 판단하고 있고, 원심 거시의 증거에 의하면 위 소외 1이 허위작성한 부분은 채무자를 원고 아닌 소외 화성산업주식회사로 기재한 것임을 알 수 있으니 원심의 위와 같은 판단은 근저당권의 부종성에 비추어 설정계약상의 채무자와 다른 사람을 채무자로 하여 된 근저당권설정등기는 그 피담보채무를 달리한 것이므로 원인 없이 된 등기임을 면치 못하고 따라서 채무자를 누구로 하였든 이 사건 부동산을 담보로 하여 금원을 차용하기로 하는 약정이 있는 이상 근저당권설정등기는 유효하다는 뜻의 피고의 위 준비서면 3항에서의 주장은 이유없다는 취지를 포함한다고 보아야 할 것이며, 피고의 위 준비서면 3항에서의 주장이 소론과 같이 채무자를 누구로 정하여 계약을 체결하는가에 관한 권한을 원고가 소외 2에게 수여하였다거나 또는 권한을 넘은 표현대리의 법리에 의하여 근저당권설정계약의 효력이 원고에게 미친다는 주장이라고는 도저히 볼 수 없고, 피고는 이러한 주장을 원심까지 한 바도 없으니 원심판결에 심리미진, 석명권 불행사 또는 판단유탈의 위법이 있다는 논지는 이유없다.

따라서 상고를 기각하고, 소송비용은 피고의 부담으로 하여 관여법관의 일치된 의견으로 주문과 같이 판결한다.

　　　　　　대법관　　이정우(재판장) 강우영 신정철

(나) 임의적 기재사항

보통 저당권 설정등기를 신청하는 경우, 설정계약에 변제기, 이자 및 그 발생기·지급시기, 원본 또는 이자의 지급장소, 채무불이행으로 인한 손해배상에 관한 약정, 저당권의 효력이 부합물과 종물에 미치지 않는다는 약정, 채권이 조건부(정지조건 및 해제조건)라는 취지와 같은 임의적 기재사항이 있는 때에는 이를 신청서에 기재하여야 한다(규칙 제131조 제1항, 법 제75조 제1항).

① **법인의 취급지점의 표시**

[예규 3] 법인이 저당권자 등인 경우의 취급지점 표시에 관한 업무처리지침

법인이 저당권자 등인 경우의 취급지점 표시에 관한 업무처리지침

제정 2007.05.10 등기예규 제1188호

1. 목적
　이 예규는 법인이 (근)저당권자 또는 가압류, 가처분, 경매개시결정 등의 등기권리자인 경우와 공공기관이 체납처분에 의한 압류등기의 권리자인 경우의 취급지점 등의 표시방법에 관한 사항을 규정함을 목적으로 한다.
2. 법인이 저당권자 또는 근저당권자인 경우
　가. 법인이 저당권자 또는 근저당권자인 경우 등기신청서에 취급지점 등의 표시가 있는 때에는 등기부에 그 취급지점 등(예 : ○○지

점, △△출장소, ××간이예금취급소 등)을 기재한다.
　나. 취급지점 등의 표시는 별지주) 기록례와 같이 법인의 표시 다음에 줄을 바꾸어 괄호 안에 기재하고 취급지점 등의 소재지는 표시하지 아니한다.
　다. 취급지점 등의 명칭은 그 명칭이 등기된 것일 때에는 이에 의하여, 그 명칭이 등기되지 아니한 것일 때에는 당해 법인에서 호칭하는 통상명칭에 의하여 표시한다.
　라. 저당권 또는 근저당권 설정계약서 등 원인증서의 기재에 의하여 등기신청서에 기재된 취급지점 등의 거래에 관한 것임이 표현되어 있어야 한다.
　마. 지점의 폐합, 신설 등에 따른 관할 변경으로 인하여 취급지점 등의 명칭에 변경이 있는 때의 등기부상의 표시변경절차와 등록세 등은 등기명의인 표시변경등기의 예에 준하여 처리한다.
3. 법인이 가압류 등의 등기권리자인 경우
　법인이 등기권리자인 가압류, 가처분 또는 경매개시결정 등의 등기에 대한 집행법원의 촉탁이 있는 경우 촉탁서에 그 법인의 취급지점 등의 표시가 있는 때에는 위 2.의 가. 내지 다. 및 마.에 준하여 처리한다.
4. 공공기관이 체납처분에 의한 압류등기의 권리자인 경우
　체납처분에 의한 압류등기에 관하여 공공기관(국민연금공단, 국민건강보험공단, 근로복지공단 등)의 촉탁이 있는 경우 촉탁서에 그 기관의 분사무소 등의 표시가 있는 때에는 위 2.의 가. 내지 다. 및 마.에 준하여 처리한다.

　　　　　　　　　　　　　　부　칙

(다른 예규의 폐지)상사회사가 저당권자인 경우 취급지점 등의 표시방법(등기예규 제831호), 금융기관이 채권자인 경우 가압류 등의 기입등기시 취급지점 등의 표시방법(등기예규 제830호)은 이를 폐지한다.

주 : 위 기록례는 부동산등기기재례집 제186항 참조

(3) 첨부서면

(가) 등기원인을 증명하는 서면 또는 신청서부본

통상 근저당권설정등기의 등기원인증서로서 근저당권설정계약서를 제출한다. 원인증서에는 부동산의 표시, 채권최고액, 당사자의 표시 등 근저당권설정등기의 필수사항이 기재되어 있어야 한다.

[선례 8] 등기원인증서에 반드시 인감증명법에 의하여 신고된 인감을 날인하여야 하는지 여부

제정 1988. 12. 8. [등기선례 제2-51호, 시행]

근저당권설정자(채무자)가 대리인(사법서사)에 의하여 근저당권설정등기를 신청할 경우에 그 대리권을 증명하는 서면으로 제출하는 위임장에는 인감증명법상 신고된 인감을 날인하여야 하지만 그 원인증서인 근저당권설정계약서에는 반드시 위 인감을 날인하여야 하는 것은 아니다.

88. 12. 8 등기 제683호

[선례 9] 근저당권설정등기를 신청하는 경우에 첨부하는 등기원인을 증명하는 서면인 근저당권설정계약서에 채무자의 날인이 있어야 하는지 여부(소극)

제정 2001. 5. 17. [등기선례 제6-32호, 시행]

근저당권설정등기의 등기원인인 근저당권설정계약의 당사자는 근저당권자와 근저당권설정자이므로, 근저당권설정계약서에는 근저당권설정계약의 당사자인 근저당권자와 근저당권설정자 사이에 근저당권설정을 목적으로 하는 물권적 합의가 있었음이 나타나 있으면 되고, 반드시 채무자의 동의나 승인이 있었음이 나타나 있어야만 하는 것은 아닌바, 근저당권설정등기신청서에 등기원인을 증명하는 서면으로서 첨부하는 근저당권설정계약서에는 채권최고액과 채무자의 표시 등은 기재되어 있어야 하지만, 채무자의 인영이 반드시 날인되어 있어야만 하는 것은 아니다.

(2001. 5. 17. 등기 3402-343 질의회답)

참조조문 : 법 제40조 제1항 제2호, 제140조 제2항, 민법 제356조

(나) 등기의무자의 인감증명서

소유권의 등기명의인이 등기의무자로서 근저당권을 설정하는 경우에는 그의 인감증명서를 제출하여야 한다(규칙 제60조 제1항 제1호)

[선례 10] "대부용" 인감증명서에 의한 근저당권설정등기의 신청가부

제정 1990. 6. 5. [등기선례 제3-206호, 시행]

부동산매도용인 경우를 제외하고는 인감증명에 기재되어 있는 사용용도("대부용") 와 다르게 등기신청("근저당권설정등기신청") 을 한 경우라 하더라도 등기신청서나 그 부속서류에 날인된 인영이 인감증명의 인영과 동일한 경우에는 등기신청의 진정을 증명할 수 있다 할 것이므로 그 등기신청은 수리하여야 한다.

90. 6. 5. 등기 제1133호
참조예규 : 128항, 131항
참조선례 : 선례요지 Ⅰ 제144, 145, 148, 150항

(다) 근저당권자의 주소 및 주민등록번호(또는 부동산등기용등록번호)를 증명하는 서면

근저당권자의 주소(또는 사무소 소재지) 및 주민등록번호(또는 부동산등기용등록번호)는 등기사항이므로(법 제48조 제1항 제5호, 제2항, 제3항) 이를 증명하는 서면으로서 주민등록표 등·초본 등을 제출하여야 한다.

(라) 제3자의 허가·동의 또는 승낙을 증명하는 서면

등기원인에 대하여 제3자의 허가·동의 또는 승낙을 요하는 때에는 이를 증명하는 서면을 제출하여야 한다(규칙 제46조 제1항 제2호)

[예규 4] 농지에 대한 (근)저당권설정등기신청시 자경농지증명서 첨부 여부

> **농지에 대한 (근)저당권설정등기신청시 자경농지증명서 첨부 여부**
>
> 제정 1979. 10. 17. [등기예규 제353호, 시행]
>
> 농지에 대한 (근)저당권설정등기 신청시에 자경농지증명서를 제출할 필요가 없다.

다. 등기의 실행방법

<기록례> 저당권설정등기

【 을 구 】				(소유권 이외의 권리에 관한 사항)
순위번호	등기목적	접수	등기원인	권리자 및 기타사항
1	저당권설정	2022년 3월 5일 제1006호	2022년 3월 2일 설정계약	채권액 금10,000,000원 변제기 2023년 3월 3일 이자 연 6푼 원본 및 이자의 지급장소 서울 종로구 원서동 6 이숙자의 주소지 채무자 박선비 　　　서울 종로구 원남동 3-1 저당권자 최일구 561213-1089723 　　　서울 종로구 원서동 6

주) 저당권등기의 경우 임의적 기재사항으로 변제기, 이자 및 그 발생기·지급시기, 원본 또는 이자의 지급장소, 채무불이행으로 인한 손해배상의 약정 등이 있다(법 140조 1항).

<기록례> 근저당권설정등기

순위번호	등기목적	접수	등기원인	권리자 및 기타사항

1	근저당권 설정	2023년 3월 15일 제4546호	2023년 3월 12일 설정계약	채권최고액 금6,000,000원
				채무자 조성구
				   서울 종로구 원남동 9
				근저당권자 박형민 530412-1017289
				   서울 용산구 청파동 21

3. 근저당권이전등기

가. 총설

근저당권은 물권이므로 근저당권자는 자유로이 양도 기타의 처분을 할 수 있다. 민법 제361조 는 피담보채권과 분리하여 저당권을 처분하는 것을 제한하고 있는데, 이러한 제한은 근저당권에도 그대로 적용된다.

[선례 11] 저당권에 관하여 신탁을 원인으로 저당권이전등기를 신청할 수 있는지 여부(적극)

제정 2002. 10. 18. [등기선례 제7-400호, 시행]

저당권도 신탁법상 신탁할 수 있는 재산권에 포함되므로 그 피담보채권과 함께 신탁하는 경우에는 신탁이 가능하며, 저당권자는 위탁자, 신탁업의 인가를 받은 신탁회사는 수탁자로 하여 신탁을 원인으로 저당권이전등기와 신탁의 등기를 신청할 수 있고, 이 경우 저당권이전등기에 대하여는 등록세를 부과하지 아니하며(지방세법 제128조 제1호의 가), 신탁의 등기에 대하여는 매 1건당 3,000원의 등록세를 납부(지방세법 제131조 제1항 제8호)하여야 한다.
(2002. 10. 18. 등기 3402-576 질의회답)
참조조문 : 신탁법 제1조

나. 근저당권 이전의 원인

(1) 특정승계

(가) 피담보채권 확정 전의 근저당권 이전

① 기본계약의 승계

근저당권의 피담보채권이 확정되기 전에 기본계약의 일부 또는 전부가 이전된 경우 근저당권도 수반성에 의하여 같이 이전한다.

[판례 3] 근저당피담보채권부존재확인등 (대법원 1996. 6. 14. 선고 95다53812 판결)

【판시사항】

근저당권의 피담보채권이 확정되기 전에 그 채권의 일부를 양도하거나 대위변제한 경우, 그 양수인이나 대위변제자가 근저당권의 이전을 구할 수 있는지 여부(소극)

【판결요지】

근저당권이라고 함은 계속적인 거래관계로부터 발생하고 소멸하는 불특정다수의 장래채권을 결산기에 계산하여 잔존하는 채무를 일정한 한도액의 범위 내에서 담보하는 저당권이어서, 거래가 종료하기까지 채권은 계속적으로 증감변동되는 것이므로, 근저당 거래관계가 계속 중인 경우 즉 근저당권의 피담보채권이 확정되기 전에 그 채권의 일부를 양도하거나 대위변제한 경우 근저당권이 양수인이나 대위변제자에게 이전할 여지가 없다.

【참조조문】

민법 제357조 제1항, 제481조

【전 문】

【원고, 상 고 인】 신용보증기금 (소송대리인 변호사 이건호)

【피고, 피상고인】 주식회사 조흥은행 (소송대리인 법무법인 태평양 담당변호사 이재식 외 1인)

【원심판결】 서울고법 1995. 10. 31. 선고 95나14932 판결

【주 문】

상고를 기각한다. 상고비용은 원고의 부담으로 한다.

【이 유】

상고이유를 판단한다.

1. 제1점에 대하여

  가. 원심판결 이유에 의하면, 원심은 당사자 사이에 다툼이 없는 사실과 그 판결에서 채용하고 있는 증거들을 종합하여 다음과 같은 사실을 인정하고 있다.

   원고 기금의 강동지점은 1992. 6. 27. 소외 주식회사 신풍어패럴(이하 신풍어패럴이라 한다)이 1992. 6. 27.부터 1993. 6. 26.까지 사이에 피고 은행 롯데월드지점으로부터 어음할인방식에 의한 대출을 받음에 있어 원금 700,000,000원 및 이에 대한 이자를 한도로 한 신용보증서를 발행하여 피고 은행에 대하여 위 채무를 근보증하였고, 1992. 7. 29. 역시 신풍어패럴이 피고 은행 롯데월드지점으로부터 대출받은 금 100,000,000원 및 그 이자채무에 대하여 신용보증서를 발행하여 피고 은행에 대하여 위 채무를 보증하였다. 신풍어패럴이 1992. 11. 20. 당좌부도를 내어 거래정지처분을 받게 됨으로써 피고 은행 롯데월드지점과의 거래가 중단되어 위 각 대출금에 대한 기한의 이익을 상실하게 되었고, 피고 은행 롯데월드지점으로부터 위 각 대출금 채권의 보증이행을 청구받은 원고는 1994. 4. 8. 위 어음할인대출의 원금 542,122,140원 및 이에 대한 이자 금 76,339,918원의 합계 금 618,462,058원과 위 보증대출의 원금 100,000,000원과 이에 대한 1992. 12. 1.부터 1994. 4. 8.까지의 이자 금 16,163,012원을 각 변제하였고, 한편 위 각 대출금에 대한 연체이자율에 의한 지연이자에서 원고가 변제한 신용보증 이행일까지의 약정이자를 공제한 잔여 이자액 금 55,562,328

원은 변제되지 아니하였다.

한편 피고 은행 신설동지점은 1988. 5. 31. 신풍어패럴의 대표이사인 소외 1 소유의 원심판결 첨부 별지 1 부동산목록 기재 부동산상에 신풍어패럴이 피고 은행의 본·지점에 대하여 현재 및 장래에 부담하는 어음대출, 어음할인, 증서대출, 당좌대월, 지급보증(사채보증 포함), 매출채권거래, 상호부금거래, 유가증권 대여, 외국환, 기타의 여신거래로 말미암은 채무, 보증채무, 어음 또는 수표상의 채무, 이자채무, 지연배상금 채무, 채무자나 설정자가 부담할 제비용, 보험료 등의 부대채무 기타 여신거래에 관한 모든 채무를 피담보채무로 하고 신풍어패럴을 채무자로 하며 채권최고액을 금 90,000,000원으로 한 원심판결 첨부 별지 2 근저당목록 순번 1 기재 근저당권설정등기를 경료하였고, 피고 은행 롯데월드지점은 1989. 6. 15. 같은 부동산상에 피담보채무 및 채무자는 위 설정계약과 같고 채권최고액은 금 130,000,000원으로 한 같은 근저당목록 순번 2 기재 근저당권설정등기를, 1991. 12. 4. 같은 부동산상에 피담보채무 및 채무자는 위 설정계약과 같고 채권최고액은 금 180,000,000원으로 한 같은 근저당목록 순번 3 기재 근저당권설정등기를 각 경료하였다.

신풍어패럴은 위 대표이사 소외 1이 발기인으로 설립한 소외 주식회사 삼원프라자가 피고 은행 신림동지점으로부터 ① 1991. 12. 26. 금 110,000,000원의 어음할인대출을 받음에 있어 보증한도액을 금 143,000,000원으로 하여 연대보증하였고, ② 1992. 4. 30. 위 어음할인거래한도액에 금 390,000,000원을 추가하여 대출약정을 함에 있어 보증한도액을 금 507,000,000원으로 하여 연대보증하였고, ③ 1992. 1. 29. 피고 은행이 삼원프라자를 위하여 지급보증을 하여 주기로 하고 거래한도액을 금 48,000,000원으로 정하여 지급보증거래계약을 체결함에 있어 보증한도액을 금 62,400,000원으로 하여 피고 은행의 지급보증채무 이행에 따른 삼원프라자의 피고 은행에 대한 상환채무 및 보증료채무를 연대보증하였고, 피고 은행은 위 약정에 따라 삼원프라자의 소외 삼삼투자금융에 대한 금

48,000,000원의 채무에 관하여 지급보증서를 발급한 뒤 1993. 1. 29. 위 지급보증서에 따라 위 투자금융에 금 48,000,000원을 대지급하였으며, ④ 1992. 8. 31. 거래한도액을 금 50,000,000원으로 정하여 지급보증거래계약에 대하여 보증한도액을 금 65,000,000원으로 하여 연대보증을 하였고, 피고 은행은 위 약정에 따라 삼원프라자의 소외 제일상호신용금고에 대한 금 46,622,799원의 채무에 관하여 지급보증서를 발급한 뒤 1992. 11. 24. 위 보증서에 따라 위 신용금고에 금 46,622,799원을 대지급하였다.

나. 원심은 위와 같은 사실을 인정한 후 소외 1과 피고 은행 신설동지점 또는 롯데월드지점 사이에 3차례에 걸쳐서 체결된 각 근저당권설정계약은 그 계약서 기재에 의하면 신풍어패럴이 피고 은행의 본·지점에 대하여 현재 및 장래에 부담하는 어음대출, 어음할인, 증서대출, 당좌대월, 지급보증(사채보증 포함), 매출채권거래, 상호부금거래, 유가증권 대여, 외국환, 기타의 여신거래로 말미암은 채무, 보증채무, 어음 또는 수표상의 채무, 이자채무, 지연배상금 채무, 채무자나 설정자가 부담할 제비용, 보험료 등의 부대채무 기타 여신거래에 관한 모든 채무를 포괄적으로 담보하기 위하여 이 사건 부동산에 근저당권을 설정한다는 내용으로서 당초부터 피담보채무의 종류 내지 거래의 태양이 다를 것이 예상되고 있는 이른바 포괄근저당권 설정계약이었음이 명백하고, 위 각 계약서는 일반거래약관의 형태를 취하고는 있으나 진정성립이 인정되는 처분문서이므로 특별한 사정이 없는 한 그 계약문언대로 의사표시의 존재와 내용을 인정하여야 할 것이고, 더욱이 위 3차례에 걸친 각 근저당권의 설정일자가 앞서 본 바와 같이 1988. 5. 31., 1989. 6. 14., 1991. 12. 3.인 데 반하여 원고의 피고 은행에 대한 보증은 그보다 상당기간 후인 1992. 6. 27. 또는 같은 해 7. 29.이며, 또 피고 은행 신림동지점의 신풍어패럴에 대한 채권채무관계가 성립한 시점이 원고가 피고 은행에 대하여 위 신용보증을 하던 때를 전후한 1991. 12. 26., 1992. 1. 29., 1992. 4. 30. 그리고 1992. 8. 31. 등인 점에 비추어 보면 위 각 근저당권의 피담보채

권은 피고 은행 롯데월드지점이 원고의 신용보증하에 신풍어패럴에 한 위 어음할인대출 및 일반대출채무만에 한정되는 것이라 볼 수는 없고, 피고 은행 신림동지점에 의한 연대보증채무를 기존의 포괄근저당권의 피담보채무에 포함시키기 위하여 특별한 서류교환이나 동의 등의 담보원용절차가 필수적이라고 볼 수도 없으므로 위 원용절차가 없었다는 점이 위 채무를 당연히 위 각 근저당권의 피담보채무에서 제외할 이유가 되지 못하며, 따라서 원고의 신용보증하에 피고 은행 롯데월드지점으로부터 어음할인대출 또는 일반대출을 받아 부담하게 된 신풍어패럴의 채무가 위 각 근저당권의 피담보채무에 포함되는 것과 마찬가지로 피고 은행 신림동지점에 대하여 신풍어패럴이 부담하게 된 연대보증채무 또한 위 각 근저당권의 피담보채무에 포함된다고 봄이 타당하다고 판단하였다.

다. 기록에 비추어 살펴보면 원심의 위와 같은 사실인정과 판단은 모두 정당한 것으로 수긍이 가고, 거기에 상고이유에서 지적한 바와 같은 증거취사를 그르치고 경험칙과 논리칙에 반하여 근저당 피담보채무의 범위를 잘못 인정한 위법이 있다고 할 수 없다. 이 점을 지적하는 상고이유는 받아들일 수 없다.

2. 제2점에 대하여

이 사건 신용보증약관 제8조의 규정은 피고 은행에 의한 변제충당시 원고의 보증으로 인하여 그 회수가 확실시되는 당해 채권보다 담보력이 미약하여 변제이익이 많은 다른 채권에 우선 변제충당할 수 있음을 보장하는 피고 은행을 위한 규정으로서, 신용보증사고가 발생한 후 회수대전이 있을 경우(예컨대, 담보권의 실행 등으로 채권의 만족을 얻는 경우)의 변제충당에 관한 규정에 불과할 뿐이고, 이와 달리 위 규정이 원고가 일부라도 그 보증채무를 이행하면 위 각 근저당권이 담보하는 피고 은행의 신풍어패럴에 대한 다른 잔존 채권이 있다 하더라도 위 각 근저당권에 대하여 원고가 그 대위에 의하여 피고 은행보다 우선하는 권리를 취득하게 되고 피고 은행은 원고에게 그 담보권의 이전등기절차를 이행하기로 한다는 의미로 볼 수 없다 할 것이므로, 같은 취지의 원심의 판단도 정당하고, 거기에 신용보증약관의 해석을 잘못한 위법이 있다고 할 수 없다. 이 점을 지적하는 상고이유도 받아들일 수 없다.

3. 제3점에 대하여

원심판결 이유에 의하면 원심은, 원고가 이 사건 각 근저당권에 의하여 담보되는 신풍어패럴의 피고 은행 롯데월드지점에 대한 채무 중 원금 및 약정이자에 해당하는 금 734,625,070원을 보증채무의 이행으로서 대위변제한 사실은 인정되나, 한편 위 각 근저당권에 의하여 담보되는 신풍어패럴의 피고 은행에 대한 채무는 원고에 의하여 대위변제된 피고 은행 롯데월드지점에 대한 채무뿐만 아니라 피고 은행 신림동지점에 대하여 부담하는 신풍어패럴의 연대보증채무 또한 존재하고 있는 사실이 인정되므로, 원고의 보증채무의 이행은 결국 채무의 일부의 대위변제에 불과한 것인바, 채무의 일부 대위변제자는 그 대위변제한 가액의 범위 내에서 채권자가 가지는 채권 및 담보에 관한 권리를 법률상 당연히 취득하나, 한편 일부 대위자로서는 그 권리를 단독으로 행사할 수는 없고, 채권자가 이를 행사하는 경우에만 채권자와 함께 이를 행사할 수 있으며, 이 경우에도 변제에 관하여 달리 특약이 없는 한 채권자에 우선하여 변제받을 수는 없다 할 것이므로, 채권의 일부 대위자에 불과한 원고로서는 피고 은행에 대하여 이를 이유로 근저당권이전의 부기등기절차의 이행을 구할 수 없다고 판단하였다.

근저당권이라고 함은 계속적인 거래관계로부터 발생하고 소멸하는 불특정다수의 장래채권을 결산기에 계산하여 잔존하는 채무를 일정한 한도액의 범위 내에서 담보하는 저당권이어서, 거래가 종료하기까지 채권은 계속적으로 증감변동되는 것이므로 근저당 거래관계가 계속 중인 경우 즉, 근저당권의 피담보채권이 확정되기 전에 그 채권의 일부를 양도하거나 대위변제한 경우 근저당권이 양수인이나 대위변제자에게 이전할 여지가 없다 할 것이다. 원심이 적법하게 확정한 사실에 의하면 삼원프라자의 피고 은행 신림동지점에 대한 주채무가 확정되지 아니하여 신풍어패럴의 연대보증채무의 범위도 확정할 수 없어 이 사건 각 근저당권에 의하여 담보되는 피담보채권의 범위를 확정할 수 없다는 것이므로, 그렇다면 원고가 채무를 대위변제할 당시에는 이 사건 근저당권의 피담보채권이 확정되기 전임이 명백하므로 원고는 피고에게 위 근저당권이전의 부기등기절차의 이행을 구할 수 없다 할 것이다. 원심이 원고의 근저당권이전의 부기등기절차의 이행을 배척한 것은 정당하고, 원심판결에 담보대위를 원인으로 한 담보권이전등기청구권에 관한 법리오해의 위법이 없다. 이 점을 지적하는 상고이유도 받아들일 수 없다.

4. 제4점에 대하여

앞서 본 바와 같이 원심은 삼원프라자의 피고 은행 신림동지점에 대한 주채무가 확정되지 아니하였으므로 신풍어패럴의 연대보증채무의 범위도 확정할 수 없어 이 사건 각 근저당권에 의하여 담보되는 피담보채권의 범위를 확정할 수 없다고 판단하였는바, 기록에 비추어 살펴보면 원심의 이러한 조치는 정당하고, 거기에 상고이유에서 지적한 바와 같은 심리미진의 위법이 없다. 이 점을 지적하는 상고이유도 받아들일 수 없다.

5. 그러므로 상고를 기각하고, 상고비용은 상고인인 원고의 부담으로 하기로 관여 법관의 의견이 일치되어 주문과 같이 판결한다.

대법관　박준서(재판장) 박만호 김형선 이용훈(주심)

② 계약이전결정에 따른 근저당권의 이전

「금융산업의 구조개선에 관한 법률」에 따라 금융감독위원회는 부실금융기관에 대하여 일정한 경우에 계약이전의 결정을 할 수 있다(동법 제14조 제2항).

[예규 5] 금융산업의 구조개선에 관한 법률에 의한 금융감독위원회의 계약이전 결정에 따른 근저당권이전등기절차에 관한 예규

> ## 금융산업의 구조개선에 관한 법률에 의한 금융감독위원회의 계약이전결정에 따른 근저당권이전등기절차에 관한 예규
>
> 개정 2011. 10. 11. [등기예규 제1365호, 시행 2011. 10. 13.]
>
> 1. 등기신청
>   가. 금융감독위원회의 계약이전결정에 따라 부실금융기관 명의의 근저당권을 인수금융기관 명의로 하기 위해서는 인수금융기관과 부실금융기관(관리인이 대표함)이 공동으로 근저당권이전등기를 신청하여야 한다.

(나) 피담보채권의 확정 후의 근저당권 이전

① 확정채권 양도 및 대위변제

피담보채권이 확정된 경우에는 근저당권은 채권최고액을 한도로 하여 확정채권액을 담보하는 보통저당권과 같은 성질을 갖게 된다.

[선례 12] 근저당권이전등기 신청시 원인서면에 채무자의 날인이 있어야 하는지 여부

제정 2010. 11. 19. [등기선례 제201011-3호, 시행]

1. 근저당권의 피담보채권이 확정되기 전에 "계약양도" 등을 원인으로 근저당권이전등기를 신청하는 경우 위 계약은 양도인, 양수인, 채무자의 3면 계약에 의하여야 하므로, 원인서면인 근저당권이전계약서에 양도인, 양수인은 물론 채무자의 표시와 날인이 있어야 한다.
2. 피담보채권이 확정된 후에 "확정채권 양도"를 원인으로 근저당권이전등기를 신청하는 경우 위 채권양도는 양도인과 양수인의 계약에 의하여야 하므로, 원인서면인 근저당권이전계약서에 채무자의 표시와 날인이 반드시 있어야만

하는 것은 아니다.
(2010. 11. 19. 부동산등기과-2192 질의회답)
참조판례 : 대법원 1996. 6. 14. 선고 95다53812 판결, 대법원 1994. 9. 27. 선고 94다23975 판결, 대법원 2003. 10. 10. 선고 2001다77888 판결
참조예규 : 등기예규 제880호
참조선례 : 부동산등기선례요지집 Ⅴ 제104항, 제448항

[선례 13] 복수의 근저당권자 중 1인이 확정채권 양도를 원인으로 한 근저당권 일부이전 등기를 신청하는 방법

제정 2012. 11. 21. [등기선례 제201211-3호, 시행]

1. 근저당권의 피담보채권이 확정된 후에 그 피담보채권이 양도 또는 대위변제된 경우에는 근저당권자 및 그 채권양수인 또는 대위변제자는 근저당권이전 등기를 신청할 수 있으며, 이 경우 등기원인은 "확정채권 양도" 또는 "확정채권 대위변제" 등으로 기록하게 되고, 채권의 일부에 대한 양도 또는 대위변제로 인한 근저당권 일부이전 등기를 할 때에는 양도액 또는 변제액을 기록하여야 한다.

2. 하나의 근저당권을 여럿이 준공유하는 경우에 근저당권자 중 1인이 확정채권의 전부 또는 일부 양도를 원인으로 근저당권이전등기를 하는 경우에는 근저당권의 피담보채권이 확정되었음을 증명하는 서면 또는 나머지 근저당권자 전원의 동의가 있음을 증명하는 서면(동의서와 인감증명서)을 첨부하여야 한다. 또한 근저당권의 확정 후에 피담보채권과 함께 복수의 양수인에게 이전하는 경우에는 각 양수인 별로 양도액을 특정하여 신청하여야 한다.

3. 예를 들면, 채권최고액이 1억원이고 근저당권자가 A, B인 근저당권에 관하여 A가 "확정채권 일부양도"를 원인으로(양도액 7천만원) 복수의 양수인 C, D에게 근저당권 이전등기를 하고자 할 때에는, 첨부정보로 피담보채권 확정증명서면(확정된 피담보채권액 중 A의 채권액이 7천만원 이상이어야 함)이나 B의 동의서를 첨부하여야 하고, 근저당권을 이전받는 C, D에 대한 각각의 양도액을 기재하여야 한다. 만약 위 경우에 양도액을 각 채권자별로 기재하지 않은 채 C, D 앞으로 A지분의 이전등기가 마쳐졌다면 C와 D가 양도받은 금액은 각 균등한 것으로 추정된다. 이후 C가 양도받은 확정채권 전부를 다시 E에게 양도하고자 할 때 실제 그 양도액이 균등추정된 금액(위 예에서는 3,500만

원)을 초과한다면 C와 D가 각각 양도받은 금액을 기록하는 경정등기 절차를 선행한 후에(다만, D의 동의서가 있다면 경정등기 생략가능) 근저당권 이전등기를 신청하여야 한다.
(2012. 11. 21. 부동산등기과-2206 질의회답)
참조조문 : 민법 제262조, 제264조, 부동산등기법 제79조
참조판례 : 대법원 1963. 2. 7. 선고 62다796 판결, 대법원 2008. 3. 13. 선고 2006다31887 판결
참조예규 : 등기예규 제1471호

(2) 포괄승계

근저당권자에 대하여 상속, 합병 등의 사유가 생긴 경우 근저당권은 법률상 당연히 기본계약상의 지위와 함께 상속인, 합병 후의 법인에게 이전한다.

(가) 상속

상속의 경우 상속인과 근저당권설정자가 다시 기본계약의 승계에 관한 합의를 요한다는 입법례(일본 민법)도 있으나, 현행 민법은 그러한 규정이 없으므로 일반상속과 같이 취급하면 된다.

(나) 회사의 합병 또는 분할

회사가 합병된 경우에 합병으로 인하여 소멸한 회사 명의의 근저당권등기는 존속하거나 신설된 회사에 포괄적으로 승계되는데, 이 때 등기의 형식은 등기명의인 표시변경등기가 아닌 이전등기의 형식에 의하여야 한다.

[선례 14] 분할계획서에 분할로 인하여 이전되는 근저당권이 구체적으로 특정되지 않은 경우 분할되는 회사와 분할로 인하여 설립되는 회사가 작성한 근저당권이전확인서를 첨부하여 분할로 인한 근저당권이전등기를 신청할 수 있는지 여부(적극)

제정 2010. 12. 2. [등기선례 제201012-1호, 시행]

1. 회사분할로 인하여 부동산에 관한 권리의 이전등기신청을 하는 경우 원칙적으로 등기원인을 증명하는 서면으로서 이전의 대상이 된 권리를 부동산의 표시, 접수연월일, 접수번호 등으로 구체적으로 특정하여 기재한 분할계획서를 첨부하여야 한다.
2. 다만, 갑 회사가 00 사업부분을 분할하여 을 회사를 설립하면서 분할로 인하여 이전되는 근저당권에 대하여 "00 사업으로 인하여 발생한 계약관계와 그에 따른 권리·의무관계를 담보하기 위하여 설정된 근저당권"이라고 기재한 분할계획서를 작성한 경우, 위 분할계획서와 당해 등기신청의 대상이 되는 근저당권이 회사 분할로 인하여 이전되는 권리임을 소명하는 서면(갑 회사와 을 회사가 작성한 근저당권이전확인서 등)을 첨부하고 근저당권이전등기신청을 할 수 있다.

(2010. 12. 2. 부동산등기과-2275 질의회답)
참조조문 : 상법 350조의5제1항제7호, 상법 제530조의10, 부동산등기법 제40조 제1항제2호
참조판례 : 대법원 2009. 5. 28. 선고 2008다63949 판결, 대법원 2010. 8. 19. 선고2008다92336 판결
참조예규 : 등기예규 제954호
참조선례 : 부동산등기선례요지집 Ⅵ 제236항, Ⅶ 제276항, Ⅷ 제252항

(3) 보통저당권의 이전원인

보통저당권의 이전원인은 근저당권의 확정후의 이전원인과 대체로 같다. 다만, 등기원인은 "확정채권의 양도(대위변제)"가 아니라 "채권양도(대위변제)"라고 기재한다(기록례 248-251항).

다. 등기신청절차

(1) 신청인

근저당권이전등기는 근저당권자가 등기의무자, 근저당권의 전부 또는 일부의 이전을 받은 자가 등기권리자로서 공동신청을 하여야 한다.

(2) 신청서의 기재사항

일반적인 등기신청서의 기재사항(규칙 43조) 외에 다음과 같은 사항을 기재하여야 한다.

(3) 첨부정보

[선례 15] 근저당권부 채권의 대위변제에 의한 근저당권이전등기 신청시 근저당권일부이전계약서의 첨부 요부등(일부변경)

제정 1996. 12. 4. [등기선례 제5-441호, 시행]

변제할 정당한 이익이 있는 자가 채무자를 위하여 근저당권부 채권의 일부를 대위변제한 경우, 일부 대위변제자의 대위의 부기등기인 근저당권이전등기 신청시 근저당권일부이전계약서는 첨부할 필요가 없으나 대위변제를 증명하는 서면인 대위변제증서는 첨부하여야 하며, 근저당권설정자가 물상보증인인 경우에는 그의 승낙서도 첨부하여야 한다.
(1996. 12. 4. 등기 3402-927 질의회답)
참조조문 : 민법 제481조 - 제483조
참조예규 : 제832호
주 : 등기예규 제832호의 개정(제880호)의 개정으로 물상보증인의 승낙서는 첨부하지않아도 되게 변경됨

[선례 16] 계약이전결정에 의한 저당권이전등기 절차

제정 1998. 9. 22. [등기선례 제5-453호, 시행]

금융산업의구조개선에관한법률 제14조의 규정에 의한 금융감독위원회의 계약이전결정에 따라 부실금융기관 명의의 저당권을 인수금융기관 명의로 하기 위하여

저당권이전등기를 신청하는 경우, 그 등기는 위 법률에 인수금융기관이 단독으로 신청할 수 있다는 별도의 규정이 없으므로 인수금융기관과 부실금융기관(관리인이 대표함)이 공동으로 신청하여야 할 것이고, 등기원인증서로는 계약이전결정서 원본 또는 사본(인수금융기관 장의 사본인증이 있을 것)과 이전의 대상이 된 저당권(저당권의 목적물, 접수년월일, 접수번호, 순위번호 등의 특정요)이 기재된 세부명세서 초본(은행감독원장 발행), 계약이전결정의 요지 및 계약이전결정의 공고사실을 증명하는 서면(동법 제14조의2 제1항 단서, 제2항)을 첨부하여야 하며, 그 밖에 등기의무자의 권리에 관한 등기필증, 등기필증 작성을 위한 신청서부본 1부를 첨부하여야 할 것이다. 이 때 동일 등기소에 동시에 수 개의 저당권이전등기를 신청하는 경우에는 계약이전결정서 원본 또는 사본 1부만 제출하고 세부명세서 초본에 이전의 대상인 수 개의 저당권을 기재하고, 등기원인은 계약이전결정, 그 연월일은 공고된 날을 기재하여야 한다. 다만, 위 법률(1998. 9. 14. 법률 제5549호)이 시행되기 전의 개정 전의 법률(1998. 1. 8. 법률 제5496호)의 규정에 의한 계약이전결정을 원인으로 저당권이전등기를 신청하는 경우에는 위 서면 중 계약이전결정의 요지 및 공고사실을 증명하는 서면은 첨부하지 않아도 된다.
(1998. 9. 22. 등기 3402-920 질의회답)

(가) 제3자의 승낙서 등

[선례 17] 변제자의 법정대위에 의한 근저당권이전등기시 물상보증인 등의 동의

제정 1997. 9. 12. [등기선례 제5-446호, 시행]

민법 제481조의 규정에 의하여 채무를 대위변제한 자가 채권자가 가진 채권 및 근저당권을 이전받아 근저당권이전등기를 신청함에 있어서 근저당권설정자가 물상보증인이거나 소유자가 제3취득자인 경우에도 그의 승낙서를 첨부할 필요가 없다.
(1997. 9. 12. 등기 3402-688 질의회답)
참조예규 : 제832호, 제880호

[선례 18] 피담보채권의 대위변제에 따른 근저당권이전등기절차

제정 1997. 12. 15. [등기선례 제5-448호, 시행]

가. 확정채권 대위변제를 등기원인으로 하는 근저당권이전등기를 신청하는 경우

에는 채무자의 변제 동의서 내지 승낙서를 첨부할 필요는 없다.

나. 을 소유의 부동산에 대하여 갑 명의의 근저당권설정등기가 경료된 후, 위 부동산을 병, 정이 각 2분의 1 지분씩 취득하고, 그 후 병이 위 갑에 대한 피담보채무전액을 대위변제한 경우, 병은 자신의 지분에 대한 근저당권설정등기가 변제로 소멸하였음을 이유로 근저당권변경(권리변경)등기를 경료한 후(근저당권의 목적을 정의 지분에 대한 것으로, 채권최고액을 병의 구상금채권 중 정이 부담할 금액으로 변경), 대위변제를 등기원인으로 하는 근저당권이전등기신청을 하여야 할 것이다.

(1997. 12. 15. 등기 3402-1016 질의회답)

참조예규 : 제411호, 제832호, 제880호

[선례 19] 근저당권이전등기신청시 양도회사의 이사회결의서 및 참석 이사들의 인감증명서 첨부 요부

제정 1999. 1. 16. [등기선례 제6-83호, 시행]

주식회사 명의의 근저당권에 대한 이전등기를 신청하는 경우, 근저당권의 양수인이 양도인인 주식회사의 이사인 경우를 제외하고는 등기신청서에 양도인인 주식회사의 이사회결의서나 이사회에 참석한 이사들의 개인 인감증명을 첨부할 필요가 없다.

(1999. 1. 16. 등기 3402-42 질의회답)

참조조문 : 상법 제398조

참조선례 : V 제101항

주) 이 선례는 등기선례 2012. 4. 6. 부동산등기과-692 질의회답에 의하여 그 내용이 변경됨.

(나) 인감증명

[선례 20] 근저당권이전등기시 등기의무자의 인감증명 첨부 요부

제정 1998. 2. 5. [등기선례 제5-449호, 시행]

근저당권자가 등기의무자로서 근저당권이전등기를 신청하는 경우에는, 그 권리에 관한 등기필증이 멸실되어 부동산등기법 제49조 제1항 단서의 규정에 의한 서면을 첨부하여 등기를 신청하는 경우를 제외하고는, 근저당이전등기신청시에 등기의무자(근저당권자)의 인감증명을 첨부할 필요가 없다.

(1998. 2. 5. 등기 3402-125 질의회답)

참조조문 : 규칙 제53조

4. 근저당권변경등기

가. 총설

근저당권의 설정등기 후 그 등기사항에 변경이 생긴 경우 당사자는 그에 따른 변경등기를 신청할 수 있으며, 변경등기를 마쳐야만 제3자에게 그 내용으로 대항할 수 있다.

나. 채권최고액의 변경

(1) 의의

(가) 최고액의 증감

채권최고액을 증액하거나 감액하는 변경계약을 한 경우, 근저당권자와 근저당권설정자는 공동으로 근저당권변경등기를 신청하게 된다.

(나) 최고액을 분할하는 변경등기

[선례 21] 공동근저당권의 채권최고액을 각 부동산별로 분할하여 각 별개의 근저당권 등기가 되도록 하는 내용의 근저당권변경등기가 가능한지 여부

제정 2000. 6. 7. [등기선례 제6-342호, 시행]

현행 등기법제하에서는 공동근저당권의 채권최고액을 각 부동산별로 분할하여 각 별개의 근저당권등기가 되도록 하는 내용으로 근저당권을 변경하는 제도가 없으므로, 공동근저당권이 설정된 후에 비록 등기상 이해관계인이 없다고 하더라도 위 공동근저당권의 채권최고액을 각 부동산별로 분할하여 각 별개의 근저당권등기가 되도록 하는 내용의 근저당권변경등기를 신청할 수는 없다.
(2000. 6. 7. 등기 3402-394 질의회답)
참조조문 : 민법 제368조 제1항

참조예규 : 제832호
참조선례 : Ⅴ 제450항

[선례 22] A, B가 준공유하고 있는 근저당권을 저당권 분리를 원인으로 하여 A,B 각각의 단유의 근저당권으로 하는 변경등기신청의 수리 여부

제정 1989. 11. 11. [등기선례 제2-396호, 시행]

채권최고액이 2억원인 A,B 준공유의 근저당권을 저당권 분리(분할)를 원인으로 하여 채권최고액이 각 1억원인 A,B 각각의 단유의 근저당권으로 변경하는 등기신청은 이를 수리할 수 없다.
89.11.11. 등기 제2124호

[선례 23] 임대주택법 제12조 제3항 제1호에 따른 근저당권변경등기에 대한 등기상 이해관계 있는 제3자의 범위 등

제정 2007. 12. 31. [등기선례 제8-265호, 시행]

1. 「임대주택법」 제12조 제3항 제1호에 따른 국민주택기금 융자금을 담보하는 근저당권설정등기의 공동담보를 해제하고, 채권최고액을 세대별로 감액하는 근저당권변경등기를 신청함에 있어서 전세권자, 전세권부근저당권자 및 전세권부채권가압류권자는 등기상 이해관계 있는 제3자에 해당되므로 신청서에 그 승낙서 또는 이에 대항할 수 있는 재판의 등본을 첨부하여야 한다.
2. 신탁등기 전에 경료된 근저당권설정등기에 대하여 「임대주택법」 제12조 제3항 제1호에 따른 근저당권변경등기를 신청할 경우에는 신탁등기가 경료된 부동산에 대하여 수탁자(등기권리자)와 근저당권자(등기의무자)가 공동으로 그 변경등기를 신청할 수 있다.
(2007. 12. 31. 부동산등기과-4077 질의회답)
참조조문 : 법 제63조, 민법 제303조 제1항, 제318조, 제368조 제2항

(2) 신청절차

(가) 신청인

근저당권의 변경등기도 일반적인 경우와 같이 근저당권자와 근저당권설정자가 공동으로 신청하여야 한다.

[선례 24] 외국통화로 표시된 근저당권의 채권최고액을 내국통화로 변경하는 등기

제정 2008. 4. 21. [등기선례 제8-257호, 시행]

1. 채권최고액을 외국통화로 표시한 근저당권설정등기가 경료된 후 그 통화의 표시를 국내통화로 변경하는 근저당권변경등기(환율환산의 기준시점은 변경계약일의 최초 고시 대고객 전신환 매도율임)는 권리의 변경등기에 해당되므로, 후순위 근저당권자 등과 같은 이해관계인이 존재하는 경우에는 그의 승낙서 또는 이에 대항할 수 있는 재판의 등본을 첨부한 경우에는 부기등기의 방식으로, 승낙을 얻지 못한 경우에는 주등기의 방식으로 등기한다.
2. 왜냐하면 이와 같은 근저당권변경등기는 변제기의 시점을 기준으로 후순위 권리자와의 관계에 있어서 이익·불이익한 결과가 확정되는 것이고, 변경등기시에는 이익·불이익이 불확정한 상태이므로 변경등기시의 환율과 근저당권설정등기시의 환율을 단순 비교하여 이해관계인의 해당 여부를 판단할 것은 아니기 때문이다.

(2008. 04. 21. 부동산등기과-1119 질의회답)
참조조문 : 법 제140조 제2항, 댐사용권등록령 제31조
참조예규 : 제36호

(나) 첨부정보

① 등기원인증서

등기원인을 증명하는 서면으로는 근저당권변경계약서를 제출한다.

② 인감증명

인감증명서는 소유권의 등기명의인이 등기의무자인 때에만 제출한다(규칙 제60조 제1항 제1호)

다. 채무자 변경

(1) 의의

채무자변경으로 인하여 근저당권변경등기를 하는 경우로는 채무자의 표시에 변경이 생긴 경우와 채무자가 바뀌는 경우가 있다.

(가) 채무자의 표시변경

[선례 25] 갑구 사항란에 소유자 주소표시 변경등기를 경료 한 경우, 을구 사항란의 채무자 주소변경의 효력이 있는지 여부

제정 1998. 7. 9. [등기선례 제5-532호, 시행]

갑 소유의 부동산에 갑을 채무자로 하는 근저당권설정등기가 경료되어 있는 경우 갑구란에 소유자(갑)의 주소변경에 따른 등기명의인표시변경등기를 경료한다고 하더라도, 이로 인하여 을구란에 채무자의 주소변경을 위한 근저당권변경등기를 경료한 것과 동일한 효력이 생기는 것은 아니다.
(1998. 7. 9. 등기 3402-634 질의회답)
참조조문 : 법 제48조

[선례 26] 하나의 신청서로 전세기간 연장 및 전세금 증액의 변경등기를 일괄신청하는 경우 등록면허세와 등기신청수수료의 납부방법 등

제정 2011. 10. 19. [등기선례 제201110-1호, 시행]

1. 수개의 부동산 또는 하나의 부동산에 관한 수개의 등기에 대하여 하나의 신청서로 일괄신청하는 경우, 수개의 신청이 하나의 신청으로 되는 것이 아니라 수개의 등기신청을 하나의 신청서에 기재한 것에 불과하므로, 하나의 신청서로 전세권 존속기간 연장 및 전세금 증액의 변경등기를 일괄신청하는 경우 3천원의 정액등록면허세와 증액된 전세금의 1천분의 2에 해당하는 등록면허세 및 2개의 권리변경등기에 대한 등기신청수수료를 납부하여야 한다.
2. 채무자 표시변경을 원인으로 근저당권 변경등기를 신청하는 경우 그 실질은 등기명의인이 단독으로 등기명의인 표시변경등기를 신청하는 경우와 다를 바가 없기 때문에 등기의무자의 인감증명을 첨부할 필요가 없고, 또한 권리에 관한 등기가 아닌 표시변경등기에 불과하므로 등기필증(등기필정보)도 첨부할

필요가 없다.
(2011. 10. 19. 부동산등기과-1953질의회답)
참조조문 : 지방세법 제28조, 제30조, 지방세법시행령 제41조, 부동산등기규칙
제43조, 제46조, 제60조
참조예규 : 등기예규 제1403호
참조선례 : 부동산등기선례요지집 III 제1009항, VIII 제316호

(나) 채무자 변경

당사자 사이의 계약에 의하여 채무자가 변경되는 경우의 등기원인은 근저당권이전등기의 원인과 유사하다.

[선례 27] 채무자변경으로 인한 근저당권변경등기를 신청하는 경우 종전 채무자의 표시변경 등기 생략 가부(적극)

제정 2008. 3. 28. [등기선례 제200803-4호, 시행]

채무자변경으로 인한 근저당권변경등기를 신청하는 경우 종전 채무자의 표시에 변경사유가 있더라도 그러한 사실이 명백히 나타나는 서면(주민등록등·초본 또는 법인등기부등·초본 등)을 첨부하였다면 종전 채무자에 관한 사항의 변경등기를 생략하고 신채무자로의 변경등기를 할 수 있다.
(2008. 3. 28. 부동산등기과-875 질의회답)
참조조문 : 부동산등기법 제48조
참조예규 : 등기예규 제1057호 5. 나, 등기예규 제428호
참조선례 : II 제259항, II 제498항, V 제447항, V 제877항

① 피담보채권의 확정 후의 채무인수

근저당권의 피담보채권이 확정된 후에 제3자가 그 피담보채무를 면책적 또는 중첩적으로 인수한 경우에는 채무인수로 인한 저당권 변경등기에 준하여 근저당권변경등기를 할 수 있다.

② 상속

[선례 28] 근저당권의 채무자가 사망한 후 그 공동상속인 중 1인만을 채무자로 하는 근저당권 변경등기 방법

제정 2013. 6. 7. [등기선례 제201306-2호, 시행]

근저당권의 채무자가 사망한 후 상속인 중 1인이 자신을 단독채무자로 하는 채무인수계약을 근저당권자(채권자)와 맺은 경우 근저당권자와 근저당권설정자 또는 소유자(제3취득자, 담보목적물의 공동상속인 등)는 채무자를 그 상속인으로 변경하는 근저당권변경등기를 신청할 수 있을 것이다. 이 경우에는 상속재산협의분할서를 첨부정보로 제공할 필요 없이 근저당권변경계약서를 등기원인을 증명하는 정보로 제공하면 될 것이다.
(2013. 6. 7. 부동산등기과-1342 질의회답)
참조조문 : 민법 제453조 제1항, 제454조 제1항
참조판례 : 대법원 1997. 6. 24. 선고 97다8809 판결
참조예규 : 등기예규 제1471호
참조선례 : 부동산등기선례요지집 Ⅰ 제445항, Ⅷ 제14항

(2) 신청절차

(가) 신청인

근저당권의 확정 전후를 불문하고 채무자변경을 원인으로 한 근저당권변경등기는 근저당권자(등기권리자)와 근저당권설정자 또는 제3취득자(등기의무자)가 공동으로 신청하여야 한다.

(나) 첨부서면

① 등기원인증서
② 인감증명
③ 제3자의 승낙서

[선례 29] 근저당권의 채무자변경등기와 후순위 저당권자의 동의 여부

제정 1982. 9. 14. [등기선례 제1-437호, 시행]

후순위 저당권자의 동의 없이 근저당권의 채무자의 변경등기를 할 수 있다.
82. 9. 14 등기 제341호

라. 근저당권의 목적 변경

(1) 목적물 전부에 미치게 하는 변경

공유지분을 목적으로 하는 근저당권설정등기를 소유권 전부에 대한 근저당권으로 변경하는 것은 주로 공유물분할 후에 근저당권을 어느 한 부동산에 집중하고자 할 때 이용된다(예규 1347호).

[예규 6] 공유물분할과 공유지분에 대한 저당권변경등기

공유물분할과 공유지분에 대한 저당권변경등기

개정 2011. 10. 11. [등기예규 제1347호, 시행 2011. 10. 13.]

공유자의 지분을 목적으로 하는 저당권설정등기를 한 후 공유물분할에 따라 저당권설정자의 단독 소유로 된 부동산 전부에 관하여 그 저당권의 효력을 미치게 하기 위하여서는 「부동산등기규칙」 제112조제1항의 규정에 의한 저당권의 변경등기를 하여야 한다.

부 칙 (2011. 10. 11. 제1347호)

이 예규는 2011년 10월 13일부터 시행한다.

[선례 30] 공유물분할등기와 어느 한 공유자지분만에 대하여 경료된 저당권등기의 전사 등

제정 1989. 1. 19. [등기선례 제2-433호, 시행]

갑과 을의 공유토지 중 을지분만에 관하여 저당권설정등기가 경료된 후, 그 토지를 2필지로 분할하여 이를 갑과 을의 각 단독소유로 하는 공유물분할등기를 하는 경우에는, 갑이 단독으로 소유하게 되는 토지의 등기용지에도 위 저당권설정등기가 그대로 남아 있거나 전사(부동산등기법 제94조 제3항 의 경우 제외)되어 그 효력이 인정되는 것이므로, 그 저당권설정등기를 말소하기 위하여는 통상절차(공동신청 또는 판결에 의한 단독신청)에 의하여야 하며, 을이 단독으로 소유하게 되는 토지 전부에 관하여 위 저당권의 효력을 미치게 하기 위하여는 부동산등기법 제63조의 규정에 의한 저당권의 변경등기를 하여야 한다.

89. 1.19 등기 제118호
참조조문 : 부동산등기법 제94조
참조예규 : 441-2항

<기록례>

【 을　　　구 】	(소유권 이외의 권리에 관한 사항)			
순위번호	등 기 목 적	접수	등 기 원 인	권 리 자 및 기 타 사 항
1	갑구5번박정수 지분전부 근저당권설정	2023년 2월 5일 제1705호	2023년 2월 4일 설정계약	채권최고액 금 50,000,000원 채무자 박정수 　　서울 강남구 청담동 51 근저당권자 강준석 451210-1574865 　　서울 강남구 삼성동 27
1-1	1번근저당권 변경	2023년 3월 12일 제2121호	2023년 3월 10일 변경계약	목적 소유권전부 근저당권설정

(2) 일부지분에만 미치게 하는 변경

1필의 토지 소유권 전부에 대한 근저당권설정등기를 공유지분에 대한 근저당권으로 하는 변경등기를 할 수 있다.

<기록례>

【을　　구】		(소유권 이외의 권리에 관한 사항)		
순위번호	등기목적	접수	등기원인	권리자 및 기타사항
1-1	1번근저당권변경	2023년 3월 5일 제3030호	2023년 3월 4일 최종호지분 2분의 1 포기	목적 갑구1번정성국 지분전부 근저당권설정

(3) 건물의 증축과 근저당권의 변경

증축건물이 건물의 구조나 이용상 기존건물과 동일성이 인정되어 기존건물에 건물표시변경등기 형식으로 증축등기를 하였다면, 그 부분은 기존건물에 부합되는 것으로 보아야 한다.

(4) 신청절차

(가) 첨부정보

[선례 31] 저당권의 변경등기시의 이해관계인 등

제정 1994. 7. 29. [등기선례 제4-454호, 시행]

1. 공유자의 지분을 목적으로 하는 저당권설정등기를 한 후 공유물분할에 따라 저당권설정자의 단독소유로 된 부동산 전부에 관하여 그 저당권의 효력을 미치게 하기 위하여 부동산등기법 제63조의 규정에 의한 저당권의 변경등기를 하는 경우에는 저당권의 효력이 미치는 목적물의 범위가 확장되므로 저당권설정등기 후에 경료된 가압류 또는 압류 등기권자는 그 저당권의 변경등기에 관하여 이해관계 있는 제3자에 해당한다. 따라서 그 저당권변경등기신청서에 가압류 또는 압류등기권자의 승낙서 또는 이에 대항할 수 있는 재판의 등본을 첨부한 때에는 부기등기의 방법으로, 위 서면을 첨부하지 아니한 때에는 독립등기 방법으로 그 저당권변경등기를 하게 된다.
2. 학교교육에 직접 사용되는 유치원건물을 소유하는 사인이 사립학교법 제2조

제3항 소정의 사립학교 경영자가 아니라면 그 소유명의인은 그 건물을 타인에게 증여할 수 있다 할 것이나, 그 소유명의인이 사립학교 경영자인 경우에는 동법 제28조 제2항의 규정내용 및 동법의 입법취지에 비추어 그 건물을 타인에게 증여할 수 없다.
(1994. 7. 29. 등기 3402-679 질의회답)
참조예규 : 제449호
참조선례 : 선례요지 Ⅱ 제299항

5. 근저당권말소등기

가. 총설

근저당권은 설정계약의 해제·취소, 근저당권의 포기, 혼동 등의 사유로 소멸하며, 이 때 근저당권말소등기를 한다.

[선례 32] 회사합병으로 승계취득한 근저당권의 말소등기절차

제정 1999. 10. 27. [등기선례 제6-231호, 시행]

합병에 의하여 존속하는 갑 회사가 합병으로 인하여 소멸하는 을 회사명의의 근저당권을 포괄승계한 후 근저당채무가 소멸하여 위 근저당권의 말소등기를 신청하는 경우에는, 합병에 의하여 근저당권을 등기없이 취득한다 하더라도 등기절차상 중간생략등기를 할 수 있는 근거규정이 없는 한 근저당권의 이전과정을 그대로 등기하여야 하며, 또한 신청서에 기재된 등기의무자의 표시가 등기부와 부합하여야 하는데(부동산등기법 제55조 제6호) 갑 회사명의의 근저당권이전등기를 하여야만 위 근저당권의 말소등기의무자가 될 수 있고, 또한 근저당권은 피담보채권의 소멸에 의하여 당연히 소멸하는 것이 아니고 근저당권설정계약의 기초가 되는 기본적인 법률관계가 종료할 때까지 계속 존속하게 되므로 근저당채무가 소멸하였음을 이유로 근저당권설정등기의 말소등기를 신청하는 경우에는 근저당권설정계약을 해지하고 이를 원인으로 등기신청을 하여야 하므로, 먼저 합병으로 인한 근저당권이전등기를 마친 다음 근저당권의 해지를 원인으로 근저당권말소등기를 신청하여야 할 것이다.
(1999. 10. 27. 등기 3402-997 질의회답)
참조조문 : 법 제55조 제6호

참조예규 : 제458호

나. 등기신청절차

(1) 신청인

(가) 공동신청

근저당권의 말소등기도 권리등기의 일반원칙과 같이 공동신청주의에 의한다. 현재의 소유권(지상권, 전세권)의 등기명의인이 등기권리자이고, 현재의 근저당권의 등기명의인이 등기의무자가 된다

[판례 4] 근저당권말소 (대법원 1994. 1. 25. 선고 93다16338 전원합의체 판결)

【판시사항】

근저당권 설정 후 부동산 소유권이 이전된 경우 근저당권설정자인 종전의소유자도 피담보채무의 소멸을 이유로 근저당권설정등기의 말소를 청구할 수 있는지 여부

【판결요지】

근저당권이 설정된 후에 그 부동산의 소유권이 제3자에게 이전된 경우에는 현재의 소유자가 자신의 소유권에 기하여 피담보채무의 소멸을 원인으로 그 근저당권설정등기의 말소를 청구할 수 있음은 물론이지만, 근저당권설정자인 종전의 소유자도 근저당권설정계약의 당사자로서 근저당권소멸에 따른 원상회복으로 근저당권자에게 근저당권설정등기의 말소를 구할 수 있는 계약상 권리가 있으므로 이러한 계약상 권리에 터잡아 근저당권자에게 피담보채무의 소멸을 이유로 하여 그 근저당권설정등기의 말소를 청구할 수 있다고 봄이 상당하고, 목적물의 소유권을 상실하였다는 이유만으로 그러한 권리를 행사할 수 없다고 볼 것은 아니다.

【참조조문】

민법 제186조, 제369조, 부동산등기법 제28조, 제29조

【참조판례】

대법원 1962.4.26. 선고 4294민상1350 판결(공1988,1267)
1988.9.13. 선고 86다카1332 판결(공1988,1267)
1993.9.14. 선고 92다1353 판결(공1993하,2734)

【전 문】

【원고, 상 고 인】 원고
【피고, 피상고인】 피고
【원심판결】 서울고등법원 1992.12.30. 선고 91나52134 판결

【주 문】

원심판결을 파기하고 사건을 서울고등법원에 환송한다.

【이 유】

상고이유를 본다.

 원심판결 이유에 의하면 원심은 원고가 그 소유이던 이 사건 부동산에 관하여 1989.9.27. 및 같은 해 12.14. 두번에 걸쳐 피고를 근저당권자로 하여 경료된 각 근저당권설정등기의 피담보채무가 변제 및 변제공탁으로 인하여 소멸되었다는 이유로 피고를 상대로 그 말소를 청구한 데 대하여, 근저당권설정등기의 말소를 청구할 수 있는 자는 청구 당시에 있어서의 그 부동산의 소유자 또는 말소등기로 인하여 직접적인 법률상의 이해관계를 가지고 있는 등기부상의 이해관계인에 한정된다고 풀이한 다음, 원고는 위 각 근저당권의 피담보채무가 소멸되었다고 주장하는 시기 이전인 1990.4.1. 이 사건 부동산을 소외인에게 매도하고 같은 달 9. 그 소유권이전등기까지 경료하여 주어 그 소유권을 상실하였음에도 불구하고 그 이후에 이 사건 청구를 하였을 뿐만 아니라 원고에게 위 각 근저당권설정등기의 말소를 청구할 등기부상의 직접적인 이해관계 있음을 인정할 만한 아무런 주장, 입증을 찾아볼 수 없다고 하여 원고의 이 사건 청구는 더 나아가 살펴 볼 필요 없이 이유가 없다고 판단하였다.

그러나 이 사건에 있어서와 같이 근저당권이 설정된 후에 그 부동산의 소유권이 제3자에게 이전된 경우에는 현재의 소유자가 자신의 소유권에 기하여 피담보채무의 소멸을 원인으로 그 근저당권설정등기의 말소를 청구할 수 있음은 물론이지만, 근저당권설정자인 종전의 소유자도 근저당권설정계약의 당사자로서 근저당권소멸에 따른 원상회복으로 근저당권자에게 근저당권설정등기의 말소를 구할 수 있는 계약상 권리가 있으므로 이러한 계약상 권리에 터잡아 근저당권자에게 피담보채무의 소멸을 이유로 하여 그 근저당권설정등기의 말소를 청구할 수 있다고 봄이 상당하고(당원 1988.9.13. 선고 86다카1332 판결 ; 1993.9.14. 선고 92다1353 판결 참조), 목적물의 소유권을 상실하였다는 이유만으로 그러한 권리를 행사할 수 없다고 볼 것은 아니다.

이에 어긋나는 취지의 당원 1962.4.26.선고 4294민상 1350 판결은 이로써 폐기하기로 한다.

따라서 이 점을 지적하는 논지는 이유가 있으므로 원심판결을 파기하고 사건을 원심법원에 환송하기로 관여 법관 전원의 의견이 일치되어 주문과 같이 판결한다.

　　　대법원장　　윤관(재판장)　　　　대법관　　김상원 배만운 안우만
　　김주한 윤영철 김용준 김석수 박만호 천경송 정귀호 안용득 박준서

[선례 33] 한국주택금융공사가 이전받은 (근)저당권을 이전등기함이 없이 말소등기를 신청할 수 있는지 여부(소극)

　　　　　　　　　　　　　　　　제정 2012. 5. 14. [등기선례 제201205-2호, 시행]

한국주택금융공사가 「한국주택금융공사법」 제28조 제1항에 의하여 채권유동화계획에 따라 양도 또는 신탁받은 주택저당채권을 담보하기 위하여 설정된 (근)저당권을 취득한 경우에, 그 (근)저당권 등기를 말소하기 위해서는 한국주택금융공사로 (근)저당권 이전등기를 선행하여야 한다.
(2012. 05. 14. 부동산등기과-961 질의회답)

참조조문 : 민법 제186조, 민법 제187조, 부동산등기법 제98조
참조판례 : 대법원 1994. 10. 21. 선고 93다12176 판결
참조선례 : 부동산등기선례요지집 Ⅷ 제213항

[선례 34] "농업협동조합중앙회"로부터 회사분할을 원인으로 근저당권을 이전 받은 신설 자회사들이 근저당권이전등기를 하지 않고 근저당권말소 또는 변경등기를 직접 신청할 수 있는지 여부(적극)

제정 2012. 2. 13. [등기선례 제201202-5호, 시행]

「농업협동조합법(2011. 3. 31. 법률 제10522호, 2012. 3. 2. 시행) 부칙 제18조는 "이 법 시행 당시 중앙회의 재산 중 농협경제지주회사·농협금융지주회사 및 그 자회사로 이관되는 재산에 관한 등기부와 그 밖의 공부에 표시된 중앙회의 명의는 각각 해당 재산을 이관받는 농협경제지주회사·농협금융지주회사 및 그 자회사의 명의로 본다"라고 규정하고 있으므로, 농업협동조합중앙회로부터 회사분할을 원인으로 근저당권을 이전 받은 신설 자회사들이 이들 근저당권에 대하여 말소 또는 변경등기를 신청하는 경우, 농업협동조합중앙회 명의로 등기된 기존의 근저당권을 신설되는 자회사의 명의로 이전하는 근저당권이전등기절차를 거치지 않고도 자회사가 직접 자신의 명의로 위 근저당권 말소 또는 변경등기를 신청할 수 있다.
(2012. 02. 13. 부동산등기과-278 질의회답)
참조조문 : 상법 제530조의10, 농업협동조합법 제134조의2부터 제134조의5까지,
참조예규 : 등기예규 제375호
참조선례 : 부동산등기선례요지집 Ⅵ 제341항, Ⅷ 제263항

(2) 신청서 기재사항(신청정보)

신청서에는 일반적인 기재사항 외에 말소할 근저당권의 표시를 기재하여야 한다.

(3) 첨부정보

근저당권말소등기신청서에는 등기원인을 증명하는 서면으로 해지증서, 근저당권포기증서 등을 첨부한다.

6. 공동근저당에 관한 등기

가. 공동근저당 일반

(1) 의의

공동근저당이란 동일한 채권을 담보하기 위하여 수개의 부동산 위에 근저당권을 설정하는 것을 말한다.

[선례 35] [7] 토지와 공장건물의 소유자가 상이한 경우 공장저당법 제7조에 의한 근저당설정등기

제정 2006. 2. 9. [등기선례 제200602-2호, 시행]

토지와 공장건물의 소유자는 상이하고 공장건물의 소유자와 공장에 속하는 기계기구의 소유자가 동일할 경우에는 공장건물만을 공장저당법 제7조에 의한 근저당으로 하고 토지에 대하여는 보통근저당으로 하여 공동담보로 근저당설정등기를 신청할 수 있다.
(2006.02.09. 부동산등기과-267 질의회답)
참조조문 : 공장저당법 제4조, 제5조, 제7조, 민법 제368조
참조예규 : 등기예규 제913호
참조선례 : 등기선례요지집 Ⅱ 제376항

[선례 36] 복합건물의 국민주택채권매입산정기준, 사본에 의한 등기신청의 가부 및 부동산과 선박의 공동저당 가부 등

제정 1995. 11. 25. [등기선례 제4-962호, 시행]

1. 사업주체가 국민주택규모 이하의 주택건설자금을 융자받기 위하여 저당권설정등기를 할 때에는 주택건설촉진법시행령 제17조 별표 3 제3호 가목에 의하여 국민주택채권 매입의무가 면제되나, 주택구입자금의 융자를 목적으로 개인이 저당권설정등기를 신청하는 경우에는 국민주택채권을 매입하여야 한다.
2. 1, 2층은 점포이고 3, 4, 5층은 주택인 복합건물이 구분건물로 소유권보존등기가 되어 있다면 특정 전유부분에 대한 소유권이전등기신청시 매입하여야 할 국민주택채권은 1, 2층은 주거전용이외의 건축물로, 3, 4, 5층은 주거전용 건축물로 각각 구분하여 산정하여야 한다.

3. 소유권이전등기신청서에 첨부하는 분양계약서는 원본이어야 함이 원칙이나 분양계약서를 분실한 경우 분양계약의 쌍방당사자가 분양계약서 사본에 원본의 분실 및 사본이 원본과 상위없다는 취지의 기재를 하고 날인(등기의무자의 경우에는 인감날인)하였다면 그 사본에 의한 등기신청도 수리될 수 있다.
4. 현행법상 공동저당의 등기는 동일채권을 담보하기 위한 수개의 동종 목적물에 대해서만 가능하므로 부동산과 등기된 선박은 공동으로 근저당권을 설정할 수 없다.

(1995. 11. 25. 등기 3402-826 질의회답)

참조조문 : 법 제45조, 선박등기법 제5조

참조예규 : 제537호

주) 2004. 12. 6. 부등 3402-623 질의회답에 의하여 내용이 변경됨

[선례 37] 동일한 채권의 담보로 부동산에 관한 소유권과 지상권에 대하여 공동근저당권설정등기가 가능한지 여부(적극)

제정 2010. 9. 27. [등기선례 제201009-4호, 시행]

채권자는 동일한 채권의 담보로 갑부동산에 관한 소유권과 을부동산에 관한 지상권에 대하여 공동근저당권설정등기를 신청할 수 있으며, 이때 갑부동산의 소유자와 을부동산의 지상권자가 반드시 동일할 필요는 없다.

(2010. 9. 27. 부동산등기과-1819 질의회답)

참조조문 : 민법 제368조제1항, 부동산등기법 제145조, 제147조

[판례 5] 근저당권설정등기이전등기 (대법원 2002. 7. 12. 선고 2001다53264 판결)

【판시사항】

동일한 채권의 담보로 부동산과 선박에 대하여 저당권이 설정된 경우, 차순위자의 대위에 관한 민법 제368조 제2항 후문의 규정을 적용 또는 유추적용할 수 있는지 여부(소극)

【판결요지】

동일한 채권의 담보로 부동산과 선박에 대하여 저당권이 설정된 경우에는 민법 제368조 제2항 후문의 규정이 적용 또는 유추적용되지 아니하므로 동일한 채권을 담보하기 위하여 부동산과 선박에 선순위 저당권이 설정된 후 선박에 대하여서만 후순위 저당권이 설정된 경우 먼저 선박

에 대하여 담보권 실행절차가 진행되어 선순위 저당권자가 선박에 대한 경매대가에서 피담보채권 전액을 배당받음으로써 선박에 대한 후순위 저당권자가 부동산과 선박에 대한 담보권 실행절차가 함께 진행되어 동시에 배당을 하였더라면 받을 수 있었던 금액보다 적은 금액만을 배당받게 되었다고 하더라도 선박에 대한 후순위 저당권자는 민법 제368조 제2항 후문의 규정에 따라 부동산에 대한 선순위 저당권자의 저당권을 대위할 수 없다.

【참조조문】

민법 제368조 제1항, 제2항, 상법 제871조 제1항, 제3항, 구 민사소송법(2002. 1. 26. 법률 제6626호로 전문 개정되기 전의 것) 제678조(현행 민사집행법 제172조 참조)

【전 문】

【원고, 상 고 인】 원고 (소송대리인 변호사 정희장)

【피고, 피상고인】 주식회사 한빛은행 (소송대리인 법무법인 푸른 담당변호사 정운 외 6인)

【원심판결】 부산지법 2001. 7. 13. 선고 2000나19721 판결

【주 문】

상고를 기각한다. 상고비용을 원고의 부담으로 한다.

【이 유】

민법 제368조의 제1항은 "동일한 채권의 담보로 수개의 부동산에 저당권을 설정한 경우에 그 부동산의 경매대가를 동시에 배당하는 때에는 각 부동산의 경매대가에 비례하여 그 채권의 분담을 정한다."고 규정하고, 제2항은 "전항의 저당 부동산 중 일부의 경매대가를 먼저 배당하는 경우에는 그 대가에서 그 채권 전부의 변제를 받을 수 있다. 이 경우에 그 경매한 부동산의 차순위 저당권자는 선순위 저당권자가 전항의 규정에 의하여 다른 부동산의 경매대가에서 변제를 받을 수 있는 금액의 한도에서 선순위자를 대위하여 저당권을 행사할 수 있다."고 규정하고 있다.

그런데 선박은 원래 동산에 속하는 것일 뿐더러, 상법 제871조 제1항,

제3항은 등기된 선박은 저당권의 목적으로 할 수 있고, 선박의 저당권에 대하여는 민법의 저당권에 관한 규정을 준용한다고 규정하고 있으나, 선박을 부동산으로 본다는 규정을 따로 두고 있지 아니하므로 동일한 채권의 담보로 부동산과 선박에 저당권을 설정한 경우 이는 민법 제368조 제1항에 정하여진 '동일한 채권의 담보로 수개의 부동산에 관하여 저당권을 설정한 경우'에 해당하지 아니하고, 따라서 민법 제368조 제1항이 적용됨을 전제로 하여 후순위 저당권자의 대위권을 정하고 있는 민법 제368조 제2항 후문의 규정은 동일한 채권의 담보로 부동산과 선박에 저당권이 설정된 경우에는 직접 적용되지 아니한다고 할 것이다.

또한, 민법 제368조 제2항 후문이 정하고 있는 후순위 저당권자의 대위권은 민법 제368조 제1항이 적용됨을 전제로 하는 것이므로 동일한 채권의 담보로 부동산과 선박에 저당권이 설정된 경우 민법 제368조 제2항 후문의 규정이 유추적용되기 위하여는 먼저 동일한 채권의 담보로 마쳐진 부동산과 선박에 대한 저당권이 동일한 절차에 따라 실행되어 그 경매대가를 동시에 배당하는 것이 법률상 가능하여야 할 것인데, 구 민사소송법(2002. 1. 26. 법률 제6626호로 전문 개정되기 전의 것)은 선박을 목적으로 하는 담보권의 실행을 위한 경매절차에 준용되는 선박의 강제집행절차와 부동산을 목적으로 하는 담보권의 실행을 위한 경매절차에 준용되는 부동산강제경매절차를 서로 다른 별개의 절차로 구분하고 있을 뿐 아니라, 비록 선박의 강제집행절차에 부동산의 강제경매에 관한 여러 규정을 준용하고는 있지만 선박이 동산인 점을 고려하여 선박의 강제집행절차에 관하여 부동산의 강제경매와는 다른 여러 규정을 두고 있으므로 선박을 목적으로 하는 담보권의 실행을 위한 경매절차와 부동산을 목적으로 하는 담보권의 실행을 위한 경매절차는 법률상 별개의 절차에 해당하고, 따라서 동일한 채권의 담보로 부동산과 선박에 근저당권이 설정된 경우 동일한 절차에서 담보권이 실행되어 그 경매대가가 동시에 배당될 수 없어 민법 제368조 제1항이 적용될 여지가 없으므로 동일한 채권의 담보로 부동산과 선박에 저당권이 설정된 경우 민법 제368조 제2항 후문의 규정이 유추적용된다고 보기도 어렵다.

아울러, 부동산의 등기와 선박의 등기는 각기 공시방법을 달리하고 있을 뿐 아니라, 동일한 채권의 담보로 부동산과 선박에 저당권이 설정된 경우 공동저당의 관계에 있음을 공시할 수 있는 아무런 근거규정이 없어 공동저당의 관계가 등기부에 공시될 수 없는 실정인바, 그와 같이 등기부에 공동저당의 관계에 있음이 공시되지 아니한 이상 후순위 저당권자가 공동저당 목적물의 경매대가에 의한 책임부분의 분담이라는 기대를 가질 여지도 별로 없으므로 이 점에서도 동일한 채권의 담보로 부동산과 선박에 저당권이 마쳐진 경우 민법 제368조 제2항 후문의 규정을 유추적용하여야 한다고 보기도 어렵다.

따라서 동일한 채권의 담보로 부동산과 선박에 대하여 저당권이 설정된 경우에는 민법 제368조 제2항 후문의 규정이 적용 또는 유추적용되지 아니하므로 동일한 채권을 담보하기 위하여 부동산과 선박에 선순위 저당권이 설정된 후 선박에 대하여서만 후순위 저당권이 설정된 경우 먼저 선박에 대하여 담보권 실행절차가 진행되어 선순위 저당권자가 선박에 대한 경매대가에서 피담보채권 전액을 배당받음으로써 선박에 대한 후순위 저당권자가 부동산과 선박에 대한 담보권 실행절차가 함께 진행되어 동시에 배당을 하였더라면 받을 수 있었던 금액보다 적은 금액만을 배당받게 되었다고 하더라도 선박에 대한 후순위 저당권자는 민법 제368조 제2항 후문의 규정에 따라 부동산에 대한 선순위 저당권자의 저당권을 대위할 수 없다 고 할 것이다.

같은 취지의 원심의 판단은 정당하고, 거기에 민법 제368조의 적용 범위에 관한 법리를 오해한 위법이 없다.

상고이유서와 상고이유보충서 중의 주장들을 받아들이지 아니한다.

그러므로 원고의 상고를 기각하고, 상고비용을 원고의 부담으로 하기로 관여 대법관들의 의견이 일치되어 주문에 쓴 바와 같이 판결한다.

대법관 강신욱(재판장) 조무제(주심) 유지담 손지열

(2) 공동근저당의 성질

(가) 기본계약의 동일성

공동저당이 성립하기 위해서는 수 개의 저당물이 담보하는 채권이 동일하여야 하는데, 공동근저당권의 경우에는 설정행위에서 정한 기본계약이 동일함을 의미한다.

[선례 38] 공동담보의 목적인 수개의 부동산 중 일부만에 대한 채무자변경으로 인한 근저당권 변경등기 가능 여부

제정 1998. 6. 8. [등기선례 제5-450호, 시행]

공동저당은 수개의 부동산 위에 동일한 채권을 담보하기 위한 저당권을 설정한 경우에 성립하게 되는데, 동일한 채권을 담보한다는 의미는 채권자와 채무자, 채권의 발생원인, 채권액 등이 동일한 것을 의미하고, 또한 공동저당을 이루는 각 부동산에 대한 복수의 저당권은 그 불가분성에 의하여 서로 연대관계를 형성하고 있기 때문에, 공동저당권이 설정된 후에 그 담보 부동산의 일부를 취득한 제3자가 그 취득한 일부 부동산에 대한 피담보채무만을 인수하고 그 채무인수를 원인으로 하여 채무자를 변경하기 위한 저당권변경등기는 공동저당관계가 존속되는 한 이를 할 수 없다.
(1998. 6. 8. 등기 3402-496 질의회답)
참조조문 : 민법 제368조 제1항
참조판례 : 1969. 12. 9. 선고 69다1784 판결
참조예규 : 제832호

(나) 공동근저당의 연대성

[선례 39] 공동담보관계를 해소하는 내용의 근저당권변경등기를 신청할 수 있는지 여부(소극)

제정 2000. 12. 11. [등기선례 제6-344호, 시행]

동일한 피담보채권을 담보하기 위하여 수 개의 부동산에 공동근저당권을 설정한 경우에 공동근저당권의 채권최고액을 각 부동산별로 분할하여 각 별개의 근저당권등기가 되도록 함으로써 각 부동산 사이의 공동담보관계를 해소하는 내용의

근저당권변경등기는 현행 등기법제상 인정되지 않으므로 그러한 내용의 근저당권변경등기를 신청할 수 없다.
(2000. 12. 11. 등기 3402-897 질의회답)
참조조문 : 민법 제368조 제1항
참조선례 : V 제450항, 본집 제342항

(3) 공동근저당의 효력

(가) 공동근저당권의 실행

공동근저당권의 실행절차는 원칙적으로 보통저당권과 같지만 공동근저당권자에게 실행선택권이 인정되는 점이 특색이다.

[예규 7] 공동저당 대위등기에 관한 업무처리지침

공동저당 대위등기에 관한 업무처리지침

제정 2011. 10. 12. [등기예규 제1407호, 시행 2011. 10. 13.]

제1조 (목적) 이 예규는 부동산등기법(이하 "법"이라 한다) 제80조 및 부동산등기규칙(이하 "규칙"이라 한다) 제138조에 따른 공동저당의 대위등기에 관한 사항을 규정함을 목적으로 한다.

제2조 (신청인) 공동저당 대위등기는 선순위저당권자가 등기의무자로 되고 대위자(차순위저당권자)가 등기권리자로 되어 공동으로 신청하여야 한다.

제3조 (신청정보) ① 공동저당의 대위등기를 신청할 때에는 규칙 제43조에서 정한 일반적인 신청정보 외에 매각부동산, 매각대금, 선순위저당권자가 변제받은 금액 및 매각 부동산 위에 존재하는 차순위저당권자의 피담보채권에 관한 사항을 신청정보의 내용으로 등기소에 제공하여야 한다.
② 등기의 목적은 "○번 저당권 대위"로, 등기원인은 " 「민법」 제368조제2항에 의한 대위"로, 그 연월일은 "선순위저당권자에 대한 경매대가의 배당기일"

로 표시한다.

제4조 (첨부정보) 공동저당의 대위등기를 신청하는 경우에는 규칙 제46조에서 정한 일반적인 첨부정보 외에 집행법원에서 작성한 배당표 정보를 첨부정보로서 등기소에 제공하여야 한다.

제5조 (등록면허세 등) ① 공동저당의 대위등기를 신청할 때에는 매 1건당 3천 원에 해당하는 등록면허세를 납부하고, 매 부동산별로 3천 원에 해당하는 등기신청수수료를 납부하여야 한다.
② 공동저당의 대위등기를 신청하는 경우에는 국민주택채권을 매입하지 아니한다.

제6조 (등기실행절차) ① 공동저당 대위등기는 대위등기의 목적이 된 저당권등기에 부기등기로 한다.
② 등기관이 공동저당 대위등기를 할 때에는 법 제48조의 일반적인 등기사항 외에 매각부동산 위에 존재하는 차순위저당권자의 피담보채권에 관한 내용과 매각부동산, 매각대금, 선순위 저당권자가 변제받은 금액을 기록하여야 한다.

제7조 (등기기록례) 공동저당의 대위등기에 따른 등기기록례는 별지와 같다.

부 칙

이 예규는 2011. 10. 13.부터 시행한다.

별지 : 공동저당의 대위등기에 따른 등기기록례

【 을 구 】			(소유권 이외의 권리에 관한 사항)	
순위번호	등기목적	접수	등기원인	권리자 및 기타사항
1	근저당권설정	2009년 10월 12일 제13578호	2009년 10월 11일 설정계약	채권최고액 금 300,000,000원 채무자 장동군 　서울특별시 송파구 방이동 45 근저당권자 이병한 700407-1234567 　서울특별시 종로구 혜화동 45 공동담보 토지 서울특별시 서초구 서초동 12
1-1	1번 근저당권 대위	2011년 11월 7일 제13673호	2011년 11월 4일 민법 제368조 제2항에 의한 대위	매각부동산 토지 서울특별시 서초구 서초동 12 매각대금 금700,000,000원 변제액 금250,000,000원 채권최고액 금 200,000,000원 채무자 장동군 　서울특별시 송파구 올림픽대로 45(방이동) 대위자 김희선 740104-2012345 　서울특별시 송파구 송파대로 345(송파동)

(4) 공동저당 대위등기

(가) 신청인

공동저당 대위등기는 선순위저당권자가 등기의무자로 되고 대위자(차순위저당권자)가 등기권리자로 되어 공동으로 신청하여야 한다.

(나) 신청정보

공동저당의 대위등기를 신청할 때에는 규칙 제43조에서 정한 일반적인 신청정보 외에 매각부동산, 매각대금, 선순위저당권자가 변제받은 금액 및 매각 부동산 위에 존재하는 차순위저당권자의 피담보채권에 관한 사항을 신청정보의 내용으로 등기소에 제공하여야 한다.

(다) 첨부정보

공동저당의 대위등기를 신청하는 경우에는 규칙 제46조에서 정한 일반적인 첨부정보 외에 집행법원에서 작성한 배당표 정보를 첨부정보로서 등기소에 제공하여야 한다.

나. 등기절차의 특칙

공동근저당은 수개의 저당물을 목적으로 하므로 각각의 저당물마다 근저당권설정등기를 하여야 한다(개별 등기의 원칙).

(1) 추가적 공동근저당

(가) 신청절차에 관한 특칙

① 종전 등기의 표시

추가근저당권설정의 등기를 신청하는 경우에는 신청서에 종전의 등기를 표시하는 사항으로서 공동담보목록의 번호 또는 부동산의 소재지번(건물에 번호가 있는 경우에는 그 번호도 포함한다), 종전 등기의 순위번호와 접수연월일 및 접수번호를 기재하여야 한다(규칙 제134조, 예규 1429호).

[선례 40] 동일한 채권을 담보하기 위하여 추가로 근저당권설정등기를 신청하는 경우, 종전 등기의 근저당권설정자 및 채무자의 주소를 변경하는 등기를 선행하여야 하는지 여부

제정 2012. 1. 4. [등기선례 제201201-1호, 시행]

공동근저당이 성립하기 위해서는 설정행위에서 정한 기본계약이 동일하여야 하므로 추가근저당권설정등기신청을 하는 경우 신청서에 기재된 채무자의 주소와 종전의 근저당권설정등기에 기록되어 있는 채무자의 주소가 다른 경우에는 먼저 종전 근저당권설정등기의 채무자 주소를 변경하는 근저당권변경등기를 선행하여야 한다. 다만, 추가되는 부동산과 종전 부동산의 근저당권설정자(소유자)는 동일할 필요가 없으므로, 설령 추가되는 부동산과 종전 부동산의 근저당권설정자의 주소가 다르다고 하더라도 종전 부동산의 근저당권설정자의 등기명의인표시변경등기를 선행하여야 하는 것은 아니다.
(2012. 01. 04. 부동산등기과-27 질의회답)
참조조문 : 부동산등기법 제75조, 부동산등기규칙 제134조, 제135조
참조예규 : 등기예규 제1429호
참조선례 : 부동산등기선례요지집 V 제450항

[선례 41] 추가근저당권설정등기를 신청할 경우 신청서에 첨부하여야 할 등기필증 등

제정 1991. 4. 19. [등기선례 제3-585호, 시행]

토지(공장용지)에 대하여 근저당설정등기가 경료되고 동일채권의 담보를 위하여 건물에 대한 추가설정계약에 의하여 추가근저당권설정등기를 신청할 경우 신청서에 첨부하여야 할 등기필증으로써는 건물소유권에 관한 등기필증만 제출하면 되고, 그 후 공장저당법 제7조 규정에 의하여 기계기구목록추가로 인한 근저당권변경등기를 신청할 경우에는 신청서에 근저당권설정 및 추가근저당권설정등기필증을 첨부할 필요가 없다.
91.4.19. 등기 제827호
참조조문 : 부동산등기법 제147조, 제152조 동법시행규칙 제69조, 제70조

다. 공동담보의 관리

(1) 서설

(가) 공동담보의 관리방법

위 나.에서 본 바와 같이 동일한 채권에 관하여 여러 개의 부동산에 관한 권리를 목적으로 하는 저당권설정의 등기를 할 때에는 각 부동산의 등기기록에 그 부동산에 관한 권리가 다른 부동산에 관한 권리와 함께 저당권의 목적으로 제공된 뜻을 기록하여야 한다(법 78조 1항).

<기록례> 공동담보가 4개 이하인 경우

【을 구】 (소유권 이외의 권리에 관한 사항)				
순위번호	등기목적	접 수	등기원인	권리자 및 기타사항

1	근저당권설정	2023년 3월15일 제3581호	2023년 3월14일 설정계약	채권최고액 금 60,000,000원
				채무자 이영식
				  서울특별시 종로구 율곡로 16(원서동)
				근저당권자 최영철 750614-1035852
				  서울특별시 종로구 창덕궁길 100(계동)
				공동담보 토지 서울특별시 성동구 행당동 223
				     토지 서울특별시 성동구 행당동 224

<기록례> 공동담보가 5개 이상인 경우

【을 구】 (소유권 이외의 권리에 관한 사항)				
순위번호	등기목적	접 수	등기원인	권리자 및 기타사항

1	근저당권설정	2023년 3월15일 제3581호	2023년 3월14일 설정계약	채권최고액 금 600,000,000원
				채무자 이영식
				  서울특별시 종로구 율곡로 16(원서동)
				근저당권자 최영철 750614-1035852
				  서울특별시 종로구 창덕궁길 100(계동)
				공동담보목록 제2023-10호

(2) 특수한 경우

<기록례> 창설적 공동근저당

【을 구】		(소유권 이외의 권리에 관한 사항)		
순위번호	등기목적	접 수	등기원인	권리자 및 기타사항
1	근저당권설정	2023년 3월15일 제3581호	2023년 3월14일 설정계약	채권최고액 금 600,000,000원 채무자 이영식 　　서울특별시 종로구 율곡로 16(원서동) 근저당권자 최영철 750614-1035852 　　서울특별시 종로구 창덕궁길 100(계동) 공동담보목록 제2023-10호

<공동담보목록 전산 양식>

공 동 담 보 목 록					
목록번호	2012-10				
일련번호	부동산에 관한 권리의 표시	관할등기소명	순위번호	기타사항	
				생성원인	변경/소멸
1	[토지] 서울특별시 중구 충무로1가 5-3	서울중앙지방법원 중부등기소	1	2023년 3월 15일 제3581호 설정계약으로 인하여	
2	[토지] 서울특별시 양천구 목동 2-1	서울남부지방법원 등기과		2023년 3월 15일 제3581호 설정계약으로 인하여	
3	[토지] 서울특별시 양천구 목동 2-2	서울남부지방법원 등기과		2023년 3월 15일 제3581호 설정계약으로 인하여	
4	[토지] 서울특별시 관악구 봉천동 9	서울중앙지방법원 등기국		2023년 3월 15일 제3581호 설정계약으로 인하여	
5	[토지] 서울특별시 관악구 신림동 8	서울중앙지방법원 등기국		2023년 3월 15일 제3581호 설정계약으로 인하여	
6	[토지] 서울특별시 관악구 신림동 9	서울중앙지방법원 등기국		2023년 3월 15일 제3581호 설정계약으로 인하여	

주) 전술한 바와 같이 실무상 관할이 서로 다른 수개의 부동산에 대한 공동근저당설정등기 신청서를 최초로 접수한 등기소에서는 신청서에 따라(다른 등기소에서 설정등기가 마쳐지기 전이라도) 공동담보내역 또는 목록을 먼저 작성(입력)하고 있다. 위 목록의 생성원인란에는 다른 등기소의 관할에 속하는 부동산에 대하여도 최초 접수 등기소에 접수된 날짜와 접수번호가 일률적으로 기록된다. 위 등기기록과 공동담보목록 기록례를 보면 중부등기소에서 1번 토지에 대한 근저당권설정등기를 접수한 접수일자와 접수번호가 기록되어 있음을 알 수 있다.

<동일 등기소 관할인 경우의 공동담보 관리>

등기부의 형태		등기과의 처리방법			
		공동담보 4개 이하		공동담보 5개 이상	
		설정등기 시 공담기록 방법	설정등기 이후 변경처리 방법	설정등기 시 공담기록 방법	설정등기 이후 변경처리 방법
A	종이	종이	수작업	수작업	수작업	수작업
C	전산 (이기 전 공담)	전산 (이기 전 공담)	수작업	전산입력	영구보존문서 처리	영구보존문서처리
D	전산	AROS Text	자동기록/ 전산입력	자동기록/ 전산입력	자동기록/ 전산입력	자동기록/ 전산입력
E	AROS Text	AROS Text	전산입력	전산입력	전산입력	전산입력
B	전산	전산	자동기록	자동기록	자동기록	자동기록

* 유형 A는 전산화 이전의 공동담보 관리방법이다.
* 유형 B는 공동담보 부동산의 등기기록이 전부 전산등기기록이고 동일 등기소 관할 내인 경우이다. 공동담보 중 다른 등기소의 관할에 속하는 부동산이 있는 경우 그 등기소에 통지하고 그 등기소에서 변경사항을 전산입력하게 된다.
* 유형 C는 전산화 이전에 공동근저당권이 설정되어 종이 등기부에 공동담보내역 또는 공동담보목록 번호가 기재되고 그것이 전산이기된 경우이다. 설정 당시에는 수작업으로 공동담보를 관리하였으나 전산등기┬로 된 후에는 관리방법이 달라짐을 주의하여야 한다. 즉 공동담보가 4개 이하인 경우의 변경처리는 전산입력하지만 5개 이상인 경우에는 영구보존문서 처리를 이용하여 기록하여야 한다.
* 유형 D는 공동담보 중 어느 하나가 AROS Text 등기기록인 경우로서 전산등기기록의 공동담보 내역(목록)은 자동으로 생성·기록되나 AROS Text 등기기록에는 자동으로 기록되지 않으므로 기입공무원이 전산입력하여야 한다.
* 유형 E는 공동담보인 부동산등기기록이 모두 AROS Text 등기기록인 경우로서 공동담보가 4개 이하이면 유형 D와 같이 전산입력하고 5개 이상인 경우 기입공무원이 공동담보목록을 생성하여 관리한다.

7. 공장저당법에 의한 저당권 등기

가. 총설

(1) 의의

공장저당법은 공장을 담보로 이용하는 방법으로서, 공장에 속하는 토지나 건물과 함께 거기에 설치된 기계·기구 등을 저당권의 목적으로 하는 "협의의 공장저당"과(같은법 제3조 내지 제9조), 1개 또는 수개의 공장에 속하는 토지와 공작물, 기계, 기구, 전주 등 기타의 부속물, 지상권 및 전세권, 임차권, 공업소유권 등 재산의 집합을 하나의 물건 즉, 재단으로 보아 공장재단등기부에 그 소유권보존등기를 마친 다음 그 공장재단 위에 저당권을 설정하는 "공장재단저당"(같은 법 제10조부터 제51조까지)의 두 가지를 규정하고 있다.

(2) 공장저당의 성립요건

(가) 토지 또는 건물이 공장에 속하는 것일 것
(나) 토지 또는 건물이 속하는 공장이 「공장 및 광업재단 저당법」 제2조 제1호 소정의 공장일 것

[선례 42] 주유기 및 유류저장탱크를 공장저당법 제7조에 의한 근저당권의 목적으로 할 수 있는지 여부 등

제정 1992. 6. 3. [등기선례 제3-6호, 시행]

주유소의 주유기 및 유류저장탱크는 그 토지 또는 건물과 함께 공장저당법 제7조에 의한 근저당권의 목적으로 할 수 있으나 위 기계기구의 소유자는 그 토지 또는 건물의 소유자이거나 공유자 이어야 한다.
또 토지에 대하여 보통근저당권을 설정한 후 그 지상의 건물과 주유소의 주유기 등을 추가로 근저당권의 목적물로 하기 위하여는 건물에 대한 공장저당법 제7조에 의한 추가근저당권설정등기 를 신청함과 동시에 토지에 대하여는 보통근저당

권을 동법 규정에 의한 근저당권으로 하는 변경등기를 신청하여야 할 것이다.
92. 6. 3. 등기 제1217호
참조선례 : 1항

[선례 43] 양식시설을 공장저당법 제7조에 의한 근저당권의 목적으로 할 수 있는지 여부

제정 1999. 12. 13. [등기선례 제6-327호, 시행]

상당한 기계설비가 되어 있는 양식시설도 그 토지 또는 건물과 함께 공장저당법 제7조에 의한 근저당권의 목적으로 할 수 있다.
(1999. 12. 13. 등기 3402-1131 질의회답)
참조조문 : 공장저당법 제2조, 제4조, 제5조

[선례 44] 축산시설등의 목록을 제출하여 일반저당권을 공장저당권으로 변경할 수 있는지 여부

제정 1989. 4. 18. [등기선례 제2-389호, 시행]

상당한 기계설비가 되어 있는 축산시설에 대하여도 공장저당법이 적용된다 할 것이므로, 축산시설에 속하는 부동산(토지·건물)에 일반저당권이 설정되어 있는 경우 그 시설상의 기계·기구등의(축산시설의 일종인 폐수처리장도 포함될 수 있을 것임)목록을 제출하여 위 일반저당권을 공장저당권으로 변경하는 저당권변경등기신청을 할 수 있다.
89. 4.18 등기 제776호 신탁은행장 대 법원행정처장
참조조문 : 공장저당법 제2조, 제7조

[선례 45] 유·무선통신사업자의 사업용 건물인 교환국사가 공장저당법 제2조의 공장에 해당하는지 여부

제정 1997. 2. 3. [등기선례 제5-429호, 시행]

유·무선통신사업자의 사업용 건물인 교환국사는 공장저당법 제2조의 공장에 해당될 것이나, 구체적인 사건에 있어서 그 건물이 공장저당법 제2조의 공장에 해당되는지 여부는 등기신청서를 심사하는 등기관이 판단할 사항이다.
(1997. 2. 3. 등기 3402-84 질의회답)

[선례 46] 상당한 기계설비가 되어 있는 볼링장이나 주차빌딩이 공장저당법의 적용을 받는지 여부(소극)

제정 2001. 10. 25. [등기선례 제6-330호, 시행]

공장저당법 제7조 목록추가로 인한 저당권변경등기를 신청하는 경우 신청인(기계기구의 소유자)의 인감증명서는 첨부할 필요가 없으며, 상당한 기계설비가 되어 있는 볼링장, 주차빌딩은 공장저당법상의 공장으로 볼 수 없으므로 공장저당법 제7조에 의한 근저당권의 목적이 될 수 없을 것이다.
(2001. 10. 25. 등기 3402-728 질의회답)
참조판례 : 1995. 9. 15. 선고 94다25902 판결

[선례 47] 영업을 하기 위하여 건물에 설치한 서버컴퓨터 및 관련시설을 「공장 및 광업재단저당법」 제6조에 의한 근저당권의 목적으로 할 수 있는지 여부 (적극)

제정 2011. 11. 11. [등기선례 제201111-1호, 시행]

기업들로부터 인터넷서비스 업무를 위탁받아 서버와 네트워크를 제공하고 콘텐츠를 대신 관리해 주는 사업을 하기 위하여 건물에 서버컴퓨터 및 관련시설을 설치하였다면 이를 그 건물과 함께 「공장 및 광업재단저당법」 제6조의 근저당권의 목적으로 할 수 있다.
(2011. 11. 11. 부동산등기과-2127 질의회답)
참조조문 : 공장 및 광업재단저당법 제2조, 제4조, 재단저당등기규칙 제33조
등기선례 : 부동산등기선례요지집 Ⅴ 제429항, Ⅵ 제328항, Ⅷ 제3항

[판례 6] 소유권이전등기말소 (대법원 1995. 9. 15. 선고 94다25902 판결)

【판시사항】

풀장과 물탱크 등으로 되어 있는 수영장 시설이 공장저당법상의 저당권의 목적이 될 수 있는지 여부

【판결요지】

1층이 근린생활시설이고 2층이 점포 및 탈의실로 되어 있는 건물 1동과 어른용 및 어린이용 풀장 각 1개, 미끄럼대, 물탱크 정수지 등으로 구성된 운동 및 오락과 휴식을 목적으로 하는 수영장 시설은, 이를 공장저

당법 제2조 제1, 2항에 규정된 공장 즉 영업을 하기 위하여 '물품의 제조, 가공 또는 인쇄나 촬영의 목적에 사용하는 장소'나 '방송의 목적 또는 전기나 가스의 공급의 목적에 사용하는 장소'라고 볼 수 없고, 따라서 그 건물과 구축물은 같은 법 제5조, 제4조에서 말하는 공장에 속한 건물 및 건물에 부가되어 이와 일체를 이루는 물건 또는 기계, 기구, 기타의 공장의 공용물에 해당되지 아니하여, 그 건물과 구축물에 대한 근저당권설정등기 중 구축물을 공장저당의 목적물로 한 부분은 무효이다.

【참조조문】

공장저당법 제2조, 제4조, 제5조, 제7조, 제10조

【전 문】

【원고, 피상고인】 원고
【피고, 상 고 인】 피고 소송대리인 변호사 허정훈외 1인
【원심판결】 부산고등법원 1994.4.22. 선고 92나14465 판결

【주 문】

상고를 기각한다.
상고비용은 피고의 부담으로 한다.

【이 유】

피고 소송대리인의 상고이유를 판단한다.

1. 제1점에 대하여

기록에 비추어 보아도 피고는 원심에서 피고가 이 사건 건물(1층:근린생활, 2층:점포 및 탈의실)을 낙찰받을 때 이 사건 구축물(어른용 및 어린이용 풀장 각 1개, 미끄럼대, R.C.탱크 정수지)도 함께 낙찰받았거나 이 사건 건물에 대한 공매 처분의 효력이 이 사건 구축물에도 당연히 미친다는 취지의 주장만을 하였을 뿐, 원·피고 사이에 이 사건 구축물의 소유권이전에 관하여 소론과 같은 묵시적 약정이 있었다는 주장을 한 흔적은 찾아 볼 수 없으므로 논지는 결국 피고가 원심에서 하지 아니한 새로운 사실을 주장하는 것이어서 적법한 상고이유가 되지 아니한다.

따라서 원심판결에 소론과 같은 판단유탈 등의 위법이 있다 할 수 없으므로 논지는 이유 없다.

2. 제2점에 대하여

공장저당법에 의해 저당권이 설정된 건물에 대하여 과세관청이 국세체납처분에 따른 압류를 하고 이어서 이를 공매처분한 경우 그 압류 및 공매의 효력은 건물에 부가되어 이와 일체를 이루는 물건과 이에 설치된 기계, 기구, 기타의 공장의 공용물에 미치는 것이고, 한편 이 사건 건물에 대하여 마산세무서장이 국세 체납처분에 따른 압류를 하기 이전인 1982.9.7. 원고가 소외인 앞으로 위 건물에 관하여 공장저당법 제7조에 의한 공장저당권(근저당권)설정등기를 경료하여 주면서 공장저당권의 목적물의 목록에 이 사건 구축물을 포함시켰는데 위 건물에 대한 이 사건 공매처분 후 위 근저당권이 직권말소된 점은 소론 주장과 같으나, 기록에 의하면 이 사건 공장저당권의 목적물로 되어 있는 이 사건 건물 및 구축물은 1층이 근린생활시설이고 2층이 점포 및 탈의실로 되어 있는 건물 1동과 어른용 및 어린이용 풀장 각 1개, 미끄럼대, 철근콘크리트(Reinforced Concrete)탱크 정수지 등으로 구성된 운동 및 오락과 휴식을 목적으로 하는 수영장 시설임이 명백하므로 이를 공장저당법 제2조 제1, 2항에 규정된 공장 즉 영업을 하기 위하여 '물품의 제조, 가공 또는 인쇄나 촬영의 목적에 사용하는 장소'나 '방송의 목적 또는 전기나 가스의 공급의 목적에 사용하는 장소'라고 볼 수 없고, 따라서 위 건물과 구축물은 위 법 제5조, 제4조에서 말하는 공장에 속한 건물 및 건물에 부가되어 이와 일체를 이루는 물건 또는 기계, 기구, 기타의 공장의 공용물에 해당되지 아니하여 이 사건 근저당권설정등기 중 위 구축물을 공장저당의 목적물로 한 부분은 무효라 할 것이므로 위 건물의 공매로 인한 소유권변동의 효력이 당연히 이 사건 구축물에도 미친다고는 할 수 없다. 그러므로 이 사건 구축물의 소유권이 여전히 원고에게 있다고 판단한 원심판결은 정당하고, 거기에 소론과 같은 석명권 불행사로 인한 심리미진이나 공장저당권에 관한 법리오해의 위법이 있다고 할 수 없다. 따라서 논지도 이유 없다.

3. 그러므로 상고를 기각하고 상고비용은 패소자의 부담으로 하여 관여 법관의 일치된 의견으로 주문과 같이 판결한다.

대법관 지창권(재판장) 천경송(주심) 안용득 신성택

(다) 설정행위와 등기

공장저당권도 보통의 저당권과 같이 당사자의 저당권설정의 합의와 설정등기에 의하여 성립한다.

[판례 7] 제3자이의 (대법원 1988. 2. 9. 선고 87다카1514, 1515 판결)

【판시사항】

공장저당의 효력이 공장의 토지 또는 건물에 설치된 기계 등 공장의 공용물에 미치기 위한 요건

【판결요지】

공장저당법 제4조, 제5조, 제7조, 제47조, 제53조 및 민법 제186조의 규정 등을 종합하여 보면 공장의 토지 또는 건물에 설치된 기계, 기구 기타 공장의 공용물은 공장저당법 제7조 소정의 기계, 기구목록에 기재되어야만 공장저당의 효력이 미친다고 해석하여야 한다.

【참조조문】

공장저당법 제4조, 제5조, 제7조, 민법 제186조

【전 문】

【원고(반소피고), 피상고인】 원고(반소피고) 1 외 1인 원고들 소송대리인 변호사 박정서

【피고(반소원고), 상 고 인】 상고인 주식회사 충청은행 소송대리인 변호사 이경호

【원심판결】 서울고등법원 1987.5.18 선고 86나2450,2451 판결

【주 문】

상고를 기각한다.

상고비용은 피고(반소원고)의 부담으로 한다.

【이 유】

피고(반소원고) 소송대리인의 상고이유에 대하여,

1. 공장저당법 제4조는 공장의 소유자가 공장에 속하는 토지에 설정한 저당권의 효력에 관하여 건물을 제외한 그 토지에 부가되어 이와 일체를 이루는 물건과 그 토지에 설치된 기계, 기구 기타의 공장의 공용물에 미친다고 규정하고 동 제5조에 의하여 위 규정은 공장의 소유자가 공장에 속하는 건물에 설정한 저당권에 준용하는 것으로 되어 있다. 한편 동 제7조, 제47조, 제53조 에 의하면 공장에 속하는 토지나 건물에 대한 저당권설정의 등기를 신청하는 경우에는 그 토지나 건물에 설치한 기계, 기구 기타의 공장의 공용물로서 제4조와 제5조의 규정에 의하여 저당권의 목적이 되는 것의 목록을 제출하여야 하며 나아가 기계, 기구 목록은 그 등기부의 일부로 보고 그 기재는 등기로 보며 기계, 기구 목록에 게기한 사항에 변경이 발생하였을 때에는 소유자는 지체없이 목록기재의 변경등기를 신청하여야 한다고 규정하고 있다. 공장저당법의 위와 같은 규정과 민법 제186조가 부동산에 관한 법률행위로 인한 물권의 득실변경은 등기하여야 그 효력이 생긴다고 규정하고 있는 것을 종합하여 보면 공장의 토지 또는 건물에 설치 된 기계, 기구 기타 공장의 공용물은 공장저당법 제7조 소정의 기계, 기구 목록에 기재되어야만 공장저당의 효력이 미친다고 해석하여야 할 것이다.

원심이 같은 견해에서 기계, 기구 목록에 기재되지 아니한 이 사건 초지기에 관하여 공장저당권의 효력이 미치지 아니한다고 판단한 것은 정당하고 소론과 같이 공장저당법 제7조의 법리를 오해하거나 판단유탈의 위법이 있다고 할 수 없다.

소론은 금강제지주식회사의 대표이사가 위 초지기를 근저당권설정의 목적물에 포함시키기로 피고와 합의하였음에도 불구하고 서류를 작성할 때 착오로 목적물에서 빠진 것이며 이를 알고 추가담보를 설정하기로 하였으나 그 절차를 지연하고 있던 중 원고들과 통모하여 위 초지기에 대하여 대물변제계약을 한 것으로서 위 대물변제계약은 원고들이 위 소외회사 대표이사의 추가담보설정 위반에 적극 가담하여 이루어진 것이므로 무효일 뿐만 아니라 그 증거에 관하여 조사하지 아니한 원심의 조치가 위법하다는 것이다. 그러나 위 대물변제계약에 관하여 소론과 같은 사유로 무효라고 하는 주장은 원심에 이르기까지 주장한 바 없는 새로운 주장이며, 따라서 원심판결에 심리미진의 위법이 있다는 주장도 성립되지 아니한다. 논지는 이유없다.

2. 그 밖에 소론은 소외회사와 원고들 사이의 대물변제계약이 사해행위에 해당한다고 하는 피고의 주장을 배척한 원심판결을 공격하는 것이나 원심의 그 인정판단 과정에 소론과 같은 채증법칙위배, 심리미진, 이유불비 등의 위법이 없으며 법리오해의 주장도 원심의 인정사실과 다른 사실관계를 바탕으로 하여 나온 것이므로 채택할 바 못된다. 논지는 이유없다.

이에 상고를 기각하고, 상고비용은 패소자의 부담으로 하여 관여법관의 일치된 의견으로 주문과 같이 판결한다.

대법관　윤관(재판장) 김형기 박우동

나. 공장저당권 설정등기

공장저당권의 설정등기는 공장에 속하는 토지 또는 건물에 부가된 기계·기구 등에 대하여도 저당권의 효력이 미친다는 점 외에는 보통저당권과 같다.

(1) 신청절차

(가) 신청서 기재사항(신청정보)

신청서의 표제는 "「공장 및 광업재단 저당법」 제6조 에 의한 근저당권설정등기신청"이라고 기재하지만, 등기 목적은 공장근저당권설정이 아니라, "근저당권설정"이라고 기재한다.

(나) 첨부정보

① 기계·기구 등의 목록 제출

신청서에는 목적부동산에 설치한 기계, 기구 기타 공장의 공용물로서 저당권의 목적이 되는 것을 기재한 목록을 제출하여야 한다(예규 1475호 2조 2호).

다. 공장 및 광업재단 저당법 제6조에 의한 목록기록(분리·추가)

(1) 기계·기구를 공장에서 분리하는 (또는 멸실된) 경우

공장저당목록 제2018-10호에서 분리(또는 멸실)된 목록(표지)	
근저당권자겸 채 권 자	이 겨 레
근저당권설정 자겸 채무자	김 한 울
신청대리인 법 무 사	김 갑 동 (인)

(변경내역표)

일련번호	접수일자	접수번호	변경내역
1	2022년 7월 9일	1036	공장 및 광업재단 저당법 제6조 목록 제2022-10호
2	2022년 8월 7일	2002	공장 및 광업재단 저당법 제6조 목록 제2022-10호에 별지와 같이 추가
3	2022년 9월 13일	3367	공장 및 광업재단 저당법 제6조 목록 제2022-10호에 별지와 같이 공장저당목록 분리
4	2022년 10월 13일	5500	공장 및 광업재단 저당법 제6조 목록 제2022-10호 폐지

㈜ 공장저당목록에 목록의 분리, 멸실(또는 추가)로 인해 변경사항이 발생한 경우에는 그 사항을 변경내역표에 기록하여야 한다(등기예규 제1467호 참조)

(2) 기계·기구를 공장에 추가로 설치하는 경우

공장저당목록 제2018-10호에서 분리(또는 멸실)된 목록(표지)

근저당권자겸
채 권 자   이 겨 레

근저당권설정
자겸 채무자   김 한 울

신청대리인
법 무 사   김 갑 동 (인)

㈜ 1. 새로이 기계·기구를 추가한 경우에는 추가되는 물건의 목록을 별도로 제공한다(등기예규 제1467호 참조)
2. 공장저당목록에 목록의 분리, 멸실(또는 추가)로 인해 변경사항이 발생한 경우에는 그 사항을 변경내역표에 기록하여야 한다(등기예규 제1467호 참조)

[선례 48] 등기관할을 달리하는 부동산의 공동저당과 공장저당법 제7조에 의한 목록의 제출

제정 1986. 10. 24. [등기선례 제1-450호, 시행]

관할 등기소를 달리하는 부동산(그 중 일부는 공장에 속하는 부동산 임)의 공동저당의 경우에 공장저당법 제7조에 의한 목록은 공장에 속하는 부동산의 관할 등기소에 당해 부동산에 대한 저당권설정등기를 신청할 때 제출하면 족하다.

86. 10. 24 등기 제494호 대한사법서사협회장 대 법원행정처장 회답

질의내용 : 어느 등기소의 관할구역내에 소재하고 공장에 속하는 부동산과 다른 등기소의 관할구역내에 소재하고 공장에 속하지 않는 부동산에 대하여 동일한 채권을 담보하기 위한 저당권설정등기를 각 등기소에 신청하는 경우에 공장저당법 제7조에 의한 목록의 제출에 관하여 다음 양설이 있는 바, 어느 설이 타당한지 알려 주시기 바랍니다.

갑설 - 공장에 속하는 토지나 건물에 대한 저당권설정의 등기를 신청하는 경우에는 그 토지나 건물에 설치한 기계, 기구 기타의 공장의 공용물로서 저당권의 목적이 되는 것의 목록(공장 저당법 제7조 제1항 참조)과 그 토지 또는 건물이 공장에 속하는 것임을 증명함에 족한 서면(재단저당등기처리규칙 제33조 참조)을 제출하여야 하고, 그 등기를 하는 때에는 토지 또는 건물의 등기용지중 상당구 사항란에 그 목록의 제출이 있는 뜻을 기재하여야 하므로(위 규칙 제34조 참조), 공장저당법 제7조에 의한 목록은 공장에 속하는 부동산을 관할하는 등기소에서 그에 대한 저당권설정등기를 신청할 때에 한하여 제출한다.

을설 - 공장에 속하지 아니한 부동산을 관할하는 등기소에서 그에 대한 저당권설정등기를 신청하는 경우에도, 등기원인증서인 저당권설정계약서에 당해 저당권의 효력이 미치는 위 기계, 기구등의 표시를 하는 것이 보통이므로, 그 목록을 제출하여야 한다.

라. 목록기재의 변경 (예규 1475호)

(1) 의의

새로이 기계·기구 등을 설치하거나, 목록기재 물건이 멸실하거나, 목록기재 물건의 표시에 변경이 있는 경우에 소유자는 목록기재변경등기를 신청하여야 한다(같은 법 제6조 제2항, 제42조 제1항).

[선례 49] 「공장 및 광업재단 저당법」 제6조에 의한 근저당권설정등기가 되어 있는 A, B, C, D 4필지의 토지에 새로운 기계, 기구를 추가하는 목록기재의 변경등기를 신청하는 경우 납부하여야 할 등기신청수수료 및 등록면허세

제정 2011. 6. 3. [등기선례 제201106-1호, 시행]

1. 수개의 부동산에「공장 및 광업재단 저당법」제6조에 의한 근저당권이 설정되어 각 등기부에 동일한 기계·기구목록 번호가 기록되어 있고, 이 근저당권의 목적이 되는 기계·기구목록에 새로운 기계·기구를 추가하는 목록기재의 변경등기신청을 하는 경우, 이에 따른 변경등기는 각 부동산의 등기부에 기록하지 아니하고 단지 종전목록에 새로운 기계·기구목록을 추가하는 방법으로 한다. 이 경우 납부할 등기신청수수료는 이를 기타등기로 보아 공장근저당권이 설정된 부동산의 개수에 관계없이 1건의 기타등기에 해당하는 수수료를 납부하면 된다.
2. 또한 목록기재의 변경등기신청에 따른 등록면허세도 공장근저당권이 설정된 부동산의 개수에 관계없이「지방세법」제28조제1항에 따라 1건의 그 밖의 등기에 해당하는 금액을 납부하면 된다.

(2011. 6. 3. 부동산등기과-1093 질의회답)
참조조문 : 공장 및 광업재단저당법 제36조, 제42조, 부동산등기법 제29조, 등기부 등·초본 등 수수료규칙 제5조의2
참조예규 : 등기예규 제1284호, 제1324호
참조선례 : 부동산등기선례요지집 Ⅴ 제919항

(2) 목록을 추가하는 경우

(가) 신청절차

① 신청서의 기재

등기의 목적은 "「공장 및 광업재단 저당법」 제6조에 의한 목록기재 변경", 등기원인과 그 연월일은 "○○년 ○○월 ○○일 설치", 변경할 사항으로는 "○○년 ○○월 ○○일 접수 제○○호로 등기한 근저당권설정등기사항 중 기계·기구목록 제○호에 별지목록 기재의 기계·기구를 추가함"과 같이 기재한다.

② 첨부정보

종전목록에 새로운 물건을 추가하는 목록추가의 변경등기를 신청하는 경우, 일반적인 첨부서류 외에 새로이 추가된 목록을 제출하여야 한다.

[선례 50] 공장저당법 제7조의 규정에 의한 목록기재의 변경등기시 공장증명서를 첨부하여야 하는지 여부 등

제정 1998. 7. 9. [등기선례 제5-431호, 시행]

가. 공장저당법 제7조의 규정에 의한 근저당권설정등기 경료 후 기계기구목록에 새로운 물건을 추가하는 내용의 목록기재변경등기를 신청하는 경우에는, 등기신청서에 토지 또는 건물이 위 같은 법 제2조의 공장에 속하는 것임을 증명함에 족한 서면을 첨부할 필요는 없다.
나. 갑 소유의 부동산에 갑을 채무자로 하는 근저당권설정등기가 경료되어 있는 경우, 갑구란에 소유자(갑)의 주소변경에 따른 등기명의인표시변경등기를 경료한다고 하더라도 이로 인하여 을구란에 채무자의 주소변경을 위한 근저당권변경등기를 경료한 것과 동일한 효력이 생기는 것은 아니다.
다. 부동산등기법 제55조 제6호는 일정한 경우를 제외하고는 신청서에 기재된 등기의무자의 표시가 등기부와 부합하지 않는 경우에는 그 등기신청을 각하하도록 규정하고 있으므로, 은행을 근저당권자로 하여 공장저당법 제7조의 규정에 의한 근저당권설정등기가 경료된 후 그 은행의 본점이 이전된 경우, 근저당권자의 주소변경에 따른 등기를 경료하지 않으면 당해 근저당권설정등기와 관련하여 근저당권자를 등기의무자로 하는 다른 등기를 경료받을 수 없다.

(1998. 7. 9. 등기 3402-634 질의회답)
참조조문 : 법 제48조, 제55조, 공장저당법 제7조, 제47조, 제53조 내지 56조
참조예규 : 제913호

(나) 신청절차

① 신청서의 기재

등기의 목적은 " 「공장 및 광업재단 저당법」 제6조 에 의한 목록기재

변경", 등기원인과 그 연월일은 "○○년 ○○월 ○○일 설치", 변경할 사항으로는 "○○년 ○○월 ○○일 접수 제○○호로 등기한 근저당권설정등기사항 중 기계·기구목록 제○호에 별지목록 기재의 기계·기구를 추가함"과 같이 기재한다.

② **첨부정보**

멸실 또는 분리된 목록, 저당권자의 동의서(인감증명 첨부) 또는 이에 대신할 수 있는 재판의 등본을 첨부하여야 한다(같은 법 제42조 제2항, 「공장 및 광업재단 저당규칙」 29조).

(3) 목록변경의 부기등기 금지

전술한 바와 같이 목록기재의 변경(추가 또는 분리)신청이 있는 경우 등기부의 을구란에 그러한 취지를 부기하지 않는 것이 현행 실무이다.

마. 보통 저당과 공장저당간의 변경등기

(1) 「공장 및 광업재단 저당법」 6조 목록제출로 인한 저당권변경

(가) 의의

보통저당권의 설정 후에 기계·기구 등이 설치되거나, 기계·기구 등의 전부를 저당권의 목적에서 제외하기로 하는 특약을 폐지하는 경우 등에는 보통저당에서 공장저당으로 변경할 수 있다.

(나) 신청절차

① **신청인**

이러한 등기는 근저당권변경등기에 해당하므로, 등기권리자(근저당권자)와 등기의무자(근저당권설정자)가 공동으로 신청하여야 한다.

② **신청서의 기재(신청정보) 및 첨부정보**

 신청서의 표제는 "「공장 및 광업재단 저당법」 제6조에 의한 근저당권변경등기신청"으로 하고, 등기원인은 변경계약, 등기목적은 "공장저당법 제7조에 의한 근저당권변경", 변경할 사항으로는 "○○년 ○월 ○일 접수 제○○호로 등기한 근저당권설정등기사항 중 「공장 및 광업재단 저당법」 제6조 목록을 제출함"과 같이 기재한다.

(2) 「공장 및 광업재단 저당법」 6조 목록폐지로 인한 저당권변경

(가) 의의

 위 (1)의 경우와 반대로 공장저당이 설정된 후에 기계·기구 등이 전부 제거되거나 그 전부에 대하여 저당권의 목적에서 제외하기로 하는 특약(통상 "목록폐지"라고 한다)을 한 경우에는 공장저당을 보통저당으로 변경할 수 있다.

8. 등기예규

[예규 8] 증가 환지된 토지에 대한 저당권의 효력

증가 환지된 토지에 대한 저당권의 효력

제정 1968. 7. 30. [등기예규 제125호, 시행]

환지처분으로 그 지적이 증가한 경우에도 특별한 규정이 있는 경우를 제외하고는 종전 토지 위에 설정되어 있는 저당권의 효력은 당연히 증가 환지된 토지 전체에 미친다.

대법원 1968. 07. 30. 선고 67마1183 결정

9. 등기선례

[선례 51] 근저당권의 증가환지된 토지에 대한 효력

제정 1982. 9. 28. [등기선례 제1-426호, 시행]

환지처분의 공고가 있는 경우에는 환지계획에서 정하여진 환지는 그 환지처분의 공고가 있은 날의 익일부터 종전 토지로 보게 되는 것이므로 (주), 종전 토지 위에 설정된 근저당권의 효력은 증가 환지된 토지 전체에 미친다.
82. 9. 28 등기 제446호
참조예규 : 409(767) 항
주 : 토지구획정리사업법 제62조 제1항

[선례 52] 근저당권자와 일부대위변제자의 경락대금의 배당에 관한 특약을 등기할 수 있는지 여부

제정 [등기선례 제1-427호, 시행]

특약사항의 등기는 법률에 규정이 있는 경우에 한하여 할 수 있는 것이므로 근저당권자와 일부대위변제자의 경락대금의 배당에 관한 특약은 등기할 수 없다.
86. 1. 10 등기 제4호

[선례 53] 유루기입된 저당권설정등기의 순위

제정 1987. 11. 30. [등기선례 제2-369호, 시행]

동일한 부동산에 관하여 수개의 근저당권설정등기가 경료되어 있는 경우 그 권리의 순위는 등기부에 기재된 순위번호에 의하여 결정되므로(부동산등기법 제5조 제2항), 등기공무원의 과오로 근저당권설정등기의 기입이 유루된 상태에서 다른 근저당권설정등기가 순위 1번으로 경료되고 그 후에 위 유루된 근저당권설정등기가 순위 2번으로 기입되었다면 그 근저당권설정등기가 순위 1번으로서의 효력을 보장받을 수는 없을 것이다.
87.10.23 등기 제624호 및 87.11.30 등기 제684호
참조선례 : 374항

[선례 54] 회사의 대표이사가 자기 개인소유의 부동산을 회사채무의 담보로 제공하는 경우 이 사회의 승인을 받아야 하는지 여부

제정 1989. 10. 25. [등기선례 제2-370호, 시행]

회사의 대표이사가 자기 개인소유의 부동산을 회사의 채무를 위하여 담보로 제공하는 경우는 상법 제398조에서 규정하고 있는 이사와 회사간의 거래에 해당하지 아니하므로 이사회의 승인을 받을 필요가 없다.

89.10.25 등기 제2006호

주) 이 선례는 등기선례 2012. 4. 6. 부동산등기과-692 질의회답에 의하여 그 내용이 변경됨.

[선례 55] 부동산등기법 부칙 제4조의 저당권에 근저당권도 포함되는지 여부

제정 1993. 2. 11. [등기선례 제3-579호, 시행]

1968.12.31. 이전에 경료된 부동산등기법 부칙 제4조 각호의 등기는 이법 시행일 후 90일 이내에 이해관계인으로부터 권리가 존속한다는 뜻의 신고가 없으면 이를 등기공무원 직권으로 말소하며(권리가 존속하지 않는다는 뜻의 신고가 있어도 마찬가지임), 위 법 부칙 제4조의 저당권에는 근저당도 포함된다.

93.2.11. 등기 제351호 대한법무사협회장 대 질의회답

참조조문 : 부동산등기법 부칙 제4조(1991.12.14. 법률 제4422호)

[선례 56] 이사의 채무를 위하여 회사 소유부동산에 대하여 근저당권을 설정할 경우 이사회의 승인 요부

제정 1994. 4. 19. [등기선례 제4-451호, 시행]

주식회사가 자신의 채무를 위하여 자신의 소유 부동산에 근저당권설정등기를 신청하는 경우 이사회의 승인결의서를 첨부할 필요가 없으나, 그 주식회사의 대표이사 또는 이사의 개인채무를 담보하기 위하여 채무자를 동 대표이사 또는 이사로 하는 근저당권설정등기를 신청하려면 이사회의 승인결의서를 첨부하여야 하며(상법 제398조 참조), 동 이사회가 승인 결의를 함에 있어서 위 채무자인 대표이사 또는 이사는 그 결의권을 행사하지 못한다(동법 제391조 제2항, 제368조 제4항 참조).

(1994. 4. 19. 등기 3402-352 질의회답)

주) 이 선례는 등기선례 2012. 4. 6. 부동산등기과-692 질의회답에 의하여 그 내용이 변경됨.

[선례 57] 유치원건물의 매매, 담보제공 및 가등기의 가부

제정 [등기선례 제4-452호, 시행]

유치원건물의 소유자는 갑이고 유치원 경영자는 그의 남편 을로서 건물의 소유자와 유치원의 경영자가 서로 다른 경우 유치원건물의 소유자 갑은 사립학교법 제2조 제3항소정의 사립학교 경영자가 아니므로 그 유치원을 경영하기 위하여 감독관청으로부터 유치원설립자변경인가를 받고 그 건물을 매수한 병에게 소유권이전등기를 경료시켜 줄 수 있는 것이나, 소유권이전을 받은 병은 같은 법조항 소정의 사립학교 경영자라고 보아야 할 것이므로 그 건물에 대하여 소유권이전청구권가등기나 담보가등기를 제3자에게 경료시켜 줄 수 없다.
(1996. 5. 22. 등기 3402-402 질의회답)
참조조문 : 사립학교법 제2조, 제28조, 제51조, 동시행령 제12조 제1항
참조예규 : 제827호

[선례 58] 근저당권설정등기가 말소된 경우 담보물 추가등기의 효력

제정 1996. 7. 19. [등기선례 제5-6호, 시행]

근저당권에 대한 담보물 추가의 등기는 부기등기의 방법에 의하여야 하나, 등기관의 착오로 독립된 순위번호에 의하여 등기되었다고 하더라도 그 효력에는 영향이 없으며, 주등기인 근저당권설정등기가 말소되었다면 위 담보물 추가의 등기도 그 존재가치가 없어진다.
(1996.7.19. 등기 3402-575 질의회답)
참조조문 : 법 제6조

[선례 59] 근저당권이 설정된 토지 위에 건물을 축조한 경우 건물에 대하여도 일괄경매를 신청할 수 있는지 여부

제정 1997. 3. 20. [등기선례 제5-425호, 시행]

토지를 목적으로 한 근저당권이 설정된 후 그 토지소유자인 근저당권설정자가 토지상에 건물을 축조한 경우 근저당권자는 민법 제365조의 규정에 의하여 토지와 함께 그 지상건물에 대하여서도 일괄하여 경매를 신청할 수 있다. 다만, 토지상에 근저당권이 설정된 후 근저당권설정자가 아닌 토지소유자(예컨대 근저당권을 설정한 후에 토지 소유권을 취득한 자)나 근저당권설정자로부터 용익권을 취득한 자가 건물을 축조한 경우에는 위 규정에 의한 일괄경매권은 인정되지 아니한다.

(1997. 3. 20. 등기 3402-205 질의회답)

[선례 60] 담보권 등에 관한 권리의 등기신청과 관련된 주택건설촉진법 제44조의3 제5항 규정의 적용 시기

제정 1998. 8. 29. [등기선례 제5-426호, 시행]

1997. 12. 13. 법률 제5451호로 개정된 주택건설촉진법중개정법률의 시행일은 1998. 3. 14.이므로, 재건축대상인 노후·불량주택이나 그 대지에 설정된 저당권 등에 관한 권리의 등기신청은 위 개정법률 당시 신설된 동법 제44조의3 제5항에 따라 새로이 건설되는 주택 등에 관하여 하게 되며, 위 개정법률은 그 시행일인 1998. 3. 14.이후 동법 제33조 규정의 주택건설사업계획승인을 얻은 경우에 적용 될 것이다.
(1998. 8. 29. 등기 3402-827 질의회답)
참조조문 : 주택건설촉진법 부칙(1997. 12. 13.)

[선례 61] 근저당권의 순위양도와 이에 따른 등기의 가부

제정 1998. 9. 7. [등기선례 제5-427호, 시행]

근저당권도 저당권과 마찬가지로 순위양도와 이에 따른 등기는 할 수 없다.
(1998. 9. 7. 등기 3402-859 질의회답)

[선례 62] 합필등기시 근저당권설정등기의 이기가 유루된 경우 이를 바로잡기 위한 등기 절차

제정 1999. 3. 18. [등기선례 제6-323호, 시행]

갑 소유의 △번지 토지를 1989. 5. 25.자로 갑 소유의 ▽번지 토지에 합필등기를 경료하면서 △번지 토지등기부에 경료되어 있던 근저당권등기를 ▽번지 토지등기부에 이기하는 것을 등기관이 유루하였고, 합필등기 후 ▽번지 토지에 대하여 후순위 근저당권설정등기가 경료된 후 ▽번지 토지가 다시 ▽번지와 ▽-2번지로 분필등기가 경료된 경우, 후순위근저당권자는 등기상 이해관계 있는 제3자에 해당하므로 위 유루된 근저당권등기를 등기관이 부동산등기법 제72조의 규정에 의한 직권경정등기의 방법으로 등기부에 기입할 수는 없으며, 이를 위하여는 위 유루된 근저당권등기의 등기권리자와 당해 토지의 현재의 등기부상 소유자가 공동으로 그 경정등기를 신청하여야 할 것이다. 이 경우 신청을 받은 등기관은 유루된 근저당권을 후순위근저당권의 다음 번호를 순위번호로 부여하여 기입하여야 할 것이나, 그 등기신청서에 후순위근저당권자의 승낙서 또는 그에게 대항

할 수 있는 재판등본이 첨부된 때에는 유루된 근저당권을 후순위근저당권보다 선순위로 기입하여야 할 것이다.
(1999. 3. 18. 등기 3402-295 질의회답)
참조조문 : 법 제72조, 제74조
참조판례 : 1998. 4. 9. 98마40 결정
참조예규 : 제369호, 제376호
참조선례 : II 제369항

[선례 63] 근저당권의 순위양도와 그에 따른 등기가 가능한지 여부

제정 2000. 5. 31. [등기선례 제6-324호, 시행]

현행 민법과 등기법제에는 근저당권의 순위를 양도하는 제도가 없으므로 근저당권의 순위양도와 그에 따른 등기는 할 수 없다.
(2000. 5. 31. 등기 3402-383 질의회답)
참조예규 : 제223호
참조선례 : V 제427항,1973. 7. 2. 법정 제379호 통첩

[선례 64] 비영리종교법인소유의 부동산을 담보로 제공하는 경우, 주무관청의 허가를 요하는지 여부 등

제정 [등기선례 제6-325호, 시행]

1. 재단법인으로서 공익법인이 아닌 비영리종교법인은 정관에 특단의 규정이 없는 한 주무관청의 승인 없이도 기본재산을 담보로 제공하고 그에 따른 등기를 할 수 있다.
2. 위 법인의 기본재산에 해당하는 부동산에 관하여, 확정판결에 따른 소유권이전등기를 신청하는 경우에는 주무관청의 허가를 증명하는 서면을 첨부하여야 하나(부동산등기특별조치법 제5조), 수용재결에 따른 소유권이전등기를 신청하는 때에는 위 서면을 첨부할 필요가 없다.

(2001. 6. 18. 등기 3402-409 질의회답)
참조예규 : 제886호

제2관 저당권설정등기

1. 등기예규

[예규 1] 저당권설정등기시의 채무자 표시

> **저당권설정등기시의 채무자 표시**
>
> 제정 1976. 1. 15. [등기예규 제264호, 시행]
>
> 채무자와 저당권 설정자가 동일인인 저당권설정등기에 있어서도 신청서와 등기부에 채무자를 표시하여야 한다.

[예규 2] 공유자의 지분 일부에 대한 저당권등기 등이 있는 경우의
         등기사무처리지침

> **공유자의 지분 일부에 대한 저당권등기 등이 있는 경우의**
> **등기사무처리지침**
>
> 개정 2011. 10. 11. [등기예규 제1356호, 시행 2011. 10. 13.]
>
> 1. 등기의 목적인 지분의 특정 표시
>   어느 공유자의 지분 일부에 대하여 저당권(근저당권을 포함한다. 이하 같다)의 등기를 한 후 그 공유자의 지분 일부에 대하여 권리이전의 등기를 하거나 다시 저당권의 등기를 하는 경우에는, 그 등기의 목적이 이미(선순위) 저당권이 설정된 부분인가 아닌가를 명백히 하기 위하여 등기신청서와 등기부의 '등기의 목적'을 다음과 같이 기재하여야 한다.

구　　분	이전등기의 경우	저당권설정등기의 경우
별도 순위로 각 취득등기를 한 지분 중 특정 순위로 취득한 지분 전부의 이전등기 또는 저당권설정등기를 하는 경우	『아무개 지분 얼마 중 일부(몇번 지분)이전』 또는 『몇번 아무개 지분 전부이전』	『아무개 지분 얼마 중 일부(갑구 몇번 지분) 저당권 설정』 또는 『갑구 몇 번 아무개 지분 전부 저당권 설정』
특정 순위로 취득등기를 한 지분 중 일부의 이전등기 또는 저당권설정등기를 하는 경우		
(1) 저당권이 설정된 부분인 때	『몇번 아무개 지분 얼마 중 일부(을구 몇번 저당권등기된 지분)이전』	『갑구 몇 번 아무개 지분 얼마 중 일부(몇 번 저당권등기된 지분)저당권설정』
(2) 저당권이 설정되지 아니한 부분인 때	『몇번 아무개 지분 얼마 중 일부(저당권등기 되지 아니한 지분)이전』	『갑구 몇 번 아무개 지분 얼마 중 일부(저당권등기되지 아니한 지분) 저당권설정』
(3) 저당권이 설정된 부분과 설정되지 아니한 부분이 경합된 때	『몇번 아무개 지분 얼마 중 일부(을구 몇번 저당권등기된 지분 얼마와 저당권등기되지 아니한 지분 얼마)이전』	『갑구 몇 번 아무개 지분 얼마 중 일부(몇번 저당권등기된 지분 얼마와 저당권등기 되지 아니한 지분 얼마) 저당권설정』

2. 신청서에 등기의 목적인 지분을 특정 표시하지 아니한 경우의 처리

위 '1'의 경우, 그 등기신청서에 위 '1'의 기재를 하지 아니한 때에는, 그 흠결을 보정하지 않는 한, 「부동산등기법」 제29조제5호(신청정보의 제공이 대법원규칙으로 정한 방식에 맞지 아니한 경우)의 규정에 의하여 신청을 각하한다.

3. 신청서에 등기의 목적인 지분을 특정 표시하지 아니한 것을 간과하고 등기한 경우의 처리

(1) 위 '2'의 흠결을 간과하고 신청을 수리하여 등기한 경우에도, 당사자가 공동으로 위 '1'의 기재를 보충하는 내용의 경정등기신청을 한 때에는(등기상 이해관계 있는 제3자가 있으면 그 승낙서 등을 첨부하여야 함) 이를 수리할 것이다.

(2) 위 (1) 의 경우 경정등기신청이 없더라도 그 등기를 직권말소할 것은 아니며, 그 후 다른 등기를 함에 있어서는 위 등기가 그보다 앞서 경료된 저당권등기의 목적이 아닌 지분을 그 목적으로 하는 것이라고 보고 처리할 것이다.

(3) 위 '1'의 기재를 하지 아니한 채 경료된 수개의 저당권등기의 목적인 지분 합계가 저당권설정자의 전체 지분을 초과하는 경우

① 앞서 설정된 저당권이 하나뿐인 때에는 그 초과부분은 앞서 설정된 저당권의 후순위 저당권으로 볼 여지가 있으므로 이를 그대로 두고 처리하되,

② 앞서 설정된 저당권이 2개 이상인 때에는 그 초과부분은 앞서 설정된 저당권 중 어느 것의 후순위 저당권인지 등기부상 판별할 수 없으므로 그 초과부분의 저당권등기(전부가 초과되는 때에는 그 등기 전부)는 「부동산등기법」 제58조 및 제29조제2호(사건이 등기할 것이 아닌 경우)의 규정에 의하여 직권말소(일부말소의 경우는 말소 의미의 경정) 하여야 할 것이다.

4. 다른 등기에의 준용

(1) 어느 공유자의 지분 일부에 대하여 저당권의 등기를 한 후 그 공유자의 지분 일부에 대하여 가등기 또는 압류·가압류·가처분 등 처분제한의 등기를 하는 경우에도, 위 '1'내지 '3'에 준하여 처리한다.

(2) 어느 공유자의 지분 일부에 대하여 가등기 또는 처분제한의 등기를 한 후 그 공유자의 지분 일부에 대하여 위 '1'내지 '4'의 (1)의 등기를 하는 경우에도, 위 '1'내지 '3'에 준하여 처리한다.

부 칙 (2011. 10. 11. 제1356호)

이 예규는 2011년 10월 13일부터 시행한다.

2. 등기선례

[선례 1] 임차인의 부존재 시 구 「임대주택법」 제18조제2항에 따른 금지사항 부기등기의 말소와 저당권설정등기 가능 여부(소극)

제정 2018. 5. 24. [등기선례 제9-277호, 시행]

구 「임대주택법」(2015. 8. 28. 법률 제13499호로 개정되기 전의 것) 제18조는 구 「주택법」 제16조제1항(현행 「주택법」 제15조제1항에 해당함)에 따른 사업계획의 승인을 받아 시행하는 주택건설사업으로 건설된 임대주택에 대하여 분양전환 이전까지 저당권 설정 등의 행위를 할 수 없는 재산임을 소유권등기에 부기등기 하도록 하면서 이러한 부기등기를 마친 임대주택에 대하여는 임차인이 동의하거나 그 밖에 대통령령으로 정하는 경우에만 예외적으로 저당권 설정 등의 등기를 신청할 수 있도록 하고 있는데, 같은 법 시행령에는 임차인이 존재하지 않는 경우 저당권을 설정할 수 있다는 예외규정이 없으므로, 일시적으로 임차인이 존재하지 않는다는 사유만으로 해당 임대주택에 대해 저당권설정등기를 신청할 수 없다. 또한 위와 같이 마쳐진 금지사항 부기등기는 분양전환 이전까지 존속하여야 하는 것으로 규정되어 있을 뿐이고, 일시적으로 임차인이 존재하지 않는 경우에 이를 말소할 수 있다는 특별한 규정이 없으므로, 임차인이 존재하지 않음을 이유로 금지사항 부기등기의 말소등기를 신청할 수 없다.

(2018. 05. 24. 부동산등기과-1197 질의회답)
참조판례 : 2015. 8. 27. 선고 2013다204737 판결
참조예규 : 제1523호
참조선례 : IX 제274항

[선례 2] 전세권변경등기가 주등기로 마쳐진 경우의 전세권근저당권설정등기 기록방법

제정 2018. 10. 19. [등기선례 제9-303호, 시행]

전세권설정등기(순위번호 1번) 및 근저당권설정등기(순위번호 2번)가 차례로 마쳐지고 이어서 전세금 증액을 원인으로 한 전세권변경등기가 2번 근저당권자의 승낙을 얻지 못하여 주등기(순위번호 3번)로 이루어진 상태에서 위 전세권을 목적으로 하는 근저당권설정등기신청이 있는 경우에 등기관은 순위번호 1번의 전세권등기에 부기등기로 전세권근저당권설정등기를 실행해야 한다.

(2018. 10. 19. 부동산등기과-2370 질의회답)
참조조문 : 법 제4조, 제5조, 제52조제3호, 규칙 제2조

[선례 3] 수산업협동조합중앙회 명의의 등기에 대한 수협은행의 등기신청절차

제정 2018. 4. 20. [등기선례 제9-325호, 시행]

「수산업협동조합법」(2016. 5. 29. 법률 제14242호로 개정된 것) 부칙 제14조 제2항은 '이 법 시행 당시 중앙회의 재산 중 수협은행에 이관되는 재산에 관한 등기부와 그 밖의 공부에 표시된 중앙회의 명의는 각각 해당 자산을 이관받은 수협은행의 명의로 본다'고 규정하고 있으므로, 수협은행은 수산업협동조합중앙회 명의의 근저당권에 대하여 근저당권이전등기절차를 거치지 않고 등기원인을 '2016년 5월 29일 법률 제14242호'로 하여 직접 자신의 명의로 변경하는 등기명의인표시변경등기를 신청할 수 있고, 나아가 등기명의인표시를 변경하지 않고도 추가근저당권설정등기를 신청할 수 있다.
(2018. 04. 20. 부동산등기과-945 질의회답)
참조예규 : 제534호

[선례 4] 공유지분에 대한 저당권설정등기의 가부

제정 [등기선례 제1-428호, 시행]

부동산의 공유지분에 대한 소유권이전등기 및 저당권설정등기는 모두 가능하므로 등기의 목적인 지분부분이 특정되는 이상 그에 대한 소유권이전등기나 저당권설정등기는 적법하다.
81. 12. 23 등기 제589호
참조예규 : 415, 418-1항
질의내용 : 부동산의 소유자 갑이 168,500분의 43,069지분에 관하여 을 앞으로 근저당권설정등기를 경료한 후 그 나머지 지분 일부(168,500분의 37,676지분)에 관하여 병 앞으로 매매로 인한 소유권일부이전의 등기를 경료하였는 바, 병은 을의 근저당권의 효력이 자신의 이전등기에 영향을 미친다고 판단하여 갑에게 을의 근저당권등기를 말소하여 줄 것을 요구하고 있으니, 위의 경우 병의 이전등기가 적법한지 여부를 회시하여 주시기 바랍니다.

[선례 5] 저당권설정계약서에 저당권의 순위를 기재하여야 하는지 여부등

제정 1984. 11. 9. [등기선례 제1-430호, 시행]

저당권설정등기를 신청할 경우에 선순위 저당권이 있는 때라도 신청서에 그 취지를 기재하지 아니하므로 (주), 등기공무원은 저당권의 순위에 관하여 조사할 기한이나 의무가 없고 이는 신청인의 책임에 속하는 것으로서 저당권설정계약서에 저당권의 순위를 기재한 여부 및 그 기재한 순위의 상위 여부에 관계 없이 그 등기신청을 수리하여야 한다.

84. 11. 9 등기 제478호

질의내용 : 1984. 6. 19 부동산등기법시행규칙의 개정으로 구 시행규칙 제60조(후순위의 전세권 또는 저당권설정의 등기)가 삭제됨에 따라 저당권설정계약서에 저당권의 순위를 기재할 수 있는지에 관하여 아래 양설이 있는 바, 어느 설이 옳은지 알려주시기 바랍니다.

갑설 – 저당권설정등기신청서에 선순위 저당권에 관한 취지를 기재하지 아니하므로 저당권설정계약서에 저당권의 순위를 기재하여서는 안된다.

을설 – 저당권설정등기신청서에 선순위 저당권에 관한 취지를 기재 하는 여부에 관계 없이 저당권설정계약서에는 저당권의 순위를 기재할 수 있다.

주 : 84. 6. 19 대법원규칙 제880호로 전문개정되기 전의 부동산등기법시행규칙 제60조는 전세권 또는 저당권의 설정등기를 신청할 경우에 선순위의 전세권 또는 저당권의 등기가 있는 때에는 신청서에 그 취지를 기재하도록 규정하고 있었으나, 위 규칙 개정으로 동조가 삭제되었다. 예규 433, 434항 참조

[선례 6] "공증용" 인감증명서에 의한 저당권설정등기신청의 가부

제정 1985. 1. 21. [등기선례 제1-145호, 시행]

부동산매도용인 경우를 제외하고는 인감증명에 기재되어 있는 사용용도와 다른 등기신청이 있다 하더라도 등기신청서나 첨부된 부속서류에 날인된 인영이 인감증명과 동일한 경우에는 등기신청의 진정을 증명할 수 있다 할 것이므로 그 등기신청은 수리되는 것이며, 따라서 사용용도를 "공증용"으로 기재한 인감증명을 저당권설정등기신청서에 첨부하였다 하더라도 그 등기신청을 수리하여야 할 것이다.

85. 1. 21 등기 제38호

참조예규 : 177-1, 177-2, 177-4항

[선례 7] 등기의무자의 신청서상 성명이 등기부와 부합하지 아니한 경우의 저당권설정등기신청 가부

제정 [등기선례 제1-432호, 시행]

신청서에 게기한 등기의무자의 표시가 등기부와 부합하지 않는 경우에 즉일 (주) 이를 보정하지 아니한 때에는 그 등기신청을 수리할 수 없으므로(부동산등기법

제55조 재 6호), 저당권설정등기신청서에 기재한 저당권설정자의 성명이 등기부와 부합하지 아니한 때에는 그 성명의 변경 또는 경정등기를 하기 전에는 저당권설정등기신청을 수리할 수 없다.

85. 2. 23 등기 제100호

주 : 다만 예규 249-3항은 등기공무원이 등기신청서류에 흠결을 발견하였을 경우 등기신청일의 다음날(토요일에 등기신청된 사건은 월요일) 오후까지 보정하게 하여야 하는 것으로 정하고 있다.

[선례 8] 대지권을 목적으로 하는 저당권설정등기의 가부

제정 1986. 7. 24. [등기선례 제1-433호, 시행]

대지권인 취지의 등기를 한 토지의 등기용지에는 대지권을 목적으로 하는 저당권설정등기를 할 수 없다.

86. 7. 24 등기 제342호 한국주택은행장 대 법원행정처장 회답

질의사항 : 집합건물의 전유부분에 대하여 먼저 근저당권설정등기가 경료되고 대지권의 등기가 된 후에 동일 채권을 담보하기 위하여 그 대지를 목적으로 한 추가 근저당권의 설정등기를 할 수 있는지 여부

[선례 9] 공유지분에 대한 저당권설정등기와 다른 공유자의 동의 요부

제정 1986. 12. 9. [등기선례 제1-100호, 시행]

공유자는 다른 공유자의 동의 없이 자기지분에 대한 저당권설정등기 신청을 할 수 있다.

86. 12. 9 등기 제600호

[선례 10] 후순위 저당권자가 있는 경우 근저당권의 채권최고액의 경정등기 형식

제정 [등기선례 제1-452호, 시행]

갑이 채권최고액 6,000만원의 근저당권설정등기신청을 하였으나 등기부에는 채권최고액이 600만원으로 등기된 다음 을을 위한 후순위 근저당권설정등기가 경료된 경우에, 갑이 등기상의 이해관계인인 을(후순위 근저당권자)의 승낙서 또는 그에게 대항할 수 있는 재판의 등본을 첨부하여 경정등기신청을 한 때에는 부기에 의하여 경정등기를 하게 되므로 경정후의 등기는 경정전의 등기와 동일 순위를 유지하는 것이나, 위 서면을 첨부하지 아니한 때에는 등기되지 아니한 채권최고액(5,400만원)에 관하여는 주등기로 경정등기를 하게 되므로 그 부분은 을보다 후순위가 된다.

83. 2. 9 등기 제41호

[선례 11] 저당권설정등기신청서에 첨부할 인감증명서의 사용용도란의 기재

제정 [등기선례 제2-371호, 시행]

근저당권설정등기신청서에 첨부할 인감증명서는 그 사용용도란에 '근저당권설정용'이라고 기재되어 있지 않은 것이라도 무방하다.
87. 1.31 등기 제185호)
참조예규 : 177-1, 177-2, 177-4항
질의요지 : 근저당권설정등기신청서에 첨부해 인감증명서의 사용용도가 '근저당권설정등기용'이라고 기재되어야 하는지 아니면 '보증용', '신용보증용', '대부용', '합필용' 등으로 기재되어도 무방한지 여부

[선례 12] 대지권이 없는 구분건물의 소유권보존등기

제정 1987. 10. 14. [등기선례 제2-223호, 시행]

일동의 건물에 속하는 구분건물중 대지권이 없는 건물에 관하여는 대지권의 표시없이 대지권이 있는 건물과 일괄하여 소유권보존등기신청을 할 수 있고, 대지권이 없는 구분건물만에 관한 근저당권설정등기도 가능하다
87. 10. 14 등기 제595호
참조조문 : 부동산등기법 제131조의 2, 제135조의 3, 제165조의 2

[선례 13] 미등기 부동산에 대한 저당권설정등기를 명하는 판결을 받은 경우의 등기절차

제정 [등기선례 제2-373호, 시행]

미등기 건물이 피고의 소유임을 확인하고 피고는 이에 관하여 원고 앞으로 근저당권설정등기절차를 이행하라는 취지의 확정판결 또는 제소전화해조서가 있는 경우에는, 원고는 피고를 대위하여 피고 명의의 소유권보존등기를 한 다음 원고 앞으로의 근저당권설정등기를 신청할 수 있다. 다만, 그 확정판결 또는 제소전화해조서의 내용 중 건물이 피고의 소유임을 확인하는 내용의 설시가 없다면, 피고 명의의 소유권보존등기의 대위신청서에는 별도로 피고의 소유임을 증명하는 서면(부동산등기법 제131조참조)을 첨부하여야 할 것이다.
87.12.23 등기 제736호
주 : 145항 "주" 참조

[선례 14] 기입유루된 저당권설정등기를 그 후에 등기된 저당권보다 후순위로 기입할 수 있지 여부

제정 1988. 1. 5. [등기선례 제2-374호, 시행]

갑이 근저당권설정등기를 신청하였으나 등기공무원의 과오로 그 등기기입을 유루하였고, 그 후 을이 동일 부동산에 대하여 순위 제1번의 근저당권설정등기를 경료하였다면, 부동산등기법 제72조 소정의 경정등기절차에 준하여 위 유루된 근저당권설정등기를 순위 제2번으로 기입할 수 있을 것이고, 이 경우 을의 승낙서 등은 첨부할 필요가 없을 것이다.

88. 1. 5 등기 제2호

참조선례 : 369항

[선례 15] 근저당권자의 주소가 변경된 경우 그 변경등기 없이 동일부동산에 대하여 새로운 저당권설정등기신청을 할 수 있는지 여부

제정 [등기선례 제2-375호, 시행]

동일 부동산에 관하여 동일인 명의로 수개의 근저당권설정등기가 되어 있는 경우 근저당권자의 주소변경을 원인으로 한 위 수개의 등기명의인의 표시 변경등기는 1개의 신청서에 일괄하여 신청할 수 있으며, 위 등기신청을 하지 않더라도 다음 순위의 새로운 근저당권설정등기를 신청할 수 있다.

88. 7. 15 등기 제391호 중소기업은행장 대 법원행정처장

참조조문 : 부동산등기법 제15조

[선례 16] 전세권에 대한 저당권설정등기의 가부

제정 1989. 12. 8. [등기선례 제2-377호, 시행]

전세권도 저당권의 목적이 될 수 있는 것이므로(민법 제371조 제1항 참조), 전세권을 목적으로 하고 그 전세금을 채권최고액으로 하는 근저당권설정등기를 할 수 있으며, 이 경우 근저당권설정자(전세권자)는 근저당권자의 동의 없이는 근저당권의 목적이 된 전세권을 소멸시키는 행위를 할 수 없다.

89.12. 8 등기 제2317호

참조조문 : 민법 제371조 제2항

[선례 17] 대지권등기가 된 구분건물만에 대한 추가 저당권설정등기의 가부

제정 [등기선례 제2-378호, 시행]

대지권등기가 경료된 구분건물만에 대하여 추가근저당권설정등기를 할 수는 없고(부동산등기법 제165조의2 제2항 참조), 근저당권의 변경등기의 형식으로 토지에 대한 근저당권의 효력이 건물(구분건물)에 까지 미치는 것으로 할 수도 없다.

87. 7.31 등기 제455호 문화방송주택조합 대 법원행정처장).

주 : 이러한 경우에는 구분건물과 그 대지권을 일체로하여 추가근저당권설정 등기를 하여야 하고, 이점은 먼저 구분건물만에 근저당권을 설정한 후 대지사용권을 추가담보로 제공하려는 경우에도 마찬가지라고 보아야 할 것이다(예규 837-23항 참조).

[선례 18] 저당권설정등기의 신청에 있어서 제출하는 등기원인증서와 대리권을 증명하는 서면(위임장)에 날인할 인감

제정 [등기선례 제2-379호, 시행]

근저당권설정자(채무자)가 대리인(사법서사)에 의하여 근저당권설정등기를 신청할 경우에 그 대리권을 증명하는 서면으로 제출하는 위임장에는 인감증명법상 신고된 인감을 날인하여야 하지만 그 원인증서인 근저당권설정계약서에는 반드시 위 인감을 날인하여야 하는 것은 아니다.

88. 12. 8 등기 제683호

[선례 19] 저당권자의 승낙 없이는 부동산을 처분할 수 없다는 특약사항의 등기 가부

제정 [등기선례 제2-381호, 시행]

주택자금의 대출에 따른 근저당권설정계약을 함에 있어서, 당사자간에 "근저당권설정자가 당해 부동산을 처분할 경우에는 근저당권자의 승낙을 받아야 한다"는 약정을 하였다 하더라도, 법률에 그러한 사항을 등기할 수 있다는 특별한 규정이 없는 한, 그러한 약정은 이를 등기할 수 없다.

89. 6.28 등기 제1239호 한국주택은행장 대 법원행정처장

[선례 20] 친권자와 미성년자인 자(子) 의 공유부동산에 관한 저당권설정등기와 이해상반행위

제정 1989. 11. 23. [등기선례 제2-382호, 시행]

친권자인 모(母)와 미성년자인 자(子)와의 공유부동산에 관하여 근저당권설정등기를 신청함에 있어서, 모(母)와 제3자를 공동채무자로 하는 경우는 모(母)와 자(子) 사이의 이해상반행위로 미성년자를 위한 특별대리인을 선임하여야 하지만, 미성년자인 자(子)만을 채무자로 하거나 모(母)와 자(子)를 공동채무자로 하는 경

우에는 위 양자간의 이해 상반행위에 해당하지 아니하므로 미성년자인 자(자)를 위한 특별대리인을 선임할 필요가 없다.
89.11.23 등기 제2207호

[선례 21] 근저당권자명의로 매입한 국민주택채권매입필증을 첨부하여 근저당권설정등기신청을 할 수 있는지 여부

제정 [등기선례 제2-391호, 시행]

근저당권설정시 국민주택채권의 매입대상자는 근저당권설정자이므로(국민주택채권매입사무취급규칙 제12조 제1항 제3호 참조), 채권매입자 명의가 근저당권자로 된 국민주택채권매입필증을 첨부하여 근저당권설정등기를 신청할 수는 없다.
89. 5.22 등기 제999호
참조조문 : 국민주택채권매입사무취급규칙 제12조 제 1항 제3호
참조선례 : 등기선례요지집 제1권 922항

[선례 22] 가처분권리자의 승소판결에 의한 근저당권설정등기와 가처분 이후의 가압류등기의 말소

제정 [등기선례 제2-392호, 시행]

가압류등기가 경료된 부동산에 관하여 제3자가 처분금지가처분등기를 하고 그 후에 가압류권리자의 신청에 의한 강제경매개시결정 및 그 기입등기와 그에 따른 경락이 이루어졌다면, 위 가처분권리자는 경락인에게 대항할 수 없을 것이므로, 경매법원의 촉탁에 의하여 그 가처분등기를 말소할 수 있다.
88.12.26 등기 제723호
참조예규 : 676-3항

[선례 23] 추가 근저당권설정등기신청의 경우 부동산등기법시행규칙 제70조의 규정에 의한 등기부등본의 제출여부

제정 1987. 10. 19. [등기선례 제2-393호, 시행]

부동산등기법시행규칙 제70조 는 " 법 제147조의 규정에 의하여 저당권의 설정등기를 신청하는 경우 종전의 등기에 다른 등기소의 관할에 속하는 부동산이 있는 때에는 그 등기부등본을 첨부하여야 한다."고 규정하고 있으므로 추가 근저당권설정등기의 신청을 함에 있어서 전에 저당권을 설정한 부동산이 동일 등기소의 관할에 속할 때에는 위 규칙 제70조에 의한 등기부등본의 제출을 요하지 아

니한다.
87.10.19 등기 제613호 대한사법서사협회장 대 법원행정처장

[선례 24] 구분건물에 관하여는 근저당권설정등기가 경료된 후 그 건물에 대지권의 목적인 토지에 추가근저당권의 설정등기 없이 위 근저당권의 효력이 미치는지 여부

제정 1991. 4. 4. [등기선례 제3-583호, 시행]

구분건물에 관하여만 근저당권설정등기가 경료된 후 대지권등기가 이루어진 경우에는 그 건물의 대지권의 목적인 토지에 관하여 동일채권의 담보를 위한 추가근저당권설정등기를 하지 아니하는 한 구분건물에만 등기된 위 근저당권의 효력은 그 토지에까지 미치지 아니하는 것이고, 이 경우에는 민법 제365조의 적용도 없는 것이므로 위 근저당권에 기하여 대지권의 목적인 토지도 포함하여 경매신청을 할 수는 없다.

91.4.4. 등기 제703호

질의요지 : 주거용 아파트(구분건물)에만 근저당권설정등기를 경료한 후 지적공부가 정리되어 동 아파트에 대지권이 등기된 경우 위 대지권의 목적인 토지에 관하여 별도의 근저당권을 추가로 설정등기하지 아니하여도 동 피담보채무 불이행에 의한 담보권실행시 위 대지권도 포함하여 함께 경매 신청, 경락 가능한지의 여부 및 위 경매 후 피담보 채권의 우선배당은 경매대금 중 아파트건물 대금 환가액에서만 충당가능한지 또는 대지권 환가액을 포함한 전체 매득금에서도 배당 가능한지의 여부

[선례 25] 정리회사가 근저당권을 취득하는 경우 법원의 허가를 얻어야 하는지 여부

제정 1991. 4. 4. [등기선례 제3-584호, 시행]

법원이 회사정리절차개시결정을 함에 있어 정리회사의 관리인에게 회사재산의 처분, 재산의 양수, 차재, 회사정리법 제103조의 규정에 의한 계약의 해제 또는 해지, 소의 제기, 화해, 권리의 포기, 공익채권과 환취권의 승인, 회사의 과장급 이상의 직원 등에 대한 인사 및 소송상 변호사를 선임하는 행위에 대하여는 법원의 허가를 얻도록 한 경우 그 정리회사가 근저당권을 취득하기 위하여 근저당권설정등기를 신청하는 것은 위 개시결정에 있어 법원의 허가를 필요로 하는 행위에 해당하지 아니하므로 그 근저당권설정등기신청을 할 때 법원의 허가서를 제출할 필요는 없다.

91.4.4. 등기 제705호
참조조문 : 회사정리법 제54조

[선례 26] 근저당권등기에 새로운 등기가 있는 경우 부동산등기법 부칙 제4조에 의한 권리존속 신고대상 등기인지 여부

제정 1992. 5. 19. [등기선례 제3-586호, 시행]

1968.12.31. 이전에 등기된 근저당권등기에 관련하여 1969.1.1. 이후에 어떤 등기가 경료 되었다 하더라도 그것이 부동산등기법 부칙 제4조 단서의 등기가 아닌 한 그 근저당권의 존속을 위하여는 권리존속의 신고가 있어야 한다.

92.5.19. 등기 제1093호 대한법무사협회장 대 질의회답

질의요지 : 개정 부동산등기법(1991.12.14. 법률제 4022호)부칙 제4조의 규정에 의한 저당권등 등기의 정리에 관한 특별조치에 대하여 등기부상 다음과 같은 등기기재가 되었을 경우
1968.12.31. 이전인 1963.2.7. 자로 경료된 근저당권설정등기에 대하여 1979.4.24. 부기 제1호, 1979.4.24. 부기 제2호, 1979.4.24. 부기 제3호로 각 등기명의인표시변경등기가 경료되었고, 1979.4.24. 부기 제4호로 등기명의인 채무자변경, 1981.12.8. 부기 제5호로 저당권담보추가 등기가 각 경료되었는바 이와 같은 경우 이해관계인인 채권자는 동저당권의 권리가 소멸하지 않은 것으로 보아 저당권의 권리가 존속한다는 뜻을 소정기간내에 신고하여야 하는지의 여부.

[선례 27] 근저당권이 설정되지 아니한 공유지분을 이미 근저당권이 설정된 것으로의 추가근저당권설정등기 가부

제정 1993. 1. 6. [등기선례 제3-588호, 시행]

갑·을·병 공동소유 부동산의 갑.을 공유지분에 대하여 근저당권설정등기가 경료된 후, 근저당권이 설정되지 아니한 병 공유지분에 대하여 추가근저당권설정등기 신청을 할 수 있다.

93.1.6. 등기 제18호
참조조문 : 부동산등기법 제147조 제152조 동법시행규칙 제69조, 제70조

[선례 28] 공유지분의 저당권설정등기

제정 1993. 1. 25. [등기선례 제3-589호, 시행]

갑소유의 단독필지 토지(면적.396㎡)에 순위번호 6의 을 명의 근저당권설정등기가 된 후 근저당권이 설정되지 아니한 다른 토지 면적 82㎡ 합필등기 되고 다시 그 소유권이 병에게 일부 이전(공유지분.478분의 5.3)된 경우에 갑의 공유지분 중 6번 근저당권의 효력이 미치지 아니하는 부분인 합병한 대 82㎡에 대한 478분의 472.7에 대하여 추가근저당권설정등기를 할 수는 없으며, 다만 위 근저당권이 공동담보로 되어 있는 경우 그 근저당권을 말소등기하고 합병 후의 토지전부에 대한 갑의 공유지분에 대하여 추가근저당권설정등기를 신청할 수는 있다.
93.1.25. 등기 제163호 한국종합기술금융주식회사 대 질의회답

[선례 29] 공유인 부동산을 친권자인 부의 채무에 대한 담보로 제공하기 위한 근저당권설정등기신청시 미성년자의 특별대리인 선임 요부

제정 [등기선례 제3-590호, 시행]

부·모·미성년자인 자등의 공유인 부동산을 친권자인 부의 채무에 대한 담보로 제공하고 근저당권설정등기를 신청함은 부와 자사이에 이해상반되는 행위로서 그 부는 친권을 행사할 수 없으므로, 민법 제921조 제1항의 규정에 따라 특별대리인을 선임하여 그 특별대리인과 다른 일방의 친권자인 모가 공동하여 미성년자를 대리하여야 한다.
93. 6.23. 등기 제1546호

[선례 30] 이사의 채무를 위하여 회사 소유부동산에 대하여 근저당권을 설정할 경우 이사회의 승인요부

제정 [등기선례 제4-456호, 시행]

주식회사가 자신의 채무를 위하여 자신의 소유 부동산에 근저당권설정등기를 신청하는 경우 이사회의 승인결의서를 첨부할 필요가 없으나, 그 주식회사의 대표이사 또는 이사의 개인채무를 담보하기 위하여 채무자를 동 대표이사 또는 이사로 하는 근저당권설정등기를 신청하려면 이사회의 승인결의서를 첨부하여야 하며(상법 제398조 참조), 동 이사회가 승인 결의를 함에 있어서 위 채무자인 대표이사 또는 이사는 그 결의권을 행사하지 못한다(동법 제391조 제2항, 제368조 제4항 참조).
(1994. 4. 19. 등기 3402-352 질의회답)

주) 이 선례는 등기선례 2012. 4. 6. 부동산등기과-692 질의회답에 의하여 그 내용이 변경됨.

[선례 31] 신탁재산에 관하여 위탁자를 근저당 설정자로 하는 근저당설정청구권가등기 가처분명령이 있는 경우 등기할 수 있는지 여부

제정 [등기선례 제4-457호, 시행]

신탁재산에 관하여 신탁전의 설정계약을 원인으로 하여 위탁자를 근저당설정자로 하는 근저당권설정청구권가등기 가처분명령이 있을 경우 그 가처분명령의 정본을 첨부하여 가등기권리자가 가등기신청을 할 수 있다.
(1996. 4. 10. 등기 3402-262 질의회답)
참조조문 : 법 제37조, 제38조 제1항, 신탁법 제21조 제1항

[선례 32] 구 부동산등기법 시행 당시 등기필증이 멸실되지 않은 경우에도 보증서를 첨부한 근저당권설정 가부 등

제정 [등기선례 제5-434호, 시행]

구 부동산등기법 제49조(1991. 12. 14. 법률 제4422호로 개정 전의 것)가 시행될 당시에는 근저당권설정시 등기의무자의 권리에 관한 등기필증이 멸실된 경우에, 그 등기소에서 소유권등기를 한 성년자 2인 이상이 등기의무자가 본인임을 보증하는 서면을 첨부하여 등기신청을 할 수 있었으므로, 보증서를 첨부하여 근저당권설정 등기를 신청하였다면 형식적 심사권밖에 없는 등기관으로서는 등기의무자의 권리에 관한 등기필증의 멸실여부를 알 수 없으므로 그 등기를 처리할 수밖에 없었을 것이며, 한편 보증인은 그 등기소에 소유권등기를 한 성년자이면 가능하므로 공유자로 소유권등기가 되어 있는 경우에도 각각 보증인이 될 수 있었다.
(1997. 6. 5. 등기 3402-392 질의회답)

[선례 33] 주식회사의 부동산에 대한 근저당권설정등기시 이사회의 승인 요부

제정 [등기선례 제5-437호, 시행]

주식회사가 소유하는 부동산에 관하여 그 회사의 이사를 채무자 또는 근저당권자로 하는 근저당권설정등기를 신청하는 경우에는 상법 제398조의 규정에 의한 이사회의 승인결의서를 첨부하여야 하지만, 이사가 아닌 단순한 개인에게 담보로 제공하는 경우에는 이사회의 승인결의서를 첨부할 필요가 없다.

(1998. 11. 26. 등기 3402-1178 질의회답)
주) 이 선례는 등기선례 2012. 4. 6. 부동산등기과-692 질의회답에 의하여 그 내용이 변경됨.

[선례 34] 동일한 근저당권자가 피담보채권을 달리하여 동시에 근저당권설정등기를 신청한 경우, 근저당권설정등기의 순위

제정 [등기선례 제6-331호, 시행]

1개의 토지에 국민주택기금대출채권과 은행대출채권을 각 피담보채권으로 하여 근저당권자가 동일한 2개의 근저당권설정등기가 동시에 신청된다면, 그 2개의 근저당권설정등기는 같은 순위번호로 등기부에 등재된다.
(1999. 6. 2. 등기 3402-576 질의회답)
참조조문 : 법 제53조
참조예규 : 제520호

[선례 35] 도시재개발사업의 시행으로 인한 등기

제정 [등기선례 제6-332호, 시행]

갑이 ○○시 소유의 종전 토지상에 무허가 건물을 소유하고 있었는바, 재개발조합이 그 지상에 재개발사업을 시행하게 되어, ○○시로부터 그 시유지인 종전 토지를 매입하기로 하는 계약을 체결한 상태에서 갑을 종전 토지 및 건물의 소유자로 하는 관리처분계획 및 그 인가가 있은 경우, 관리처분계획에 정한 바와 같이 갑이 종전 토지의 소유자가 되기 위하여는 위 계약에 따라 ○○시로부터 갑으로의 소유권이전등기를 경료하여야 하며, 이 경우 위 소유권이전등기는 갑의 청구에 의하여 위 ○○시가 촉탁서에 등기원인을 증명하는 서면을 첨부하여 이를 등기소에 촉탁할 수 있으나, 위 재개발사업시행자가 이를 촉탁할 수는 없다.
도시재개발법 제38조 제4항의 규정에 의한 분양처분의 고시가 있은 경우 종전의 대지 또는 건축물에 관한 저당권은 분양받은 대지 또는 건축시설에 설정된 것으로 보며(동법 제39조 제1항), 시행자는 분양처분의 고시를 한 때에는 종전 건물과 토지에 관한 담보권등에 관한 권리의 등기로서 분양받은 건축시설과 대지에 존속하게 되는 등기를 신청하여야 하므로(도시재개발등기처리규칙 제5조 제1항 제3호), 갑이 ○○시로부터 매입한 종전 토지의 매입대금을 담보하기 위한 근저당권설정등기가 종전의 대지 또는 건축물에 경료되어 있지 않은 경우에는, 시행자가 재개발사업시행으로 인하여 분양처분에 따른 등기를 신청하면서 그 신청서에 의하여 근저당권설정등기 신청을 할 수는 없다. 이때 재개발사업시행으로 인한 등기 경료 후 위 ○○시와 갑이 근저당권 설정계약을 원인으로 한 근저당권 설정등기의 신청은 할 수 있다.
(1999. 11. 23. 등기 3402-1069 질의회답)
참조조문 : 법 제35조

[선례 36] 수탁부동산에 대하여 근저당권설정등기를 신청할 수 있는지 여부 등

제정 [등기선례 제6-333호, 시행]

1. 신탁목적에 반하지 않는다면 신탁등기가 경료된 부동산에 대하여 수탁자를 근저당권설정자로 한 근저당권설정등기를 신청할 수 있을 것이나, 구체적인 경우에 있어 위 등기신청이 신탁목적에 반하는지 여부는 등기관이 신탁원부 및 신탁계약서 등에 의하여 개별적으로 판단하여야 할 것이다.
2. 신탁법 제21조 제1항의 규정에 의한 강제집행 등이 허용되는지 여부는 신탁재산에 대한 강제집행여부를 결정하는 단계에서 집행법원이 심사하여야 할 사항이므로, 수탁자를 등기의무자로 하는 강제경매기입등기 등의 촉탁이 있다면 등기관은 이를 수리하여야 할 것이다.

(2000. 7. 28. 등기 3402-526 질의회답)
참조예규 : 제863호

[선례 37] 근저당권설정등기를 신청하는 경우에 첨부하는 등기원인을 증명하는 서면인 근저당권설정계약서에 채무자의 날인이 있어야 하는지 여부(소극)

제정 [등기선례 제6-334호, 시행]

근저당권설정등기의 등기원인인 근저당권설정계약의 당사자는 근저당권자와 근저당권설정자이므로, 근저당권설정계약서에는 근저당권설정계약의 당사자인 근저당권자와 근저당권설정자 사이에 근저당권설정을 목적으로 하는 물권적 합의가 있었음이 나타나 있으면 되고, 반드시 채무자의 동의나 승인이 있었음이 나타나 있어야만 하는 것은 아닌바, 근저당권설정등기신청서에 등기원인을 증명하는 서면으로서 첨부하는 근저당권설정계약서에는 채권최고액과 채무자의 표시 등은 기재되어 있어야 하지만, 채무자의 인영이 반드시 날인되어 있어야만 하는 것은 아니다.

(2001. 5. 17. 등기 3402-343 질의회답)
참조조문 : 법 제40조 제1항 제2호, 제140조 제2항, 민법 제356조

[선례 38] 신탁등기가 경료된 부동산에 대하여 위탁자를 등기의무자로 하는 등기가 가능한지 여부

제정 2001. 8. 11. [등기선례 제6-335호, 시행]

신탁등기가 경료된 부동산의 경우, 신탁등기가 말소되고 위탁자에게 소유권이전등기가 경료되기 전에는 위탁자를 등기의무자로 하는 근저당권설정등기를 할 수 없다.

(2001. 8. 11. 등기 3402-554 질의회답)

참조예규 : 제863호

[선례 39] 존속기간이 지난 전세권을 목적으로 하는 근저당권설정등기 가부(소극)

제정 [등기선례 제6-336호, 시행]

전세권이 존속기간의 만료로 종료된 경우 전세권은 전세권설정등기의 말소등기 없이도 당연히 소멸하므로, 그 전세권을 목적으로 하는 근저당권은 설정할 수 없을 것이다.

(2001. 9. 17. 등기 3402-651 질의회답)

참조조문 : 민법 제342조, 제370조, 민사소송법 제733조

참조판례 : 1995. 9. 18. 95마684 결정

참조선례 : III 제577항

[선례 40] 대지에 대하여 근저당권이 설정된 상태에서 대지권등기 후 구분건물과 대지권에 대하여 추가근저당권설정등기가 경료되고 종전 근저당권설정등기가 말소된 경우 추가 근저당권이 여전히 대지권에 대하여 효력을 갖는지 여부(적극)

제정 2002. 12. 6. [등기선례 제7-271호, 시행]

대지에 대하여 이미 근저당권이 설정되어 있는 상태에서 대지권의 등기를 한 후 동일채권의 담보를 위하여 구분건물과 그 대지권을 일체로 추가근저당권설정등기를 경료하고 종전의 근저당권을 포기하여 말소등기가 경료된 경우라도, 추가근저당권설정등기의 효력은 구분건물 뿐만 아니라 그 대지권에 대하여도 여전히 유지된다.

(2002. 12. 6. 등기 3402-695 질의회답)

참조예규 : 등기예규 제649호

[선례 41] 주택건설촉진법 제32조의3 제3항의 규정에 의한 금지사항의 부기등기가 경료된 대지에 대하여 동법시행령 제31조의2 제1항 제2호에 해당하는 경우 근저당권설정등기가 가능한지 여부(적극)

제정 [등기선례 제7-272호, 시행]

주택건설촉진법 제32조의3 제3항의 규정에 의한 금지사항의 부기등기가 경료된 대지에 대하여 동법 제32조의3 제1항, 동법시행령 제31조의2 제1항 제2호에 의하여 당해 주택의 입주자에게 주택가격의 일부 공제를 목적으로 금융기관으로부터 주택구입자금의 융자를 받는 경우에 해당한다면 근저당권설정등기를 신청할 수 있다.
(2002. 12. 30. 등기 3402-737 질의회답)
주) 주택건설촉진법은 주택법(2003. 5.29.자)으로 개정됨.

[선례 42] 유치원 건물 및 토지의 소유자와 유치원 경영자(설립자)가 다른 경우 유치원 건물 및 토지에 대하여 근저당권설정등기를 신청할 수 있는지 여부(적극)

제정 [등기선례 제7-273호, 시행]

유치원 건물 및 토지의 소유자인 갑이 본인 명의로 유치원 설립인가를 받아 경영하다가, 관할관청으로부터 을 명의로 유치원 설립자 변경인가를 받아 자신은 폐업한 뒤, 을이 위 건물을 갑으로부터 임차하여 유치원을 경영해 온 경우, 현재 갑은 사립학교경영자가 아니므로 유치원 건물 및 토지에 대하여 근저당권설정등기를 신청할 수 있다.
(2004. 2. 27. 부등 3402-90 질의회답)
참조판례 : 대법원 2002. 6. 28. 선고 2001다 25078 판결
참조예규 : 등기예규 제887호
참조선례 : 등기선례요지집 IV 제104항, V 제82항

[선례 43] 동일 부동산에 대한 하나의 근저당권설정계약서에 의하여 수건의 근저당권 설정등기를 신청할 수 있는지 여부(소극)

제정 2004. 8. 10. [등기선례 제7-274호, 시행]

동일 부동산에 대하여 갑과 을을 공동채권자로 하는 하나의 근저당권설정계약을 체결한 경우, 각 채권자별로 채권최고액을 구분하여 등기하거나 갑과 을을 각각 근저당권자로 하는 2개의 동순위의 근저당권설정등기를 신청할 수 없다.
(2004. 8. 10. 부등 3402-393 질의회답)

참조판례 : 2002. 5. 24. 선고 2002다 7176 판결
참조예규 : 등기예규 제832호

[선례 44] 주택건설촉진법 제32조의3 제3항의 규정에 의한 금지사항의 부기등기가 경료된 대지에 대하여 동법시행령 제31조의2 제1항 제2호에 해당하는 경우 근저당권설정등기가 가능한지 여부(적극)

제정 [등기선례 제7-282호, 시행]

주택건설촉진법 제32조의3 제3항의 규정에 의한 금지사항의 부기등기가 경료된 대지에 대하여 동법 제32조의3 제1항, 동법시행령 제31조의2 제1항 제2호에 의하여 당해 주택의 입주자에게 주택가격의 일부 공제를 목적으로 금융기관으로부터 주택구입자금의 융자를 받는 경우에 해당한다면 근저당권설정등기를 신청할 수 있다.

(2002. 12. 30. 등기 3402-737 질의회답)

주) 주택건설촉진법은 주택법(2003. 5.29.자)으로 개정됨.

[선례 45] 국내에 영업소나 사무소의 설치 등기를 하지 아니한 외국법인이 근저당권자로서 등기를 신청하는 경우 제공하여야 할 첨부정보 등

제정 2013. 10. 31. [등기선례 제201310-5호, 시행]

1. 국내에 영업소나 사무소의 설치 등기를 하지 아니한 외국법인이 근저당권자로서 근저당권설정등기를 신청하는 경우에「법인 아닌 사단의 등기신청에 관한 업무처리지침」(등기예규 제1435호)은 적용되지 않는다. 따라서 일반적인 첨부정보 외에 부동산등기용 등록번호 증명서와 외국법인의 존재를 인정할 수 있는 서면을 첨부정보로 제공하면 될 것이다.

2. 외국법인의 존재를 인정할 수 있는 서면으로는 법인등기부가 있는 국가인 경우(일본 등)에는 법인격의 존재, 명칭, 본점이나 주사무소 소재지가 표시된 등기사항증명서이고, 법인등기부가 없는 국가인 경우에는 법인의 명칭과 본점이나 주사무소의 존재를 인정할 수 있는 서면, 법인의 정관 또는 법인의 성질을 식별할 수 있는 서면, 대표자의 자격을 증명하는 서면(위 각 서면은 본국 관할 관청이나 대한민국에 있는 그 외국의 영사의 인증 또는 본국 공증인의 공증을 얻은 것이어야 함) 등이 될 것이나 위와 같은 서면으로서의 요건을 갖추었는지 여부는 구체적인 사건에서 등기관이 판단할 사항이다.

3. 또한 등기기록에는 국내법인과 동일하게 법인의 명칭과 주사무소 소재지를 기록하여야 하지만 대표자에 관한 사항은 등기사항이 아니므로 기록하지 않

는다.
(2013. 10. 31. 부동산등기과-2413 질의회답)
참조조문 : 국제사법 제16조, 제19조, 상법 제614조, 상업등기법 제112조, 부동
산등기법 제26조, 제48조, 제49조, 부동산등기규칙 제46조. 제48조
참조선례 : 부동산등기선례요지집 Ⅳ 제156항, Ⅴ 제115항, Ⅶ 제16항

제3관 저당권이전등기

1. 등기예규

[예규 1] 저당권순위 양도의 가부

> **저당권순위 양도의 가부**
>
> 제정 1973. 9. 18. [등기예규 제223호, 시행]
>
> 현행 민법은 저당권의 부종성을 강화하여 제361조에 "저당권은 그 담보한 채권과 분리하여 양도하지 못한다"고 규정하고 있으므로 담보채권과 분리한 저당권의 순위양도와 이에 따르는 등기는 할 수 없다.

[예규 2] 금융산업의 구조개선에 관한 법률에 의한 금융감독위원회의 계약이전결정에 따른 근저당권이전등기절차에 관한 예규

> **금융산업의 구조개선에 관한 법률에 의한 금융감독위원회의**
> **계약이전결정에 따른 근저당권이전등기절차에 관한 예규**
>
> 개정 2011. 10. 11. [등기예규 제1365호, 시행 2011. 10. 13.]

1. 등기신청
   가. 금융감독위원회의 계약이전결정에 따라 부실금융기관 명의의 근저당권을 인수금융기관 명의로 하기 위해서는 인수금융기관과 부실금융기관(관리인이 대표함)이 공동으로 근저당권이전등기를 신청하여야 한다.
   나. 이 경우 이전의 대상이 된 근저당권의 수개의 기본계약 중에 계약이전결정에 따라 이전되는 기본계약과 부실금융기관과 인수금융기관의 계약에 의하여 이전되는 기본계약이 병존하는 경우에는, 계약이전결정을 원인으로 한 근저당권일부이전등기와 계약의 일부양도를 원인으로 한 근저당권일부이전등기를 각각 별건으로 신청하여야 한다.

2. 등기원인 및 그 연월일
   등기원인은 "계약이전결정"으로, 그 연월일은 "공고된 날(다만, 1998. 9. 14. 개정전의 법률에 의한 경우에는 계약이전결정일)"을 기재한다.

3. 등기원인증서 등
   등기원인을 증명하는 서면으로 금융감독위원회의 계약이전결정서 원본 또는 사본(인수금융기관의 인증이 있을 것), 이전등기의 대상이 된 근저당권(근저당권의 목적물, 접수연월일, 접수번호, 순위번호 등의 특정 요)이 기재된 세부명세서 초본(금융감독원장 발행. 다만, 그러한 세부명세서가 작성되어 있지 아니한 경우에는 이전의 대상인 근저당권을 특정하는 내용의 부실금융기관과 인수금융기관이 작성한 근저당권이전증서도 가능함), 계약이전결정의 요지 및 계약이전사실의 공고를 증명하는 서면을 제출하여야 하며, 그 밖에 등기의무자의 등기필정보를 제공하여야 한다(다만, 1998. 9. 14. 개정전의 법률에 의한 경우에는 계약이전결정의 요지 및 계약이전사실의 공고사실을 증명하는 서면의 제출을 요하지 아니함).

부   칙 (2011. 10. 11. 제1365호)

이 예규는 2011년 10월 13일부터 시행한다.

2. 등기선례

[선례 1] 회사의 합병 및 분할이 수차 이루어진 경우 중간생략에 의한 근저당권이전등기의 가부

제정 2019. 10. 22. [부동산등기선례 제201910-3호, 시행]

1. 을 회사가 갑 회사를 흡수합병하고 다시 병 회사가 을 회사를 흡수합병한 다음 병 회사가 그 일부를 분할하여 정 회사를 설립하고 이어 정 회사가 다시 그 일부를 분할하여 무 회사를 설립한 경우, 갑 회사 명의의 근저당권이 순차로 작성된 분할계획서에 정 회사를 거쳐 다시 무 회사에 이전될 재산으로 기재되어 있다면, 무 회사는 갑 회사 명의의 근저당권에 대하여 자신 명의로의 이전등기를 곧바로 신청할 수 있다.
2. 이 경우 근저당권이전등기 신청을 1건만 하는 것이므로 등록면허세도 1건에 해당하는 금액만 납부하면 된다.

(2019. 10. 22. 부동산등기과-2646 질의회답)
참조조문 : 상법 제235조, 제530조제2항, 제530조의10
참조판례 : 대법원 2011. 08. 25. 선고 2010다44002 판결
참조선례 : 등기선례 1-439, 5-347, 2016. 9. 1. 부동산등기과-1925 질의회답

[선례 2] 회사가 수차 분할된 경우 최초 분할 전 회사로부터 최후 분할된 회사로 바로 근저당권이전등기를 신청할 수 있는지 여부(적극)

제정 2016. 9. 1. [등기선례 제9-309호, 시행]

회사가 분할된 경우 분할에 의하여 설립되는 회사는 분할회사의 권리와 의무를 분할계획서에서 정하는 바에 따라 승계하므로, 회사가 수차 분할된 경우에도 순차로 작성된 각 분할계획서에 근저당권이 분할에 의하여 설립되는 회사에 이전될 재산임이 각각 기재되어 있다면 최초 분할회사로부터 최후 분할에 의하여 설립된 회사로 바로 근저당권이전등기를 신청할 수 있다.

(2016. 9. 1. 부동산등기과-1925 질의회답)
참조조문 : 상법 제530조의10

[선례 3] 수협중앙회로부터 회사분할을 원인으로 근저당권을 이전 받은 수협은행이 근저당권이전등기를 거치지 않고 수협은행 자신의 명의로 근저당권말소 또는 변경등기를 신청할 수 있는지 여부(적극)

제정 2016. 12. 8. [등기선례 제9-320호, 시행]

「수산업협동조합법」(법률 제14242호, 2016. 12. 1. 시행) 부칙 제14조제2항은 "이 법 시행 당시 중앙회의 재산 중 수협은행에 이관되는 재산에 관한 등기부와 그 밖의 공부에 표시된 중앙회의 명의는 각각 해당 자산을 이관 받은 수협은행의 명의로 본다"라고 규정하고 있으므로, 수산업협동조합중앙회로부터 회사분할을 원인으로 근저당권을 이전 받은 수협은행은 근저당권이전등기절차를 거치지 않고 수협은행 자신의 명의로 위 근저당권의 말소 또는 변경등기를 신청할 수 있다.
(2016. 12. 8. 부동산등기과-2643 질의회답)
참조선례 : Ⅸ 제317항

[선례 4] 순차 회사합병이 이루어진 경우 중간생략에 의한 근저당권이전등기의 가부

제정 [등기선례 제1-13호, 시행]

합병후 존속하는 회사 또는 합병으로 인하여 설립된 회사는 합병으로 인하여 소멸한 회사의 권리의무를 포괄승계하므로, 을회사가 갑회사를 흡수합병한 후 병회사가 을회사를 다시 흡수합병한 경우에는 갑회사로부터 병회사 앞으로 바로 근저당권이전등기를 할 수 있다.
83. 5. 26 등기 제203호

[선례 5] 순차 회사합병이 이루어진 경우 중간생략에 의한 근저당권이전 등기의 가부

제정 1983. 5. 26. [등기선례 제1-439호, 시행]

합병후 존속하는 회사 또는 합병으로 인하여 설립된 회사는 합병으로 인하여 소멸한 회사의 권리의무를 포괄승계하므로, 을회사가 갑회사를 흡수합병한 후 병회사가 을회사를 다시 흡수합병한 경우에는 갑회사로부터 병회사 앞으로 바로 근저당권이전등기를 할 수 있다.
83. 5. 26 등기 제203호

[선례 6] 저당권의 양도등기의 신청인

제정 [등기선례 제1-447호, 시행]

전세권, 저당권, 가등기상의 권리 (주)의 각 이전등기는 양도인과 양수인이 신청인이 되어 이를 할 수 있다.

86. 7. 9 등기 제323호

참조예규 : 591-3항

주 : 다만 예규 581, 582항은 상속에 인한 경우 외에는 가등기상 권리의 이전 등기는 할 수 없다는 입장을 취하고 있다.

[선례 7] 회사합병으로 승계한 저당권의 실행을 위한 저당권이전등기의 필요 여부

제정 1987. 11. 18. [등기선례 제2-385호, 시행]

합병후 존속하는 회사 또는 합병으로 인하여 설립된 회사는 합병으로 인하여 소멸된 회사의 권리의무를 포괄승계하므로(상법 제530조 제2항 , 제235조), 합병으로 인하여 소멸된 회사가 합병전에 그 회사명의로 설정받은 근저당권에 관하여는 합병으로 인한 근저당권이전등기를 거치지 아니하고서도 합병후 존속하는 회사 또는 합병으로 인하여 설립된 회사가 그 권리행사를 할 수 있을 것이다. 다만 그 근저당권등기의 말소등기는 그 등기원인이 합병등기전에 발생한 것인 때에는 합병으로 인한 근저당권이전등기를 거치지 아니하고서도 합병후 존속하는 회사 또는 합병으로 인하여 설립된 회사가 합병을 증명하는 서면을 첨부하여 신청할 수 있을 것이나, 그 등기원인이 합병등기후에 발생한 것인 때에는 먼저 합병으로 인한 근저당권이전등기를 거치지 않고서는 신청할 수 없을 것이다.

87.11.18 등기 제664호

참조예규 : 338-2, 486-2항

[선례 8] 대위변제자의 저당권실행을 위한 저당권이전등기의 필요 여부

제정 1988. 4. 11. [등기선례 제2-386호, 시행]

저당권부채권이 법률의 규정에 의하여 이전하는 경우에는 저당권도 이에 따라 등기없이 이전되므로, 대위변제에 의하여 저당권을 취득한 자는 등기부상 저당권자로 등기되어 있지 아니하더라도 경매신청을 할 수 있다.

88. 4.11 등기 제201호

[선례 9] 합병으로 인하여 소멸한 회사명의의 저당권의 이전등기와 소멸회사의 주소변경등기의 생략 가부

제정 1988. 6. 22. [등기선례 제2-387호, 시행]

합병후 존속하는 회사가 합병으로 인하여 소멸된 회사명의로 있는 근저당권의 이전등기를 신청할 경우에, 소멸된 회사의 주소변경(또는 경정)의 사유가 있을 때에는, 근저당권이전등기신청서에 주소변경(또는 경정)의 사유를 증명하는 서면을 첨부하여 근저당권자 명의의 표시변경(또는 경정)의 등기를 생략할 수 있을 것이다.

88. 6.22 등기 제341호

[선례 10] 합병으로 인하여 소멸한 회사 명의의 근저당권을 합병 후의 존속회사로의 근저당권이전등기의 필요 여부

제정 1991. 4. 4. [등기선례 제3-592호, 시행]

전자제품을 제조·판매하는"갑"회사가 그 제품을 국내대리점인 "을"에게 근저당권을 담보로 하여 계속적으로 외상공급하고 있던 중, "갑"회사는 "병"회사에 흡수합병되고 합병 후의 존속회사인 "병"회사가 그 대리점계약에 터잡아 "을"에게 전자제품을 계속 공급한 경우에는, 위 근저당권에 관하여 "병"회사 명의로의 이전등기를 따로 하지 않더라도 "병"회사와 "을"과의 위 거래에서 발생한 물품대금채권은 위 근저당권의 담보범위에 속하게 된다.

91.4.4. 등기 제704호
참조조문 : 상법 제235조, 제530조 제2항

[선례 11] 합병후의 법인이 합병전 법인명의의 근저당권등기 말소 방법 등

제정 1993. 10. 4. [등기선례 제4-459호, 시행]

○○새마을 금고와 △△새마을금고가 합병하여 설립된 ○○통합새마을금고가 ○○새마을금고와 △△새마을금고 명의의 근저당권에 대하여 채무변제를 받고 그 근저당권등기를 말소하기 위해서는 그 전제로서 법인합병으로 인한 근저당권이전등기를 하여야 하며, 또한 근저당권자의 명의를 ○○통합새마을금고로 하기 위하여는 근저당권변경등기를 하는 것이 아니라 합병을 원인으로 한 근저당권이전등기를 하여야 하며, 이경우에 근저당권이전에 대한 등록세인 등기부상 채권최고액의 1000분의 2에 해당하는 등록세를 납부하여야 한다.

(1993. 10. 4. 등기 제2469호 질의회답)

참조조문 : 지방세법 제131조
참조예규 : 제422호, 제458호

[선례 12] 근저당권설정등기의 일부 이전등기의 신청 가부

제정 1994. 7. 29. [등기선례 제4-464호, 시행]

근저당권의 피담보채권이 확정된 상태에서 피담보채권의 일부가 대위변제 또는 양도된 경우에 그 대위변제 또는 채권 양도를 원인으로 근저당권설정등기의 일부 이전등기를 신청할 수 있을 것이다. 이 경우 그 등기의 원인증서인 대위변제증서 또는 채권양도증서에는 근저당권의 목적 부동산이 표시되어야 할 것이나, 등기신청서에 이전될 근저당권설정등기의 등기필증을 첨부하였다면 위 원인증서를 분실하여 신청서 부본을 제출하였다고 할지라도 채권자의 인감증명은 첨부하지 않아도 무방하다.

(1994. 7. 29. 등기 3402-678 질의회답)
참조조문 : 법 제148조, 민법 제482조, 제483조

[선례 13] 흡수합병으로 인하여 소멸한 회사명의의 근저당권이전등기

제정 1994. 11. 8. [등기선례 제4-465호, 시행]

흡수합병 후 존속하는 회사는 흡수합병으로 인하여 소멸된 회사가 흡수합병전에 그 회사명의로 설정받은 근저당권에 대해서 흡수합병으로 인한 근저당권자 변경등기가 아닌 근저당권이전등기를 신청할 수 있으나, 흡수합병 후 존속하는 회사는 흡수합병으로 인하여 소멸된 회사의 권리의무를 포괄승계하므로(상법 제530조 제2항, 제235조) 흡수합병으로 인한 근저당권이전등기를 거치지 아니하고서도 그 권리행사를 할 수 있다. 다만 흡수합병 후 그 근저당권에 대해 말소원인이 발생하거나 처분하는 경우 등에는 먼저 흡수합병으로 인한 근저당권이전등기를 거치지 않고서는 그에 따른 등기를 신청할 수 없다.

(1994. 11. 8. 등기 3402-1310 질의회답)
참조선례 : 선례요지 II 제385항

[선례 14] 가. 저당권이전등기 신청시 등기의무자의 인감증명 제출 요부등, 나. 공동저당의 차순위 저당권자의 대위에 따른 저당권이전등기신청서에 "저당권을 채권과 같이 이전함" 이라는 뜻을 기재하여야 하는지 여부 등

제정 1998. 6. 22. [등기선례 제5-428호, 시행]

저당권이전등기 신청시 제출하는 등기의무자의 권리에 관한 등기필증은 등기의무자인 저당권자가 저당권설정등기를 한 때에 받은 저당권의 등기필증을 의미하고, 등기필증의 멸실로 인하여 그 등기필증을 제출할 수 없어 부동산등기법 제49조 제1항 단서규정에 의한 서면을 첨부하여 등기를 신청하는 경우에는 등기의무자의 인감증명을 제출하여야 하나, 그외의 경우에는 저당권이전등기신청시 등기의무자의 인감증명은 제출할 필요가 없으며, 또한 저당권이전등기신청시 채무자의 승낙서를 제출할 필요는 없다.

저당권의 이전등기를 신청하는 경우에는 신청서에 「저당권이 채권과 같이 이전한다」는 뜻을 기재하여야 한다. 다만 민법 제368조 제2항의 규정에 의하여 공동저당에 있어 경매된 부동산의 차순위 저당권자가 선순위 저당권자를 대위함에 따른 미실행된 다른 부동산에 대하여 저당권이전등기를 신청하는 경우에는 그 신청서에 「저당권이 채권과 같이 이전한다」는 뜻의 기재를 할 필요가 없다.

(1998. 6. 22. 등기 3402-551 질의회답)
참조조문 : 민법 제361조, 법 제142조
참조판례 : 1994. 5. 10. 선고 93다25417 판결
참조예규 : 제31호

[선례 15] 일부 대위변제로 인한 근저당권이전등기 절차

제정 1996. 9. 3. [등기선례 제5-439호, 시행]

근저당권의 피담보채권의 일부에 대하여 갑, 을 2인이 각 별도로 일정금액씩을 일부 대위변제하였다면, 위 갑, 을은 당사자가 다르므로 대위변제일자 및 변제금액과 관계없이 근저당권일부이전등기는 별개의 신청서로 작성하여야 한다.

(1996. 9. 3. 등기 3402-693 질의회답)
참조조문 : 법 제51조
참조예규 : 제832호

[선례 16] 순차 회사합병이 이루어진 경우 중간생략에 의한 소유권 및 근저당권이전등기의 가부 등

제정 [등기선례 제5-440호, 시행]

합병으로 존속한 회사는 합병으로 인하여 소멸된 회사의 권리의무를 포괄승계하므로, 을 회사가 갑 회사를 흡수합병한 후 병 회사가 을 회사를 다시 흡수합병한 경우에는 갑 회사로부터 병 회사 앞으로 바로 소유권 및 근저당권 이전등기를 할 수 있다.
(1996. 10. 4. 등기 3402-765 질의회답)
참조조문 : 민법 제187조, 상법 제235조
참조예규 : 제422호
참조선례 : Ⅲ 제464항

[선례 17] 합병으로 인하여 존속하는 법인이 소멸한 법인 명의의 근저당권이전등기 절차

제정 1997. 3. 14. [등기선례 제5-444호, 시행]

합병으로 인하여 존속하는 법인은 합병으로 인하여 소멸한 법인의 권리의무를 포괄승계하므로, 합병으로 인하여 소멸한 법인이 합병 전에 설정받은 근저당권을 이전받기 위해서는 근저당권이전등기 절차에 의하여야 하며, 단순한 등기명의인 표시변경 절차에 의하여는 할 수 없다.
(1997. 3. 14. 등기 3402-188 질의회답)

[선례 18] 을 회사가 갑 회사를 흡수합병하여 상호를 병으로 변경한 후 합병을 원인으로 한 갑에서 병으로의 근저당권이전등기 절차

제정 1997. 10. 18. [등기선례 제5-447호, 시행]

을 회사가 갑 회사를 흡수합병하였으나 그에 따른 근저당권이전등기를 하기 전에 상호를 병으로 변경한 경우에, 병 회사는 갑에서 을로의 근저당권이전등기를 한 후 을에서 병으로의 등기명의인표시변경등기를 하는 절차를 밟을 필요없이 곧바로 갑 회사로부터 병 회사로의 근저당권이전등기를 할 수 있고, 이 때 등기명의인표시변경과 관련된 등록세영수필증을 첨부할 필요는 없다.
(1997. 10. 18. 등기 3402-795 질의회답)

[선례 19] 근저당권 있는 채권에 관하여 압류·전부명령이 제3채무자에게 송달된 후 그 근저당권이전등기 전에 다른 채권자의 가압류등기가 경료되었을 경우 전부명령에 따른 근저당권이전등기

제정 1998. 7. 24. [등기선례 제5-451호, 시행]

저당권있는 채권에 관하여 전부명령이 확정된 때에는 집행법원은 신청에 의하여 저당권이전등기를 촉탁하여야 하며, 전부명령이 제3채무자에게 송달될 때까지 그 금전채권에 관하여 다른 채권자가 압류·가압류 또는 배당요구를 한 때에는 전부명령은 효력이 없지만, 압류 등의 경합이 제3채무자에게 송달된 후에 발생하였다면 비록 그 전부명령이 확정되기 전이었다 하더라도 이는 전부명령의 효력에 영향을 미치지 않는다 할 것이므로, 근저당권 있는 채권에 관하여 압류·전부명령이 제3채무자에게 송달된 후 그 전부명령에 따른 근저당권이전등기 전에 다른 채권자의 가압류등기가 경료되었을지라도 집행법원의 근저당권이전등기 촉탁서에 의해서 그러한 내용이 확인되는 경우에는 그 근저당권이전등기촉탁은 수리할 수 있다.
(1998. 7. 24. 등기 3402-696 질의회답)
참조조문 : 민사소송법 제561조 내지 564조, 동법시행규칙 제136조

[선례 20] 근저당권이전등기신청시 피담보채권 양도의 대항요건 증명서면 첨부 요부

제정 [등기선례 제5-452호, 시행]

지명채권의 양도는 양도인이 채무자에게 통지하거나 채무자가 승낙하지 아니하면 채무자 기타 제3자에게 대항하지 못하는 것이나, 근저당권이전등기를 신청함에 있어 피담보채권 양도의 통지서나 승낙서를 신청서에 첨부할 필요는 없다.
(1998. 9. 16. 등기 3402-900 질의회답)
참조조문 : 민법 제449조, 제450조

[선례 21] 계약이전결정에 의한 근저당권이전등기 절차 등

제정 1998. 11. 4. [등기선례 제5-455호, 시행]

1998. 9. 14. 개정된 금융산업의구조개선에관한법률이 시행되기 전에 종전 법률 제14조의 규정에 의한 금융감독위원회의 계약이전결정이 있은 경우,
가. 부실금융기관 명의의 근저당권을 인수금융기관 및 성업공사 명의로 이전등기를 신청하기 위해서는 계약이전결정서 이외에 이전의 대상인 근저당권이 기

재된 세부명세서 초본을 제출하여야 하나, 그러한 세부명세서가 작성되어 있지 아니한 경우에는 이전의 대상인 근저당권을 특정하는 내용의 부실금융기관과 인수금융기관, 부실금융기관과 성업공사가 각 작성한 근저당권이전증서(다툼이 있는 경우에는 은행감독원장의 결정서)를 위 세부명세서 초본에 갈음하여 제출할 수 있을 것이다.

이 경우 이전의 대상이 된 근저당권의 수개의 기본계약 중에 계약이전결정에 따라 이전되는 기본계약(고유계정)과 부실금융기관과 인수금융기관의 양도계약에 의하여 이전되는 기본계약(신탁계정)이 병존하는 경우에는, 비록 이전등기를 신청함에 있어 등기권리자와 등기의무자가 동일하다 하더라도 등기원인과 그 연월일이 서로 다르기 때문에 동시에 1건의 등기신청은 불가능하며, 이 경우에는 계약이전결정을 원인으로 한 근저당권일부이전등기와 계약의 일부양도를 원인으로 한 근저당권일부이전등기를 각각 별건으로 신청하여야 할 것이다.

나. 계약이전결정에 따라 근저당권과 함께 이전되어야 할 권리(예컨대 토지에 대한 근저당권설정시 이에 수반하여 설정된 지상권설정등기)는 계약이전결정서 및 세부명세서(또는 부실금융기관과 인수금융기관이 작성한 지상권이전증서)에 포함되어 있을 경우에 한하여 근저당권이전등기와 동일한 방법으로 지상권이전(또는 일부이전)등기를 신청할 수 있을 것이다.

다. 계약이전결정을 원인으로 동일 등기소에 동시에 수 개의 근저당권이전등기를 신청하는 경우에는 계약이전결정서 원본 또는 사본은 1부만 제출하고 나머지 각 신청서에는 그것을 원용한다는 취지만을 기재하면 되며, 계약이전결정의 요지 및 계약이전사실의 공고사실을 증명하는 서면은 제출하지 않아도 될 것이다. 그러나 1998. 9. 14. 개정된 금융산업의구조개선에관한법률이 시행된 이후에 금융감독위원회의 계약이전결정이 있은 경우에는 이 서면을 첨부하여야 할 것이다.

(1998. 11. 4. 등기 3402-1112 질의회답)

[선례 22] 근저당권이전등기신청시 양도회사의 이사회결의서 및 참석 이사들의 인감증명서 첨부 요부

제정 [등기선례 제6-337호, 시행]

주식회사 명의의 근저당권에 대한 이전등기를 신청하는 경우, 근저당권의 양수인이 양도인인 주식회사의 이사인 경우를 제외하고는 등기신청서에 양도인인 주식회사의 이사회결의서나 이사회에 참석한 이사들의 개인 인감증명을 첨부할 필요가 없다.

(1999. 1. 16. 등기 3402-42 질의회답)

참조조문 : 상법 제398조

참조선례 : V 제101항

주) 이 선례는 등기선례 2012. 4. 6. 부동산등기과-692 질의회답에 의하여 그 내용이 변경됨.

[선례 23] 일부 대위변제를 원인으로 한 근저당권 일부이전등기 절차 등

제정 1999. 2. 10. [등기선례 제6-338호, 시행]

가. 피담보채권의 일부 대위변제를 원인으로 하는 근저당권 일부이전등기는 근저당권의 피담보채권이 확정된 후에만 경료받을 수 있고, 이 때 등기원인은 「확정채권일부대위변제」로 하여야 할 것이며, 근저당권 일부이전등기가 경료된 후 종전 근저당권자의 지분에 대한 이전등기를 신청하는 경우 그 등기원인은 「확정채권양도」로 하면 될 것이다.

나. 공장저당법 제7조의 규정에 의한 목록이 제출되어 있는 근저당권의 이전등기신청시 원인서면인 계약서나 등기신청서에 당해 근저당권에 관한 기계기구목록을 기재할 필요는 없다.

다. 같은 채권을 담보하기 위하여 3개의 부동산 위에 근저당권이 설정되어 있는 경우 그 3개의 근저당권은 공동으로만 처분할 수 있는 것이나, 당사자가 착오로 2개의 근저당권에 대하여만 이전등기를 경료받은 후, 추가로 나머지 1개의 근저당권에 대하여도 다른 2개의 근저당권의 양수인 명의로 이전등기를 신청한 경우, 등기관은 그 등기를 수리하여야 할 것으로 생각되며, 이 때 당해 근저당권이전등기에 대하여 별도로 등록세를 납부할 필요는 없다.

(1999. 2. 10. 등기 3402-149 질의회답)

참조조문 : 공장저당법 제4조, 제17조

참조예규 : 제832호

[선례 24] 근저당권의 일부이전등기 후 이전되지 않은 나머지 지분에 대하여 근저당권이전등기를 신청할 경우 등기의 목적

제정 1999. 9. 10. [등기선례 제6-339호, 시행]

갑 명의의 근저당권의 피담보채권이 확정되기 전에 근저당권의 기초가 되는 기본계약상의 채권자의 지위가 을에게 일부양도되어 을 명의로 근저당권 일부이전등기를 경료한 후, 그 나머지 지위도 전부 을에게 양도하고 추가로 근저당권이전등기를 신청할 경우, 등기의 목적은 '○번 근저당권 갑지분전부이전'이 될 것이다.

(1999. 9. 10. 등기 3402-886 질의회답)
참조판례 : 서울지법 1997. 12. 22. 선고 97가합 16522 판결
등기예규 : 제832호

[선례 25] 금융기관 상호간의 채권양도계약에 의한 근저당권이전등기

제정 1999. 11. 23. [등기선례 제6-340호, 시행]

금융산업의구조개선에관한법률에 의한 금융감독위원회의 계약이전결정에 따른 근저당권이전이 아니라, 금융기관 상호 간의 채권양도계약에 의하여 부실금융기관 명의의 근저당권을 인수금융기관 명의로 근저당권이전등기를 신청하기 위하여는, 등기원인을 증명하는 서면인 인수금융기관과 부실금융기관이 작성한 채권양도계약서(이 경우 양도대상인 근저당권이 특정되어 표시되어야 할 것임)와 등기의무자의 권리에 관한 등기필증을 첨부하여야 하며, 이때 등기부상 등기원인의 표시는 확정채권양도가 된다.
(1999. 11. 23. 등기 3402-1066 질의회답)

[선례 26] '신 농업협동조합중앙회'가 '종전의 농업협동조합중앙회 등'의 명의로 등기된 근저당권에 관하여 말소등기 등을 신청하려고 하는 경우, 근저당권이전등기절차를 거쳐야 하는지 여부

제정 2000. 5. 19. [등기선례 제6-341호, 시행]

농업협동조합법(1999. 9. 7. 법률 제6018호, 2000. 7. 1. 시행) 부칙 제7조 제2항은 "등기부 기타 공부에 표시된 농업협동조합중앙회, 축산업협동조합중앙회 및 인삼협동조합중앙회의 명의는 중앙회(같은 법에 의하여 설립된 농업협동조합중앙회)의 명의로 본다"라고 규정하고 있으므로, 같은 법에 의하여 설립된 농업협동조합중앙회(아래에서는 '신 농업협동조합중앙회'라고 줄임)가 종전의 농업협동조합중앙회, 축산업협동조합중앙회 및 인삼협동조합중앙회(아래에서는 '종전의 농업협동조합중앙회 등'이라고 줄임)의 명의로 등기된 기존의 근저당권에 관하여 말소등기 또는 변경등기를 신청하려고 하는 경우에는, '종전의 농업협동조합중앙회 등'의 명의로 등기된 기존의 근저당권을 '신 농업협동조합중앙회'의 명의로 이전하는 근저당권이전등기절차를 거치지 않고도 '신 농업협동조합중앙회'가 직접 자신의 명의로 위 근저당권의 말소등기 또는 변경등기를 신청할 수 있다.
(2000. 5. 19. 등기 3402-352 질의회답)
참조예규 : 제375호

참조선례 : 본집 제375항, 제400항

[선례 27] 대위변제증서상의 변제금액보다 적은 금액을 변제액으로 하는 근저당권 일부 이전등기를 신청할 수 있는지 여부(적극)

제정 2000. 10. 18. [등기선례 제6-343호, 시행]

확정채권의 일부대위변제로 인한 근저당권일부이전등기신청서의 등기할 변제액이 대위변제증서상의 변제금액보다 적더라도 당사자 사이에 별도의 약정이 있다면 이에 따른 근저당권일부이전등기를 신청할 수 있을 것이다.
(2000. 10. 18. 등기 3402-731 질의회답)
참조조문 : 민법 제482조

[선례 28] 갑 회사가 그 일부를 분할하여 을 회사를 설립한 경우, 분할계획서에 분할로 인하여 이전할 재산으로 기재되지 아니한 갑 회사 명의의 근저당권에 관하여 회사의 분할을 등기원인으로 하여 을 회사 명의로 이전 등기를 할 수 있는지 여부(소극)

제정 [등기선례 제6-346호, 시행]

갑 회사가 그 일부를 분할하여 을 회사를 설립한 경우, 분할로 인하여 설립되는 을 회사는 분할계획서가 정하는 바에 따라서 분할하는 갑 회사의 권리와 의무를 승계하는바(상법 제530조의10), 분할계획서에 분할로 인하여 설립되는 회사에 이전될 재산으로 기재되지 아니한 갑 회사 명의의 근저당권에 대해서는 회사분할을 등기원인으로 하여 갑 회사로부터 을 회사 명의로의 근저당권이전등기를 할 수 없다.
(2001. 7. 27. 등기 3402-511 질의회답)

[선례 29] 유동화전문회사가 저당권부채권을 다른 유동화전문회사에 양도하는 경우 저당권이전 및 말소등기 절차 등

제정 2003. 2. 12. [등기선례 제7-269호, 시행]

1. 자산유동화에관한법률에 따라 설립된 유동화전문회사(SPC Ⅰ)가 한국자산관리공사로부터 유동화자산인 저당권부채권을 양도받아 저당권이전등기를 신청할 경우에는 한국자산관리공사와 유동화전문회사(SPC Ⅰ)가 공동으로 신청하여야 하고, 또한 한국자산관리공사로부터 저당권부채권을 양도받은 유동화전문회사(SPC Ⅰ)가 그 저당권부채권을 다시 다른 유동화전문회사(SPC Ⅱ)에게 양도하고 그에 따른 저당권이전등기를 신청할 경우에도 저당권부채권을

양도양수한 유동화전문회사(SPC Ⅰ, SPC Ⅱ)가 공동으로 신청하여야 한다.
2. 한편, 등기부상 저당권자인 종전 유동화전문회사(SPC Ⅰ)로부터 저당권부채권을 양도받았으나 자신 명의로 저당권이전등기를 마치지 않은 다른 유동화전문회사(SPC Ⅱ)가 그 저당권말소등기를 하기 위하여는 먼저 자신 명의로 양도로 인한 저당권이전등기를 마친 다음 저당권말소등기를 신청할 수 있다. 다만 종전 유동화전문회사(SPC Ⅰ)가 다른 유동화전문회사(SPC Ⅱ)에게 양도한 저당권부채권을 금융감독위원회에 등록한 다음, 그에 따른 저당권이전등기를 경료하기 전에 종전 유동화전문회사(SPC Ⅰ)에 대한 청산종결등기가 경료되어 등기부가 폐쇄된 경우라도, 그 저당권이 종전 유동화전문회사(SPC Ⅰ) 명의로 있는 한 청산사무가 종결된 것이 아니므로 폐쇄등기부등본을 첨부하여 종전 유동화전문회사(SPC Ⅰ)의 청산인과 다른 유동화전문회사(SPC Ⅱ)의 대표자가 공동으로 신청하거나, 종전 유동화전문회사(SPC Ⅰ)를 상대로 한 저당권이전등기절차이행을 명하는 확정판결을 첨부하여 등기권리자인 다른 유동화전문회사(SPC Ⅱ)의 대표자가 단독으로 저당권이전등기를 신청할 수 있다.

(2003. 2. 12. 부등 3402-90 질의회답)

참조조문 : 유동화자산에관한법률 제6조, 제8조 주택저당채권유동화회사법 제5조, 제7조

참조선례 : 등기선례요지집 Ⅵ 제241항, Ⅲ 제971항

주) 청산법인의 폐쇄된 등기부에 청산인 등기가 되어있지 아니한 경우에는 청산인이 등기의무자로서 부동산등기신청을 하기 위하여는 폐쇄된 법인등기부를 부활하여 청산인 등기를 마친 다음 그 등기부등본을 청산인임을 증명하는 서면으로 첨부하여야 한다(2004. 10. 8. 등기예규 제1087호 참조).

[선례 30] 합병으로 소멸된 갑 회사가 합병전에 그 일부를 분할하여 을 회사를 설립한 경우, 회사분할을 원인으로 갑 회사 명의의 근저당권을 을 회사에게 이전하는 방법

제정 2003. 5. 12. [등기선례 제7-276호, 시행]

1. 갑 회사가 그 일부를 분할하여 을 회사를 설립한 후, 병 회사(정 회사로 명칭 변경됨)에 흡수합병되어 소멸된 경우, 분할로 설립된 을 회사는 분할계획서가 정하는 바에 따라서 분할하는 갑 회사의 권리와 의무를 승계하는바(상법 제530조의10), 분할계획서에 분할로 인하여 설립되는 회사에 이전될 재산으로 기재된 근저당권에 대해 회사분할을 원인으로 하여 갑 회사로부터 을 회사 명의로 근저당권이전등기를 할 수 있다.
2. 또한, 합병으로 존속하는 정 회사는 소멸되는 갑 회사의 권리의무를 포괄적으

로 승계하므로(상법 제530조 제2항, 제235조), 을 회사와 공동으로 갑 회사 명의의 근저당권에 대해 회사분할을 등기원인으로 하여 갑 회사로부터 을 회사 명의로 근저당권이전등기를 신청할 수 있으며, 이 때 합병을 증명하는 서면(법인등기부등본 등)을 첨부하면 되고 합병으로 인한 근저당권이전등기를 경료할 필요가 없다.

(2003. 5. 12. 부등 3402-254 질의회답)
참조조문 : 상법 제233조, 제235조, 제530조의2, 제530조의10
참조예규 : 등기예규 제422호
참조선례 : 등기선례요지집 Ⅳ 제465항, 제374항

[선례 31] 회사 분할의 경우 근저당권이전등기 등

제정 2005. 7. 22. [등기선례 제8-252호, 시행]

1. 갑 회사가 그 일부를 분할하여 을 회사를 설립한 경우, 분할로 인하여 설립되는 을 회사는 분할계획서가 정하는 바에 따라서 분할되는 갑 회사의 권리와 의무를 포괄적으로 승계하는바(상법 제530조의10), 분할계약서에 분할로 인하여 설립되는 회사에 이전될 재산으로 기재된 근저당권에 대하여는 근저당권이전등기를 거치지 아니하고서도 그 권리행사를 할 수 있으나, 분할 후 그 근저당권에 대하여 말소원인이 발생하거나 양도 기타의 처분행위를 하기 위해서는 분할을 원인으로 한 근저당권이전등기를 마쳐야만 그에 따른 등기를 할 수 있다.

2. 분할로 인한 근저당권이전등기를 신청함에 있어서 채무자 또는 근저당권설정자에 대한 통지는 그 요건이 아니며, 또한 이전된 근저당권등기에 대하여 말소등기를 할 경우의 등기의무자는 분할로 인하여 신설된 을 회사가 된다.

(2005. 07. 22. 부동산등기과-1001 질의회답)
참조선례 : Ⅶ 제276항

[선례 32] 「상법」 제520조의2에 의하여 해산간주등기된 회사가 등기의무자가 되어 근저당권이전등기를 신청하는 경우, 해산법인의 대표자로 청산인 선임등기를 선행하여야 하는지 여부(적극)

제정 2012. 8. 30. [등기선례 제201208-5호, 시행]

「상법」 제520조의2 규정에 의하여 해산간주등기는 경료되었지만, 아직 등기기록이 폐쇄되지 아니한 회사가 근저당권이전등기의 등기의무자가 되어 등기를 신청하는 경우, 그 회사의 해산 당시의 이사가 당연히 청산인이 되어 대표권을 행사할 수는 없으므로 청산인 선임등기를 반드시 먼저 하여야 한다.
위 근저당권이전등기신청 시에는 등기예규 제1087호 2.에 따라 청산인임을 증명하는 서면으로서 청산인 등기가 되어 있는 법인등기사항증명서를 등기신청서에 첨부하여야 하고, 인감증명이 필요한 경우에는 법인인감인 청산인의 인감을 첨부하여야 한다.
(2012. 08. 30. 부동산등기과-1668 질의회답)
참조조문 : 부동산등기규칙 제43조 제3호

[선례 33] 존속법인이 합병으로 소멸한 법인과 동일한 상호로 상호를 변경한 경우의 근저당권이전등기 절차

제정 2014. 7. 10. [등기선례 제201407-1호, 시행]

갑 은행이 을 금융지주회사에 합병된 후 다시 을 금융지주회사가 갑 은행으로 상호를 변경한 경우, 소멸한 갑 은행 명의의 근저당권설정등기에 관하여 을 금융지주회사로 근저당권이전등기를 하고 다시 을 금융지주회사를 갑 은행으로 명의인표시변경등기를 할 필요 없이 곧바로 소멸된 갑 은행으로부터 존속하는 갑 은행으로 근저당권이전등기를 하면 된다.
(2014. 7. 10. 부동산등기과-1785 질의회답)
참조조문 : 민법 제187조
등기선례 : Ⅴ 제444호 , Ⅴ 제447호

제4관 저당권변경등기

1. 등기예규

[예규 1] 공유자 1인의 지분에 대한 저당권을 소멸케 하는 경우의 등기

공유자 1인의 지분에 대한 저당권을 소멸케 하는 경우의 등기

개정 2015. 10. 20. [등기예규 제1580호, 시행 2015. 10. 20.]

일부 지분에 대하여 저당권의 지분포기를 원인으로 저당권이 소멸하는 경우의 등기방법

"갑"과 "을"이 공유하는 부동산에 저당권을 설정한 경우 또는 "갑"이 단독으로 소유하는 부동산에 저당권을 설정한 후 "을"에게 일부 지분을 이전한 경우에 "을" 지분에 관하여 저당권 포기를 원인으로 저당권이 "을" 지분에 대하여는 소멸하고 "갑" 지분에 대하여는 존속하게 되는 때에는 등기원인을 지분포기, 저당권의 목적을 "갑"과 "을" 지분에서 "갑" 지분으로 변경하는 방법에 의하여 부기등기로 기록하여야 한다. 이 경우의 기록례는 별지 기록례와 같다.

부 칙 (2015.10.20. 제1580호)

이 예규는 즉시 시행한다.

[별지 기록례] 일부 지분에 대하여 저당권이 소멸하는 경우

【을 구】			(소유권 이외의 권리에 관한 사항)	
순위번호	등기목적	접 수	등기원인	권리자 및 기타사항
1-1	1번 근저당권 변경	2014년 7월3일 제1802호	2014년 7월2일 지분포기	목적 갑구1번김갑남지분전부근저당권설정 포기한지분 갑구2번박을남 지분2분의1

(주) 이 기록례는 공유 부동산 전부 또는 2인 이상의 지분에 대하여 근저당권설정등기가 된 후 일부 지분에 대하여 저당권을 포기하는 경우이다(이 기록례에 의하여 부동산등기기록례집의 제219항 기록례는 변경됨).

2. 등기선례

[선례 1] 토지의 등기기록에 대지권이라는 뜻의 등기가 되기 전에 마쳐진 근저당권설정등기에 대한 변경등기신청 가부(적극)

제정 2019. 3. 6. [등기선례 제9-314호, 시행]

토지의 소유권이 대지권인 경우로서 대지권이라는 뜻의 등기가 마쳐진 토지에 대하여는 소유권이전등기나 근저당권설정등기 등을 신청할 수 없으나(부동산등기법 제61조제4항), 대지권이라는 뜻의 등기를 하기 전에 이미 마쳐진 근저당권설정등기에 대하여 그 내용(채권최고액 증액 또는 감액이나 채무자 변경 등)을 변경하는 근저당권변경등기는 신청할 수 있다.
(2019. 3. 6. 부동산등기과-523 질의회답)
참조조문 : 법 제61조제4항
참조판례 : 1995. 8. 22. 선고 94다12722 판결
참조선례 : Ⅳ 제835항, Ⅶ 제280항

[선례 2] 근저당권의 채권최고액을 증액하는 근저당권변경등기가 주등기로 마쳐진 다음 그 채권최고액을 감액하는 경우의 등기기록 방법

제정 2019. 3. 27. [등기선례 제9-315호, 시행]

갑 명의의 근저당권설정등기가 순위번호 1번으로, 을 명의의 근저당권설정등기가 순위번호 2번으로 그리고 1번 근저당권의 채권최고액을 증액하는 변경등기가 을의 승낙이 없어 순위번호 3번의 주등기로 마쳐진 다음, 병 명의의 근저당권설정등기가 순위번호 4번으로 그리고 1번 근저당권의 채권최고액을 다시 증액하는 변경등기가 병의 승낙이 없어 순위번호 5번의 주등기로 마쳐진 상태에서, 1번 근저당권의 채권최고액을 감액하는 변경등기의 신청이 있는 경우, 변경되는 채권최고액이 최초 근저당권설정등기의 채권최고액보다는 많으나 순위번호 3번으로 변경된 채권최고액보다 적다면 그 변경등기를 3번 근저당권변경등기에 부기로 실행하고(부동산등기법 제52조 본문), 5번 근저당권변경등기는 직권으로 말소하여야 한다(부동산등기규칙 제112조제1항)[아래 기록례 참조].
(2019. 3. 27. 부동산등기과-772 질의회답)
참조조문 : 법 제52조, 규칙 제112조제1항
참조예규 : 제1671호

[선례 3] 저당권의 채무자가 변경된 경우의 등기신청과 그 등기원인 기재

제정 1981. 6. 30. [등기선례 제1-435호, 시행]

저당권설정등기사항 중 그 채무자의 변경을 등기부에 공시하기 위하여는 저당권변경등기신청을 하여야 한다. 그러나 그 변경의 원인은 당사자간의 약정(면책적 채무인수 또는 중첩적 채무인수등)이나 포괄승계(상속 또는 회사합병등) 등 여러 가지가 있을 수 있으므로, 이에 따라 그 등기원인도 달라질 수 있다.

81. 6. 30 등기 제299호 대한사법서사협회장 대 법원행정처장 회답

질의사항 : 저당권설정후 채무자가 교체된 경우에는 저당권변경등기신청을 할 것인가 아니면 저당권이전등기신청을 할 것인가, 또 그 등기원인은 "채무인수계약"으로 할 것인가 아니면 "채무자교체"로 할 것인가?

[선례 4] 공유자 일부에 대하여 근저당권을 말소하기 위한 변경등기

제정 1981. 8. 6. [등기선례 제1-436호, 시행]

1필지의 소유권 전부에 대한 근저당권설정등기를 공유자 누구의 공유지분 얼마에 대한 근저당권설정등기로 변경등기함으로써 근저당권의 일부말소등기를 할 수 있다.

81. 8. 6 등기 제357호

[선례 5] 후순위 저당권자가 있는 경우 근저당권의 채권최고액의 경정등기 형식

제정 1983. 2. 9. [등기선례 제1-438호, 시행]

갑이 채권최고액 6,000만원의 근저당권설정등기신청을 하였으나 등기부에는 채권최고액이 600만원으로 등기된 다음 을을 위한 후순위 근저당권설정등기가 경료된 경우에, 갑이 등기상의 이해관계인인 을(후순위 근저당권자)의 승낙서 또는 그에게 대항할 수 있는 재판의 등본을 첨부하여 경정등기신청을 한 때에는 부기에 의하여 경정등기를 하게 되므로 경정후의 등기는 경정전의 등기와 동일 순위를 유지하는 것이나, 위 서면을 첨부하지 아니한 때에는 등기되지 아니한 채권최고액(5,400만원)에 관하여는 주등기로 경정등기를 하게 되므로 그 부분은 을보다 후순위가 된다.

83. 2. 9 등기 제41호

[선례 6] 근저당권의 채무자가 변경된 경우의 등기신청과 그 등기원인 기재

제정 1984. 4. 18. [등기선례 제1-440호, 시행]

근저당권의 채무자가 갑에서 을로 변경되었다면 "면책적 채무인수"를 원인으로 하여 (주) 근저당권변경(채무자변경)등기를 하여야 한다.

84. 4. 18 등기 제148호

주 : 다만 435, 441, 449항 참조

[선례 7] 중첩적 채무인수에 따른 근저당권변경등기의 원인 기재

제정 1984. 4. 25. [등기선례 제1-441호, 시행]

중첩적 채무인수를 원인으로 한 근저당권변경계약에 의하여 채무자를 연대채무자로 변경(추가)하는 변경등기를 함에 있어서는 그 원인을 "중첩적 채무인수"로 하여야 하나, 그 원인을 "변경계약"으로 등기하였다 하여 그 변경등기의 효력에 어떠한 차이가 있는 것은 아니므로, 두가지 경우 모두 유효한 등기이다.

84. 4. 25 등기 제156호

[선례 8] 지분일부에 대한 저당권의 포기를 원인으로 하는 저당권변경등기

제정 1984. 9. 6. [등기선례 제1-442호, 시행]

토지 전부 위에 설정된 근저당권에 관하여 지분일부에 대한 저당권의 포기를 원인으로 하는 저당권변경(권리변경)등기를 신청할 수 있다.

84. 9. 6 등기 제378호

[선례 9] 일반저당권을 공장저당법 제7조의 저당권으로 하는 변경등기

제정 1984. 11. 30. [등기선례 제1-443호, 시행]

일반저당권을 공장저당법 제7조에 의한 목록 제출의 저당권으로 변경하기 위하여는 그 변경계약서와 목록을 제출하여 저당권변경등기신청을 하여야 한다.

84. 11. 30 등기 제512호

[선례 10] 근저당권의 채무자를 대표이사나 이사 개인에서 회사로 바꾸는 변경등기

제정 [등기선례 제1-444호, 시행]

당초 근저당권설정등기를 할 때에는 그 채무자를 주식회사의 대표이사나 이사 개인 명의로 표시하였으나 그후 채무인수계약에 의하여 채무자를 회사 명의로 교체하거나 회사를 채무자로 추가하려는 경우 그 근저당권변경등기신청서에는 상법 제398조의 규정에 의한 이사회의 승인결의서를 첨부하여야 한다.
85. 9.9 등기 제419호
주) 이 선례는 등기선례 2012. 4. 6. 부동산등기과-692 질의회답에 의하여 그 내용이 변경됨.

[선례 11] 근저당권의 채무자 사망의 경우 그 상속인중 1인만을 채무자로 하는 등기등

제정 1985. 9. 12. [등기선례 제1-445호, 시행]

근저당권의 채무자가 사망한 후 근저당권자(채권자)와의 합의에 의하여 그 상속인중 1인만이 채무자가 되려는 경우에는 근저당권자와 채무자가 되려는 상속인 사이에 상속채무를 그 상속인이 단독으로 인수한다는 채무인수계약서를 작성하고 근저당권자와 근저당권설정자(물상보증인)가 이를 첨부하여 채무자변경등기를 공동 신청할 수 있으며, 채무자의 기재가 없는 근저당권설정등기 (주) 에 있어서는 상속으로 인하여 공동상속인 전원이 채무를 승계하므로 별도로 채무자를 기재하는 변경등기를 할 필요가 없다
85. 9. 12 등기 제427호
주 : 다만 76. 1. 15 법정 제20호 통첩(예규 428항)은 채무자와 저당권설정자가 동일인인 경우의 저당권설정등기에 있어서도 신청서와 등기부에 채무자를 표시하도록 하고 있다.

[선례 12] 외국법인을 채무자로 하는 근저당권의 변경등기의 가부

제정 1986. 2. 8. [등기선례 제1-446호, 시행]

외국법인을 근저당권의 채무자로 하는 변경등기신청도 할 수 있다.
86. 2. 8 등기 제56호 한일은행 수송동지점장 대 법원행정처장 회답

[선례 13] 지분의 일부말소를 명하는 판결에 의한 가처분권리자의 등기와 그 가처분에 저촉되는 근저당권의 경정등기

제정 1986. 10. 23. [등기선례 제1-448호, 시행]

가처분등기가 된 부동산에 대하여 근저당권설정등기가 경료되어 있는 경우에 그 가처분권리자가 지분의 일부말소를 명하는 본안의 승소 확정판결에 의하여 지분의 일부말소 의미의 소유권경정등기를 신청할 때에는 동시에 근저당권의 경정등기도 신청하여야 할 것이고, 이 경우 근저당권자의 승낙은 이를 요하지 아니한다.
86. 10. 23 등기 제482호
참조예규 : 653-1, 653-2항

[선례 14] "채무자변경계약"을 원인으로 한 근저당권의 채무자변경등기의 가부

제정 1986. 11. 4. [등기선례 제1-449호, 시행]

근저당권의 기본계약상의 채무자의 지위가 채권자 및 신 ,구 채무자 사이의 3면 계약에 의하여 승계된 경우에는 "채무자변경계약" 을 원인으로 하여 근저당권의 채무자변경등기를 할 수 있다.

86. 11. 4 등기 제513호 한국외환은행장 대 법원행정처장 회답

[선례 15] 근저당권의 채무자가 변경된 경우의 등기신청과 그 등기원인 기재

제정 [등기선례 제1-453호, 시행]

근저당권의 채무자가 갑에서 을로 변경되었다면 "면책적 채무인수"를 원인으로 하여 (주) 근저당권변경(채무자변경)등기를 하여야 한다.

84. 4. 18 등기 제148호

주 : 다만 435, 441, 449항 참조

[선례 16] 중첩적 채무인수에 따른 근저당권변경등기의 원인 기재

제정 1984. 4. 25. [등기선례 제1-441호, 시행]

중첩적 채무인수를 원인으로 한 근저당권변경계약에 의하여 채무자를 연대채무자로 변경(추가)하는 변경등기를 함에 있어서는 그 원인을 "중첩적 채무인수"로 하여야 하나, 그 원인을 "변경계약"으로 등기하였다 하여 그 변경등기의 효력에 어떠한 차이가 있는 것은 아니므로, 두가지 경우 모두 유효한 등기이다.

84. 4. 25 등기 제156호

[선례 17] "채무자변경계약"을 원인으로 한 근저당권의 채무자변경등기의 가부

제정 1986. 11. 4. [등기선례 제1-449호, 시행]

근저당권의 기본계약상의 채무자의 지위가 채권자 및 신 ,구 채무자 사이의 3면 계약에 의하여 승계된 경우에는 "채무자변경계약" 을 원인으로 하여 근저당권의 채무자변경등기를 할 수 있다.

86. 11. 4 등기 제513호 한국외환은행장 대 법원행정처장 회답

[선례 18] 토지만에 대한 저당권의 효력이 건물(구분건물)에 까지 미치게 하는 변경등기의 가부

제정 1987. 7. 31. [등기선례 제2-383호, 시행]

대지권등기가 경료된 구분건물만에 대하여 추가근저당권설정등기를 할 수는 없고(부동산등기법 제165조의2 제2항 참조), 근저당권의 변경등기의 형식으로 토지에 대한 근저당권의 효력이 건물(구분건물)에 까지 미치는 것으로 할 수도 없다.

87. 7.31 등기 제455호 문화방송주택조합 대 법원행정처장).

주 : 이러한 경우에는 구분건물과 그 대지권을 일체로하여 추가근저당권설정 등기를 하여야 하고, 이점은 먼저 구분건물만에 근저당권을 설정한 후 대지사용권을 추가담보로 제공하려는 경우에도 마찬가지라고 보아야 할 것이다(예규 837-23항 참조).

[선례 19] 증축된 건물에 저당권의 효력이 미치게 하는 변경등기의 가부

제정 1987. 8. 21. [등기선례 제2-384호, 시행]

증축으로 인한 현존건물이 저당권설정당시의 종래의 건물과 동일한 것으로 볼 수 있다면 종래의 건물에 대한 저당권의 효력은 법률에 특별한 규정이나 설정행위에 다른 약정이 없는 한 당연히 증축된 현존건물에 미치며(민법 제358조 참조), 이러한 경우 증축된 건물에 저당권의 효력을 미치게 하는 취지의 변경등기는 이를 할 수 없다.

87. 8.21 등기 제497호

주 : 현존건물과 종래의 건물 사이에 동일성을 인정할 수 없다면 종래의 건물은 멸실된 것으로 볼 수 밖에 없고, 이 경우 종래의 건물을 목적으로 한 저당권은 소멸한다 할 것이므로 이 경우에도 증축된 건물에 저당권의 효력이 미치게 하는 취지의 변경등기는 할 수 없을 것이다.

[선례 20] 저당권의 채무자변경등기의 순위

제정 1989. 1. 31. [등기선례 제2-388호, 시행]

채무자의 교체로 인한 근저당권의 변경등기를 부기등기의 방법으로 하였다면 그 등기의 순위는 주등기의 순위에 의한다.

89. 1.31. 등기 제220호

참조조문 : 부동산등기법 제6조 제1항.

[선례 21] 종전의 일부 공유지분에 대한 저당권의 효력이 그 공유자가 공유물분할로 취득하는 토지전부에 미치게 하는 변경등기

제정 [등기선례 제2-390호, 시행]

갑과 을의 공유토지 중 을지분만에 관하여 저당권설정등기가 경료된 후, 그 토지를 2필지로 분할하여 이를 갑과 을의 각 단독소유로 하는 공유물분할등기를 하는 경우에는, 갑이 단독으로 소유하게 되는 토지의 등기용지에도 위 저당권설정등기가 그대로 남아 있거나 전사(부동산등기법 제94조 제3항 의 경우 제외)되어 그 효력이 인정되는 것이므로, 그 저당권설정등기를 말소하기 위하여는 통상절차(공동신청 또는 판결에 의한 단독신청)에 의하여야 하며, 을이 단독으로 소유하게 되는 토지 전부에 관하여 위 저당권의 효력을 미치게 하기 위하여는 부동산등기법 제63조의 규정에 의한 저당권의 변경등기를 하여야 한다.

89. 1.19 등기 제118호

참조조문 : 부동산등기법 제94조

참조예규 : 441-2항

[선례 22] 근저당권의 채무자변경등기의 원인과 후순위 저당권자등의 승낙 여부

제정 1987. 8. 20. [등기선례 제2-394호, 시행]

근저당권의 기본계약상의 채무자의 지위가 채권자 및 신.구채무자 사이의 3면계약에 의하여 승계된 경우에는 '채무자 변경계약'을 원인으로 근저당권의 채무자변경등기를 신청할 수 있으며, 그 신청서에 후순위 저당권자 등 이해관계인의 승낙서는 첨부해 필요가 없다.

87.8.20 등기 제495호

[선례 23] 채무자변경을 위한 근저당권변경등기와 근저당권등기의 순위변경 여부

제정 1989. 10. 10. [등기선례 제2-395호, 시행]

동일한 부동산에 관하여 근저당설정등기가 순차로 경료된 후 선순위 근저당권의 채무자를 변경하는 근저당권변경의 부기등기가 이루어졌다 하더라도, 위 선순위 근저당권등기의 순위에는 아무런 영향이 없다.

89.10.10 등기 제1886호

참조조문 : 부동산등기법 제5조, 제6조 제1항

[선례 24] 채무자교체로 인한 근저당권의 변경등기

제정 [등기선례 제2-397호, 시행]

채무자의 교체로 인한 근저당권의 변경등기를 부기등기의 방법으로 하였다면 그 등기의 순위는 주등기의 순위에 의한다.
89. 1.31. 등기 제220호
참조조문 : 부동산등기법 제6조 제1항.

[선례 25] 채무자변경으로 인한 근저당권변경등기의 신청에 있어서 제출할 등기필증

제정 [등기선례 제2-398호, 시행]

채무자변경으로 인한 근저당권변경등기신청은 근저당권자가 등기권리자, 근저당권설정자가 등기의무자로서 공동신청하여야 하고, 이 경우 등기의무자의 권리에 관한 등기필증으로는 등기 의무자가 소유권취득당시 등기소로부터 교부받은 등기필증을 첨부하면 족하다.
87. 6. 12 등기 제350호
질의요지 : 채무자변경으로 인한 근저당권변경등기신청에 있어서 채권자가 등기의무자에 해당하는지 여부와 채권자가 등기의무자가 아니라면 위 등기의 신청서에 근저당권설정계약서(근저당권등기필증)를 첨부하여야 하는지 여부

[선례 26] 채무변경을 위한 근저당권변경등기의 원인기재 등

제정 1990. 6. 21. [등기선례 제3-591호, 시행]

근저당권의 기본계약상의 채무자 지위를 채권자 및 신.구채무자 사이의 3면계약에 의하여 교환적으로 승계하거나 추가적으로 가입하는 경우에는 "채무자 변경계약"을 등기원인으로 하여 근저당권의 채무자변경등기를 신청할 수 있으며, 그 경우 동일한 부동산에 대하여 순위번호가 다른 수개의 근저당권이 설정되어 있으나 채무자 변경계약의 당사자가 동일하다면 하나의 신청서에 변경할 근저당권의 표시를 모두 기재하여 동시에 그 변경등기를 신청할 수 있다.
90.6.21. 등기 제1246호 전국은행연합회장 대 질의회답
참조판례 : 82.10.26. 선고, 82다카508 판결
참조선례 : 선례요지 Ⅰ 제441, 449항

[선례 27] 공장저당법 제7조 규정에 의하여 기계기구목록 추가로 인한 근저당권설정등기필증 첨부 여부

제정 1991. 5. 17. [등기선례 제3-593호, 시행]

토지(공장용지) 및 건물에 대하여 근저당권설정등기가 경료되고 공장저당법 제7조 규정에 의하여 기계기구목록추가로 인한 근저당권변경등기를 신청할 경우에는 신청서에 근저당권설정등기필증을 첨부할 필요가 없다.

91.5.17. 등기 제1036호

[선례 28] 연대채무자가 있는 근저당권을 채무자별로 채권최고액을 분할하기 위한 근저당권변경등기 가부

제정 1991. 6. 27. [등기선례 제3-594호, 시행]

채권최고액 13억, 연대채무자 갑·을, 근저당권자 병으로 하는 근저당권설정등기를 채권최고액 13억, 최고액의 내역 채무자 갑에 대하여 3억8천만, 채무자 을에 대하여 9억2천만, 채무자 갑·을, 근저당권자 병으로 하는 근저당권등기로 변경하는 등기의 신청은 가능할 것이다.

91.6.27. 등기 제1378호

[선례 29] 주유기 및 유류저장탱크를 공장저당법 제7조에 의한 근저당권의 목적으로 할 수 있는지 여부 등

제정 [등기선례 제3-595호, 시행]

주유소의 주유기 및 유류저장탱크는 그 토지 또는 건물과 함께 공장저당법 제7조에 의한 근저당권의 목적으로 할 수 있으나 위 기계기구의 소유자는 그 토지 또는 건물의 소유자이거나 공유자 이어야 한다.

또 토지에 대하여 보통근저당권을 설정한 후 그 지상의 건물과 주유소의 주유기 등을 추가로 근저당권의 목적물로 하기 위하여는 건물에 대한 공장저당법 제7조에 의한 추가근저당권설정등기를 신청함과 동시에 토지에 대하여는 보통근저당권을 동법 규정에 의한 근저당권으로 하는 변경등기를 신청하여야 할 것이다.

92. 6. 3. 등기 제1217호

참조선례 : 1항

[선례 30] 근저당권변경등기 신청시 첨부서류

제정 [등기선례 제4-67호, 시행]

면책적채무인수로 인한 근저당권 변경등기 신청시 구채무자인 회사의 등기부등본을 첨부할 필요는 없다.
(1994. 6. 17. 등기 3402-527 질의회답)
참조조문 : 법 제40조

[선례 31] 근저당권변경등기시 첨부하는 등기의무자의 권리에 관한 등기필증

제정 [등기선례 제4-453호, 시행]

근저당권설정등기가 경료된 부동산을 근저당권채무를 인수하면서 매입하여 채무자변경으로 인한 근저당권변경등기신청을 하는 경우 등기의무자(해당 부동산을 매입한자)의 권리에 관한 등기필증으로는 등기의무자가 소유권취득당시 등기소에서 교부받은 등기필증을 첨부하면 된다.
(1993. 11. 29. 등기 제2992호 질의회답)
참조조문 : 법 제40조
참조선례 : 선례요지 II 제61항

[선례 32] 면책적채무인수로 인한 근저당권변경등기시에 근저당권자인 법인의 본점이전 또는 취급지점의 변경등기 등의 생략 가부

제정 1993. 9. 20. [등기선례 제4-458호, 시행]

근저당권설정등기후 저당목적 부동산의 매수인이 근저당채무를 인수하여 면책적채무인수로 인한 근저당권변경등기를 신청함에 있어 근저당권자인 법인의 본점이 이전된 경우 또는 취급지점이 변경된 때에는 등기명의인표시변경등기(근저당권자의 주소변경 또는 취급지점변경)를 한 후에 근저당권변경등기를 하여야 한다.
(1993. 9. 20. 등기 제2368호 질의회답)
참조조문 : 법 제56조, 비송사건절차법 제184조, 제185조

[선례 33] 계약인수에 의한 근저당권변경등기 신청서에 기재할 등기원인

제정 1994. 4. 9. [등기선례 제4-461호, 시행]

계약자유의 원칙상 유효성이 인정되는 계약인수에 의한 근저당권변경등기 신청서에는 등기원인을 "채무자 변경계약"으로 기재할 수 있다.
(1994. 3. 21. 등기 3402-227 질의회답)

(1994. 4. 9. 등기 3402-321 질의회답)
주 : 근저당권에관한사무처리지침(예규 제832호)제정으로 변경됨.

[선례 34] 상호신용금고법에 의해 재무부장관의 계약인수결정으로 인한 계약인수의 본질

제정 [등기선례 제4-462호, 시행]

상호신용금고의 계약이전은 계약이전할 상호신용금고와 계약이전을 받을 상호신용금고의 협의에 의하여야 하는 바, 계약이전에 관한 협의를 하지 아니하거나 협의가 성립되지 아니한 때 상호신용금고법 제23조의 8 제1항의 규정에 의하여 재무부장관이 할 수 있는 필요한 결정은 위 협의에 갈음하는 것으로 생각되므로 재무부장관의 계약인수결정으로 인한 계약인수는 협의에 의한 계약인수와 본질적으로 다름이 없으므로 신경기상호신용금고(이하 을이라고 함)가 경기상호신용금고(이하 갑이라고 함) 명의의 저당권이나 부동산소유권을 취득하기 위하여는 이전등기를 하여야 하며, 대위에 의하여 저당권을 취득하기 위하여는 을이 갑의 채무자를 대신하여 갑에게 변제하여야 하므로 갑의 영업손실금을 변제하고 갑의 권리를 이전받은 경우는 대위원인에 해당되지 않으며, 갑의 저당권이 법률의 규정에 의하여 을에게 이전된 것이 아니므로 을은 저당권이전등기를 하지 않고는 갑명의의 저당권을 경매신청할 수 없다.
(1994. 4. 7. 등기 3402-313 질의회답)
참조예규 : 제375호, 제422호
참조선례 : 선례요지 III 제464항

[선례 35] 근저당권변경등기 신청시 첨부서류

제정 1994. 6. 17. [등기선례 제4-463호, 시행]

면책적채무인수로 인한 근저당권 변경등기 신청시 구채무자인 회사의 등기부등본을 첨부할 필요는 없다.
(1994. 6. 17. 등기 3402-527 질의회답)
참조조문 : 법 제40조

[선례 36] 채무자를 이사 개인에서 회사로 변경하는 근저당권변경등기를 신청하는 경우 이사회의 승인 요부

제정 1994. 11. 24. [등기선례 제4-466호, 시행]

근저당권설정등기를 할 때에는 그 채무자를 주식회사의 이사 개인 명의로 표시하였으나 그 후 채무인수계약에 의하여 채무자를 회사 명의로 교체하려는 경우 그 근저당권변경등기신청서에는 상법 제398조의 규정에 의한 이사회의 승인 결의서를 첨부하여야 하는 바, 개인이 자기 소유 부동산에 대하여 자신이 채무자인 근저당권설정등기를 한 후, 그 부동산을 주식회사에 현물출자를 하고 그 주식회사의 이사로 취임한 경우, 그 이사가 된 자의 개인적인 채무를 회사가 인수하는 채무인수계약에 의하여 위 근저당권변경등기를 신청함에 있어서도 마찬가지이다.
(1994. 11. 24. 등기 3402-1363 질의회답)
참조선례 : 선례요지 Ⅰ 제98항
주) 이 선례는 등기선례 2012. 4. 6. 부동산등기과-692 질의회답에 의하여 그 내용이 변경됨.

[선례 37] 증축된 건물에 저당권의 효력이 미치게 하는 변경등기의 가부

제정 [등기선례 제4-467호, 시행]

1. 건물의 구조나 이용상 기존 건물과 별개의 독립 건물을 신축한 경우에는 그 부분이 기존 건물에 부합되지 않는 것이므로 일부동산 일등기용지의 원칙상 그 건물에 대하여 별도의 소유권보존등기를 신청하여야 하는 것이며 기존 건물의 증축등기를 신청할 수 없을 것이다. 더욱이 이와 같은 증축등기를 한 후 기존 건물에 경료된 저당권의 효력을 위 별개의 건물에 미치게 하는 취지의 변경등기를 신청할 수는 없다.
2. 결국 위와 같은 경우 기존 건물에 경료된 증축등기는 말소가 되어야 할 것이며, 기존 건물에 경료된 저당권의 효력을 신축건물에 미치게 하기 위하여는 신축 건물이 기존 건물의 종물이 아닌 한, 그 부분에 대하여 새로 보존등기를 한 후 그 보존등기를 바탕으로 저당권을 추가로 설정하여야 한다.

(1995. 1. 17. 등기 3402-39 질의회답)
참조판례 : 1987.6.9. 선고 86다카977 판결
참조선례 : 선례요지 Ⅱ 제384항

[선례 38] 상사법인의 취급지점 변경과 근저당권의 변경·말소등기

제정 1995. 7. 5. [등기선례 제4-468호, 시행]

상사법인이 근저당권자인 경우 근저당권설정등기신청서에 취급지점의 표시가 있는 때에는 등기부에 그 취급지점을 기재하게 되므로 근저당권자인 상사법인의 취급지점이 변경된 때에는 등기명의인표시변경(취급지점변경)등기를 한 후에야 채무자변경으로 인한 근저당권변경등기신청을 할 수 있는 것이나 근저당권말소등기를 신청할 경우에는 취급지점이 변경된 사실을 증명하는 서면을 첨부하여

취급지점의 변경등기없이 근저당권말소등기를 신청할 수 있다.
(1995. 7. 5. 등기 3402-537 질의회답)
참조조문 : 법 제48조
참조예규 : 제287호, 제451호

[선례 39] 채권최고액변경(감액)등기신청시 근저당권자의 인감증명 첨부 요부

제정 1995. 10. 18. [등기선례 제4-469호, 시행]

저당권은 채무의 일부변제를 원인으로 하는 채권액변경등기신청이 가능하나 근저당권의 경우에는 채무의 일부변제가 있더라도 당연히 채권최고액이 감액되는 것은 아니므로 이를 원인으로 하는 채권최고액변경(감액)등기신청은 할 수 없고, 다만 당사자간의 근저당권변경계약(채권최고액 변경)에 의하여서만 그 신청이 가능할 뿐이다. 이 경우 등기필증인 근저당권설정계약서를 첨부하면 근저당권자의 인감증명은 첨부할 필요가 없다.
(1995. 10. 18. 등기 3402-743 질의회답)
참조조문 : 규칙 제53조, 제54조

[선례 40] 계약인수 및 계약가입에 의한 근저당권변경등기신청에 따른 부기등기시의 등기원인

제정 1996. 3. 28. [등기선례 제4-470호, 시행]

근저당권의 피담보채권이 확정되기 전에 제3자가 근저당권의 기초가 되는 기본계약상의 채무자 지위를 면책적 또는 중첩적으로 인수함으로써 기본계약상의 채무자가 교환적으로 변경되거나 추가된 경우, 근저당권설정자 및 근저당권자는 "계약인수"(채무자가 교환적으로 변경된 경우), "중첩적 계약인수"(채무자가 추가된 경우)를 등기원인으로 하여 채무자변경을 내용으로 하는 근저당권변경등기를 신청할 수 있다.
(1996. 3. 28. 등기 3402-226 질의회답)
참조예규 : 제95호, 제832호

[선례 41] 근저당권의 피담보채권 확정시기 및 변경등기원인

제정 1996. 7. 24. [등기선례 제5-438호, 시행]

채무인수약정서(면책적 채무인수용) 내용이 채권자와 채무자 및 채무인수인, 물상보증인 사이에, 채무인수인은 채무자가 채권자에게 대하여 인수 당시 부담하고 있는 채무와 이에 관한 모든 부대채무를 인수하기로 약정하는 것으로 되어 있다

면, 특별한 사정이 없는 한 채권자 및 채무자, 물상보증인 사이에 근저당권의 기본계약상의 거래관계를 종료하기로 하는 의사의 합치가 있었다고 보아야 할 것이므로, 위 채무인수약정으로 인하여 근저당권의 피담보채무가 확정되었다고 보아야 할 것이고, 위 채무인수약정서에 의하여 이루어진 채무인수에 의한 근저당권변경등기는 그 등기원인을 "확정채무의 면책적 인수"로 하여야 한다.
(1996. 7. 24. 등기 3402-588 질의회답)
참조판례 : 1990. 11. 27. 선고 90다카 1077 판결
참조예규 : 제832호

[선례 42] 근저당권의 피담보채권이 확정되기 전에 중첩적 계약인수로 인하여 근저당권변경등기가 경료된 경우 피담보채권의 범위

제정 1997. 1. 8. [등기선례 제5-442호, 시행]

근저당권이란 계속적인 거래관계로부터 발생하는 다수의 불특정 채권을 장래의 결산기에 이르러 일정한 한도까지 담보하는 저당권을 의미하는데, 채권자와 채무자 사이에 계속적인 거래관계가 예상되는 계약을 통상 기본계약이라고 하며, 근저당권의 피담보채권이 확정되기 전에 기본계약상의 채무자의 지위를 중첩적으로 인수하여 근저당권변경등기가 경료되었다면 종전 채무자의 기존 채무뿐만 아니라, 신채무자와 거래함으로써 발생한 채무까지도 위 근저당권에 의해서 담보된다.
(1997. 1. 8. 등기 3402-7 질의회답)
참조예규 : 제832호

[선례 43] 증축등기된 건물에 근저당권의 효력이 미치는지 여부

제정 1997. 2. 17. [등기선례 제5-443호, 시행]

가. 증축건물이 건물의 구조나 이용상 기존건물과 동일성이 인정되어 기존건물에 건물표시변경등기 형식으로 증축등기를 하였다면, 그 부분은 기존건물에 부합되는 것으로 보아야 하고, 근저당권의 효력은 다른 특별한 규정이나 약정이 없는 한 근저당 부동산에 부합된 부분에도 미치므로, 증축된 건물에 근저당권의 효력을 미치게 하는 변경등기는 할 필요가 없다.

나. 그러나 건물의 구조나 이용상 기존건물과 별개의 독립건물을 신축한 경우에는 그 부분은 기존 건물에 부합되지 않는 것이므로, 1부동산 1등기용지의 원칙상 그 건물에 대하여 별도의 소유권보존등기를 신청하여야 하는 것이며, 이런 경우 기존건물에 증축등기를 신청할 수 없는데도 증축등기가 경료되었

다면 기존건물에 경료된 저당권의 효력은 위 별개의 건물에 미치지 않으며, 위 별개의 건물에 저당권의 효력을 미치게 하는 취지의 변경등기도 신청할 수 없으므로, 기존건물에 경료된 저당권의 효력을 신축건물에 미치게 하기 위해서는 기존건물에 경료된 증축등기는 말소하고, 건축물대장을 분리하여 새로 보존등기를 한 후 그 보존등기를 바탕으로 저당권을 추가로 설정하여야 한다.
(1997. 2. 17. 등기 3402-123 질의회답)
참조판례 : 1981. 12. 8. 선고 80다 2821 판결, 1988. 2. 23. 선고 87다카 600 판결
참조선례 : Ⅳ 제460항, 제513항

[선례 44] 근저당권변경등기와 이사회결의서 및 이사 인감의 첨부 요부

제정 [등기선례 제5-445호, 시행]

주식회사가 채무인수계약(면책적, 병존적 채무인수계약을 포함)을 체결하여 새로이 채무자가 됨에 있어 상법 제398조가 적용되는 경우를 제외하고는 이사회의 결의를 요하지 아니하므로, 종전 채무자가 주식회사의 이사인 경우를 제외하고는 채무인수계약을 등기원인으로 한 근저당권변경등기를 신청함에 있어 이사회결의서는 첨부할 필요가 없다.
(1997. 8. 1. 등기 3402-598 질의회답)
주) 이 선례는 등기선례 2012. 4. 6. 부동산등기과-692 질의회답에 의하여 그 내용이 변경됨.

[선례 45] 근저당권변경(채권액 감액)등기시 근저당권설정자(소유자)의 인감증명 첨부 요부

제정 [등기선례 제5-454호, 시행]

근저당권자와 근저당권설정자가 채권최고액을 감액하는 근저당권변경계약을 하고 이에 따라 채권최고액을 감액하는 근저당권변경등기를 하는 경우에는 근저당권설정자의 인감증명서를 첨부할 필요는 없다.
(1998. 10. 16. 등기 3402-1028 질의회답)

[선례 46] 흡수합병으로 소멸된 회사 명의의 근저당권에 대한 채무자변경 또는 추가근저당권설정등기 절차

제정 1998. 11. 23. [등기선례 제5-456호, 시행]

흡수합병에 의하여 존속회사인 갑이 포괄승계한 소멸회사인 을 명의의 근저당권

에 관하여 채무자변경 또는 추가근저당권설정등기를 하고자 하는 경우, 그 등기원인이 합병등기 후에 발생한 것인 때에는 먼저 합병을 원인으로 하는 근저당권이전등기를 경료하여야 한다.
(1998. 11. 23. 등기 3402-1161 질의회답)

[선례 47] 채권자경개로 인한 저당권변경등기를 신청하는 경우, 후순위저당권자의 승낙서 등을 첨부하여야 하는지 여부(소극)

제정 [등기선례 제6-326호, 시행]

경개의 당사자는 구채무의 담보를 그 목적의 한도에서 신채무의 담보로 할 수 있으므로(민법 제505조), 채권자경개로 인한 저당권변경등기를 신청하는 경우에도 종전 저당권이 담보하고 있던 구채무의 범위 내에서 신채무를 그 저당권에 이전할 수 있는바, 이 경우에 비록 후순위저당권자 등이 있다고 하더라도 그 후순위저당권자 등은 위 채권자경개로 인한 저당권변경등기에 관하여 등기상 이해관계 있는 제3자라고 할 수 없으며, 따라서 위 후순위저당권자 등의 승낙서 등을 첨부하지 않은 경우에도 부기에 의하여 그 변경등기를 하게 된다(부동산등기법 제63조).
(2001. 3. 10. 등기 3402-176 질의회답)

[선례 48] 공동근저당권의 채권최고액을 각 부동산별로 분할하여 각 별개의 근저당권 등기가 되도록 하는 내용의 근저당권변경등기가 가능한지 여부

제정 2000. 6. 7. [등기선례 제6-342호, 시행]

현행 등기법제하에서는 공동근저당권의 채권최고액을 각 부동산별로 분할하여 각 별개의 근저당권등기가 되도록 하는 내용으로 근저당권을 변경하는 제도가 없으므로, 공동근저당권이 설정된 후에 비록 등기상 이해관계인이 없다고 하더라도 위 공동근저당권의 채권최고액을 각 부동산별로 분할하여 각 별개의 근저당권등기가 되도록 하는 내용의 근저당권변경등기를 신청할 수는 없다.
(2000. 6. 7. 등기 3402-394 질의회답)
참조조문 : 민법 제368조 제1항
참조예규 : 제832호
참조선례 : V 제450항

[선례 49] 회사의 조직변경과 근저당권의 등기명의인표시변경등기

제정 [등기선례 제6-345호, 시행]

상법 제604조에 의하여 주식회사가 유한회사로 그 조직을 변경한 경우에는 그 권리주체로서의 동일성이 유지되므로, 주식회사 명의의 부동산에 관한 근저당권을 유한회사의 명의로 등기하기 위해서는, 근저당권이전등기를 신청할 것이 아니라 조직변경을 등기원인으로 하는 근저당권의 등기명의인표시변경등기를 신청하여야 한다.

(2001. 5. 11. 등기 3402-327 질의회답)
참조예규 : 제612호

[선례 50] 농업기반정비 환지등기시 종전의 토지 수개에 대하여 1개의 환지를 교부한 경우에 근저당권의 목적을 변경하는 등기절차

제정 [등기선례 제7-275호, 시행]

종전의 토지 수개에 대하여 1개의 환지를 교부한 경우 환지의 표시를 한 등기용지와 환지의 표시를 한 등기용지 이외의 다른 종전의 토지의 등기용지에 별개의 근저당권설정등기가 있을 때에는, 등기관은 환지의 표시를 한 등기용지 중 해당 구 사항란에 다른 종전의 토지의 등기용지의 근저당권설정등기를 이기하고, 환지의 표시를 한 등기용지와 다른 종전의 등기용지의 근저당권설정등기에 대하여는 각 그 토지를 지정하여 교부한 환지의 어느 지분만이 그 권리의 목적인 뜻을 기재하여야 하나, 이와 같은 기재사항이 누락된 경우에는 등기관이 직권으로 경정등기를 하여야 하지만 등기관의 직권경정등기를 촉구하는 의미에서 농업기반정비사업시행자가 환지계획서를 첨부하여 근저당권의 목적을 변경하는 경정등기를 촉탁할 수도 있다.

(2002. 8. 28. 등기 3402-469 질의회답)
참조규칙 : 농업기반정비등기처리규칙 제8조, 제13조

[선례 51] 신탁등기 전에 경료된 근저당권설정등기의 채무자변경등기절차

제정 2004. 6. 7. [등기선례 제7-277호, 시행]

등기부상 토지의 소유권자 갑이 자신을 채무자로 하는 근저당권을 설정한 후 갑에서 을로의 소유권이전등기, 을에서 재건축조합 명의로 신탁을 원인으로 한 소유권이전등기가 순차 경료된 경우, 근저당권설정등기의 채무자 갑을 을로 변경하는 근저당권변경등기는 수탁자인 재건축조합(등기의무자)과 근저당권자(등기권리자)가 공동으로 신청할 수 있다.
(2004. 6. 7. 부등 3402-279 질의회답)

[선례 52] 공동근저당권의 채권최고액을 각 부동산별로 분할하여 각 별개의 근저당권등기가 되도록 하는 내용의 근저당권변경등기를 신청할 수 있는지 여부(소극)

제정 2004. 12. 1. [등기선례 제8-253호, 시행]

동일한 피담보채권을 담보하기 위하여 수 개의 부동산에 공동근저당권을 설정한 경우에 공동근저당권의 채권최고액을 각 부동산별로 분할하여 각 별개의 근저당권등기가 되도록 함으로써 각 부동산 사이의 공동담보관계를 해소하는 내용의 근저당권변경등기는 현행 등기법제상 인정되지 아니하는바, 구분건물 100세대를 공동담보로 하여 설정된 근저당권의 채권최고액 5,200,000,000원을 각 구분건물별로 52,000,000원으로 분할하여 별개의 근저당권등기가 되도록 하는 내용의 근저당권변경등기를 신청할 수는 없다.
(2004. 12. 01. 부등 3402-612 질의회답)
참조조문 : 민법 제368조 제1항
참조선례 : Ⅵ 제344항, 제342항, 본집 제72항

[선례 53] 일부 공유자의 지분에 대한 매각시 공유자 전원의 지분에 대한 근저당권설정등기의 처리 방법

제정 2005. 6. 21. [등기선례 제8-254호, 시행]

갑, 을 공유의 부동산에 대하여 공유자 전원의 지분 전부에 대한 근저당권설정등기가 마쳐진 후 을의 지분이 강제경매절차에서 매각된 경우, 위 근저당권설정등기 중 을의 지분에 대한 부분은 민사집행법 제144조 제1항 제2호 소정의 "매수인이 인수하지 아니한 부동산의 부담에 관한 기입"으로서 집행법원의 일부말소등기(또는 일부말소 의미의 변경등기)촉탁에 의하여 말소될 수 있는바, 이 경우 등기관은 근저당권설정등기의 목적을 갑의 지분으로 하는 변경등기를 하여야 할 것이다.
(2005. 06. 21. 부동산등기과-708 질의회답)
참조조문 : 민사집행법 제144조 제1항 제2호
참조예규 : 제1027호
참조선례 : Ⅰ 제436항, Ⅵ 제502항

[선례 54] 임대주택법 제12조의2 제3항 제1호에 따른 근저당권변경등기에 대한 등기상 이해관계 있는 제3자의 범위 등

제정 2007. 12. 31. [등기선례 제8-255호, 시행]

1. 「임대주택법」 제12조의2 제3항 제1호에 따른 국민주택기금 융자금을 담보하는 근저당권설정등기의 공동담보를 해제하고, 채권최고액을 세대별로 감액하는 근저당권변경등기를 신청함에 있어서 전세권자, 전세권부근저당권자 및 전세권부채권가압류권자는 등기상 이해관계 있는 제3자에 해당되므로 신청서에 그 승낙서 또는 이에 대항할 수 있는 재판의 등본을 첨부하여야 한다.
2. 신탁등기 전에 경료된 근저당권설정등기에 대하여 「임대주택법」 제12조의2 제3항 제1호에 따른 근저당권변경등기를 신청할 경우에는 신탁등기가 경료된 부동산에 대하여 수탁자(등기권리자)와 근저당권자(등기의무자)가 공동으로 그 변경등기를 신청할 수 있다.

(2007. 12. 31. 부동산등기과-4077 질의회답)

참조조문 : 법 제63조, 민법 제303조 제1항, 제318조, 제368조 제2항

주 : 임대주택법(2008. 3. 31. 법률 제8966호)의 전부개정에 따라 위법 제12조의 제3항 제1호는 제17조 제3항 제1호로 변경됨.

[선례 55] 채무자변경으로 인한 근저당권변경등기를 신청하는 경우 종전 채무자의 표시변경등기 생략 가부(적극)

제정 2008. 3. 28. [등기선례 제8-256호, 시행]

채무자변경으로 인한 근저당권변경등기를 신청하는 경우 종전 채무자의 표시에 변경사유가 있더라도 그러한 사실이 명백히 나타나는 서면(주민등록등·초본 또는 법인등기부등·초본 등)을 첨부하였다면 종전 채무자에 관한 사항의 변경등기를 생략하고 신채무자로의 변경등기를 할 수 있다.

(2008. 03. 28. 부동산등기과-875 질의회답)

참조조문 : 법 제48조
참조예규 : 제1057호 5. 나, 제428호
참조선례 : II 제259항, 제498항, VI 제447항, 제877항

[선례 56] 근저당권 변경등기에 있어서 등기상 이해관계인

제정 2014. 8. 19. [등기선례 제201408-2호, 시행]

1. 같은 부동산에 관하여 등기된 권리의 순위는 법률에 다른 규정이 없으면 등기한 순서에 따르고, 등기의 순서는 등기기록 중 같은 구에서는 순위번호, 다

른 구에서는 접수번호의 전후에 따르는 것이므로, 부동산등기법 제5조 본문의 "부기등기의 순위는 주등기의 순위에 따른다."라는 규정은 부기등기가 그 순위번호뿐만 아니라 접수번호에 있어서도 그 기초가 되는 주등기에 따른다는 뜻으로 새겨야 한다.
2. 을구에 근저당권설정등기, 갑구에 체납처분에 의한 압류등기가 순차로 경료된 후에 근저당권의 채권최고액을 증액하는 경우, 그 변경등기를 부기등기로 실행하게 되면 을구의 근저당권변경등기가 갑구의 체납처분에 의한 압류등기보다 권리의 순위에 있어 우선하게 되므로, 갑구의 체납처분에 의한 압류등기의 권리자(처분청)는 을구의 근저당권변경등기에 대하여 등기상 이해관계 있는 제3자에 해당한다.
3. 이 경우 갑구의 체납처분에 의한 압류등기의 권리자(처분청)의 승낙서나 그에게 대항할 수 있는 재판의 등본이 첨부정보로서 제공된 경우에는 을구의 근저당권변경등기를 부기등기로 실행할 수 있으나, 그와 같은 첨부정보가 제공되지 않은 경우에는 주등기로 실행하여야 한다. 이는 갑구의 주등기가 민사집행법에 따른 가압류·가처분등기나 경매개시결정등기인 경우에도 동일하다.

(2014. 8. 19. 부동산등기과-2113 질의회답)
참조조문 : 부동산등기법 제4조, 제5조, 제52조
참조판례 : 대법원 1998. 4. 9. 자 98마40 결정
참조선례 : IV 제454호

[선례 57] 법인의 합병에 따른 등기절차

제정 2015. 8. 10. [등기선례 제201508-2호, 시행]

한국산업은행(이하 "존속법인"이라고 함)은 합병으로 인하여 산은금융지주 주식회사 및 한국정책금융공사(이하 "소멸법인"이라고 함)의 재산과 권리·의무를 포괄승계하고, 등기부에 표시된 소멸법인의 명의는 존속법인의 명의로 간주하고 있으므로, 소멸법인을 근저당권자로 하여 마쳐진 근저당설정등기에 대하여 근저당권자 명의를 "등기명의인표시변경등기(등기원인은 '2014. 5. 21. 법률 제12663호')" 방법에 의하여 존속법인 명의로 변경할 수 있다.

같은 이유에서 소멸법인을 근저당권자로 하여 마쳐진 근저당권설정등기에 대하여 존속법인 명의로 근저당권이전등기를 하지 않고도 위 근저당권의 말소 또는 증액 등의 변경등기를 직접 신청할 수 있다.

(2015. 8. 10. 부동산등기과-1893 질의회답)
참조조문 : 한국산업은행법 부칙 제6조 제2항 및 3항

참조예규 : 등기예규 제534호
참조선례 : 등기선례 제201202-5호

[선례 58] 채권최고액을 증액하는 근저당권변경등기를 신청할 경우 동일인 명의의 후순위 근저당권자가 등기상 이해관계 있는 제3자에 해당하는지 여부

제정 2015. 8. 18. [등기선례 제201508-4호, 시행]

채권최고액을 증액하는 근저당권변경등기를 신청하는 경우 동일인 명의의 후순위 근저당권자는 등기상 이해관계 있는 제3자가 아니므로, 다른 이해관계인이 없다면 위 후순위 근저당권자의 승낙이 있음을 증명하는 정보 또는 이에 대항할 수 있는 재판이 있음을 증명하는 정보를 제공하지 않더라도 근저당권변경등기를 부기등기로 할 수 있다.
(2015. 8. 18. 부동산등기과-1959 질의회답)
참조조문 : 부동산등기법 제52조, 부동산등기규칙 제46조, 제112조
참조판례 : 대법원 95다39526 판결
참조선례 : 등기선례 제2-366호, 제201408-2호

제5관 저당권말소등기

1. 등기예규

[예규 1] 근저당권말소등기와 근저당권자 표시변경등기 요부

근저당권말소등기와 근저당권자 표시변경등기 요부

제정 1982. 6. 2. [등기예규 제451호, 시행]

저당권(근저당권) 등 소유권 이외의 권리에 관한 등기의 말소를 신청하는 경우에 있어서는 그 등기명의인의 표시에 변경 또는 경정의 사유가 있는 때라도 신청서에 그 변경 또는 경정을 증명하는 서면을 첨부함으로써 등기명의인의 표시변경 또는 경정의 등기를 생략할 수 있을 것이다.

[예규 2] 근저당권등기의 말소와 근저당권자의 회사합병으로 인한 근저당권이전등기 생략 가부

근저당권등기의 말소와 근저당권자의 회사합병으로 인한 근저당권이전등기 생략 가부

제정 1982. 9. 18. [등기예규 제458호, 시행]

합병 후 존속하는 회사가 합병으로 인하여 소멸한 회사 명의로 있는 근저당권등기의 말소신청을 하는 경우에 있어서는 그 등기원인이 합병등기 전에 발생한 것인 때에는 합병으로 인한 근저당권이전등기를 생략하고 합병을 증명하는 서면을 제출하면 될 것이나, 그 등기원인이 합병등기 후에 발생한 것인 때에는 그 전제로서 회사합병으로 인한 근저당권이전등기를 하여야 할 것이다.

[예규 3] 채무자의 추가를 내용으로 하는 근저당권변경의 부기등기 말소방법

채무자의 추가를 내용으로 하는 근저당권변경의 부기등기 말소방법

제정 1988. 3. 8. [등기예규 제650호, 시행]

채무자의 추가를 내용으로 하는 근저당권변경의 부기등기는 기존의 주등기인 근저당권설정등기에 종속되어 주등기와 일체를 이루는 것이고 주등기와 별개의 새로운 등기는 아니라 할 것이므로 그 피담보채무가 변제로 인하여 소멸된 경우 위 주등기의 말소만을 구하면 족하다 할 것이고, 주등기가 말소된 경우에는 그에 기한 부기등기는 판결로 그 말소를 명하지 않더라도 직권으로 말소되어야 할 성질의 것이다.
(대법원 1988. 03. 08. 선고 87다카2585 판결)

[관련판례] 근저당권설정등기말소 (대법원 1988. 3. 8. 선고 87다카2585 판결)
【판시사항】
피담보채무가 소멸된 경우 채무자의 추가를 내용으로 하는 근저당권변경의 부기등기 말소청구의 가부(소극)

【판결요지】
채무자의 추가를 내용으로 하는 근저당권변경의 부기등기는 기존의 주등기인 근저당권설정등기에 종속되어 주등기와 일체를 이루는 것이고 주등기와 별개의 새로운 등기는 아니라 할 것이므로 그 피담보채무가 변제로 인하여 소멸된 경우 위 주등기의 말소만을 구하면 족하다 할 것이고 주등기가 말소된 경우에는 그에 기한 부기등기는 판결로 그 말소를 명하지 않더라도 직권으로 말소되어야 할 성질의 것이다.

【참조조문】
부동산등기법 제6조

【전 문】
【원고, 피상고인】 원고 원고보조참가인 이 기순
【피고, 상 고 인】 주식회사 진흥상호신용금고 소송대리인 변호사 박두환
【원심판결】 서울고등법원 1987.9.21 선고, 86나1527 판결

【주 문】
상고를 기각한다.
상고비용은 피고의 부담으로 한다.

【이 유】
피고 소송대리인의 상고이유를 판단한다.
제1점에 관하여,
채무자의 추가를 내용으로 하는 근저당권부변경의 부등기는 기존의 주등기인 근저당권설정등기에 종속되어 주등기와 일체를 이루는 것이고 주등기와 별개의 새로운 등기는 아니라 할 것이므로 그 피담보채무가 변제로 인하여 소멸된 경우 위 주등기의 말소만을 구하면 족하다 할 것이고, 주등기가 말소되는 경우에는 그에 기한 부기등기는 판결로 그 말소를 명하지 않더라도 직권으로 말소되어야 할 성질의 것이라고 할 것이다.
같은 취지에서 원심이 이 사건 근저당권설정등기(주등기)의 말소를 명한 제1심판결을 그대로 유지하고 있음은 정당하고, 거기에 근저당권변경의 부기등기에 관한 법리오해 등의 위법이 있다할 수 없으며, 상고논지는 위와 같은 경우 부기등기의 말소를 구하

여야 하고 주등기의 말소를 구함은 소의 이익이 없다는 것이나 이는 독단적 견해에 불과하다 할 것이고, 소론 판례들은 근저당권이전의 부기등기가 경료된 경우 그 말소청구의 상대방에 관한 것으로서 이 사건과 사안이 달라 적절한 것이 되지 아니한다.
제2점에 관하여,
원심판결 이유에 의하면, 원심은 이 사건 부동산은 원래 원고보조참가인의 소유이었는데 참가인이 1983.9.28 피고와의 사이에 위 부동산에 관하여 채권최고액 금 6,000만원, 채무자 소외인 근저당권자 피고로 하는 근저당권설정등기계약을 맺고 같은 날 그 근저당권설정등기를 경료하였으며, 그후 위 부동산에 관하여 같은 해 11.7 중첩적 채무인수를 원인으로 하여 채무자를 위 소외인 및 주식회사 하니항공으로 하는 근저당권변경의 부기등기가 경료되었는데 원고가 1985.4.8 참가인으로부터 이 사건 부동산을 매수하여 같은 날 자신명의의 소유권이전등기를 경료한 사실을 다툼이 없는 사실로 확정한 후 그 채택증거를 종합하여 참가인의 사위인 위 소외인은 1983.10.31 참가인의 위임 및 주식회사 하니항공 대표이사의 자격으로 피고와의 사이에 이 사건 부동산에 관하여 채무자 추가에 의한 채무경개계약서라는 표제아래 (1) 위 1983.9.28자 근저당권에 기한 채무는 위 소외인과 동일한 조건으로 위 하니항공이 중첩적으로 인수하고, (2) 피고의 위 소외인에 대한 채권은 하니항공에대하여도 적용되며, (3) 위 소외인은 하니항공의 중첩적 채무인수에 동의하고 참가인은 현재의 채무를 위하여 이 사건 부동산에 설정되어 있는 위 근저당권설정등기의 효력을 하니항공을 위하여 그대로 존속시키기로 하고 1983.9.28자 근저당권설정계약시 체결한 각 조문은 이를 충실히 이행한다는 내용의 계약을 체결한 사실 및 위 소외인은 1985.4.8 그때까지 피고금고와의 대출거래 등으로 인하여 부담하고 있던 자신의 채무를 모두 변제한 사실을 인정한 다음, 피고의 주장, 즉 1984.3.5 위 하니항공이 위 소외인의 채무와는 별도로 피고에게 발행한 액면 금 3,000만원의 수표금채무가 아직 피담보채무로서 잔존하고 있다는 주장에 관하여 판단하기를, 위 1983.10.31자 약정이 위 근저당권설정등기상의 채무자로서 위 소외인외에 하니항공을 추가하는 취지로 보기는 어렵고, 이 사건 근저당권에 의하여 담보되는 채무는 모두 변제되어 소멸하였다고 할 것이므로 피고는 원고에게 이 사건 부동산에 관한 위 근저당권설정등기의 말소등기절차를 이행할 의무가 있다고 판시하고 있다.
살피건대, 이 사건 부기등기의 원인증서인 위 채무경개계약서는 원심이 적절히 지적하고 있는 바와 같이 그 표제는 채무자 추가에 의한 채무경개계약서라고 되어 있으나 그 내용은 추가되는 채무자인 위 하니항공의 채무에 대하여는 아무런 언급이 없고 단지 위 하니항공이 원채무자인 위 소외인의 피고에 대한 채무를 동일한 조건으로 중첩적으로 인수하고 근저당권설정자인 참가인도 이를 승인하고 근저당권설정등기의 효력을 위 하니항공을 위하여 그대로존속시키기로 한다는 등의 기재만 있을 뿐이고, 또 기록에 의하면, 이 사건 부동산에 관하여 앞서 본 바와 같은 채무자 추가에 의한 채무경개계약을 하게 된 경위는, 피고의 업무운용준칙상 법인이 아닌 개인에 대한 여신 합계액은 금 3,000만원을 초과할 수 없도록 되어 있어 위 소외인이 대표이사로 있는 위 하니항공 이름으로도 대출을 해주어 실질적으로 위 소외인에게 위 한도액을 초과하여 대출을 하여 주기 위한 것이었음을 알 수 있고(실제상으로도 피고는 채무자를 타인이름으로 하여 부금대출을 하는 등으로 위 소외인에 사실상 대출한 사실이 엿보인다), 이 사건 근저당권설정등기의 채권최고액은 금 6,000만원으로 되어 있는 점 등에 비추어 보면 당사자의 의사는 이 사건 근저당권의 피담보채무는 위 소외인이 피고로부터 대출받는 등으로 피고에게 부담하고 또는 장래에 부담할 채무만을 그 대상으로 한정한 것이지 새로이 채무자로 추가한 주식회사 하니항공이 위 소외인의 채무와는 별도로 피고에게 대하여 부담하게 될 채무까지 포함하기로 하였다고 볼 수는 없다 할 것으로서 원심판시는 그 이유설시에 다소 미흡한 점이 있으나 위 하니항공의 피고에 대한 이 사건 수표금채무가 그 피담보채무에 포함되지 아니한다고 판시한 원심의 판단은 결과적으로 정당하다 할 것이고, 거기에 채증법칙을 위배하거나 처분문서의 해석에 관한 법리를 오해한 위법 등이 있다할 수 없다. 논지는 모두이유없다.

그러므로 상고를 기각하고, 상고비용은 패소자의 부담으로 하여 관여법관의 일치된 의견으로 주문과 같이 판결한다.

대법관 김달식(재판장) 정기승 최재호

[예규 4] 말소된 공동담보목록 및 「공장 및 광업재단 저당법」 제6조의 기계기구목록에 대한 말소의 뜻 기재

말소된 공동담보목록 및 「공장 및 광업재단 저당법」 제6조의 기계기구목록에 대한 말소의 뜻 기재

개정 2009. 4. 10. [등기예규 제1288호, 시행 2009. 4. 10.]

공동담보목록이 있는 저당권 또는 전세권이나 「공장 및 광업재단 저당법」 제6조의 규정에 의한 기계기구목록이 있는 저당권이 전부말소된 경우에는 해당 목록의 여백에 말소등기의 접수일자, 접수번호 및 말소취지를 주서하여야 한다.

2. 등기선례

[선례 1] 근저당권자가 소유권 취득 후 근저당권말소등기를 신청하지 않은 상태에서 사망하고 상속등기가 마쳐진 경우의 피상속인 명의의 근저당권말소등기 절차

제정 2018. 5. 17. [등기선례 제9-321호, 시행]

A토지에 대한 근저당권자 갑(甲)이 그 토지의 소유권을 취득함으로써 혼동이 발생하였다면 소유자 겸 근저당권자인 갑이 그 근저당권의 말소등기를 단독으로 신청할 수 있으나, 갑이 근저당권말소등기를 신청하지 않은 상태에서 사망하였고 이후 갑의 공동상속인 사이에 상속재산분할협의가 성립하여 이를 원인으로 한 을(乙) 단독명의의 소유권이전등기가 마쳐졌다면 그 근저당권의 말소등기는 을이 단독으로 신청할 수 없고, 일반원칙에 따라 등기권리자인 현재의 소유자 을과 등기의무자인 갑의 공동상속인 전원이 공동으로 신청하여야 한다. 한편, 등기의무자의 소재불명으로 공동으로 등기의 말소등기를 신청할 수 없는 때에는 「부동산등기법」 제56조의 규정에 의하여 공시최고신청을 하여 제권판결을 받아 등기권리자가 단독으로 말소등기를 신청할 수 있다.
(2018. 05. 17. 부동산등기과-1149 질의회답)
참조조문 : 민법 제191조, 제507조
참조예규 : 제1471호
참조선례 : Ⅷ 제280항

[선례 2] 지역농업협동조합의 합병에 따른 근저당권의 말소 또는 변경등기 절차

제정 2018. 9. 4. [등기선례 제9-322호, 시행]

「농업협동조합법」 제79조제2항에서 "지역농협의 합병 후 등기부나 그 밖의 공부에 표시된 소멸된 지역농협의 명의는 존속하거나 설립된 합병 지역농협의 명의로 본다"고 규정하고 있으므로, 합병 후 존속하거나 설립되는 지역농업협동조합이 합병으로 인하여 소멸한 조합 명의로 등기된 근저당권의 말소 또는 변경등기신청을 하는 경우에는 합병 후 존속하거나 설립되는 조합 명의로 근저당권이전등기를 거치지 않고 합병을 증명하는 정보를 첨부정보로 제공하여 직접 말소 또는 변경등기신청을 할 수 있는바, 지역축산업협동조합이나 품목별·업종별협동조합의 경우에도 같은 법 제107조 또는 제112조에 의해서 제79조가 준용되고 있으므로 마찬가지이다.
(2018. 09. 04. 부동산등기과-2014 질의회답)

참조조문 : 농업협동조합법 제79조제2항, 제107조, 제112조
참조선례 : Ⅷ 제263항, Ⅸ 제317항

[선례 3] 근저당권말소등기를 신청할 때에 피담보채권이 소멸하였음을 증명하는 대출완납확인서를 등기원인을 증명하는 정보로서 제공할 수 있는지 여부(소극)

제정 2019. 6. 19. [등기선례 제9-323호, 시행]

근저당권은 피담보채권의 소멸에 의하여 당연히 소멸하는 것은 아니고 근저당권설정계약의 기초가 되는 기본적인 법률관계가 종료될 때까지 계속 존속하므로, 근저당권설정등기의 말소등기를 신청할 때에는 등기원인을 증명하는 정보로서 근저당권이 소멸하였음을 증명하는 근저당권 해지증서 등을 제공하여야 하며, 단지 피담보채권이 소멸하였음을 증명하는 대출완납확인서 등을 제공할 수는 없다.
(2019. 6. 19. 부동산등기과-1482 질의회답)
참조조문 : 법 제27조, 민법 제357조
참조예규 : 제458호
참조선례 : Ⅵ 제231항

[선례 4] 1953. 2. 14 이전에 한 저당권설정등기의 말소

제정 1986. 7. 21. [등기선례 제1-506호, 시행]

1948년에 한 저당권설정등기는 권리자의 권리신고가 없는 한 등기공무원이 부동산등기에 관한 특별조치법 제4조의 규정에 의하여 직권말소하여야 한다.
86. 1. 22 등기 제15호 및 86.7.21 등기 제338호
참조예규 : 513항

[선례 5] 저당권자가 행방불명인 경우 그 저당권등기의 말소방법

제정 1980. 9. 19. [등기선례 제1-498호, 시행]

1953. 2. 14까지에 한 소유권 이외의 권리에 관한 등기는 부동산등기에 관한 특별조치법에 의하여 등기공무원이 직권말소할 수 있으나, 1962. 12. 31에 경료된 저당권설정등기는 그 저당권자가 행방불명된 경우에도 등기공무원이 이를 직권말소할 수 없으므로 결국 소송에 의하여 처리할 수 밖에 없을 것이다 (주).
80. 9. 19 등기 제426호
참조예규 : 483항
주 : 다만 그밖에도 부동산등기법 제167조의 규정에 의하여 저당권등기의 말소 신청을 할

수 있는 방법이 있다.

[선례 6] 공유자 일부에 대하여 근저당권을 말소하기 위한 변경등기

제정 [등기선례 제1-499호, 시행]

1필지의 소유권 전부에 대한 근저당권설정등기를 공유자 누구의 공유지분 얼마에 대한 근저당권설정등기로 변경등기함으로써 근저당권의 일부말소등기를 할 수 있다.

81. 8. 6 등기 제357호

[선례 7] 소유권이전등기의 말소를 명하는 판결의 사실심 변론종결후에 경료된 근저당권설정등기의 말소

제정 [등기선례 제1-501호, 시행]

원인없이 경료된 소유권이전등기라 하여 그 등기를 말소하라는 판결이 확정된 경우에 그 확정판결의 사실심 변론종결후에 피고로부터 근저당권설정등기 또는 지상권설정등기를 받은자들은 민사소송법 제204조 제1항에서 말하는 변론종결후의 승계인에 해당한다 할 것이므로 원고로서는 승계집행문을 부여받아서 이들 명의의 등기의 말소신청을 할 수 있을 것이고 이 경우 이들의 승낙서의 첨부는 필요하지 않을 것이다.

82. 2. 19 등기 제76호

[선례 8] 저당권자가 행방불명인 경우 그 저당권등기의 말소방법

제정 1983. 5. 6. [등기선례 제1-502호, 시행]

채무가 변제되었음에도 불구하고 등기의무자(근저당권자)가 행방불명 이어서 근저당권설정등기를 말소할 수 없는 경우에는 민사소송법의 규정에 의하여 공시최고신청을 하고 제권판결을 받아 그 판결등본을 첨부하거나 변제증명(채권증서, 채권과 최후 1년분의 이자의 영수증)을 첨부하여 등기권리자 단독으로 말소등기신청을 하든가(부동산등기법 제167조), 등기의무자를 상대로 근저당권설정등기 말소청구의 소를 제기하고 그 승소판결을 받아 말소등기신청을 할 수 있다.

83. 5.6 등기 제164호
참조예규 : 483항

[선례 9] 멸실등기로 인하여 폐쇄된 등기부에 기재된 저당권의 말소등기 가부

제정 [등기선례 제1-503호, 시행]

부동산이 저당권등 제3자의 권리의 목적이 된 경우라도 그 멸실등기 신청서에 제3자의 승낙서를 첨부할 필요는 없고, 멸실등기로 인하여 폐쇄된 등기부에 기재된 저당권의 말소는 등기할 사항이 아니다(저당권 으로서의 효력이 존속하는 것은 아님).

84. 10. 29 등기 제457호 오류1동새마을금고 이사장 대 법원행정처장 회답

[선례 10] 공유물분할로 인하여 종전의 공유지분에 대한 저당권등기가 다른 토지의 등기부에 전사된 경우 그 저당권등기의 말소방법

제정 1985. 4. 10. [등기선례 제1-504호, 시행]

공유물분할로 인하여 다른 토지의 등기부에 전사된 근저당권설정등기는 근저당권자가 등기의무자, 근저당권설정자 또는 현재의 등기부상 소유자가 등기권리자로서 공동으로 말소신청을 하거나 근저당권설정등기의 말소를 명하는 확정판결에 의하여 등기권리자가 단독으로 말소신청을 함으로써 이를 말소 할 수 있다.

85. 4. 10 등기 제214호

질의내용 : 갑등 17명의 공유토지중 갑의 지분에 대하여 근저당권이 설정된 후 공유물분할에 의하여 분할된 토지가 각 공유자의 단독소유로 되었으나 갑 이외의 공유자가 취득한 토지의 등기부에도 공유물분할전에 갑의 지분에 대하여 설정된 근저당권의 등기가 그대로 전사되어 존속하고 있습니다. 그후 근저당권자는 갑이 취득한 토지에 대하여 임의경매신청을 하고 그 토지가 경락됨으로써 그 토지에 대한 근저당권의 등기는 이미 말소되었습니다. 따라서 갑 이외자 공유자가 취득한 토지중 지분 일부에 대한 근저당권도 이미 소멸되었다 할 것이므로 그 근저당권의 등기가 말소되어야 할 것으로 생각되는데, 그 말소의 방법과 절차는 어떠한지 알려 주시기 바랍니다.

[선례 11] 혼동에 의하여 소멸한 근저당권의 설정등기의 말소

제정 1985. 12. 17. [등기선례 제1-505호, 시행]

동일 부동산에 대한 소유권이전청구권 보전의 가등기상의 권리자와 근저당권자가 동일인이었다가 그 가등기에 기한 소유권이전의 본등기가 경료됨으로써 소유권과 근저당권이 동일인에게 귀속된 경우에는 그 근저당권은 혼동으로 소멸하는

것이나(그 근저당권이 제3자의 권리의 목적인 경우는 제외), 그 근저당권설정등기가 말소되지 아니한 채 제3자 앞으로 다시 소유권이전등기가 경료되었다면 그 설정등기를 직권말소할 수는 없으며, 이 경우에는 현소유자와 근저당권등기의 명의인이 공동으로 또는 그 설정등기의 말소를 명하는 판결에 의하여 현소유자만으로 그 설정등기의 말소등기신청을 할 수 있다.
85.12.17 등기 제58851호
참조예규 : 510항

[선례 12] 1953. 2. 14 이전에 한 저당권설정등기의 말소

제정 1986. 7. 21. [등기선례 제1-506호, 시행]

1948년에 한 저당권설정등기는 권리자의 권리신고가 없는 한 등기공무원이 부동산등기에 관한 특별조치법 제4조의 규정에 의하여 직권말소하여야 한다.
86. 1. 22 등기 제15호 및 86.7.21 등기 제338호
참조예규 : 513항

[선례 13] 소유권이전등기의 말소와 그 등기에 터잡은 근저당권설정등기의 직권말소

제정 1986. 5. 28. [등기선례 제1-507호, 시행]

갑 소유 부동산에 관하여 을 명의의 근저당권설정등기와 병 명의의 근저당권부채권가압류등기가 순차로 경료된 경우에, 갑 명의의 소유권이전등기를 말소하라는 판결과 등기상 이해관계 있는 을, 병에게 대항 할 수 있는 판결을 받았다면, 갑 명의의 소유권이전등기의 말소등기를 할 때에 등기공무원은 직권으로 을 명의의 근저당권설정등기를 말소함과 동시에 그 부기등기인 병 명의의 가압류등기를 주말하여야 한다.
86. 5. 28 등기 제259호

[선례 14] 지분의 일부말소를 명하는 판결에 의한 가처분권리자의 등기와 그 가처분에 저촉되는 근저당권의 경정(일부말소)등기

제정 [등기선례 제1-508호, 시행]

가처분등기가 된 부동산에 대하여 근저당권설정등기가 경료되어 있는 경우에 그 가처분권리자가 지분의 일부말소를 명하는 본안의 승소 확정판결에 의하여 지분의 일부말소 의미의 소유권경정등기를 신청할 때에는 동시에 근저당권의 경정등기도 신청하여야 할 것이고, 이 경우 근저당권자의 승낙은 이를 요하지 아니한다.

86. 10. 23 등기 제482호
참조예규 : 653-1, 653-2항

[선례 15] 제3취득자의 근저당권설정등기의 말소신청

제정 1986. 11. 12. [등기선례 제1-509호, 시행]

근저당권이 설정된 부동산에 관하여 제3자 앞으로 소유권이전등기가 경료된 경우에 현재의 소유자인 제3취득자가 피담보채무를 변제하였다면 그 제3취득자는 근저당권자와 공동으로 그 말소등기를 신청할 수 있다.

86. 11. 12 등기 제543호
참조예규 : 478, 486-3항

[선례 16] 공유물분할로 인하여 종전의 공유지분에 대한 저당권등기가 다른 토지의 등기부에 전사된 경우 그 저당권등기의 말소방법

제정 [등기선례 제1-510호, 시행]

갑, 을의 공유토지중 갑지분에 대한 저당권설정등기가 경료된 후 그 토지를 분할하여 이를 그들의 각 단독소유로 하는 공유물분할계약에 의하여 분필등기를 하는 경우에는 을이 단독소유하게 될 토지의 등기부에도 위 저당권등기가 그대로 전사되는 것이고, 그 저당권등기의 말소는 통상의 저당권등기의 말소절차와 같은 방법으로 하여야 한다.

86. 12. 11 등기 제608호

[선례 17] 청산종결의 등기를 한 새마을금고 명의의 저당권설정등기 등의 말소등기신청

제정 1987. 4. 21. [등기선례 제2-431호, 시행]

새마을금고가 청산종결의 등기를 경료하였다 하더라도 청산인(새마을 금고법 제14조 제7항 의 경우에는 감사)은 청산사무로서 근저당권 및 지상권의 설정등기의 말소등기를 신청할 수 있다.

87. 4.21. 등기 제241호

[선례 18] 공유물분할로 인하여 종전의 일부 공유지분에 대한 저당권등기등이 다른 공유자에게 귀속된 토지의 등기용지에 전사된 경우 그 저당권등기 등의 말소방법

제정 1988. 2. 26. [등기선례 제2-432호, 시행]

갑, 을의 공유토지 중 을지분만에 대하여 저당권설정등기와 가압류등기가 경료된

후 그 토지를 2필지로 분할하여 이를 각각 갑, 을의 단독소유로 하는 공유물분할의 등기가 경료된 경우에도 갑의 단독소유로 된 토지의 등기용지에는 위 저당권설정등기 등이 그대로 남거나 전사되는 것이고, 그 저당권설정등기 등의 말소는 통상의 말소절차와 같은 방법으로 하여야 할 것이다.
88. 2.26 등기 제87호
참조선례 : 등기선례요지집 제1권 417항

[선례 19] 저당권설정등기의 말소절차

제정 1989. 2. 20. [등기선례 제2-434호, 시행]

공장저당의 피담보채권 전부의 변제에 의하여 공동저당물 전부에 대한 저당권이 소멸하는 경우이든 저당권의 일부포기 등에 의하여 공동저당물 중 일부에 대한 저당권이 소멸하는 경우이든 간에, 현재의 소유자(제3취득자)가 그 저당권등기를 말소하려면 저당권자와의 공동신청에 의하여야 하나, 저당권자가 이에 응하지 않을 경우에는 그를 상대로 한 저당권등기말소청구소송의 확정판결을 받아 단독으로 그 말소등기를 신청할 수 있다.
89. 2.20 등기 제336호
참조예규 : 486-3항

[선례 20] 시효취득으로 인한 소유권이전등기의 경료 전에 종전 소유자에 의하여 경료된 저당권설정등기 등의 말소절차

제정 1989. 4. 19. [등기선례 제2-435호, 시행]

취득시효완성후 이를 원인으로 한 소유권이전등기가 경료되기 전에 종전 소유자에 의하여 저당권 및 지상권설정등기가 경료된 경우, 이러한 저당권 등의 등기는 일반의 말소등기절차에 따라 저당권 등의 등기 명의인을 등기의무자, 시효취득에 인한 소유권의 등기명의인을 등기권리자로 하는 공동신청에 의하거나, 등기의무자를 상대로 말소등기절차 이행을 명하는 판결을 얻은 등기권리자의 단독신청에 의하여서만 말소 될 수 있다.
89. 4.19 등기 제791호
참조판례 : 89.1.31. 87다카2561

[선례 21] 공유물분할로 인하여 종전의 일부 공유지분에 대한 저당권등기가 다른 공유자에게 귀속된 토지의 등기용지에 전사된 경우 그 저당권등기의 말소방법

제정 1989. 5. 15. [등기선례 제2-436호, 시행]

민법의 규정에 의한 공유물분할의 경우, 종전 공유자 1인의 지분에 대하여 설정된 저당권은 당연히 그 공유자가 공유물분할로 취득하는 토지부분에 집중하여 존속하게 되는 것은 아니고 그 저당권의 효력은 다른 사유가 없는 한 다른 공유자가 취득하는 토지부분에도 여전히 미치는 것이므로, 등기공무원이 저당권설정자 아닌 다른 공유자가 취득한 토지의 등기부에 존재하는 저당권등기를 직권으로 말소하는 등의 조치를 취할 수는 없으며, 이러한 경우 그 저당권등기의 말소는 통상의 절차에 의할 수 밖에 없다.

89. 5.15 등기 제955호

[선례 22] 등기공무원의 착오로 저당권등기의 말소등기가 기입유루된 경우의 경정절차

제정 [등기선례 제2-437호, 시행]

근저당권설정등기의 말소등기신청이 있었으나 등기공무원의 착오(등기소에 보존하고 있는 등기신청서류나 등기소로부터 발급받은 등기필증에 의하여 확인할 수 있을 것임)로 인하여 그 말소등기가 누락된 것이라면 등기상 이해관계 있는 제3자가 있는 경우를 제외하고는 등기공무원이 지방법원장의 허가를 얻어 그 경정(말소기입)등기를 할 수 있을 것이나(부동산등기법 제72조 참조), 등기신청인의 착오로 인하여 그 말소등기 자체를 신청하지 않은 경우라면 다시 그 근저당권의 말소등기신청을 하여야 한다.

88.12.31 등기 제738호

참조조문 : 부동산등기법 제71조, 제72조

참조예규 : 134, 563-2항

[선례 23] 청산종결의 등기를 한 회사 명의의 저당권설정등기의 말소등기 신청

제정 1989. 5. 22. [등기선례 제2-438호, 시행]

회사가 청산종결의 등기를 경료하였다 하더라도, 그 회사가 근저당권설정등기의 말소등기의무자인 경우에는, 그 회사의 청산인은 청산사무로서 위 근저당권등기의 말소등기를 신청할 수 있다.

89. 5.22 등기 제1000호

[선례 24] 청산종결등기 경료후의 근저당권설정등기의 말소등기신청인

제정 1989. 8. 23. [등기선례 제2-439호, 시행]

법인이 청산종결등기가 경료되었다 하더라도 그 청산사무가 종료되었다고 할 수 없는 경우(예컨데, 그 법인이 근저당권말소등기의 등기의무자인 경우)에는 청산법인으로 존속하게 되는 것이므로, 그 법인의 청산인이 청산사무로서 위 근저당권의 말소등기를 신청할 수 있다.

89. 8.23 등기 제1615호
참조판례 : 1980.4.8 79다2036

[선례 25] 청산종결의 등기를 한 회사 기타 법인명의의 저당권설정등기의 말소

제정 [등기선례 제2-440호, 시행]

회사가 해산되면 청산의 목적범위 내에서만 존속하게 되어 영업의 담당자인 이사는 그 지위를 잃고 청산인(상법 제531조 참조) 이 청산사무의 집행과 청산회사를 대표하게 되므로, 청산회사 명의로 하는 등기 신청은 청산인이 하여야 할 것이다.

87. 9.29 등기 제574호

[선례 26] 저당권의 포괄승계가 있었던 경우 그 저당권등기의 말소절차

제정 [등기선례 제2-441호, 시행]

합병후 존속하는 회사 또는 합병으로 인하여 설립된 회사는 합병으로 인하여 소멸된 회사의 권리의무를 포괄승계하므로(상법 제530조 제2항 , 제235조), 합병으로 인하여 소멸된 회사가 합병전에 그 회사명의로 설정받은 근저당권에 관하여는 합병으로 인한 근저당권이전등기를 거치지 아니하고서도 합병후 존속하는 회사 또는 합병으로 인하여 설립된 회사가 그 권리행사를 할 수 있을 것이다. 다만 그 근저당권등기의 말소등기는 그 등기원인이 합병등기전에 발생한 것인 때에는 합병으로 인한 근저당권이전등기를 거치지 아니하고서도 합병후 존속하는 회사 또는 합병으로 인하여 설립된 회사가 합병을 증명하는 서면을 첨부하여 신청할 수 있을 것이나, 그 등기원인이 합병등기후에 발생한 것인 때에는 먼저 합병으로 인한 근저당권이전등기를 거치지 않고서는 신청할 수 없을 것이다.

87.11.18 등기 제664호
참조예규 : 338-2, 486-2항

[선례 27] 갑지를 분할하여 그 일부를 을지로 한 경우 갑지에 대한 저당권등기를 저당권자의 소멸승락에 의하여 말소할 수 있는지 여부

제정 [등기선례 제2-442호, 시행]

저당권설정등기가 되어 있는 갑지를 분할하여 그 일부를 을지로 한 경우에 저당권자가 을지에 관하여 그 저당권의 소멸을 승락할 수는 있으나 분할전 갑지 전체에 관하여 저당권의 소멸을 승락할 수는 없으며, 이 경우에는 통상의 절차에 따른 신청에 의하여 그 저당권등기를 말소하여야 한다.

88.10.10 등기 제542호

참조조문 : 부동산등기법 제94조 제3항, 제95조 제3항

참조예규 : 511, 534-1항

[선례 28] 저당권등기의 말소등기가 기입유루된 경우의 경정절차

제정 [등기선례 제2-443호, 시행]

근저당권설정등기의 말소등기신청이 있었으나 등기공무원의 착오(등기소에 보존하고 있는 등기신청서류나 등기소로부터 발급받은 등기필증에 의하여 확인할 수 있을 것임)로 인하여 그 말소등기가 누락된 것이라면 등기상 이해관계 있는 제3자가 있는 경우를 제외하고는 등기공무원이 지방법원장의 허가를 얻어 그 경정(말소기입)등기를 할 수 있을 것이나(부동산등기법 제72조 참조), 등기신청인의 착오로 인하여 그 말소등기 자체를 신청하지 않은 경우라면 다시 그 근저당권의 말소등기신청을 하여야 한다.

88.12.31 등기 제738호

참조조문 : 부동산등기법 제71조, 제72조

참조예규 : 134, 563-2항

[선례 29] 공유물분할등기로 인하여 전사된 저당권설정등기의 말소절차 등

제정 1989. 1. 4. [등기선례 제2-444호, 시행]

갑과 을의 공유토지 중 갑의 지분에 관하여만 저당권설정등기가 경료된 후 그 토지를 분할하여 이를 각자 갑과 을의 단독소유로 하는 공유물분할등기를 함으로써 을이 단독으로 소유하는 토지의 등기용지에도 위 저당권등기가 그대로 전사된 경우, 이들 저당권등기 (갑이 소유하는 토지의 등기용지에 그대로 남아 있거나, 을이 소유하는 토지의 등기용지에 전사된 저당권등기)는 공동저당의 관계에 있는 것이므로, 갑소유 토지상의 저당권등기만을 말소하는 등기신청이 있는

경우에도 이를 수리할 수 밖에 없으며, 이 경우 을소유 토지상의 저당권등기는 통상의 절차에 의하여 말소하여야 한다
89. 1. 4 등기 제1850호
참조선례 : 등기선례요지집 제1권 417항.
※ 중복등기의 직권 말소→제10장 제2절 제4관
※ 가등기에 기한 본등기의 경우 그 가등기후에 경료된 등기의 직권 말소→제{11장 제4절 }
※ 예고등기의 말소→제12장 제3절

[선례 30] 부동산등기법 제49조 제1항 단서 소정의 「위임 받았음을 증명하는 서면」의 작성

제정 [등기선례 제3-611호, 시행]

등기의무자인 법인이 법무사 등에게 위임하여 근저당권말소등기를 신청함에 있어서 등기의무자의 권리에 관한 등기필증을 분실한 경우에 위임받은 대리인이 진정한 등기의무자로부터 그 위임을 받았음을 확인하는 서면을 작성하는 때에는 법인을 대표하는 자의 우무인을 찍어야 할 것이며 신청서에는 인감증명을 첨부하여야 한다(부동산등기법 제49조, 동법시행규칙 제54조 제1항, 제59조 제2항 참조).
92. 2.28. 등기 제455호
참조예규 : 89항

[선례 31] 등기의무자의 권리에 관한 등기필증

제정 1992. 5. 27. [등기선례 제3-612호, 시행]

근저당권이 이전되어 부기등기를 받은 근저당권자가 그 근저당권등기의 말소등기를 신청하는 경우에 있어서 제출하여야 하는 등기의무자의 권리에 관한 등기필증은 근저당권이전등기의 등기필증을 말하는 것이므로 위 등기필증이 제출된 때에는 인감증명은 첨부할 필요가 없다(부동산등기법 제49조 제1항 단서, 동법시행규칙 제54조 제1항 참조).
92.5.27. 등기 제1160호
참조조문 : 부동산등기법 제142조, 제156조의 2

[선례 32] 취급지점의 변경이 있는 경우에 근저당권말소등기를 하는 경우에도 취급지점의 변경 등기를 하여야 하는지 여부

제정 1993. 8. 27. [등기선례 제4-488호, 시행]

지점에서 근저당권설정등기를 하였으나 본점 관리부로 소관업무가 이관된 경우,

이를 증명하는 서면을 첨부하여 취급지점의 변경등기 없이 근저당권말소등기를 신청할 수 있다.
(1993. 8. 27. 등기 제2160호 질의회답)
참조예규 : 제451호

[선례 33] 근저당권말소등기의 신청 방법

제정 1993. 9. 8. [등기선례 제4-489호, 시행]

근저당권말소등기신청은 등기권리자와 등기의무자(근저당권자)가 공동으로 등기소에 출석하여 근저당권말소등기신청서를 작성하고 일정한 구비서류를 첨부하여 신청하여야 한다.또한 등기신청은 타인에게 위임하여 대리인으로 하여금 신청하게 할 수도 있으며, 이 경우 그 대리인은 반드시 법무사나 변호사이어야 하는 것은 아니며, 상대방에게 등기신청에 관한 권한을 위임하여 신청하게 할 수도 있으며 등기소에서는 등기신청에 대하여 접수자체를 거부할 수는 없으나, 등기신청서를 작성하지 않고 구비서류만 가지고 와서 구두로 등기를 신청하거나 등기신청인 또는 그 대리인이 출석하지 아니한 경우에는 등기신청서의 제출 및 본인(또는 대리인)이 직접 출석하여 신청하도록 권유할 수 있다.
(1993. 9. 8. 등기 제2273호 질의회답)
참조조문 : 법 제27조, 제28조
참조선례 : 선례요지 Ⅱ 제18항, 제20항

[선례 34] 근저당권말소등기와 근저당권에 대한 가압류권리자의 승락서등의 첨부요부

제정 [등기선례 제4-490호, 시행]

등기의 말소를 신청하는 경우에 그 말소에 대하여 등기상 이해관계있는 제3자가 있는 때에는 신청서에 그 승낙서 또는 이에 대항할 수 있는 재판의 등본을 첨부하여야 하는 바(부동산등기법 제171조), 채무가 모두 변제되어 근저당권이 실질상 소멸되었으나 등기부상 말소되지 않은 근저당권에 대한 가압류권리자도 등기상 이해관계 있는 제3자에 해당하므로 가압류등기가 말소되지 않거나 가압류권리자의 승낙서 또는 이에 대항할 수 있는 재판의 등본을 첨부하지 않는 한 근저당권의 말소등기는 할 수 없다.
(1993. 11. 1. 등기 제2709호 질의회답)

[선례 35] 저당권설정청구권의 가등기에 대한 부동산등기법 부칙 제4조 적용

제정 [등기선례 제4-491호, 시행]

부동산등기법 부칙 제4조(저당권등 등기의 정리에 관한 특별조치)의 규정 취지를 볼 때 저당권설정청구권의 가등기는 동조 제1항의 저당권등기에 포함시켜 말소할 수 있는 등기로 볼 수 있으므로, 1954. 12. 13. 기재된 저당권설정청구권의 가등기는 위 규정에 따라 말소가 가능하다.
(1994. 8. 26. 등기 3402-1071 질의회답)
참조조문 : 법 제169조

[선례 36] 판결에 의한 근저당권설정등기 말소등기

제정 [등기선례 제4-492호, 시행]

근저당권이 양도되어 근저당권 이전등기의 부기등기가 경료된 경우 부기등기는 기존의 주등기인 근저당권설정등기에 종속되어 주등기와 일체를 이루는 것이므로 위 근저당권설정등기를 말소하기 위하여는 근저당권의 양수인을 상대로 위 주등기인 근저당권설정등기의 말소등기절차의 이행을 명하는 판결을 받으면 되고 따로 근저당권이전의 부기등기의 말소 판결을 받을 필요는 없다 할 것이나, 그 양수인을 상대로 위 근저당권의 이전등기의 말소를 명하는 판결만으로는 주등기인 근저당권설정등기의 말소등기를 신청할 수 없다.
(1994. 7. 1. 등기 3402-588 질의회답)
참조판례 : 1988.3.8. 87다카2585 결정
참조예규 : 제113호

[선례 37] 근저당권설정등기가 말소된 경우 담보물추가등기의 효력

제정 [등기선례 제5-474호, 시행]

근저당권에 대한 담보물 추가의 등기는 부기등기의 방법에 의하여야 하나, 등기관의 착오로 독립된 순위번호에 의하여 등기되었다고 하더라도 그 효력에는 영향이 없으며, 주등기인 근저당권설정등기가 말소되었다면 위 담보물 추가의 등기도 그 존재가치가 없어진다.
(1996.7.19. 등기 3402-575 질의회답)
참조조문 : 법 제6조

제2장 담보물권에 관한 등기

[선례 38] 경매개시결정이 취소된 경우에 경매신청의 원인이 된 근저당권설정등기의 말소촉탁 가부

제정 [등기선례 제5-475호, 시행]

경매개시결정에 대한 이의로 경매개시결정이 취소된 경우, 법원은 직권으로 경매개시결정의 기입등기의 말소를 촉탁하여야 하나, 경매신청의 원인이 된 근저당권설정등기의 말소는 촉탁할 수 없다.
(1996. 10. 4. 등기 3402-772 질의회답)
참조조문 : 민사소송법 제651조

[선례 39] 채무자가 근저당권말소등기의 등기권리자가 될 수 있는지 여부

제정 1997. 6. 10. [등기선례 제5-476호, 시행]

근저당권을 설정한 채무자나 제3취득자는 등기권리자로서 근저당권자와 공동으로 근저당권의 말소등기를 신청할 수 있으나, 근저당권설정자가 아닌 채무자는 근저당권의 말소등기를 신청할 수 없으므로 제3취득자가 채무인수를 하였으나 그후 다시 제3자에게 소유권이 이전되어 현재 소유자가 아닌 경우 채무자는 근저당권의 말소등기를 신청할 수 없을 것이다.
(1997. 6. 10. 등기 3402-408 질의회답)
참조판례 : 1996. 4. 26. 선고 96다2286 판결, 1994. 1. 25. 선고 93다16338 판결
참조예규 : 제554호
참조선례 : Ⅰ 제509항

[선례 40] 해산(해산간주)된 회사가 근저당권자인 경우의 근저당권설정등기 말소절차

제정 1997. 10. 9. [등기선례 제5-477호, 시행]

근저당권자인 주식회사로부터 해지증서 및 위임장을 받아 놓았으나 그 해지증서 등이 적법한 해지증서 등으로 볼 수 없고, 또 위 회사가 상법 제520조의2 제1항의 규정에 의해 해산된 경우에는, 동법 제520조의2의 규정에 의하여 주식회사가 해산되고 그 청산이 종결된 것으로 보게 되는 회사라도 어떤 권리관계가 남아 있어 현실적으로 정리할 필요가 있으면 그 범위 내에서는 아직 완전히 소멸하지 아니하고, 이러한 경우 그 회사의 해산 당시의 이사는 정관에 다른 규정이 있거나 주주총회에서 따로 청산인을 선임하지 아니한 경우에 당연히 청산인이 되고, 그러한 청산인이 없는 때에는 이해관계인의 청구에 의하여 법원이 선임한 자가

청산인이 되므로, 이러한 청산인만이 청산 중인 회사의 청산사무를 집행하고 대표하는 기관이 되기 때문에, 위 근저당권설정등기에 대한 말소등기신청은 등기의무자인 주식회사의 대표자(청산인)명의의 해지증서 등에 의하여 주식회사 대표자(청산인)와 근저당권설정자가 공동으로 할 수 있다.
(1997. 10. 9. 등기 3402-764 질의회답)
참조조문 : 상법 제531조
참조판례 : 1994. 5. 27. 선고 94다7607 판결
참조선례 : IV 제19항

[선례 41] 근저당권설정등기의 직권말소 가부 등

제정 1998. 4. 17. [등기선례 제5-478호, 시행]

갑 소유의 ○번지 토지 외 8개의 부동산에 대하여 1976. 12. 23.자로 을, 병, 정을 공동권리자로 하는 근저당권설정등기(9개의 부동산이 공동담보로 되어 있음)와 소유권이전청구권보전가등기가 각 경료되었다가 ○번지 토지를 제외한 8개의 부동산에 대하여는 1978. 7. 12.자로 각 해지와 해제를 원인으로 하는 말소등기가 경료되었으나, ○번지 토지에 대하여는 그 말소등기가 경료되지 않은 채 갑이 사망한 경우, 위 말소등기의 등기필증은 멸실되었고, 1978. 7. 12.자 말소등기경료시 ○번지 토지에 대한 말소등기가 등기관의 과오로 인하여 유루된 것이라고 볼 다른 자료도 없는 상황이라면, 위 근저당권설정등기의 말소등기의 등기원인이 등기부상 '일부해지'가 아닌 '해지'로 등재되어 있다는 사실만으로는 등기관의 착오로 그 말소등기를 유루한 것이라고 볼 수 없으므로, ○번지 토지에 대한 위 근저당권설정등기나 소유권이전청구권보전가등기에 대한 말소등기를 부동산등기법 제72조의 규정에 의해 등기관이 직권으로 할 수는 없을 것이다.
갑의 상속인(상속으로 인한 소유권이전등기는 이미 경료되어 있음)이 위 등기들에 대한 말소등기를 경료 받으려면 위 을, 병, 정과 공동으로 말소등기를 신청하거나, 을, 병, 정을 피고로 하여 말소등기절차의 이행을 명하는 확정판결을 받은 후 그 판결의 정본을 첨부하여 갑의 상속인(현재의 소유명의인)이 단독으로 그 말소등기를 신청하여야 할 것이다.
(1998. 4. 17. 등기 3402-349 질의회답)
참조조문 : 법 제155조, 규칙 제45조

[선례 42] 저당권설정등기의 말소등기의무자 등

제정 1998. 6. 29. [등기선례 제5-479호, 시행]

갑 소유 부동산에 대하여 경료된 을 명의의 근저당권이 병, 정으로 순차 이전된 상태에서 그 근저당권설정등기의 말소등기를 경료하려고 하는 경우에는 갑을 등기권리자, 정을 등기의무자로 하여 갑과 정이 공동으로 신청하여야 할 것이고, 을이나 병이 등기의무자로서 말소등기를 신청할 수는 없다.
(1998. 6. 29. 등기 3402-590 질의회답)

[선례 43] 근저당권자가 근저당권설정등기 말소등기신청을 위임한 경우 위임장에 인감증명을 첨부하여야 하는지 여부 등

제정 [등기선례 제5-481호, 시행]

근저당권자가 근저당권설정등기의 말소등기신청을 대리인에게 위임할 경우 등기의무자로서 당해 근저당권의 등기필증(근저당권설정계약서)을 제출하는 경우에는, 위임장에 근저당권자의 인감을 날인하고 그 인감증명을 첨부할 필요는 없으며, 이 경우 형식적 심사권밖에 없는 등기관으로서는 위임장 외에 다른 방법으로 그 등기신청의 위임의 유효 여부를 심사할 수는 없다.
(1998. 7. 21. 등기 3402-675 질의회답)
참조조문 : 법무사법 제25조, 규칙 제53조 제1호
참조선례 : 제120항, 제449항

[선례 44] 소유권보존등기말소의 확정판결 후 당해 부동산에 대하여 경료된 근저당권설정등기의 말소방법

제정 1998. 9. 23. [등기선례 제5-482호, 시행]

갑 토지에 관하여 원인무효를 이유로 제기한 소유권보존등기 말소청구소송에서 갑 토지의 특정일부에 대하여 승소판결(판결 주문에 공유지분의 말소가 아니라 갑 토지의 특정부분을 말소하라고 표시되어 있는 경우)이 확정된 후 갑 토지 전부에 관하여 근저당권설정등기가 경료되었고, 그 후 갑 토지가 위 소송에서 일부 승소한 특정 부분의 을 토지와 나머지 부분의 병 토지로 분할되어 그에 따른 분필등기가 경료되어 있는 경우, 피고로부터 근저당권설정등기를 경료받은 자는 민사소송법 제204조 제1항의 규정에 의한 변론종결 후의 승계인에 해당된다 할 것이므로, 원고는 확정된 일부말소판결 및 근저당권자에 대한 승계집행문을 첨부하여 을 토지에 관하여 전사된 소유권보존등기 및 근저당권설정등기의 말소등기신청을 할 수 있다.
(1998. 9. 23. 등기 3402-924 질의회답)
참조조문 : 민사소송법 제481조

[선례 45] 근저당권이 이전된 경우의 근저당권설정등기 말소 방법

제정 1998. 10. 12. [등기선례 제5-483호, 시행]

근저당권이 양도되어 근저당권이전의 부기등기가 경료된 경우 그 등기는 기존의 주등기인 근저당권설정등기에 종속되어 이와 일체를 이루는 것이므로, 근저당권설정등기를 말소하기 위하여는 근저당권의 양수인을 상대로 주등기인 근저당권설정등기의 말소등기 절차이행을 명하는 판결을 받으면 되고 따로 근저당권이전의 부기등기에 대한 말소판결을 받을 필요는 없으며, 근저당권의 양수인을 상대로 하여 받은 근저당권이전등기에 대한 말소판결만으로는 주등기인 근저당권설정등기에 대한 말소등기를 경료받을 수 없다. 이는 판결에 의하지 않은 근저당권설정등기 말소등기신청의 경우에도 마찬가지이며, 근저당권설정자 또는 소유자와 근저당권의 양수인의 공동신청에 의하여 주등기인 근저당권설정등기에 대한 말소등기가 경료되면 근저당권이전의 부기등기는 등기관이 직권으로 말소하게 된다.
(1998. 10. 12. 등기 3402-991 질의회답)
참조예규 : 제113호, 제554호
참조선례 : IV 제228항

[선례 46] 1966. 2. 5.자로 접수된 근저당권설정등기의 말소 절차

제정 1998. 11. 23. [등기선례 제5-484호, 시행]

1966. 2. 5.자로 접수된 근저당권설정등기에 대하여 1969. 1. 1.이후에 그 근저당권을 목적으로 한 가처분등기나 그 근저당권등기의 말소의 예고등기 또는 근저당권에 의한 경매신청등기가 등기부에 기재된 바 없고, 해당 구 사항란에 권리신고의 뜻의 부기도 되어 있지 않다면, 그 근저당권설정등기는 등기관이 직권으로 말소하여야 할 것이며, 소유자 등은 그러한 등기의 직권말소를 촉구하는 신청을 등기관에게 할 수 있다.
(1998. 11. 23. 등기 3402-1167 질의회답)

[선례 47] 청산종결간주된 주식회사를 권리자로 하는 근저당권설정등기의 말소

제정 1999. 1. 8. [등기선례 제6-365호, 시행]

상법 제520조의2의 규정에 의하여 주식회사가 해산되고 그 청산이 종결된 것으로 간주되는 회사라도, 당해 회사를 근저당권자로 하는 근저당권설정등기가 남아 있는 등 그 청산사무가 종료되었다고 할 수 없는 경우에는 그 범위 내에서 아직 소멸하지 아니하므로, 그 주식회사의 청산인이 청산사무로서 위 근저당권의 말소등기를 신청할 수 있을 것이고, 이러한 경우 그 회사의 해산 당시의 이사는 정관에 다른 규정이 있거나 주주총회에서 따로 청산인을 선임하지 아니한 경우에는 당연히 청산인이 되고, 그러한 청산인이 없을 때에는 이해관계인의 청구에 의하여 법원이 선임한 자가 청산인이 된다.
(1999. 1. 8. 등기3402-20 질의회답)
참조판례 : 1994. 5. 27. 선고 94다7606 판결
참조조문 : 상법 제531조

[선례 48] 지배인의 확인서면을 첨부하여 법인 명의의 근저당권을 말소하는 경우 등기신청서에 첨부할 인감증명 여하

제정 [등기선례 제6-366호, 시행]

부동산등기법 제49조 제1항 단서의 규정에 의하여 확인서면을 첨부하여 법인 명의의 근저당권에 대한 말소등기를 신청하는 경우, 그 확인서면은 지배인을 확인하는 내용의 것이라도 무방할 것인바, 이 때 등기신청서에 첨부되는 지배인의 인감증명은 비송사건절차법 제143조의 규정에 의하여 발급된 지배인의 인감증명이어야 한다.
(1999. 2. 10. 등기 3402-147 질의회답)
참조조문 : 법 제49조, 규칙 제53조, 비송사건절차법 제143조
참조예규 : 상업등기처리규칙 제5조

[선례 49] 지역농업협동조합의 합병에 따른 근저당권등기 말소

제정 1999. 3. 2. [등기선례 제6-367호, 시행]

지역농업협동조합의 신설 또는 흡수합병의 경우 합병 후 신설 또는 존속하는 조합이 합병으로 인하여 소멸한 조합 명의로 경료되어 있는 근저당권등기의 말소신청을 함에 있어, 그 등기원인이 합병등기 전에 이미 발생한 것인 때에는 합병으로 인한 근저당권이전등기를 거칠 필요없이 막바로 합병을 증명하는 서면을

첨부하여 말소등기신청을 하면 될 것이나, 그 등기원인이 합병등기 후에 발생한 것인 때에는 먼저 합병으로 인한 근저당권이전등기를 거친 후 말소등기신청을 하여야 한다.

이 경우, 근저당권이전등기는 저당권의 이전을 받는 자가, 근저당권말소등기는 근저당권설정자 또는 말소대상 부동산의 현재의 소유자가 등록세(면제규정이 없는 한) 및 등기신청수수료를 부담하여야 하며, 근저당권이전의 경우는 주택건설촉진법시행규칙 제13조 제1항 별표 1의2 제2호에 해당하므로 합병을 증명하는 서류를 첨부하여 국민주택채권의 매입의무를 면제받을 수 있다.
(1999. 3. 2. 등기3402-196 질의회답)
참조조문 : 농업협동조합법 제74조, 지방세법 제124조, 주택건설촉진법시행규칙 제13조의6
참조예규 : 제458호
주 : 2006.12.05. 부등-3599 질의회답에 의하여 내용이 일부 변경됨.

[선례 50] 경락으로 인한 소유권이전등기와 구분건물의 대지인 토지등기부상의 근저당권등기등의 말소 가부

제정 [등기선례 제6-368호, 시행]

등기부상 소유자인 갑을 채무자로 한 을 명의의 근저당권이 설정된 토지에 대하여, 병 앞으로 소유권이전등기가 경료된 후 정이 병을 채무자로 한 가압류등기를 한 상태에서, 병이 위 토지상에 구분건물을 신축하여 그 구분건물에 대한 소유권보존등기 및 대지권등기를 하고 같은 날짜로 위 구분건물을 일체로 하여 을 명의의 추가근저당권설정등기를 하고 그 후 을의 담보권실행에 의한 경매절차에서 무가 특정의 전유부분과 그 대지권에 대한 경락을 받은 경우, 토지등기부상 근저당권은 구분건물 등기부상의 추가근저당권의 채권과 동일한 채권을 담보하는 것이라 할 것이므로, 이는 민사소송법 제661조 제1항 제2호 소정의 "경락인이 인수하지 아니한 부동산상의 부담의 기입"으로서 집행법원의 말소촉탁의 대상이 되고, 그 보다 후 순위의 가압류등기 역시 배당여부에 관계없이 말소촉탁의 대상이 되므로, 경락인이 인수하지 아니한 경락받은 특정 구분건물의 대지권에 해당하는 지분만큼은 집행법원의 근저당권 및 가압류등기에 대한 일부말소촉탁에 의하여 말소(일부말소 의미의 경정등기)될 수 있다.
(1999. 3. 4. 등기 3402-215 질의회답)
참조조문 : 민법 제358조, 민사소송법 제661조 제1항 제2호
참조선례 : Ⅳ 제633항

[선례 51] 하천으로 편입된 토지상에 등기되어 있는 근저당권 등 사권의 효력

제정 1999. 3. 15. [등기선례 제6-369호, 시행]

하천법 제2조의 적용을 받는 하천은 국유로 되어 사권의 객체가 될 수 없으므로, 하천법(1984. 12. 31. 법률 제3782호) 부칙 제2조 규정에 의하여 하천으로 편입되었을 경우에는 하천관계법령에 의한 보상 여부는 별론으로 하고 소유권 기타 사권이 소멸되고 국가 소유로 된다. 따라서 등기된 토지가 하천의 부지로 된 경우에는 당해 관청은 지체 없이 그 등기의 말소를 등기소에 촉탁하여야 하며, 그 촉탁을 받은 등기관은 등기용지 중 표시란에 하천의 부지로 된 취지를 기재하고 그 등기용지를 폐쇄하여야 한다. 그러나 하천법 제10조에 의하여 하천법이 준용되는 준용하천에 있어서는 그 구역내의 토지라 할지라도 소유권 기타의 권리가 당연히 소멸되는 것은 아니다.

(1999. 3. 15. 등기 3402-271 질의회답)

참조조문 : 법 제114조, 하천법 제3조

주 : 하천법 전면개정(2001. 1. 16. 법률 제6367호)

[선례 52] 계약이전결정을 원인으로 한 근저당권이전등기의 말소 가부 등

제정 1999. 4. 26. [등기선례 제6-370호, 시행]

금융산업의구조개선에관한법률 제14조 제2항의 규정에 의하여 부실금융기관에 대한 금융감독위원회의 계약이전결정이 있었으나 이전등기의 대상이 되는 구체적인 근저당권을 확정하는 내용의 세부명세서가 작성되기 전에, 이전등기의 대상이 아닌 근저당권을 이전등기의 대상인 근저당권으로 간주하여 부실금융기관과 인수금융기관이 작성한 근저당권이전증서에 의하여 근저당권이전등기가 경료된 후, 이전등기의 대상인 근저당권을 확정하기 위한 세부명세서 작성시 이미 이전된 위 근저당권이 이전등기의 대상에서 제외된 경우에는, 위 근저당권설정계약은 금융감독위원회의 계약이전결정에 따른 이전등기의 대상이 아니라는 내용의 금융감독위원회의 확인서면을 첨부하여 신청착오를 원인으로 위 근저당권이전등기의 말소등기를 신청할 수 있을 것이다.

(1999. 4. 26. 등기 3402-456 질의회답)

[선례 53] 말소판결확정 이후에 환지등기가 경료되어 부동산표시가 다르게 된 경우 근저당권설정등기의 말소신청 가부

제정 1999. 5. 31. [등기선례 제6-371호, 시행]

근저당권설정자 갑이 근저당권자인 을을 상대로 하여 그 설정등기말소의 확정판결을 받은 후 그 등기완료 전에 농업기반등정비사업의 시행으로 인하여 환지처분확정에 따른 환지등기가 경료되어 판결서와 등기부의 부동산표시가 서로 부합하지 않더라도, 환지계획에 의하여 교부된 환지는 환지계획을 고시한 날의 다음 날부터 이를 종전토지로 보게 되므로, 등기부상 환지 전 부동산이 판결서의 기재 부동산표시 전부와 동일 부동산임을 인정할 수 있을 때에는, 현재의 환지된 부동산표시만에 의한 신청으로 그 판결에 따른 말소등기신청을 할 수 있다.
(1999. 5. 31. 등기3402-563 질의회답)
참조조문 : 농어촌정비법 제50조 제1항
참조예규 : 제175호
참조선례 : Ⅱ 제621항, Ⅲ 804항, 805항

[선례 54] 근저당권자를 알 수 없는 경우의 근저당권등기 말소 방법

제정 1999. 6. 29. [등기선례 제6-372호, 시행]

근저당권설정자 겸 채무자인 갑이 1986년 근저당권설정등기를 신청하여 근저당권설정등기가 경료되었으나 등기부상 근저당권자의 주소만 기재되고 이름이 기재되어 있지 않은 상태에서 갑이 사망하였고, 그 후 갑의 상속인이 위 근저당권등기를 말소하고자 할 경우에는, 근저당권설정등기시 등기소로부터 교부받은 등기필증 등에 의하여 유루된 위 근저당권자의 성명을 기입하는 경정등기를 한 후 근저당권말소등기를 신청하여야 할 것이다.
(1999. 6. 29. 등기 3402-667 질의회답)
참조조문 : 법 제72조, 제167조

[선례 55] 채권양도계약의 해제로 인한 근저당권이전등기의 말소가부

제정 1999. 9. 20. [등기선례 제6-373호, 시행]

채권양도를 원인으로 한 근저당권이전등기가 경료된 후에 그 양도계약을 해제하였다면 이해관계 있는 제3자가 없는 경우에 한하여 근저당권이전등기의 말소등기를 신청할 수 있을 것이며, 등록세는 지방세법 제131조 제1항 제8호의 규정에 의하여야 할 것이다.
(1999. 9. 20. 등기 3402-906 질의회답)

[선례 56] 회사합병으로 승계취득한 근저당권의 말소등기절차

제정 [등기선례 제6-374호, 시행]

합병에 의하여 존속하는 갑 회사가 합병으로 인하여 소멸하는 을 회사명의의 근저당권을 포괄승계한 후 근저당채무가 소멸하여 위 근저당권의 말소등기를 신청하는 경우에는, 합병에 의하여 근저당권을 등기없이 취득한다 하더라도 등기절차상 중간생략등기를 할 수 있는 근거규정이 없는 한 근저당권의 이전과정을 그대로 등기하여야 하며, 또한 신청서에 기재된 등기의무자의 표시가 등기부와 부합하여야 하는데(부동산등기법 제55조 제6호) 갑 회사명의의 근저당권이전등기를 하여야만 위 근저당권의 말소등기의무자가 될 수 있고, 또한 근저당권은 피담보채권의 소멸에 의하여 당연히 소멸하는 것이 아니고 근저당권설정계약의 기초가 되는 기본적인 법률관계가 종료할 때까지 계속 존속하게 되므로 근저당채무가 소멸하였음을 이유로 근저당권설정등기의 말소등기를 신청하는 경우에는 근저당권설정계약을 해지하고 이를 원인으로 등기신청을 하여야 하므로, 먼저 합병으로 인한 근저당권이전등기를 마친 다음 근저당권의 해지를 원인으로 근저당권말소등기를 신청하여야 할 것이다.

(1999. 10. 27. 등기 3402-997 질의회답)

참조조문 : 법 제55조 제6호

참조예규 : 제458호

[선례 57] 농업기반공사가 종전의 농어촌진흥공사 등의 명의로 등기된 근저당권에 관하여 말소등기를 신청하려고 하는 경우, 근저당권이전등기절차를 거쳐야 하는지 여부

제정 2000. 3. 6. [등기선례 제6-375호, 시행]

농업기반공사및농지관리기금법 부칙 제9조제2항은 '등기부 기타 공부에 표시된 농어촌진흥공사, 농지개량조합 및 농지개량조합연합회의 명의는 농업기반공사의 명의로 본다'라고 규정하고 있으므로, 농업기반공사가 종전의 농어촌진흥공사, 농지개량조합 및 농지개량조합연합회(아래에서는 '농어촌진흥공사 등'이라고 줄임)의 명의로 등기된 근저당권에 관하여 말소등기를 신청하려고 하는 경우에는, '농어촌진흥공사 등' 명의의 근저당권을 농업기반공사로 이전하는 근저당권이전등기절차를 거치지 않고도 농업기반공사가 직접 자신의 명의로 위 근저당권의 말소등기를 신청할 수 있다.

(2000. 3. 6. 등기 3402-150 질의회답)

[선례 58] 국가유공자등예우및지원에관한법률에 의하여 경료된 근저당권설정등기 및 특약등기 말소절차 등

제정 [등기선례 제6-376호, 시행]

1. 국가유공자등예우및지원에관한법률에 따라 국가가 국가유공자 등에게 교부한 대부금을 담보하기 위하여 경료한 근저당권설정등기 및 금지사항의 특약등기는 대부금의 상환완료 후 등기권리자의 청구에 의하여 국가가 말소를 촉탁할 수 있다(부동산등기법 제36조).
2. 위 등기의 말소등기 신청수수료 및 등록세는 국가가 자기를 위하여 등기하는 경우에 해당하지 않아 면제되지 않으므로 등기권리자인 신청인으로부터 납부받아 이를 첨부하여 등기촉탁하여야 한다.

(2001. 8. 1. 등기 3402-527 질의회답)

[선례 59] 가처분의 피보전권리가 사해행위취소로 인한 근저당권말소등기청구권인 경우, 가처분권자의 승낙 등이 없이 근저당권설정계약해지를 원인으로 하여 근저당권말소등기신청을 할 수 있는지 여부(소극)

제정 2001. 9. 7. [등기선례 제6-377호, 시행]

갑 소유의 부동산에 관하여 을 명의의 근저당권이 설정되어 있고, 그 근저당권에 대하여 채권자를 병으로 하고 피보전권리를 사해행위취소로 인한 근저당권말소등기청구권으로 하는 처분금지가처분등기가 경료된 경우, 갑과 을이 근저당권설정계약의 해지를 원인으로 하여 위 근저당권에 대한 말소등기를 신청하기 위해서는 등기신청서에 병의 승낙서 또는 이에 대항할 수 있는 재판의 등본을 첨부하여야 한다.

(2001. 9. 7. 등기 3402-628 질의회답)
참조선례 : 본집 제57항

[선례 60] 상법 제520조의2의 규정에 의하여 직권으로 해산등기가 경료되고 아직 청산이 종결되지 아니한 회사명의로 설정된 근저당권의 말소방법

제정 2001. 11. 19. [등기선례 제7-292호, 시행]

회사가 상법 제520조의2(휴면회사)의 규정에 의하여 직권으로 해산등기가 경료되고 아직 청산이 종결되지 아니한 경우, 그 회사 명의로 설정된 근저당권에 대하여 토지의 소유자가 피담보채무를 변제하여 근저당권말소등기를 신청하려면 그 회사와 공동신청에 의하거나 그 회사를 상대로 한 판결을 받아 단독으로 근

저당권말소등기를 신청할 수 있는바, 회사와 공동신청에 의하여 근저당권말소등기를 신청하려면 그 회사의 해산 당시의 이사는 정관에 다른 규정이 있거나 주주총회에서 따로 청산인을 선임하지 아니한 경우에 당연히 청산인이 되므로 회사를 대표하는 청산인의 자격증명으로 법인등기부등본을 제출하여야 하고, 등기의무자의 인감증명은 인감증명법에 의한 청산인 개인의 인감을 첨부할 수 있다.
(2001. 11. 19. 등기 3402-767 질의회답)

주) 청산법인의 폐쇄된 등기부에 청산인 등기가 되어있지 아니한 경우에는 청산인이 등기의무자로서 부동산등기신청을 하기 위하여는 폐쇄된 법인등기부를 부활하여 청산인 등기를 마친 다음 그 등기부등본을 청산인임을 증명하는 서면으로 첨부하여야 하며, 인감증명이 필요한 경우에는 법인 인감인 청산인의 인감을 첨부하여야 한다(2004. 10. 8. 등기예규 제1087호 참조).

주) 선례 제8-15호(2004.10.13. 부등 3402-519 질의회답)에 의하여 내용이 변경됨.

[선례 61] 근저당권자인 주식회사의 상업등기부가 존재하지 않는 경우 그 근저당권설정등기를 말소하기 위한 절차

제정 2002. 1. 18. [등기선례 제7-293호, 시행]

갑 소유의 토지에 대하여 을 주식회사가 근저당권자로서 등기되어 있으나, 그 주식회사의 상업등기부가 관할 등기소에 존재하지 않고 색출장에도 을 주식회사는 기재되어 있지 않으며 기타 을 주식회사의 본점이 이전된 사실 등 을 주식회사에 관한 어떠한 사항도 관할 등기소에서 발견되지 않아, 당해 토지의 현재 소유자가 위 근저당권설정등기에 대한 말소신청을 을 주식회사와 공동으로 할 수 없는 경우, 갑은 민사소송법의 규정에 의하여 공시최고의 신청을 할 수 있으며, 그 결과 갑이 위 근저당권에 대한 제권판결을 취득한 때에는 그 판결의 등본을 첨부하여 단독으로 위 근저당권설정등기의 말소신청을 할 수 있다.
(2002. 1. 18. 등기 3402-39 질의회답)
참조조문 : 부동산등기법 제167조

[선례 62] 외국인이 국내에 입국하지 아니하고 그 명의의 근저당권설정등기를 말소(또는 이전)하기 위한 절차

제정 [등기선례 제7-294호, 시행]

국내 부동산에 등기된 근저당권설정등기의 근저당권자인 외국인이 국내에 입국하지 아니하고 근저당권설정등기를 말소(또는 이전)하기 위하여 국내에 있는 특정인에게 그 말소(또는 이전)에 관한 일체의 권한을 수여하는 내용의 위임장을 교부한 경우, 그 위임을 받은 대리인은 본인의 대리인임을 현명하여 등기원인에

관한 법률행위(해지증서 또는 양도증서 작성)와 그에 따른 등기신청을 할 수 있을 것이다. 이 경우 수임인이 등기신청을 함에 있어서 제출할 서류 중 위임장에 관하여는 여기에 기재된 서명(또는 날인)이 본인의 것임을 증명하는 본국 관공서의 증명이나 이에 관한 공증인의 공증이 있어야 하고, 위임장 등이 외국어로 된 경우에는 그 번역문을 첨부하여야 할 것이다.
(2002. 3. 21. 등기 3402-184 질의회답)
참조예규 : 등기예규 제992호
참조선례 : 등기선례요지집 Ⅰ제43항, Ⅴ 제23항

[선례 63] 건물의 특정부분에 대하여 근저당권설정등기의 말소등기절차를 명한 판결에 의한 등기신청절차

제정 [등기선례 제7-295호, 시행]

근저당권설정자 갑이 근저당권자인 을을 상대로 근저당권설정등기말소청구소송을 제기하여 토지의 일부 지분 및 건물의 특정부분에 대한 근저당권설정등기의 말소등기절차를 이행하라는 승소확정판결을 받았으나, 갑이 그 판결에 따른 근저당권설정등기의 말소절차를 취하지 않는 경우, 을은 일반금전채권자로서 위 건물의 특정부분에 대하여 그 건물부분이 구조상·이용상 독립성을 갖춘 경우라면 대위에 의한 구분등기를 신청할 수 있으며 이 경우 구분등기를 할 수 있는 집합건축물대장등본을 첨부하여야 한다.
(2002. 4. 26. 등기 3402-250 질의회답)
참조예규 : 등기예규 제1019호

[선례 64] 소유권보존등기말소의 화해성립 후에 경료된 가압류, 가등기 및 근저당권일부이전등기의 말소절차

제정 [등기선례 제7-296호, 시행]

갑이 을을 상대로 소유권보존등기의 말소청구의 소를 제기하여 화해가 성립되었으나, 그 화해성립 후에 가압류등기와 가등기가 경료된 경우에는 갑이 그 제3자에 대한 승계집행문을 부여받은 후 이를 첨부하여 소유권보존등기의 말소등기를 신청하면서 동시에 가압류등기와 가등기의 말소등기를 신청하면 그에 따라 말소하게 되나, 위 소송의 화해성립 전에 경료된 제3자 명의의 근저당권설정등기가 있는 경우 화해성립 후에 근저당권이 일부 양도되어 근저당권일부이전의 부기등기가 경료된 때에는 그 등기는 기존의 주등기인 근저당권설정등기에 종속되어 이와 일체를 이루는 것이므로 승계집행문을 부여받아 말소할 수는 없고, 근저당권자의 승낙서 또는 그에게 대항할 수 있는 재판의 등본을 첨부하여야 말소할 수 있다.

(2002. 9. 12. 등기 3402-505 질의회답)

참조법률 : 부동산등기법 제171조

참조선례 : 등기선례요지집 V 제189항, 제483항

[선례 65] 근저당권자인 해산(해산간주)된 회사가 등기의무자의 권리에 관한 등기필증을 멸실한 경우 근저당권설정등기 말소방법

제정 2003. 2. 18. [등기선례 제7-297호, 시행]

1. 상법 제520조의2의 규정에 의해 해산되고 그 청산이 종료된 것으로 보게되는 회사라도 어떤 권리관계가 남아 있어 현실적으로 정리할 필요가 있으면 그 범위 내에서 아직 완전히 소멸하지 아니하고, 이 경우 그 회사의 해산당시의 이사는 정관에 다른 규정이 있거나 주주총회에서 따로 청산인을 선임하지 아니한 경우에는 당연히 청산인이 되고 그러한 청산인이 없는 때에는 이해관계인의 청구에 의하여 법원이 선임한 자가 청산인이 되어 청산중인 회사의 청산사무를 집행하고 회사를 대표하는 기관이 된다.

2. 따라서, 해산(해산간주)된 회사가 근저당권자인 경우, 위 근저당권설정등기에 대한 말소등기는 등기의무자인 회사의 청산인명의의 해지증서 등에 의하여 회사의 청산인과 근저당권설정자가 공동으로 신청할 수 있다. 한편 회사가 등기의무자의 권리에 관한 등기필증을 멸실한 경우, 부동산등기법 제49조의 규정에 의하여 확인조서나 확인서면 또는 공정증서를 작성함에 있어서는 회사의 대표자인 청산인을 확인하거나 청산인의 작성부분에 관한 공증을 받아야 하고 등기의무자의 인감증명은 청산인의 개인 인감증명을 첨부하여야 한다. 또한 회사의 대표자인 청산인이 위 등기신청에 협력하지 아니하는 경우, 근저당권말소절차의 이행을 명하는 판결을 받아 근저당권설정자가 단독으로 말소등기를 신청할 수 있다.

(2003. 2. 18. 부등 3402-99 질의회답)

참조조문 : 상법 제520조의2, 제531조

참조선례 : 등기선례요지집 VI 제477항

주) 청산법인의 폐쇄된 등기부에 청산인 등기가 되어있지 아니한 경우에는 청산인이 등기의무자로서 부동산등기신청을 하기 위하여는 폐쇄된 법인등기부를 부활하여 등기를 마친 다음 그 등기부등본을 청산인임을 증명하는 서면으로 첨부하여야 하며, 인감증명이 필요한 경우에는 법인 인감인 청산인의 인감을 첨부하여야 한다(2004.10.8. 등기예규 제1087호 참조)
주) 선례 제8-15호 (2004.10.13. 부등 3402-519 질의회답)에 의하여 내용이 변경됨.

[선례 66] 근저당권설정자가 아닌 채무자가 채권자(근저당권자)를 상대로 채무부존재확인판결을 받은 경우 근저당설정자(제3취득자 포함)가 위 확정판결을 원인으로 하여 단독으로 근저당권말소등기를 신청할 수 있는지 여부(소극)

제정 2003. 3. 24. [등기선례 제7-298호, 시행]

부동산등기법 제29조의 판결은 의사의 진술을 명하는 이행판결을 의미하는 바, 근저당권설정자가 아닌 채무자가 채권자(근저당권자)를 상대로 채무부존재확인판결을 받은 경우라도 위 판결은 등기의무자인 채권자(근저당권자)에게 근저당권말소등기절차의 이행을 명하는 판결에 해당되지 아니하므로, 근저당권설정자(제3취득자 포함)는 채무부존재확인판결을 원인으로 하여 단독으로 근저당권 말소등기를 신청할 수 없으며, 등기의무자인 근저당권자와 공동으로 근저당권 말소등기를 신청하거나 근저당권자를 상대로 근저당권등기말소청구소송의 확정판결을 받아 단독으로 말소등기를 신청할 수 있다.
(2003. 3. 24. 부등 3402-175 질의회답)
참조조문 : 부동산등기법 제28조, 제29조, 민사집행법 제263조
참조선례 : 등기선례요지집 Ⅴ 제476항, 제479항

[선례 67] 공적자금관리특별법 제20조에 의하여 선임된 파산관재인이 예금보험공사인 경우 근저당권말소등기 신청시 법원의 허가 등 요부(소극)

제정 [등기선례 제7-299호, 시행]

공적자금관리특별법 제20조에 의하여 예금자보호법에 의한 보험금지급 등 공적자금이 지원되는 부보금융기관(금융산업의구조개선에관한법률에 의하여 계약이전이 결정된 부보금융기관을 포함)의 파산관재인으로 예금보험공사가 선임된 경우에는 파산법 제187조, 제188조의 규정을 적용하지 아니하므로, 파산관재인인 예금보험공사가 등기의무자로서 근저당권말소등기를 신청할 때 법원의 허가(감사위원의 동의 또는 채권자집회의 결의)를 얻을 필요가 없다.
(2003. 6. 9. 부등 3402-318 질의회답)

[선례 68] 신용보증기금의 일부 업무를 승계한 한국주택금융공사가 신용보증기금 명의로된 근저당권설정등기의 말소절차

제정 2004. 7. 5. [등기선례 제7-300호, 시행]

한국주택금융공사법(2003. 12. 31. 법률 제7030호 2004. 3. 1. 시행) 부칙제7조는, 공사가 승계한 신용보증기금법에 의한 신용보증기금이 관리한 주택금융신용보증기금의 재산에 관한 등기부 및 그 밖의 공부에 표시된 "주택금융신용보증기금 관리기관 신용보증기금" 또는 "신용보증기금"의 명의는 공사의 명의로 본다고 규정하고 있는 바, 한국주택금융공사가 신용보증기금의 일체의 권리·의무를 포괄승계한 것이 아니라 신용보증기금이 관리한 주택금융신용보증기금의 재산 등을 포괄승계한 것에 불과하므로, "신용보증기금" 명의로 된 근저당권설정등기에 대한 말소등기를 한국주택금융공사 명의로 직접 신청하기 위하여는, 위 근저당권설정등기가 주택금융신용보증기금의 재산이라는 사실을 확인하는 서면(위 근저당권이 한국주택금융공사법 제55조에 의한 주택보증신용기금의 재산으로서 신용보증기금으로부터 한국주택금융공사로 승계되었다는 것과 승계대상인 근저당권이 특정되어 표시되어야 할 것임)을 첨부하여야 할 것이다.

(2004. 7. 5. 부등 3402-324 질의회답)

[선례 69] 집합건물의 개제작업에 의하여 대지권의 등기를 경료함에 있어서 건물에 관한 근저당권등기와 동일한 토지에 관한 근저당권등기의 말소를 유루한 경우 직권 말소 여부 (적극)

제정 2004. 11. 4. [등기선례 제8-258호, 시행]

부동산등기법 부칙(1984. 4. 10. 법률 제3726호) 제2조 제2항 및 부동산등기법 부칙 제2조에 따른 대법원규칙(1985. 3. 14. 대법원규칙 제904호)에 의한 집합건물의 개제작업에 따라 대지권의 등기를 경료함에 있어서, 건물에 관한 근저당권등기와 등기원인, 그 연월일과 접수번호가 동일한 등기가 대지권의 목적인 토지에 있는 때에는 건물만에 관한 취지를 부기하지 아니하고 대지권의 목적인 토지에 있는 근저당권등기를 말소하여야 하는바(부동산등기법 제102조의3 제2항), 위 근저당권등기의 말소를 유루한 경우 등기관은 직권으로 그 근저당권등기를 말소하여야 하며, 이는 건물에 경료된 근저당권등기가 말소된 후 그 건물이 멸실된 경우에도 마찬가지이다. 아울러 위 토지의 소유명의인은 직권발동을 촉구하는 의미에서 위 근저당권등기의 말소등기를 신청할 수 있다.

(2004. 11. 04. 부등 3402-552 질의회답)

[선례 70] 건물지분에 대한 근저당권과 등기원인, 그 연월일 및 접수번호가 동일하나 그 목적 지분이 다른 경우 대지권에 대한 근저당권 말소 여부(소극)

제정 2004. 11. 8. [등기선례 제8-259호, 시행]

부동산등기법 제102조의3 규정에 의하면 건물의 등기용지에 대지권 등기를 하는 경우, 건물에 관하여 소유권 이외의 권리에 관한 등기가 있는 때에는 그 등기에 건물만에 관한 취지를 부기하되 그 등기가 저당권에 관한 등기로서 대지권에 관한 등기와 등기원인, 그 연월일과 접수번호가 동일한 것일 때에는 건물만에 관한 취지를 부기하지 않고, 대지권에 대한 저당권의 등기를 말소하도록 규정하고 있는바(같은 조 제1항 단서 및 위 제2항), 건물에 관하여 근저당권의 등기가 있고 그 등기가 대지권에 관한 등기와 등기원인, 그 연월일과 접수번호가 동일하더라도 그 두 개의 근저당권의 목적지분이 서로 다른 경우에는 위 제102조의3 제1항 단서 및 제2항의 규정에 의하여 대지권에 대한 근저당권의 등기를 말소할 수 없고, 제102조의3 제1항 본문의 규정에 의하여 건물만에 관한 취지를 부기하여야 한다.

(2004. 11. 08. 부등 3402-557 질의회답)

참조조문 : 규칙 제75조의 3

참조선례 : Ⅲ 제903항, 제910항, Ⅵ 제601항

[선례 71] 공유물분할등기와 어느 한 공유지분만에 대하여 경료된 근저당권등기 등의 말소방법

제정 2004. 11. 18. [등기선례 제8-260호, 시행]

1. 갑, 을의 공유인 부동산 중 갑의 지분 위에 설정된 근저당권 등 담보물권은 특단의 합의가 없는 한 공유물분할이 된 뒤에도 종전의 지분비율 대로 공유물전부의 위에 그대로 존속하고 근저당권설정자인 갑 앞으로 분할된 부분에 당연히 집중되는 것은 아니므로, 갑의 지분 위에 설정된 근저당권은 공유물분할 후에도 을의 단독소유로 된 부동산 위에 위 지분의 비율대로 존속한다. 또한 공유물분할등기는 그 등기원인이 공유물분할일 뿐 그 등기신청의 내용은 공유지분이전등기에 불과하므로 공유지분이전등기 전에 갑의 지분에 대하여 경료된 근저당권등기 등은 위 공유물분할에 따른 공유지분이전등기가 경료되었다고 하여 하등의 영향을 받지 않는다.

2. 따라서, 갑과 을이 공유하고 있는 토지에 대하여 갑의 지분에 근저당권등기 등이 경료된 상태에서 그 토지를 2필지로 분할하여 이를 각각 갑과 을의 단독소유로 하는 조정이 성립되고 그에 따른 공유물분할등기가 경료된 경우,

을이 단독으로 소유하게 된 토지의 등기용지에도 위 근저당권등기 등이 전사되어 그 효력이 인정되는 것이므로 그 근저당권등기 등을 말소하기 위하여는 통상의 말소절차에 의하여야 한다.
(2004. 11. 18. 부등 3402-582 질의회답)
참조조문 : 법 제94조
참조예규 : 제449호
참조선례 : IV 제644항, VII 제374항

[선례 72] 지역축산업협동조합의 합병에 따른 근저당권설정등기말소

제정 2005. 5. 30. [등기선례 제8-261호, 시행]

○○지역축산업협동조합과 △△지역축산업협동조합을 합병하여 한국양계축산업협동조합을 신설한 경우 존속하는 조합이 합병으로 인하여 소멸한 조합 명의로 경료되어 있는 근저당권등기의 말소신청을 함에 있어, 그 등기원인이 합병등기 전에 이미 발생한 것인 때에는 합병으로 인한 근저당권이전등기를 거칠 필요 없이 곧바로 합병을 증명하는 서면을 첨부하여 말소등기신청을 하면 될 것이나, 그 등기원인이 합병등기 후에 발생한 것인 때에는 먼저 합병으로 인한 근저당권이전등기를 거친 후 말소등기신청을 하여야 한다.
(2005. 05. 30. 부동산등기과-484 질의회답)
참조조문 : 농업협동조합법 제75조
참조예규 : 제458호
참조선례 : VI 제367항

[선례 73] 근저당권변경등기상의 근저당권자가 이해관계 있는 제3자인지 여부

제정 2006. 11. 21. [등기선례 제8-262호, 시행]

근저당권설정등기가 되어 있는 부동산에 대하여 갑 명의로의 소유권이전등기와 근저당권변경등기(채무자를 갑으로 변경)가 경료된 후 갑 명의의 소유권이전등기를 말소하는 경우, 근저당권변경등기는 근저당권에 종속되는 부기등기로서 갑의 소유권이전등기에 기한 새로운 권리에 관한 등기가 아니므로(먼저 말소되어야 하는 것이 아님) 근저당권자는 이해관계 있는 제3자에 해당하지 아니한다.
(2006. 11. 21. 부동산등기과-3440 질의회답)
참조조문 : 법 제171조
참조예규 : 제551호

참조선례 : Ⅰ 제507항, Ⅵ 제62항

[선례 74] 지역농업협동조합의 합병에 따른 근저당권등기 말소(선례변경)

제정 2006. 12. 5. [등기선례 제8-263호, 시행]

농업협동조합법(1999. 9. 7. 법률 제6018호, 2000. 7. 1. 시행) 제79조 제2항은 "지역농협의 합병 후 등기부 기타 공부에 표시된 소멸된 지역농협의 명의는 존속되거나 설립된 합병지역농협의 명의로 본다."라고 규정하고 있으므로, 합병 후 신설 또는 존속하는 지역농업협동조합이 합병으로 인하여 소멸한 조합 명의로 등기된 근저당권의 말소등기신청을 하는 경우에는, 합병 후 신설 또는 존속하는 조합 명의로 근저당권이전등기를 거치지 않고 합병을 증명하는 서면을 첨부하여 직접 말소등기신청을 할 수 있다.
(2006. 12. 05. 부동산등기과 - 3599 질의회답)
참조조문 : 농업협동조합법 제79조 제2항
주 : 이 선례에 의하여 등기선례요지집 Ⅵ 제367항은 그 내용이 변경됨.

[선례 75] 금융기관 대표자의 취급지점 업무처리 가능 여부(적극)

제정 2009. 9. 10. [등기선례 제200909-1호, 시행]

법인의 등기신청은 원칙적으로 대표자가 신청하고 지배인은 대표자에 갈음하여 신청하는 것으로 법인의 대표자가 근저당권설정등기의 말소신청을 하기 위하여 원인증서인 해지증서를 작성하였다면 취급지점과 무관하게 직접 등기신청을 할 수 있으므로 별도의 이관증명서는 첨부할 필요가 없다.
(2009. 9. 10. 부동산등기과 - 1942 질의회답)
참조조문 : 상법 제11조, 제209조
참조예규 : 등기예규 제1188호

[선례 76] 근저당권자가 파산이 종료된 법인인 경우 근저당권설정등기의 말소 방법

제정 2010. 6. 16. [등기선례 제201006-1호, 시행]

근저당권자가 파산이 종료된 법인인 경우 그 법인은 잔여재산이나 현실적으로 정리할 필요가 있는 법률관계가 남아있는 때에는 당해 법인격이 소멸하지 아니하고 청산의 목적범위 내에서 존속하게 되므로, 부동산의 소유자가 피담보채무를 변제하여 근저당권설정등기의 말소를 신청하려면 그 법인과 공동신청에 의하거나 그 법인을 상대로 한 판결을 받아 단독으로 신청할 수 있다. 이 때 그 법인이 정관이나 총회의 결의에 의하여 청산인을 선임하지 않았다면 법원에 청산인선임청구를 하여 법원이 선임한 청산인으로 하여금 그 법인을 대표하도록 할 수 있다.
(2010. 6. 16. 부동산등기과-1192 질의회답)
참조조문 : 민법 제82조 , 제83조
참조판례 : 대법원 1989. 11. 24. 선고 89다카2483 판결
참조선례 : 부동산등기선례요지집 II 제439항 , VII 제292항

제6관 공동저당권의 등기

1. 등기예규

[예규 1] 추가(근)저당권설정등기의 신청정보의 내용으로 "종전의 등기를 표시하는 사항"을 제공하는 방법 등

추가(근)저당권설정등기의 신청정보의 내용으로 "종전의 등기를 표시하는 사항" 을 제공하는 방법 등

개정 2011. 10. 12. [등기예규 제1429호, 시행 2011. 10. 13.]

추가(근)저당권설정등기를 신청하는 경우 "종전의 등기를 표시하는 사항"(「부동산등기규칙」 제134조)으로서 공동담보목록의 번호 또는 부동산의 소재지번(건물에 번호가 있는 경우에는 그 번호도 포함한다) 외에 종전등기의 순위번호와 접수년월일 및 접수번호를 신청정보로 제공하여야 하고, 그 등기를 한 후 「부동산등기법」 제78조제5항, 「부동산등기규칙」 제136조제2항 에 의하여 다른 등기소에 추가공동담보의 등기의 통지를 함에 있어서도 그 통지서〔부동산등기사무의 양식에 관한 예규(등기예규 제1338호) 별표 제8호 양식〕상의 "귀 소 관내의 부동산표시"에 공동담보목록의 번호 또는 부동산의 소재지번 등 종전의 등기를 표시하는 사항을 기재하여야 한다.

부 칙 (2011. 10. 12. 제1429호)

이 예규는 2011년 10월 13일부터 시행한다.

2. 등기선례

[선례 1] 복합건물의 국민주택채권매입산정기준 사본에 의한 등기신청의 가부 및 부동산과 선박의 공동저당 가부 등

제정 [등기선례 제4-455호, 시행]

1. 사업주체가 국민주택규모 이하의 주택건설자금을 융자받기 위하여 저당권설정등기를 할 때에는 주택건설촉진법시행령 제17조 별표 3 제3호 가목에 의하여 국민주택채권 매입의무가 면제되나, 주택구입자금의 융자를 목적으로 개인이 저당권설정등기를 신청하는 경우에는 국민주택채권을 매입하여야 한다.
2. 1, 2층은 점포이고 3, 4, 5층은 주택인 복합건물이 구분건물로 소유권보존등기가 되어 있다면 특정 전유부분에 대한 소유권이전등기신청시 매입하여야 할 국민주택채권은 1, 2층은 주거전용이외의 건축물로, 3, 4, 5층은 주거전용 건축물로 각각 구분하여 산정하여야 한다.
3. 소유권이전등기신청서에 첨부하는 분양계약서는 원본이어야 함이 원칙이나 분양계약서를 분실한 경우 분양계약의 쌍방당사자가 분양계약서 사본에 원본의 분실 및 사본이 원본과 상위없다는 취지의 기재를 하고 날인(등기의무자의 경우에는 인감날인)하였다면 그 사본에 의한 등기신청도 수리될 수 있다.
4. 현행법상 공동저당의 등기는 동일채권을 담보하기 위한 수개의 동종 목적물에 대해서만 가능하므로 부동산과 등기된 선박은 공동으로 근저당권을 설정할 수 없다.

(1995. 11. 25. 등기 3402-826 질의회답)
참조조문 : 법 제45조, 선박등기법 제5조
참조예규 : 제537호
주) 2004. 12. 6. 부등 3402-623 질의회답에 의하여 내용이 변경됨.

[선례 2] 공동근저당권의 채권최고액을 각 부동산별로 분할하여 각 별개의 근저당권등기가 되도록 하는 내용의 근저당권변경등기를 신청할 수 있는지 여부(소극)

제정 2004. 12. 1. [등기선례 제8-264호, 시행]

동일한 피담보채권을 담보하기 위하여 수 개의 부동산에 공동근저당권을 설정한 경우에 공동근저당권의 채권최고액을 각 부동산별로 분할하여 각 별개의 근저당권등기가 되도록 함으로써 각 부동산 사이의 공동담보관계를 해소하는 내용의 근저당권변경등기는 현행 등기법제상 인정되지 아니하는바, 구분건물 100세대를 공동담보로 하여 설정된 근저당권의 채권최고액 5,200,000,000원을 각 구분건물별로 52,000,000원으로 분할하여 별개의 근저당권등기가 되도록 하는 내용의 근저당권변경등기를 신청할 수는 없다.
(2004. 12. 01. 부등 3402-612 질의회답)
참조조문 : 민법 제368조 제1항
참조선례 : Ⅵ 제344항, 제342항, 본집 제72항

제7관 공장저당권의 등기

1. 등기예규

[예규 1] 공장저당목록의 제출, 변경 및 보존 등에 관한 등기사무처리지침

공장저당목록의 제출, 변경 및 보존 등에 관한 등기사무처리지침

개정 2012. 8. 1. [등기예규 제1475호, 시행 2012. 8. 11.]

제1조 (목적) 이 예규는 「공장 및 광업재단 저당법」(이하 "법"이라 한다) 제6조의 규정에 의하여 공장에 속하는 토지나 건물에 대한 저당권설정등기를 신청하기 위해 등기소에 제공하여야 할 첨부정보와 공장저당목록의 변경 및 목록보존 등에 관한 사항을 규정함을 목적으로 한다.

제2조 (공장저당등기의 신청) 공장에 속하는 토지나 건물에 설치된 기계, 기구, 그 밖의 공장의 공용물(이하 "기계·기구"라 한다)에 효력을 미치게 하기 위해 그 토

지나 건물에 대한 저당권설정등기를 신청하는 경우에는 「부동산등기규칙」 제46조의 일반적인 첨부정보 이외에 다음 각호의 첨부정보를 제공하여야 한다.
1. 토지나 건물이 법 제2조의 공장에 속한 것임을 증명하는 정보
2. 법 제6조의 규정에 의한 공장소유자의 기계·기구 목록(이하 "목록"이라 한다)

제3조 (목록 변경등기의 신청) ① 종전 목록에 새로운 기계·기구를 추가하는 경우에는 신청인은 새로 추가된 목록에 관한 정보만을 제공하여야 한다.
② 종전 목록에 기록한 기계·기구의 일부가 멸실되거나 또는 기계·기구에 관하여 저당권이 일부 소멸한 경우에는 멸실 또는 분리된 목록에 관한 정보만을 제공하여야 한다.
③ 기계·기구의 일부멸실 또는 분리에 의한 변경등기신청의 경우에는 저당권자의 동의가 있음을 증명하는 정보(인감증명정보 첨부) 또는 이에 대항할 수 있는 재판이 있음을 증명하는 정보를 제공하여야 한다.

제4조 (목록의 변경등기) ① 등기관은 종전 목록에 새로운 목록추가의 신청이 있는 경우 변경내역표에 신청정보의 접수연월일, 접수번호 및 종전 목록에 추가한다는 뜻을 기록하고, 전산정보처리조직을 이용하여 추가목록을 종전 목록에 결합한다.
② 등기관은 종전 목록에 기계·기구의 분리 또는 일부 멸실의 신청이 있는 경우 변경내역표에 신청정보의 접수연월일, 접수번호 및 종전 목록에서 분리하거나 멸실된 뜻을 기록하고, 전산정보처리조직을 이용하여 분리 또는 멸실목록을 종전 목록에 결합한다.
③ 목록의 변경등기를 함에 있어서는 목록을 전부 폐지하고 일반 저당권으로 변경등기를 하는 경우 외에는 을구 사항란에 부기에 의한 변경등기를 하지 아니한다.

제5조 (목록의 보존·관리) ① 전자문서로 작성된 목록은 보조기억장치에 저장하여 보존하고, 서면으로 제출된 목록은 전자적 이미지정보로 변환하여 그 정보를 보조기억장치에 저장하여 보존한다.
② 제1항 후단에 따라 전자적 이미지정보로 변환을 마친 목록은 신청서 기타부속서류 편철장으로 조제하여 5년간 이를 보존한다.
③ 종전 규정에 따라 종이형태로 작성된 공장저당목록은 영구보존한다. 다만, 이 예규 시행 전에 공장저당권의 말소 또는 일반 저당권으로의 변경등기가 마쳐진 폐쇄목록은 전자적 이미지정보로 변환하여 그 정보를 보존하고, 전자적 이미지정보로 변환이 완료된 종이형태의 폐쇄목록은 30년간 이를 보존한다.

> **부 칙**
>
> 제1조 (시행일) 이 예규는 2012. 8. 11.부터 시행한다.
> 제2조 (다른 예규의 폐지) 「공장소유자가 그 공장에 속하는 토지 또는 건물의 소유자와 다른 경우에 공장증명의 발급 여부」 (등기예규 제84호)는 이를 폐지한다.

2. 등기선례

[선례 1] 부동산과 기계기구의 소유자가 다른 경우의 공장저당법 제7조에 의한 저당권설정등기 가부

제정 1988. 9. 2. [등기선례 제2-376호, 시행]

공장저당법에 의하여 공장에 속하는 토지나 건물에 대한 저당권설정등기를 할 경우 그 토지나 건물에 설치한 기계, 기구 기타의 공장 공용물의 소유자는 그것이 설치된 토지 또는 건물의 소유자와 동일하여야 한다.

88. 9. 2 등기 제464호
참조조문 : 공장저당법 제4조, 제5조, 제7조

[선례 2] 축산시설도 공장저당의 목적이 될 수 있는지 여부

제정 [등기선례 제2-380호, 시행]

상당한 기계설비가 되어 있는 축산시설에 대하여도 공장저당법이 적용된다 할 것이므로, 축산시설에 속하는 부동산(토지·건물)에 일반저당권이 설정되어 있는 경우 그 시설상의 기계·기구등의(축산시설의 일종인 폐수처리장도 포함될 수 있을 것임)목록을 제출하여 위 일반저당권을 공장저당권으로 변경하는 저당권변경등기신청을 할 수 있다.

89. 4.18 등기 제776호 신탁은행장 대 법원행정처장
참조조문 : 공장저당법 제2조, 제7조

[선례 3] 주유소의 주유시설물에 대하여 공장저당법에 의한 공장저당권을 설정할 수 있는지 여부 등

제정 1990. 3. 24. [등기선례 제3-580호, 시행]

주유기·석유저장탱크 등의 기계설비가 되어 있는 주유소에 대하여도 공장저당법이 적용된다 할 것이므로, 주유소에 속하는 부동산(토지·건물)에 동 시설상의 기계·기구 등의 목록을 제출하여 공장저당법에 의한 저당권을 설정할 수 있다.
90.3.24. 등기 제605호
참조조문 : 공장저당법 제2조, 제4조

[선례 4] 공유의 공장건물과 공장에 설치된 공유자 중 1인 단독소유인 기계기구를 담보목적으로 하여 공장저당법 제7조에 의한 근저당권을 설정할 수 있는지 여부

제정 [등기선례 제3-581호, 시행]

갑·을 2인 공유의 공장건물 전부와 공장건물에 설치된 공장저당법 제7조 목록에 의한 갑 단독 소유인 기계기구를 담보목적으로 하여 공장저당법 제7조에 의한 근저당권을 설정할 수 있다.
90. 5.16. 등기 제970호

[선례 5] 주유기 및 유류저장탱크를 공장저당법 제7조에 의한 근저당권의 목적으로 할 수 있는지 여부 등

제정 [등기선례 제3-587호, 시행]

주유소의 주유기 및 유류저장탱크는 그 토지 또는 건물과 함께 공장저당법 제7조에 의한 근저당권의 목적으로 할 수 있으나 위 기계기구의 소유자는 그 토지 또는 건물의 소유자이거나 공유자 이어야 한다.
또 토지에 대하여 보통근저당권을 설정한 후 그 지상의 건물과 주유소의 주유기 등을 추가로 근저당권의 목적물로 하기 위하여는 건물에 대한 공장저당법 제7조에 의한 추가근저당권설정등기 를 신청함과 동시에 토지에 대하여는 보통근저당권을 동법 규정에 의한 근저당권으로 하는 변경등기를 신청하여야 할 것이다.
92. 6. 3. 등기 제1217호
참조선례 : 1항

[선례 6] 공장저당법 제7조의 규정에 의한 목록을 폐지하고 새로운 기계·기구목록으로 변경하는 경우의 등기신청 방법

제정 1998. 4. 6. [등기선례 제5-430호, 시행]

공장저당법 제7조의 규정에 의한 목록에 기재된 기계·기구 전부를 새로이 다른 기계·기구로 교체한 경우에는, 종전 목록에 관하여는 공장저당법 제7조 목록폐지로 인한 저당권변경등기를 신청하여 공장저당법에 의한 저당권을 보통저당권으로 변경하고, 새로운 기계·기구에 관하여는 공장저당법 제7조 목록 제출로 인한 저당권변경등기신청을 하여 다시 그 보통저당권을 공장저당법에 의한 저당권으로 변경하여야 할 것이다.
(1998. 4. 6. 등기 3402-308 질의회답)
참조예규 : 제913호

[선례 7] 공장저당법 제7조 목록제출의 근저당권 이전등기신청시 기계기구목록 제출 요부

제정 1998. 7. 21. [등기선례 제5-432호, 시행]

공장저당법 제7조 목록제출의 근저당권 이전등기신청시에 그 계약서와 신청서 및 위임장 등에는 당해 근저당권에 관한 기계기구목록을 표시하거나 첨부할 필요가 없다.
(1998. 7. 21. 등기 3402-679 질의회답)
참조조문 : 공장저당법 제4조, 제7조, 제47조
참조판례 : 1988. 2. 9. 선고 87다카 1514 , 87다카 1515판결

[선례 8] 꽃재배를 위한 시설이 공장저당법 제7조에 의한 근저당권의 목적물이 될 수 있는지 여부

제정 2001. 2. 26. [등기선례 제6-328호, 시행]

상당한 기계설비가 되어있는 꽃재배시설도 그 토지 또는 건물과 함께 공장저당법 제7조에 의한 근저당권의 목적이 될 수 있으나, 단지 다수의 화학비료를 사용하여 꽃을 재배하고 그 꽃을 약간 다듬어서 종이박스에 포장하여 출하하는 한편 꽃재배소를 홍보하기 위하여 재배소 한 쪽 구석에 인쇄기계를 설치한 정도로는 위 근저당권의 목적이 될 수 없다.
(2001. 2. 26. 등기 3402-141 질의회답)
참조선례 : Ⅱ 제389항, 본집 제327항

[선례 9] 토지에 대한 사용권 없이 건물 및 기계·기구만으로 공장저당법상의 공장재단을 설정할 수 있는지 여부(적극)

제정 2001. 3. 8. [등기선례 제6-329호, 시행]

토지에 대한 사용권이 없다고 하더라도, 건물에 대한 등기된 권리가 있다면 건물 및 그 건물에 부속된 기계·기구 등으로 공장재단을 구성하여 공장재단설정등기를 신청할 수 있다.
(2001. 3. 8. 등기 3402-167 질의회답)
참조조문 : 공장저당법 제15조, 제16조

[선례 10] 상당한 기계설비가 되어 있는 골프연습장이 공장저당법 제7조에 의한 근저당권의 목적으로 될 수 있는지 여부(소극)

제정 2004. 2. 23. [등기선례 제7-270호, 시행]

운동과 휴식을 목적으로 하는 골프연습장은 골프공 자동회수분배용 기계, 그물지지용 파일 등의 기계설비가 되어 있더라도, 이를 공장저당법 제2조에 규정된 공장 즉 영업을 하기 위하여 '물품의 제조, 가공 또는 인쇄나 촬영의 목적에 사용하는 장소'나 '방송의 목적 또는 전기나 가스의 공급의 목적에 사용하는 장소'라고 볼 수 없고, 따라서 그 시설은 공장저당의 목적물로 될 수 없다.
(2004. 2. 23. 부등 3402-84 질의회답)
참조조문 : 공장저당법 제2조
참조판례 : 대법원 1995. 9. 15. 선고 94나 25902 판결
참조선례 : Ⅵ 제330항

[선례 11] 등기되지 아니한 토지임차권 및 기계·기구만으로 공장재단을 설정할 수 있는지 여부(소극)

제정 2004. 11. 2. [등기선례 제8-266호, 시행]

공장저당법상 공장재단을 구성하기 위하여는 토지나 건물 또는 그 전세권, 지상권, 임차권에 관하여 등기된 권리 중 하나 이상이 반드시 포함되어야 하므로, 등기되지 아니한 토지임차권 및 기계·기구만으로는 공장재단을 설정할 수 없다.
(2004. 11. 02. 부등 3402-549 질의회답)
참조조문 : 공장저당법 제2조, 제15조, 제16조
참조선례 : Ⅵ 제329항

[선례 12] 상당한 기계설비가 되어 있는 사우나 용도의 건물이 공장저당법 제7조에 의한 저당권의 목적이 될 수 있는지 여부

제정 2004. 11. 19. [등기선례 제8-267호, 시행]

공장저당법 제2조는 영업을 하기 위하여 "물품의 제조, 가공 또는 인쇄나 촬영의 목적에 사용하는 장소"나 "방송의 목적 또는 전기나 가스의 공급의 목적에 사용하는 장소"를 공장으로 정의하고 있는바, 상당한 기계설비를 갖추고 있는 경우라도 사우나 용도의 건물은 위 공장에 해당한다고 할 수 없으므로 공장저당법 제7조에 의한 공장저당의 목적이 될 수 없다.
(2004. 11. 19. 부등 3402-586 질의회답)

[선례 13] 공장저당법에 의한 기계기구목록의 추가에 따른 등기절차

제정 2005. 8. 25. [등기선례 제8-268호, 시행]

공장저당법 제7조의 규정에 의하여 공장에 속하는 토지나 건물에 대한 저당권설정 등기의 경우 저당권의 목적이 되는 기계기구목록을 제출받아 목록번호를 부여한 후 등기부 을구사항란에 기재하나, 새로운 목록을 추가하는 경우에는 추가목록에 신청서 접수년월일, 접수번호 및 목록번호와 종전목록에 추가한다는 취지의 뜻을 기재하고, 종전목록의 말미에 추가목록에 기재된 물건을 공장에 포함시킨다는 뜻과 신청서 접수년월일 및 접수번호를 기재할 뿐 을구사항란에 부기에 의한 변경등기를 하지 아니한다.
(2005. 08. 25. 부동산등기과-1283 질의회답)
참조예규 : 제1170호

[선례 14] 토지와 공장건물의 소유자가 상이한 경우 공장저당법 제7조에 의한 근저당설정등기

제정 2006. 2. 9. [등기선례 제8-269호, 시행]

토지와 공장건물의 소유자는 상이하고 공장건물의 소유자와 공장에 속하는 기계기구의 소유자가 동일할 경우에는 공장건물만을 공장저당법 제7조에 의한 근저당으로 하고 토지에 대하여는 보통근저당으로 하여 공당담보로 근저당설정등기를 신청할 수 있다.
(2006. 02. 09. 부동산등기과-267 질의회답)
참조조문 : 공장저당법 제4조, 제5조, 제7조, 민법 제368조
참조예규 : 제1170호
참조선례 : Ⅱ 제376항

[선례 15] 태양광 발전설비에 대한 소유권보존등기, 공장저당권설정등기 가부

제정 2008. 3. 14. [등기선례 제8-270호, 시행]

1. 건축물에 대한 소유권보존등기를 하기 위해서는 그 건물이 토지에 견고하게 정착되어 있고(정착성) 지붕 및 주벽 또는 그에 유사한 설비를 갖추고 있으며 (외기분단성) 일정한 용도로 계속 사용할 수 있어야(용도성) 하므로 위와 같은 요건을 구비하지 못한 태양광 발전설비는 건물 소유권보존등기의 대상이 될 수 없을 것이다.
2. 다만, 영업을 위하여 전기를 공급할 목적에 사용되는 장소인 토지나 건물의 소유자는 그 토지 또는 건물과 함께 그곳에 설치된 태양광 발전설비(기계, 기구 등)를 공장저당법 제7조에 의한 근저당권설정등기를 신청할 수 있다.

(2008. 03. 14. 부동산등기과-745 질의회답)
참조조문 : 법 제131조, 공장저당법 제7조
참조예규 : 제1086호
참조선례 : II 제389항, V 제429항, VI 제327항, 제330항, VII 제270항

[선례 16] 공장재단의 구성물 중 일부가 분리된 경우의 첨부서면

제정 2009. 3. 3. [등기선례 제200903-2호, 시행]

1. 공장재단에 속하였던 구성물 중 일부가 공장재단에 속하지 아니하게 되어 "분리"를 원인으로 공장재단목록 기재변경등기 신청을 할 경우 전산정보처리조직에 의하여 영구보존문서 등에 관한 등기사무를 처리하고 있는 등기소에서는 "분리된 목록"도 전자문서로 변환하여 기존의 목록과 함께 보관하여야 하므로 분리된 목록을 반드시 제출하여야 한다.
2. 다만, 전산정보처리조직에 의하여 영구보존문서 등에 관한 등기사무를 처리를 하지 않고 있는 등기소에서는 그 신청서에 "분리되는 구성물을 기재한 목록"을 첨부하여야 하나 신청서에 변경할 사항으로 분리된 구성물을 기재한 경우에는 별도로 목록을 제출할 필요는 없다.

(2009. 3. 3. 부동산등기과-588 질의회답)
참조조문 : 공장 및 광업재단 저당법 제42조, 제45조, 제47조
참조예규 : 등기예규 제1285호

3. 관련 기록례

<기록례> 저당권설정등기

【을 구】	(소유권 이외의 권리에 관한 사항)			
순위번호	등기목적	접 수	등기원인	권리자 및 기타사항
1	저당권설정	2023년 3월 5일 제1006호	2023년 3월 4일 설정계약	채권액 금 100,000,000원 변제기 2024년 3월 3일 이 자 연 6푼 원본 및 이자의 지급장소 서울특별시 종로구 원서동 6 이영은의 주소지 채무자 이영식 　서울특별시 종로구 율곡로 16(원서동) 저당권자 최영철 750614-1035852 　서울특별시 종로구 창덕궁길 100(계동)

주) 저당권등기의 경우 임의적 기록사항으로 변제기, 이자 및 그 발생기·지급시기, 원본 또는 지급장소, 채무불이행으로 인한 손해배상의 약정 등이 있다(법 제75조 제1항).

<기록례> 근저당권설정등기

【을 구】	(소유권 이외의 권리에 관한 사항)			
순위번호	등기목적	접 수	등기원인	권리자 및 기타사항
1	근저당권설정	2023년 3월 15일 제3581호	2023년 3월 14일 설정계약	채권최고액 금 60,000,000원 채무자 이영식 서울특별시 종로구 율곡로 16(원서동) 근저당권자 최영철 750614-1035852 서울특별시 종로구 창덕궁길 100(계동)

<기록례>

【을 구】		(소유권 이외의 권리에 관한 사항)		
순위번호	등기목적	접 수	등기원인	권리자 및 기타사항
1	갑구5번 ~~이영식~~ 지분전부 근저당권 설정	2023년 5월9일 제2001호	2023년 5월8일 설정계약	채권최고액 금 60,000,000원 채무자 이영식 서울특별시 종로구 율곡로 16(원서동) 근저당권자 최영철 750614-105852 서울특별시 종로구 창덕궁길 100(계동)
1-1	1번 근저당권 변경	2023년 10월10일 제5420호	2023년 10월9일 변경계약	목적 소유권전부 근저당권설정

<기록례>

【을 구】		(소유권 이외의 권리에 관한 사항)		
순위번호	등기목적	접 수	등기원인	권리자 및 기타사항
1-1	1번 근저당권 변경	2023년 3월5일 제3030호	2023년 3월4일 이영식지분 2분의1 포기	목적 갑구 1번 최영철 지분 전부 근저당권설정

4. 근저당권설정

가. 통상의 근저당권설정

【 을 구 】			(소유권 이외의 권리에 관한 사항)	
순위번호	등기목적	접수	등기원인	권리자 및 기타사항

1	근저당권설정	2023년 3월15일 제3581호	2023년 3월14일 설정계약	채권최고액 금60,000,000원
				채무자 이영식
				  서울특별시 종로구 율곡로 16(원서동)
				근저당권자 최영철 750614-1035852
				  서울특별시 종로구 창덕궁길 100(계동)

㈜ 1. 채권최고액은 반드시 단일하게 기록되어야 하고, 채권자 또는 채무자가 수인일지라도 각 채권자 또는 채무자별로 채권최고액을 구분하여 기록할 수 없다(등기예규 제1656호).
  2. 법인 아닌 사단이나 재단이 (근)저당권설정등기신청서에 채무자로 기재되어 있는 경우, 등기부에 그 사단 또는 재단의 부동산등기용등록번호나 대표자에 관한 사항은 기록할 필요가 없다(등기예규 제1621호).

나. 공유지분에 대한 근저당권설정

(1) 별도 순위로 취득등기를 한 지분 중 특정 순위로 취득한 지분 전부에 대하여 근저당권을 설정하는 경우

【 을 구 】			(소유권 이외의 권리에 관한 사항)	
순위번호	등기목적	접수	등기원인	권리자 및 기타사항

3	갑구20번이도령 지분전부 근저당권설정	2023년3월5일 제2800호	2023년3월4일 설정계약	채권최고액 금 10,000,000원
				채무자 이영식
				  서울특별시 종로구 율곡로 16 (원서동)
				근저당권자 최영철
				  750614-1035852
				  서울특별시 종로구 창덕궁길 100(계동)

㈜ 별도 순위로 취득등기를 한 지분 중 특정 순위로 취득한 지분 전부에 대하여 근저당권설정등기를 하는 경우에는 『아무개 지분 얼마 중 일부(갑구 몇 번 지분) 근저당권설정』 또는 『갑구 몇 번 아무개 지분 전부 근저당권설정』으로 기록한다.

(2) 지분 일부에 대하여 근저당권이 설정되어 있는 때에 특정 순위로 취득등기를 한 지분 일부에 대하여

(가) 근저당권이 설정된 부분인 경우

【 을 구 】		(소유권 이외의 권리에 관한 사항)		
순위번호	등기목적	접수	등기원인	권리자 및 기타사항
3	갑구20번이도령지분 10분의3 중 일부(10분의1)(2번근저당권등기된 지분)근저당권설정	2023년3월5일 제2800호	2023년3월4일 설정계약	채권최고액 금 10,000,000원 채무자 이영식 서울특별시 종로구 율곡로 16 (원서동) 근저당권자 최영철 750614-1035852 서울특별시 종로구 창덕궁길 100(계동)

(나) 근저당권이 설정되지 아니한 부분인 경우

【 을 구 】		(소유권 이외의 권리에 관한 사항)		
순위번호	등기목적	접수	등기원인	권리자 및 기타사항
3	갑구20번이도령지분 10분의3 중 일부(10분의1)(2번근저당권등기되지 아니한 지분)근저당권설정	2023년3월5일 제2800호	2023년3월4일 설정계약	채권최고액 금 10,000,000원 채무자 이영식 서울특별시 종로구 율곡로 16 (원서동) 근저당권자 최영철 750614-1035852 서울특별시 종로구 창덕궁길 100(계동)

(다) 근저당권이 설정된 부분과 설정되지 아니한 부분이 경합된 경우

【 을 구 】		(소유권 이외의 권리에 관한 사항)			
순위번호	등기목적	접수	등기원인	권리자 및 기타사항	
3	갑구20번이도령 지분 10분의3 중 일부(10분의1)(2번근저당권등기된 지분 20분의1과 2번근저당권 등기되지 아니한 지분 20분의1) 근저당권설정	2023년3월5일 제2800호	2023년3월4일 설정계약	채권최고액 금 10,000,000원 채무자 이영식 　서울특별시 종로구 율곡로 16 (원서동) 근저당권자 최영철 　　750614-1035852 　서울특별시 종로구 창덕궁길 100(계동)	

다. 외화표시의 채권을 담보하는 근저당권

【 을 구 】		(소유권 이외의 권리에 관한 사항)		
순위번호	등기목적	접수	등기원인	권리자 및 기타사항
3	근저당권설정	2023년 3월5일 제1006호	2023년 3월4일 설정계약	채권최고액 미화 금10,000달러 채무자 이영식 　서울특별시 종로구 율곡로 16(원서동) 근저당권자 최영철 750614-1035852 　서울특별시 종로구 창덕궁길 100(계동)

㈜ 1. 외화표시채권과 한화표시채권을 담보하는 경우에는 외화표시금액과 한화표시금액을 표시한다(예 : 미화 금○○달러 및 금○○백만원).
2. 외화표시금액 기록례 : 유로화 금○○유로, 일화 금○○엔, 중국화 금○○위안
3. 근저당권의 채권액의 표시로서 외화표시채권액 외에 '외환율이 변경될 때에는 그 변경된 환율에 의한 원화환산액으로 한다'는 특약사항의 등기는 할 수 없다.
4. 등록면허세 과세표준액은 등기신청 당시의 공정환율로 환산된 금액이다.

라. 근저당권의 소멸에 관한 약정이 있는 경우

【 을 구 】			(소유권 이외의 권리에 관한 사항)	
순위번호	등기목적	접수	등기원인	권리자 및 기타사항
1	근저당권설정	2023년 3월5일 제1006호	2023년 3월4일 설정계약	채권최고액 금10,000,000원 채무자 이영식 　서울특별시 종로구 율곡로 16(원서동) 근저당권자 최영철 750614-1035852 　서울특별시 종로구 창덕궁길 100(계동)
1-1	1번 근저당권 소멸약정			근저당권자가 사망할 때에는 근저당권은 소멸한다. 2023년 3월 5일 부기

마. 동순위의 2개 이상의 근저당권

【 을 구 】			(소유권 이외의 권리에 관한 사항)	
순위번호	등기목적	접수	등기원인	권리자 및 기타사항
1	(1)근저당권설정	2023년 1월10일 제200호	2023년 1월9일 설정계약	채권최고액 금10,000,000원 채무자 이영식 　서울특별시 종로구 율곡로 16(원서동) 근저당권자 최영철 750614-1035852 　서울특별시 종로구 창덕궁길 100(계동)
1	(2)근저당권설정	2023년 1월10일 제200호	2023년 1월9일 설정계약	채권최고액 금50,000,000원 채무자 이영식 　서울특별시 종로구 율곡로 16(원서동) 근저당권자 최영철 750614-1035852 　서울특별시 종로구 창덕궁길 100(계동)

바. 민법 제358조 단서의 특약이 있는 경우

【 을 구 】			(소유권 이외의 권리에 관한 사항)	
순위번호	등기목적	접수	등기원인	권리자 및 기타사항
1	근저당권설정	2023년 3월8일 제4016호	2023년 3월7일 설정계약	채권최고액 금10,000,000원 특약 입목에는 근저당권의 효력이 미치지 아니한다. 채무자 이영식 　서울특별시 종로구 율곡로 16(원서동) 근저당권자 최영철 750614-1035852 　서울특별시 종로구 창덕궁길 100(계동)

사. 채무자가 수인인 근저당권

【 을 구 】			(소유권 이외의 권리에 관한 사항)	
순위번호	등기목적	접수	등기원인	권리자 및 기타사항
1	근저당권설정	2023년 3월5일 제1006호	2023년 3월4일 설정계약	채권최고액 금10,000,000원 채무자 김창수 　서울특별시 종로구 인사동6길 5(인사동) 이영식 　서울특별시 종로구 율곡로 16(원서동) 근저당권자 최영철 750614-1035852 　서울특별시 종로구 창덕궁길 100(계동)

㈜ 채무자가 수인인 경우 그 수인의 채무자가 연대채무자라 하더라도 단순히 '채무자'로 기록하여야 한다.

아. 지상권을 목적으로 하는 근저당권

【 을 구 】			(소유권 이외의 권리에 관한 사항)	
순위번호	등기목적	접수	등기원인	권리자 및 기타사항
1	지상권설정	(생략)	(생략)	(생략)
1-1	1번지상권근저당권설정	2023년 3월5일 제222호	2023년 3월4일 설정계약	채권최고액 금10,000,000원 채무자 이영식 　서울특별시 종로구 율곡로 16(원서동) 근저당권자 최영철 750614-1035852 　서울특별시 종로구 창덕궁길 100(계동)

자. 전세권을 목적으로 하는 근저당권

【 을 구 】				(소유권 이외의 권리에 관한 사항)
순위번호	등기목적	접수	등기원인	권리자 및 기타사항
1	전세권설정	(생략)	(생략)	(생략)

1-1	1번지상권 근저당권 설정	2023년 3월5일 제1006호	2023년 3월4일 설정계약	채권최고액 금100,000,000원
				채무자 이영식
				  서울특별시 종로구 율곡로 16(원서동)
				근저당권자 최영철 750614-1035852
				  서울특별시 종로구 창덕궁길 100(계동)

차. 납세담보의 근저당권

【 을 구 】				(소유권 이외의 권리에 관한 사항)
순위번호	등기목적	접수	등기원인	권리자 및 기타사항
1	근저당권 설정	2023년 3월5일 제2800호	2023년 3월4일 납세담보 제공계약	채권최고액 금50,000,000원 채무자 이영식 서울특별시 종로구 율곡로 16(원서동) 근저당권자 서울특별시 411

㈜ 1. 국세기본법 제29조 및 지방세기본법 제65조 이하 참조
   2. 납세담보로 제공된 부동산의 공매공고등기는 갑구에 기록한다.

5. 공동근저당설정

가. 공동근저당

【 을 구 】				(소유권 이외의 권리에 관한 사항)
순위번호	등기목적	접수	등기원인	권리자 및 기타사항

1	근저당권 설정	2023년 3월15일 제3581호	2023년 3월14일 설정계약	채권최고액 금60,000,000원
				채무자 이영식
				  서울특별시 종로구 율곡로 16(원서동)
				근저당권자 최영철 750614-1035852
				  서울특별시 종로구 창덕궁길 100(계동)
				공동담보 토지 서울특별시 성동구
				           행당동 223
				       토지 서울특별시 성동구
				           행당동 224

나. 담보목록이 작성된 공동근저당

【 을 구 】			(소유권 이외의 권리에 관한 사항)	
순위번호	등기목적	접수	등기원인	권리자 및 기타사항
1	근저당권설정	2023년 3월15일 제3581호	2023년 3월14일 설정계약	채권최고액 금60,000,000원 채무자 이영식 　서울특별시 종로구 율곡로 16(원서동) 근저당권자 최영철 750614-1035852 　서울특별시 종로구 창덕궁길 100(계동) 공동담보목록 제2019-10호

다. 공동담보목록

【 공동담보목록 】					
목록번호	2019-10				
일련번호	부동산에 관한 권리의 표시	관할등기소명	순위번호	기타사항	
				생성원인	변경/소멸
1	[토지] 서울특별시 중구 충무로1가 5-3	서울중앙지방법원 중부등기소	1	2023년3월15일 제3581호 설정계약으로 인하여	
2	[토지] 서울특별시 양천구 목동 2-1	서울남부지방법원 등기국		2023년3월15일 제3581호 설정계약으로 인하여	
3	[토지] 서울특별시 양천구 목동 2-2	서울남부지방법원 등기국		2023년3월15일 제3581호 설정계약으로 인하여	
4	[토지] 서울특별시 관악구 봉천동 9	서울중앙지방법원 등기국		2023년3월15일 제3581호 설정계약으로 인하여	
5	[토지] 서울특별시 관악구 신림동 8	서울중앙지방법원 등기국		2023년3월15일 제3581호 설정계약으로 인하여	

㈜ 1. 추가설정 시 전에 등기한 부동산에 관한 권리의 순위번호도 기록한다.
　 2. 공동담보목록의 변경·소멸의 등기는 목적부동산을 표시한 뒤 변경 또는 소멸되는 사항을 기록하고 그 변경 또는 소멸한 사항을 말소하는 표시를 한다.

라. 새로운 담보물의 추가

(1) 동일한 관할 일 때

(가) 추가 설정으로 공동담보목록이 생성되지 않는 경우

① 전에 등기한 부동산

【 을 구 】		(소유권 이외의 권리에 관한 사항)		
순위번호	등기목적	접수	등기원인	권리자 및 기타사항
1	근저당권설정	(생략)	(생략)	(생략)
1-1	1번근저당권담보추가			공동담보 토지 서울특별시 양천구 목동1 2023년 3월 15일 부기

② 추가되는 부동산

【 을 구 】		(소유권 이외의 권리에 관한 사항)		
순위번호	등기목적	접수	등기원인	권리자 및 기타사항
1	근저당권설정	2023년 3월15일 제3581호	2023년 3월14일 추가 설정계약	채권최고액 금60,000,000원 채무자 이영식 　서울특별시 종로구 율곡로 16(원서동) 근저당권자 최영철 750614-1035852 　서울특별시 종로구 창덕궁길 100(계동) 공동담보 토지 서울특별시 관악구 봉천동 　　　　　 9의 담보물에 추가

(나) 추가 설정으로 공동담보목록이 생성되는 경우

① 전에 등기한 부동산

【 을 구 】				(소유권 이외의 권리에 관한 사항)
순위번호	등기목적	접수	등기원인	권리자 및 기타사항
1	근저당권설정	2023년 3월15일 제3581호	2023년 3월14일 추가 설정계약	채권최고액 금60,000,000원 채무자 이영식 　서울특별시 종로구 율곡로 16(원서동) 근저당권자 최영철 750614-1035852 　서울특별시 종로구 창덕궁길 100(계동)
1-1	1번 근저당권 담보추가			공동담보목록 제2019-50호 2023년 3월 25일 부기

② 추가되는 부동산

【 을 구 】				(소유권 이외의 권리에 관한 사항)
순위번호	등기목적	접수	등기원인	권리자 및 기타사항
1	근저당권설정	2023년 3월25일 제7960호	2023년 3월24일 추가 설정계약	채권최고액 금60,000,000원 채무자 이영식 　서울특별시 종로구 율곡로 16(원서동) 근저당권자 최영철 750614-1035852 　서울특별시 종로구 창덕궁길 100(계동) 공동담보목록 제2019-50호

③ 공동담보목록

【 공동담보목록 】						
목록번호	2019-50					
일련번호	부동산에 관한 권리의 표시	관할등기소명	순위번호	기타사항		
				생성원인	변경/소멸	
1	[토지] 서울특별시 중구 충무로1가 1-5	서울중앙지방법원 중부등기소	1	2023년3월25일 제7960호 담보추가로 인하여		

2	[토지] 서울특별시 중구 충무로1가 1-1	서울중앙 지방법원 중부등기소	1	2023년3월25일 제7960호 담보추가로 인하여	
3	[토지] 서울특별시 중구 충무로1가 1-2	서울중앙 지방법원 중부등기소	1	2023년3월25일 제7960호 담보추가로 인하여	
4	[토지] 서울특별시 중구 충무로1가 9-3	서울중앙 지방법원 중부등기소	1	2023년3월25일 제7960호 담보추가로 인하여	
5	[토지] 서울특별시 중구 충무로1가 10-2	서울중앙 지방법원 중부등기소	1	2023년3월25일 제7960호 담보추가로 인하여	

㈜ 추가하는 부동산과 전에 등기한 부동산이 합하여 5개 이상이 될 때에는 공동담보목록을 작성한다.

(2) 관할이 다를 때

(가) 추가 설정으로 공동담보목록이 생성되지 않는 경우

① 전에 등기한 부동산 - 다른 등기소로부터 담보 추가의 통지가 있는 경우

【 을 구 】		(소유권 이외의 권리에 관한 사항)		
순위 번호	등기목적	접수	등기원인	권리자 및 기타사항
1	근저당권 설정	(생략)	(생략)	(생략)
1-1	1번 근저당권 담보추가	2023년 3월17일 제3581호		공동담보 토지 서울특별시 양천구 목동 1

② 추가되는 부동산 - 등기소관할을 달리하는 경우의 담보물추가

【 을 구 】			(소유권 이외의 권리에 관한 사항)	
순위번호	등기목적	접수	등기원인	권리자 및 기타사항
1	근저당권설정	2023년 3월15일 제1006호	2023년 3월14일 추가 설정계약	채권최고액 금60,000,000원 채무자 이영식 　서울특별시 종로구 율곡로 16(원서동) 근저당권자 최영철 750614-1035852 　서울특별시 종로구 창덕궁길 100(계동) 공동담보 토지 부산광역시 서구 대신동2 　　　　 건물 부산광역시 서구 대신동2 　　　　 토지 부산광역시 서구 괴정동 　　　　　　 산3의 담보물에 추가

(나) 추가 설정으로 공동담보목록이 생성되는 경우

① 전에 등기한 부동산

【 을 구 】			(소유권 이외의 권리에 관한 사항)	
순위번호	등기목적	접수	등기원인	권리자 및 기타사항
1	근저당권설정	2023년 1월15일 제1220호	2023년 1월14일 설정계약	채권최고액 금60,000,000원 채무자 이영식 　서울특별시 종로구 율곡로 16(원서동) 근저당권자 최영철 750614-1035852 　서울특별시 종로구 창덕궁길 100(계동) 공동담보 ~~토지 서울특별시 성동구~~ 　　　　　　 ~~행당동 223~~ 　　　　 ~~토지 서울특별시 성동구~~ 　　　　　　 ~~행당동 224~~ 　　　　 ~~토지 서울특별시 성동구~~ 　　　　　　 ~~행당동 225~~

㈜ 기존에 등기된 공동담보(공동담보 부동산이 5개 미만인 경우)는 말소하는 표시를 기록한다.

② **공동담보목록**

【 공동담보목록 】					
목록번호	2019-20				
일련번호	부동산에 관한 권리의 표시	관할등기소명	순위번호	기타사항	
				생성원인	변경/소멸
1	[토지] 서울특별시 성동구 행당동 222	서울동부지방법원 등기국	1	2023년3월13일 제6143호 담보추가로 인하여	
2	[토지] 서울특별시 성동구 행당동 223	서울동부지방법원 등기국	1	2023년3월13일 제6143호 담보추가로 인하여	
3	[토지] 서울특별시 성동구 행당동 224	서울동부지방법원 등기국	1	2023년3월13일 제6143호 담보추가로 인하여	
4	[토지] 서울특별시 성동구 행당동 225	서울동부지방법원 등기국	1	2023년3월13일 제6143호 담보추가로 인하여	
5	[토지] 서울특별시 관악구 신림동 8	서울중앙지방법원 등기국		2023년3월13일 제6143호 담보추가로 인하여	
6	[토지] 서울특별시 관악구 신림동 9	서울중앙지방법원 등기국		2023년3월13일 제6143호 담보추가로 인하여	
7	[토지] 서울특별시 관악구 신림동 10	서울중앙지방법원 등기국		2023년3월13일 제6143호 담보추가로 인하여	

③ 추가되는 부동산

【 을　구 】			(소유권 이외의 권리에 관한 사항)	
순위번호	등기목적	접수	등기원인	권리자 및 기타사항
1	근저당권설정	2023년 3월21일 제5320호	2023년 3월11일 추가 설정계약	채권최고액 금60,000,000원 채무자 이영식 　서울특별시 종로구 율곡로 16(원서동) 근저당권자 최영철 750614-1035852 　서울특별시 종로구 창덕궁길 100(계동) 공동담보 제2019-15호

④ 공동담보목록

【 공동담보목록 】					
목록번호	2019-20				
일련번호	부동산에 관한 권리의 표시	관할등기소명	순위번호	기타사항	
				생성원인	변경/소멸
1	[토지] 서울특별시 관악구 신림동 8	서울중앙지방법원등기국	1	2023년3월12일 제5320호 담보추가로 인하여	
2	[토지] 서울특별시 관악구 신림동 9	서울중앙지방법원등기국	1	2023년3월12일 제5320호 담보추가로 인하여	
3	[토지] 서울특별시 관악구 신림동 10	서울중앙지방법원등기국	1	2023년3월12일 제5320호 담보추가로 인하여	
4	[토지] 서울특별시 성동구 행당동 222	서울동부지방법원등기국		2023년3월12일 제5320호 담보추가로 인하여	
5	[토지] 서울특별시 성동구 행당동 223	서울동부지방법원등기국		2023년3월12일 제5320호 담보추가로 인하여	
6	[토지] 서울특별시 성동구 행당동 224	서울동부지방법원등기국		2023년3월12일 제5320호 담보추가로 인하여	
7	[토지] 서울특별시 성동구 행당동 225	서울동부지방법원등기국		2023년3월12일 제5320호 담보추가로 인하여	

마. 공동담보목록에 새로운 담보물을 추가하는 경우

　　(1) 전에 등기한 부동산

【 을　　구 】			(소유권 이외의 권리에 관한 사항)	
순위번호	등기목적	접수	등기원인	권리자 및 기타사항
1	근저당권설정	2022년 6월8일 제7790호	2022년 6월7일 설정계약	채권최고액 금60,000,000원 채무자　이영식 　서울특별시 종로구 율곡로 16(원서동) 근저당권자 최영철 750614-1035852 　서울특별시 종로구 창덕궁길 100(계동) 공동담보 제2018-20호

㈜ 전산으로 공동담보목록이 관리되는 근저당권의 등기에는 담보추가의 부기등기를 하지 않는다.

　　(2) 추가되는 부동산

【 을　　구 】			(소유권 이외의 권리에 관한 사항)	
순위번호	등기목적	접수	등기원인	권리자 및 기타사항
1	근저당권설정	2022년 9월15일 제6041호	2022년 9월14일 추가 설정계약	채권최고액 금60,000,000원 채무자　이영식 　서울특별시 종로구 율곡로 16(원서동) 근저당권자 최영철 750614-1035852 　서울특별시 종로구 창덕궁길 100(계동) 공동담보 제2018-20호

6. 근저당권이전

가. 근저당권의 피담보채권이 확정되기 전에 기본계약상의 채권자 지위가 양도된 경우

　　(1) 기본계약상 채권자 지위의 전부 양도

【 을 구 】			(소유권 이외의 권리에 관한 사항)	
순위 번호	등기목적	접수	등기원인	권리자 및 기타사항
6-1	6번 근저당권 이전	2023년 3월5일 제1006호	2023년 3월4일 계약양도	근저당권자 조미숙 790513-1052134 서울특별시 용산구 원효로 10(원효로1가)

㈜ 6번 근저당권자를 말소하는 표시를 한다.

(2) 수개의 기본계약 중 그 일부의 양도

【 을 구 】			(소유권 이외의 권리에 관한 사항)	
순위 번호	등기목적	접수	등기원인	권리자 및 기타사항
6-1	6번 근저당권 일부이전	2022년 11월5일 제9000호	2022년 9월1일 계약 일부양도	근저당권자 조미숙 790513-1052134 서울특별시 용산구 원효로 10(원효로1가)

(3) 기본계약에 가입한 경우

【 을 구 】			(소유권 이외의 권리에 관한 사항)	
순위 번호	등기목적	접수	등기원인	권리자 및 기타사항
6-1	6번 근저당권 일부이전	2022년 11월5일 제9000호	2022년 9월1일 계약가입	근저당권자 조미숙 790513-1052134 서울특별시 용산구 원효로 10(원효로1가)

(4) 기본계약상 일부 채권자 지위의 전부 양도

【 을 구 】		(소유권 이외의 권리에 관한 사항)		
순위번호	등기목적	접수	등기원인	권리자 및 기타사항
1	근저당권설정	2022년 3월11일 제124호	2022년 3월10일 설정계약	채권최고액 금60,000,000원 채무자 이영식 　서울특별시 종로구 율곡로 16(원서동) 근저당권자 최영철 750614-1035852 　서울특별시 종로구 창덕궁길 100(계동) ~~조미숙 790513-1052134~~ 　서울특별시 용산구 원효로 10(원효로1가)
1-1	1번 근저당권 조미숙지분 전부이전	2022년 11월5일 제9000호	2022년 11월4일 계약양도	근저당권자 변강림 630419-1034125 　서울특별시 용산구 효창원로30 (산천동)

㈜ 근저당권자 중 1인(조미숙)의 채권자 지위 전부를 양도하는 경우의 기록례이다.

(5) 기본계약에서 탈퇴한 경우

【 을 구 】		(소유권 이외의 권리에 관한 사항)		
순위번호	등기목적	접수	등기원인	권리자 및 기타사항
1	근저당권설정	2022년 3월11일 제124호	2022년 3월10일 설정계약	채권최고액 금300,000,000원 채무자 이영식 　서울특별시 종로구 율곡로 16(원서동) 근저당권자 ~~최영철 750614-1035852~~ 　~~서울특별시 종로구 창덕궁길 100(계동)~~ 조미숙 790513-1052134 　서울특별시 용산구 원효로 10(원효로1가)
1-1	1번 근저당권 최영철지분 전부이전	2022년 11월5일 제9000호	2022년 11월4일 계약탈퇴	근저당권자 조미숙 790513-1052134 　서울특별시 용산구 원효로 10(원효로1가)

㈜ 근저당권자 중 1인(최영철)이 기본계약에서 탈퇴하는 경우의 기록례이다.

나. 근저당권의 피담보채권이 확정된 후에 피담보채권이 양도된 경우

(1) 전부양도

【 을 구 】			(소유권 이외의 권리에 관한 사항)	
순위번호	등기목적	접수	등기원인	권리자 및 기타사항
6-1	6번 근저당권 이전	2022년 11월5일 제9000호	2022년 9월1일 확정 채권양도	근저당권자 조미숙 790513-1052134 서울특별시 용산구 원효로 10(원효로1가)

㈜ 6번 근저당권자를 말소하는 표시를 한다.

(2) 일부양도

【 을 구 】			(소유권 이외의 권리에 관한 사항)	
순위번호	등기목적	접수	등기원인	권리자 및 기타사항
6-1	6번 근저당권 일부이전	2022년 11월5일 제9000호	2022년 9월1일 확정채권 일부양도	양도액 금20,000,000원 근저당권자 조미숙 790513-1052134 서울특별시 용산구 원효로 10(원효로1가)

(3) 채권의 전부를 양도받은 자가 그 채권을 다시 양도

【 을 구 】			(소유권 이외의 권리에 관한 사항)	
순위번호	등기목적	접수	등기원인	권리자 및 기타사항
1-1	1번 근저당권 이전	2022년 3월5일 제1006호	2022년 3월4일 확정 채권양도	근저당권자 조미숙 790513-1052134 서울특별시 용산구 원효로 10(원효로1가)
1-2	1번 근저당권 이전	2022년 10월6일 제4003호	2022년 10월6일 확정 채권양도	근저당권자 변강림 630419-1034125 서울특별시 용산구 효창원로30 (산천동)

㈜ 채권양도한 근저당권자를 말소하는 표시를 한다.

(4) 채권의 일부를 양도받은 자가 그 채권을 다시 양도

【 을 구 】			(소유권 이외의 권리에 관한 사항)	
순위 번호	등기목적	접수	등기원인	권리자 및 기타사항
1-1	1번 근저당권 일부이전	2023년 3월5일 제1006호	2023년 3월4일 확정채권 일부양도	양도액 금20,000,000원 근저당권자 조미숙 790513-1052134 <s>서울특별시 용산구 원효로 10(원효로1가)</s>
1-2	1번 근저당권 조미숙지분 전부이전	2023년 5월6일 제4003호	2023년 5월6일 확정 채권양도	근저당권자 변강림 630419-1034125 서울특별시 용산구 효창원로30 (산천동)

㈜ 채권양도한 근저당권자를 말소하는 표시를 한다.

다. 근저당권의 피담보채권이 확정된 후에 피담보채권이 대위변제된 경우

(1) 전부 대위변제

【 을 구 】			(소유권 이외의 권리에 관한 사항)	
순위 번호	등기목적	접수	등기원인	권리자 및 기타사항
1-1	1번 근저당권 이전	2022년 10월5일 제9000호	2022년 9월1일 확정채권 대위변제	근저당권자 조미숙 790513-1052134 서울특별시 용산구 원효로 10(원효로1가)

㈜ 1번 근저당권자를 말소하는 표시를 한다.

(2) 일부 대위변제

【 을 구 】			(소유권 이외의 권리에 관한 사항)	
순위번호	등기목적	접수	등기원인	권리자 및 기타사항
1-1	1번 근저당권 일부이전	2022년 10월5일 제9000호	2022년 9월1일 확정채권 일부 대위변제	변제액 금20,000,000원 근저당권자 조미숙 790513-1052134 　서울특별시 용산구 원효로 10(원효로1가)

라. 채권 전부명령

【 을 구 】			(소유권 이외의 권리에 관한 사항)	
순위번호	등기목적	접수	등기원인	권리자 및 기타사항
1-1	1번 근저당권 이전	2023년 3월5일 제1006호	2023년 3월4일 채권 전부명령	근저당권자 조미숙 790513-1052134 　서울특별시 용산구 원효로 10(원효로1가)

㈜ 1. 1번 근저당권자를 말소하는 표시를 한다.
　 2. 압류등기 이후 채권전부명령이 있는 경우

마. 회사합병

【 을 구 】			(소유권 이외의 권리에 관한 사항)	
순위번호	등기목적	접수	등기원인	권리자 및 기타사항
1-1	1번 근저당권 이전	2023년 3월5일 제1006호	2022년 3월4일 회사합병	근저당권자 주식회사 조흥은행 　　　　110100-4803112 　서울특별시 강남구 강남대로 430 　　　(양재동) (강남지점)

㈜ 1. 1번 근저당권자를 말소하는 표시를 한다.
　 2. 회사의 합병에 의하여 서로 내용이 다른 수 개의 근저당권을 이전하는 경우에는 '1-1번, 2-1번, 3-1번 근저당권이전'이라 하여 한 건의 신청사건으로 처리할 수 있다.

바. 금융산업의 구조개선에 관한 법률에 의한 금융감독위원회의 계약이전결정에 따른 근저당권 이전등기

【 을 구 】			(소유권 이외의 권리에 관한 사항)	
순위번호	등기목적	접수	등기원인	권리자 및 기타사항
1-1	1번 근저당권 이전	2023년 3월5일 제1006호	2022년 3월4일 계약이전 결정	근저당권자 주식회사 조흥은행 110100-4803112 서울특별시 강남구 강남대로 430 (양재동) (강남지점)

㈜ 등기원인일자는 "공고된 날(다만, 1998. 9. 14. 개정전의 법률에 의한 경우에는 계약이전결정일)"을 기재한다.

사. 공동저당의 대위

【 을 구 】			(소유권 이외의 권리에 관한 사항)	
순위번호	등기목적	접수	등기원인	권리자 및 기타사항
1	근저당권 설정	2022년 3월11일 제124호	2022년 3월10일 설정계약	채권최고액 금300,000,000원 채무자 이영식 　서울특별시 종로구 율곡로 16(원서동) 근저당권자 최영철 750614-1035852 　서울특별시 종로구 창덕궁길 100(계동) 공동담보　토지 서울특별시 서초구 　　　서초동 123
1-1	1번 근저당권 대위	2022년 9월2일 제2800호	2022년 9월1일 민법 제368조 제2항에 의한 대위	매각부도산 토지 서울특별시 서초구 　　　서초동 123 매각대금 금700,000,000원 변제액 금250,000,000원 채권최고액 금200,000,000원 채무자 이영식 　서울특별시 종로구 율곡로 16(원서동) 대위자 조미숙 790513-1052134 　서울특별시 용산구 원효로 10(원효로1가)

㈜ 1. 공동저당의 대위등기에 따른 기록례이다(법 제80조).
　 2. 공동저당의 대위등기를 신청하는 경우에는 집행법원에서 작성한 배당표 정보를 첨부정보로서 제공하여야 한다(규칙 제138조).

7. 근저당권변경

가. 채무자 변경으로 인한 근저당권변경등기

(1) 근저당권의 피담보채권이 확정되기 전에 기본계약상 채무자 지위가 인수된 경우

(가) 기본계약상의 채무자 지위 전부 인수

【 을　구 】		(소유권 이외의 권리에 관한 사항)		
순위번호	등기목적	접수	등기원인	권리자 및 기타사항
6-1	6번 근저당권변경	2022년 10월5일 제9000호	2022년 9월1일 계약인수	채무자 이영식 서울특별시 종로구 율곡로 16(원서동)

㈜ 변경전의 채무자를 말소하는 표시를 한다.

(나) 수개의 기본계약 중 그 일부의 인수

【 을　구 】		(소유권 이외의 권리에 관한 사항)		
순위번호	등기목적	접수	등기원인	권리자 및 기타사항
6-1	6번 근저당권변경	2022년 10월5일 제9000호	2022년 9월1일 계약일부인수	채무자 이영식 서울특별시 종로구 율곡로 16(원서동)

(다) 인수인이 기본계약에 가입한 경우

【 을　구 】		(소유권 이외의 권리에 관한 사항)		
순위번호	등기목적	접수	등기원인	권리자 및 기타사항
6-1	6번 근저당권변경	2022년 10월5일 제9000호	2022년 9월1일 중첩적 계약인수	채무자 이영식 서울특별시 종로구 율곡로 16(원서동)

(2) 근저당권의 피담보채권이 확정된 후에 피담보채무가 인수된 경우

(가) 면책적 채무인수

【 을 구 】			(소유권 이외의 권리에 관한 사항)	
순위번호	등기목적	접수	등기원인	권리자 및 기타사항
6-1	6번 근저당권 변경	2022년 10월5일 제9000호	2022년 9월1일 확정채무의 면책적인수	채무자 이영식 서울특별시 종로구 율곡로 16(원서동)

㈜ 변경 전의 채무자를 말소하는 표시를 한다.

(나) 중첩적 채무인수

【 을 구 】			(소유권 이외의 권리에 관한 사항)	
순위번호	등기목적	접수	등기원인	권리자 및 기타사항
6-1	6번 근저당권 변경	2022년 10월5일 제9000호	2022년 9월1일 확정채무의 중첩적인수	채무자 이영식 서울특별시 종로구 율곡로 16(원서동)

나. 회사합병으로 인한 채무자 변경

【 을 구 】			(소유권 이외의 권리에 관한 사항)	
순위번호	등기목적	접수	등기원인	권리자 및 기타사항
1	근저당권 설정	2019 2월5일 제1006호	2023년 2월4일 설정계약	채권최고액 금100,000,000원 채무자 주식회사 서울상사 　서울특별시 중구 정동길 3(정동) 　주식회사삼정무역 　서울특별시 중구 정동길 5(정동) 근저당권자 주식회사조흥은행 　110100-4803122 　서울특별시 강남구 강남대로 430 　(양재동) (강남지점)
1-1	1번 근저당권 변경	2023년 3월5일 제3018호	2023년 3월4일 회사합병	채무자 주식회사삼정무역 　서울특별시 중구 정동길 5(정동)

다. 변경계약으로 인한 채권최고액 변경(경정)

【 을 구 】		(소유권 이외의 권리에 관한 사항)		
순위번호	등기목적	접수	등기원인	권리자 및 기타사항
6-1	6번 근저당권 변경 (또는경정)	2023년 3월5일 제1006호	2023년 3월4일 변경계약 (또는 신청착오)	채권최고액 금20,000,000원

라. 근저당권의 일부 이전등기 후 잔존채권의 변제로 인한 변경

【 을 구 】		(소유권 이외의 권리에 관한 사항)		
순위번호	등기목적	접수	등기원인	권리자 및 기타사항
1	근저당권 설정	2022년 3월5일 제1006호	2022년 3월10일 설정계약	채권최고액 금60,000,000원 채무자 이영식 　서울특별시 종로구 율곡로 16(원서동) 근저당권자 최영철 750614-1035852 　서울특별시 종로구 창덕궁길 100(계동)
1-1	1번 근저당권 일부이전	2022년 9월15일 제4116호	2022년 9월1일 민법 제368조 제2항에 의한 대위	양도액 금20,000,00원 근저당권자 조미숙 790513-1052134 　서울특별시 용산구 원효로 10(원효로1가)
1-2	1번 근저당권 변경	2022년 10월5일 제7006호	2022년 10월4일 최영철채권의 변제	채권최고액 금20,000,000원

마. 일부 이전등기된 근저당권의 소멸로 인한 변경

【 을 구 】				(소유권 이외의 권리에 관한 사항)
순위번호	등기목적	접수	등기원인	권리자 및 기타사항
1	근저당권설정	2022년 2월20일 제2001호	2022년 2월19일 설정계약	채권최고액 금60,000,000원 채무자 이영식 　서울특별시 종로구 율곡로 16(원서동) 근저당권자 최영철 750614-1035852 　서울특별시 종로구 창덕궁길 100(계동)
~~1-1~~	~~1번 근저당권 일부이전~~	~~2022년 8월5일 제9001호~~	~~2022년 8월4일 확정채권 일부양도~~	~~양도액 금40,000,00원~~ ~~근저당권자 조미숙 790513-1052134~~ ~~서울특별시 용산구 원효로 10(원효로1가)~~
1-2	1번 근저당권 변경	2022년 10월5일 제15001호	2022년 10월4일 조미숙채권의 변제	채권최고액 금20,000,000원

㈜ 1번 근저당권의 채권최고액 및 1-1번의 등기를 말소하는 표시를 한다.

바. 경개의 경우

(1) 채무자의 교체

【 을 구 】				(소유권 이외의 권리에 관한 사항)
순위번호	등기목적	접수	등기원인	권리자 및 기타사항
1	근저당권설정	2023년 2월5일 제3870호	2023년 2월4일 설정계약	채권최고액 금100,000,000원 채무자 이영식 　서울특별시 종로구 율곡로 16(원서동) 근저당권자 최영철 750614-1035852 　서울특별시 종로구 창덕궁길 100(계동)
1-1	1번 근저당권 변경	2023년 5월5일 제3018호	2023년 5월4일 채무자 경개에의한 신채무담보	채무자 조미숙 790513-1052134 　서울특별시 용산구 원효로 10(원효로1가)

(2) 채권자의 교체

【 을 구 】			(소유권 이외의 권리에 관한 사항)	
순위 번호	등기목적	접수	등기원인	권리자 및 기타사항
1	근저당권 설정	2023년 2월5일 제1006호	2023년 2월4일 설정계약	채권최고액 금10,000,000원 채무자 이영식 　서울특별시 종로구 율곡로 16(원서동) ~~근저당권자 최영철 750614-1035852~~ 　~~서울특별시 종로구 창덕궁길 100(계동)~~
1-1	1번 근저당권 이전	2023년 5월5일 제3018호	2023년 5월4일 채권자 경개에의한 신채무담보	근저당권자 영풍주식회사 110111-0111145 　서울특별시 중구 정동길 12(정동)

사. 공유지분상의 근저당권효력을 소유권 전부에 미치게 하는 변경

【 을 구 】			(소유권 이외의 권리에 관한 사항)	
순위 번호	등기목적	접수	등기원인	권리자 및 기타사항
1	갑구5번 이영식지분 전부근저당 권 설정	2022년 5월9일 제2001호	2022년 5월8일 설정계약	채권최고액 금60,000,000원 채무자 이영식 　서울특별시 종로구 율곡로 16(원서동) 근저당권자 최영철 750614-1035852 　서울특별시 종로구 창덕궁길 100(계동)
1-1	1번 근저당권 변경	2022년 8월10일 제5420호	2022년 8월9일 변경계약	목적 소유권전부근저당권설정

㈜ 등기상의 이해관계인이 존재하는 경우에는 그의 승낙을 증명하는 정보 또는 이에 대항할 수 있는 재판이 있음을 증명하는 정보를 제공한 때에 한하여 부기등기로 한다.

아. 근저당권이 공유자 1인의 지분에 대하여 소멸한 경우

【 을 구 】			(소유권 이외의 권리에 관한 사항)	
순위 번호	등기목적	접수	등기원인	권리자 및 기타사항
1-1	1번 근저당권 변경	2022년 7월3일 제1702호	2022년 7월2일 지분포기	목적 갑구1번정성국지분전부근저당권설정 포기한지분 갑구2번최종호지분2분의1

㈜ 공유 부동산 전부 또는 2인 이상의 지분에 대하여 근저당권설정등기가 된 후, 일부 지분에 대하여 저당권을 포기하는 경우이다(등기예규 1580호).

자. 공동담보 중 일부가 변경된 경우

(1) 등기소가 같은 경우

【 을 구 】			(소유권 이외의 권리에 관한 사항)	
순위번호	등기목적	접수	등기원인	권리자 및 기타사항

1	근저당권설정	2023년 2월5일 제1705호	2023년 2월4일 설정계약	채권최고액 금60,000,000원
				채무자 이영식
				  서울특별시 종로구 율곡로 16(원서동)
				근저당권자 최영철 750614-1035852
				  서울특별시 종로구 창덕궁길 100(계동)
				공동담보 토지 서울특별시 강남구
				        역삼동 35

1-1	1번 근저당권 공동담보 변경			공동담보 토지 서울특별시 강남구
				        역삼동 35
				      토지 서울특별시 강남구
				        역삼동 36
				토지분필로 인하여
				2023년 4월 5일 부기

(2) 등기소가 다른 경우

【 을 구 】			(소유권 이외의 권리에 관한 사항)	
순위번호	등기목적	접수	등기원인	권리자 및 기타사항

1	근저당권설정	2023년 2월5일 제1705호	2023년 2월4일 설정계약	채권최고액 금60,000,000원
				채무자 이영식
				  서울특별시 종로구 율곡로 16(원서동)
				근저당권자 최영철 750614-1035852
				  서울특별시 종로구 창덕궁길 100(계동)
				공동담보 토지 서울특별시 도봉구
				        수유동 35

1-1	1번 근저당권 공동담보 변경	2023년 5월7일 제5005호	2023년 5월6일 토지분필	공동담보 토지 서울특별시 도봉구
				        수유동 35
				      토지 서울특별시 도봉구
				        수유동 36

차. 공유자 1인의 지분을 목적으로 설정된 근저당권의 효력을 공유물 분할 후 그의 소유권 전부에 미치게 하는 변경

【 을 구 】			(소유권 이외의 권리에 관한 사항)		
순위번호	등기목적	접수	등기원인	권리자 및 기타사항	
1	갑구5번 최영철지분 전부 근저당권 설정	2023년 2월5일 제1705호	2023년 2월4일 설정계약	채권최고액 금50,000,000원 채무자 최영철 750614-1035852 　서울특별시 종로구 창덕궁길 100(계동) 근저당권자 조미숙 790513-1052134 　서울특별시 용산구 원효로10(원효로1가)	
1-1	1번 근저당권 변경	2023년 4월2일 제2121호	2023년 4월1일 변경계약	목적　소유권전부근저당권설정	

㈜ 근저당권의 효력을 소유권 전부에 미치게 하는 변경등기는 등기상 이해관계 있는 제3자의 승낙을 증명하는 정보나 이에 대항할 수 있는 재판이 있음을 증명하는 정보를 제공한 때에 한하여 부기등기로 한다.

카. 존속기간의 변경(경정)

【 을 구 】			(소유권 이외의 권리에 관한 사항)	
순위번호	등기목적	접수	등기원인	권리자 및 기타사항
1-1	1번근저당권변경(또는경정)	2023년 3월5일 제1006호	2023년 3월4일 변경계약 (또는 신청착오)	존속기간　2025년 3월 3일

㈜ 1. 변경 전의 존속기간을 말소하는 표시를 한다.
　 2. 존속기간의 연장의 경우 등기상 이해관계 있는 제3자의 승낙을 증명하는 정보나 이에 대항할 수 있는 재판이 있음을 증명하는 정보를 제공한 때에 한하여 부기등기로 한다.

타. 그 밖의 변경(경정)

(1) 채무자 표시의 변경(경정)

【 을 구 】				(소유권 이외의 권리에 관한 사항)
순위번호	등기목적	접수	등기원인	권리자 및 기타사항

1	근저당권설정	2022년 5월4일 제2008호	2022년 5월3일 설정계약	채권최고액 금50,000,000원
				채무자 이영식
				    서울특별시 종로구 율곡로16(원서동)
				근저당권자 조미숙 790513-1052134
				    서울특별시 용산구 원효로10(원효로1가)

1-1	1번 근저당권변경 (또는경정)	2022년 8월10일 제5113호	2022년 8월9일 주소변경 (또는 신청착오)	이영식의 주소 서울특별시 마포구 마포대로 11가길 25(염리동)

㈜ 변경 또는 경정 전의 채무자의 주소를 말소하는 표시를 한다.

(2) 취급지점을 변경 또는 추가하는 경우

【 을 구 】				(소유권 이외의 권리에 관한 사항)
순위번호	등기목적	접수	등기원인	권리자 및 기타사항
1-1	1번 등기명의인 표시변경	2023년 3월5일 제3030호	2023년 3월4일 취급지점 변경	농협은행주식회사의 취급지점 야탑역지점

㈜ 1. 변경 전 취급지점의 표시를 말소하는 표시를 한다.
   2. 기존의 근저당권의 등기에 『취급지점』의 표시가 없는 경우에는 그 표시의 추가등기를 할 수 있다.

8. 근저당권말소

가. 해지

【 을 구 】			(소유권 이외의 권리에 관한 사항)	
순위번호	등기목적	접수	등기원인	권리자 및 기타사항
6	5번근저당권설정등기말소	2023년 3월5일 제1006호	2023년 3월4일 해지	

나. 혼동

【 을 구 】			(소유권 이외의 권리에 관한 사항)	
순위번호	등기목적	접수	등기원인	권리자 및 기타사항
2	1번근저당권설정등기말소	2023년 3월5일 제4010호	2023년 3월4일 혼동	

다. 공동담보 전부소멸 경우의 공동담보목록

【 공동담보목록 】					
목록번호	2018-10				
일련번호	부동산에 관한 권리의 표시	관할 등기소명	순위번호	기타사항	
				생성원인	변경/소멸
~~1~~	~~[토지] 서울특별시 강남구 신사동 152~~	서울중앙 지방법원 등기국	~~1~~	~~2022년1월3일 제31호 설정계약으로 인하여~~	2022년8월27일 제3472호 해지
2	~~[토지] 서울특별시 강남구 신사동 153~~	서울중앙 지방법원 등기국	~~1~~	~~2022년1월3일 제31호 설정계약으로 인하여~~	2022년8월27일 제3472호 해지

3	[토지] 서울특별시 강남구 신사동 10	서울중앙 지방법원 등기국	+	2022년1월3일 제31호 설정계약으로 인하여	2022년8월27일 제3472호 해지
4	[토지] 서울특별시 강남구 신사동 11	서울중앙 지방법원 등기국	+	2022년1월3일 제31호 설정계약으로 인하여	2022년8월27일 제3472호 해지
5	[토지] 서울특별시 강남구 신사동 12	서울중앙 지방법원 등기국	+	2022년1월3일 제31호 설정계약으로 인하여	2022년8월27일 제3472호 해지

㈜ 공동담보목록이 있는 저당권이 전부 말소된 경우의 기록례이다.

라. 근저당권 일부포기

【 을 구 】			(소유권 이외의 권리에 관한 사항)	
순위번호	등기목적	접수	등기원인	권리자 및 기타사항
1	근저당권 설정	2022년 3월5일 제1006호	2022년 3월4일 설정계약	채권최고액 금100,000,000원 채무자 이영식 ~~서울특별시 종로구 율곡로16(원서동)~~ 근저당권자 최영철 750614-1035852 ~~서울특별시 종로구 창덕궁길100(계동)~~ 공동담보 토지 서울특별시 중구 정동31 　　　　　 건물 서울특별시 중구 정동 31
2	1번 근저당권 설정등기 말소	2022년 10월25일 제3240호	2022년 10월24일 일부포기 (또는 일부해지)	

㈜ 1. 공동담보 부동산 중의 일부 부동산에 대한 근저당권을 포기하는 경우이다.
　2. 존속하는 공동담보 부동산에 대하여는 아래의 방법으로 공동담보를 말소한다는 뜻을 기록한다.

마. 공동담보 소멸

【 을 구 】			(소유권 이외의 권리에 관한 사항)	
순위번호	등기목적	접수	등기원인	권리자 및 기타사항
1	근저당권설정	2022년 3월5일 제1006호	2022년 3월4일 설정계약	채권최고액 금100,000,000원 채무자 이영식 　서울특별시 종로구 율곡로16(원서동) 근저당권자 최영철 750614-1035852 　서울특별시 종로구 창덕궁길100(계동) 공동담보 토지 서울특별시 중구 정동31 　　　　　 건물 서울특별시 중구 정동 31
2	1번 근저당권 공동담보 일부소멸			토지 서울특별시 중구 정동 31에 대한 근저당권말소등기로 인하여 2022년 10월 25일 부기

바. 근저당권이전의 부기등기가 되어 있는 근저당권의 말소

【 을 구 】			(소유권 이외의 권리에 관한 사항)	
순위번호	등기목적	접수	등기원인	권리자 및 기타사항
~~1~~	~~근저당권설정~~	~~2022년 3월5일 제1006호~~	~~2022년 3월4일 설정계약~~	채권최고액 금100,000,000원 채무자 이영식 　~~서울특별시 종로구 율곡로16(원서동)~~ 근저당권자 최영철 750614-1035852 　~~서울특별시 종로구 창덕궁길100(계동)~~
~~1-1~~	~~1번 근저당권 이전~~	~~2022년 5월15일 제3016호~~	~~2022년 5월14일 확정채권양도~~	~~근저당권자 조미숙 790513-1052134~~ 　~~서울특별시 용산구 원효로 10(원효로1가)~~
2	1번 근저당권 설정등기 말소	2022년 10월25일 제12226호	2022년 10월24일 해지	

㈜ 1. 근저당권 이전의 부기등기도 말소하는 표시를 한다.
　2. 이전된 근저당권의 이전원인을 해지하고 종전 근저당권자를 회복하는 경우의 기록례는 위 "마. 이전된 지상권설정등기의 이전원인을 해제한 경우"에 준한다.

사. 공동담보 중 일부가 멸실된 경우

(1) 등기소가 같은 경우

【 을 구 】				(소유권 이외의 권리에 관한 사항)
순위번호	등기목적	접수	등기원인	권리자 및 기타사항

1	근저당권설정	2022년 1월4일 제90호	2022년 1월3일 설정계약	채권최고액 금60,000,000원
				채무자 이영식
				  서울특별시 종로구 율곡로16(원서동)
				근저당권자 최영철 750614-1035852
				  서울특별시 종로구 창덕궁길100(계동)
				공동담보 건물 서울특별시 도봉구 수유동3

1-1	1번 근저당권 공동담보 소멸			건물 서울특별시 도봉구 수유동 3 멸실로 인하여 2022년 10월 10일 부기

(2) 등기소가 다른 경우

【 을 구 】				(소유권 이외의 권리에 관한 사항)
순위번호	등기목적	접수	등기원인	권리자 및 기타사항

1	근저당권설정	2022년 1월4일 제90호	2022년 1월3일 설정계약	채권최고액 금60,000,000원
				채무자 이영식
				  서울특별시 종로구 율곡로16(원서동)
				근저당권자 최영철 750614-1035852
				  서울특별시 종로구 창덕궁길100(계동)
				공동담보 건물 서울특별시 도봉구 수유동3

1-1	1번 근저당권 공동담보 소멸	2022년 9월8일 제12119호		건물 서울특별시 도봉구 수유동 5 멸실로 인하여

아. 공동담보 일부소멸 경우의 공동담보목록

【 공동담보목록 】					
목록번호	2018-12				
일련번호	부동산에 관한 권리의 표시	관할 등기소명	순위번호	기타사항	
				생성원인	변경/소멸
~~1~~	~~[토지] 서울특별시 강남구 신사동 152~~	서울중앙지방법원 등기국	~~1~~	~~2022년5월27일 제1000호 설정계약으로 인하여~~	2022년9월27일 제2034호 일부포기
2	[토지] 서울특별시 강남구 신사동 153	서울중앙지방법원 등기국	1	2022년5월27일 제1000호 설정계약으로 인하여	
3	[토지] 서울특별시 강남구 삼성동 10	서울중앙지방법원 등기국	1	2022년5월27일 제1000호 설정계약으로 인하여	
4	[토지] 서울특별시 강남구 삼성동 11	서울중앙지방법원 등기국	1	2022년5월27일 제1000호 설정계약으로 인하여	
5	[토지] 서울특별시 강남구 삼성동 12	서울중앙지방법원 등기국	1	2022년5월27일 제1000호 설정계약으로 인하여	

자. 구 부동산등기법 부칙 제2조(또는 제4조)의 규정에 의한 말소

【 을 구 】			(소유권 이외의 권리에 관한 사항)		
순위번호	등기목적	접수	등기원인	권리자 및 기타사항	
~~1~~	근저당권설정	(생략)	(생략)	(생략)	
2	1번 근저당권설정 등기말소			구 부동산등기법 부칙 제2조(또는 제4조)의 규정에 의하여 2023년 5월 2일 등기	

㈜ 부동산등기법(법률 제4422호, 1991. 12. 14.)부칙 제4조와 부동산등기법(법률 제7954호, 2006. 05. 10.) 부칙 제2조에 의하여 근저당권을 말소하는 경우의 기록례이다(등기예규 제1592호 참조)

9. 공장 및 광업재단 저당법에 의한 근저당권 등기

가. 공장 및 광업재단 저당법 제6조 목록제출의 근저당권

【 을 구 】			(소유권 이외의 권리에 관한 사항)	
순위번호	등기목적	접수	등기원인	권리자 및 기타사항

1	근저당권설정	2023년 3월5일 제1006호	2023년 3월4일 설정계약	채권최고액 금10,000,000원
				채무자 이영식
				  서울특별시 종로구 율곡로16(원서동)
				근저당권자 최영철 750614-1035852
				  서울특별시 종로구 창덕궁길100(계동)
				공동담보 토지 서울특별시 용산구
				                 이태원동 10
				공장 및 광업재단 저당법 제6조 목록 제2019-20호

나. 공장 및 광업재단 저당법 제6조에 의한 추가근저당권설정

(1) 전에 등기한 부동산 : 이태원동 30-1

【 을 구 】			(소유권 이외의 권리에 관한 사항)	
순위번호	등기목적	접수	등기원인	권리자 및 기타사항

1	근저당권설정	2023년 3월5일 제1006호	2023년 3월4일 설정계약	채권최고액 금10,000,000원
				채무자 이영식
				  서울특별시 종로구 율곡로16(원서동)
				근저당권자 최영철 750614-1035852
				  서울특별시 종로구 창덕궁길100(계동)

1-1	1번 근저당권 담보추가			공동담보 토지 서울특별시 용산구 이태원동 40-1 2023년 4월 15일 부기

(2) 추가할 부동산 : 이태원동 40-1

【 을 구 】				(소유권 이외의 권리에 관한 사항)
순위번호	등기목적	접수	등기원인	권리자 및 기타사항
1	근저당권설정	2023년 4월15일 제3016호	2023년 4월14일 추가 설정계약	채권최고액 금10,000,000원 채무자 이영식 　서울특별시 종로구 율곡로16(원서동) 근저당권자 최영철 750614-1035852 　서울특별시 종로구 창덕궁길100(계동) 공동담보 토지 서울특별시 용산구 이태원 　　　　　동 30-1의 담보물에 추가 공장 및 광업재단 저당법 제6조 목록 제2019-20호

다. 다른 등기소로부터 공자 및 광업재단 저당법 제6조에 의한 담보 추가의 통지가 있는 경우

【 을 구 】				(소유권 이외의 권리에 관한 사항)
순위번호	등기목적	접수	등기원인	권리자 및 기타사항
1	근저당권설정	2023년 4월15일 제3016호	2023년 4월14일 추가 설정계약	채권최고액 금10,000,000원 채무자 이영식 　서울특별시 종로구 율곡로16(원서동) 근저당권자 최영철 750614-1035852 　서울특별시 종로구 창덕궁길100(계동) 공동담보 토지 서울특별시 용산구 이태원 　　　　　동 30-1의 담보물에 추가 공장 및 광업재단 저당법 제6조 목록 제2019-20호

라. 공장 및 광업재단 저당법 제6조에 의한 목록

공장 및 광업재단 저당법 제6조 목록(표지)
근저당권자겸 채 권 자   이 겨 레   근저당권설정자겸 채무자   김 한 울   신청대리인 법 무 사   김 갑 동 (인)

(목록)

공장 및 광업재단 저당법 제6조에 의한 기계기구목록					
기호 및 번호	종 류	구 조(특 질)	개수 또는 연장	제작자의 성명 또는 명칭	제조 연월일
1	환편기	∅19 마무리용 85G Best	1	국산	1994. 7. 1.

마. 공장 및 광업재단 저당법 제6조 목록제출로 인한 근저당권변경

【 을 구 】			(소유권 이외의 권리에 관한 사항)		
순위번호	등기목적	접수	등기원인	권리자 및 기타사항	
1	근저당권설정	(생략)	(생략)	(생략)	
1-1	1번 근저당권변경	2023년 3월5일 제1006호	2023년 3월5일 제1006호	공장 및 광업재단 저당법 제6조 목록 제2019-20호	

㈜ 일반 근저당권을 공장 및 광업재단 저당법에 의한 근저당권으로 변경하는 경우이다.

바. 공장 및 광업재단 저당법 제6조 목록폐지로 인한 근저당권변경

【 을 구 】			(소유권 이외의 권리에 관한 사항)	
순위번호	등기목적	접수	등기원인	권리자 및 기타사항

1	근저당권설정	2023년 3월5일 제1006호	2023년 3월4일 설정계약	채권최고액 금60,000,000원
				채무자 이영식
				  서울특별시 종로구 율곡로16(원서동)
				근저당권자 최영철 750614-1035852
				  서울특별시 종로구 창덕궁길100(계동)
				공동담보 토지 서울특별시 동대문구
				            제기동 30
				공장 및 광업재단 저당법 제6조 목록
				제2019-20호

1-1	1번 근저당권변경	2023년 5월8일 제3004호	2023년 5월7일 변경계약	공장 및 광업재단 저당법 제6조 목록 제2019-20호 폐지

㈜ 1. 공장 및 광업재단 저당법 제6조에 의한 근저당권을 일반 근저당권으로 변경하는 경우이다.
　 2. 변경 전의 공장 및 광업재단 저당법 제6조 제출의 목록기록을 말소하는 표시를 하고 동 목록을 폐쇄한다.

제2절 채권담보권에 관한 등기

1. 등기예규

[예규 1] 저당권부채권에 대한 채권담보권의 부기등기에 관한 업무처리지침

저당권부채권에 대한 채권담보권의 부기등기에 관한 업무처리지침

개정 2022. 4. 18. [등기예규 제1741-1호, 시행 2022. 4. 21.]

제1조 (목적) 이 예규는 부동산등기법 제76조제2항(이하 "법"이라 한다) 및 부동산등기규칙(이하 "규칙"이라 한다) 제132조제2항에 따라 저당권부채권에 대한 채권담보권의 부기등기(이하 "채권담보권의 부기등기"라 한다)에 관한 사항을 규정함을 목적으로 한다.

제2조 (신청인) 채권담보권의 부기등기는 저당권자가 등기의무자가 되고 채권담보권자가 등기권리자가 되어 공동으로 신청한다. 이 경우 저당권자는 법인 또는 「부가가치세법」에 따라 사업자등록을 한 사람이어야 한다.

제3조 (신청정보) ① 채권담보권의 부기등기를 신청하는 경우에는 규칙 제43조에서 정한 일반적인 신청정보 외에 담보권의 목적인 채권을 담보하는 저당권의 표시, 채권액 또는 채권최고액, 채무자의 표시 및 변제기와 이자의 약정이 있는 경우에는 그 내용을 신청정보의 내용으로 등기소에 제공하여야 한다.
② 등기의 목적은 "저당권부 채권담보권의 설정"이라 하고, 채권담보권의 목적이 되는 저당권의 표시는 "접수 ○○년 ○○월 ○○일 제○○○호 순위 제○번의 저당권"과 같이 한다.

제4조 (첨부정보) 채권담보권의 부기등기를 신청하는 경우에는 규칙 제46조에서 정한 일반적인 첨부정보 외에 등기원인을 증명하는 정보로 채권담보권설정계약서와 「동산·채권 등의 담보에 관한 법률」에 따라 채권담보권등기가 되었음을 증명하는 등기사항증명서를 첨부정보로서 등기소에 제공하여야 한다.

제5조 (등록면허세 등) ① 채권담보권의 부기등기를 신청하는 경우에는 매 1건당

3천 원에 해당하는 등록면허세를 납부하고, 매 부동산별로 3,000원에 해당하는 등기신청수수료를 납부하여야 한다.

② 채권담보권의 부기등기를 신청하는 경우에 국민주택채권은 매입하지 아니한다.

제6조 (등기실행절차) ① 채권담보권의 부기등기는 채권담보권의 목적이 된 저당권등기에 부기등기로 한다.

② 등기관이 채권담보권의 부기등기를 할 때에는 법 제48조의 일반적인 등기사항 외에 채권액 또는 채권최고액, 채무자의 표시, 변제기와 이자의 약정이 있는 경우에는 그 내용 및 저당권이 공동저당인 경우에는 공동담보인 뜻을 기록하여야 한다.

제7조 (등기기록례) 채권담보권의 부기등기에 관한 등기기록례는 별지와 같다.

부 칙 (2022.04.18 제1741-1호)

제1조 (시행일) 이 예규는 2022년 4월 21일부터 시행한다.

제2조 (다른 예규의 개정) 「저당권부채권에 대한 채권담보권의 부기등기에 관한 업무처리지침」(등기예규 제1462호) 일부를 다음과 같이 개정한다.

제2조 중 "상업등기법에 따라 상호등기를 한 사람"을 "「부가가치세법」에 따라 사업자등록을 한 사람"으로 한다.

별지 : 채권담보권의 부기등기에 따른 등기기록례

【 을 구 】		(소유권 이외의 권리에 관한 사항)		
순위번호	등기목적	접수	등기원인	권리자 및 기타사항
1	근저당권설정	2009년 10월 12일 제13578호	2009년 10월 11일 설정계약	채권최고액 금 300,000,000원 채무자 장동군 서울 강남구 테헤란로 568 근저당권자 이병한 　　　　700407-1234567 서울 서초구 서초대로 123 공동담보 토지 서울특별시 강남구 삼성동 110
1-1	1번 근저당권부 채권담보권	2011년 11월 11일 제13673호	2011년 11월 9일 설정계약	채권최고액 금 200,000,000원 변제기 2012년 12월 25일 이 자 월 2푼 채무자 한이슬 서울시 종로구 광화문로 321 채권자 김희선 740104-2012345 서울시 송파구 송파대로 345 공동담보 토지 서울특별시 강남구 삼성동 110 을구 제1번의 근저당권

2. 등기선례

[선례 1] 근저당권부채권에 대한 근질권설정등기 신청 가부

제정 1999. 3. 26. [등기선례 제6-347호, 시행]

근저당권설정등기와 달리 부동산등기법에 근저당권에 의하여 담보되는 채권에 대하여 근질권설정등기를 신청할 수 있는 명문의 규정이 없으므로, 근저당권부채권에 대한 근질권설정등기는 이를 신청할 수 없다.
(1999. 3. 26. 등기 3402-325 질의회답)

[선례 2] 근저당권부 채권의 질권자가 해당 질권을 제3자에게 전질한 경우 질권의 이전등기가 가능한지 여부 등

제정 2011. 5. 3. [등기선례 제201105-1호, 시행]

1. 근저당권부 채권의 질권자가 해당 질권을 제3자에게 전질한 경우「부동산등기법」제2조에 의하여 질권의 이전등기를 할 수 있다.
2. 근저당권부 채권에 질권이 설정된 경우 질권자의 동의 없이는 근저당권의 채권최고액을 감액하는 근저당권변경등기를 할 수 없다.

(2011. 5. 3. 부동산등기과-870 질의회답)
참조조문 : 민법 제348조
참조선례 : 부동산등기선례요지집 Ⅶ 제278항

3. 근저당권부채권 담보권설정

【 을　구 】			(소유권 이외의 권리에 관한 사항)	
순위번호	등기목적	접수	등기원인	권리자 및 기타사항
1	근저당권설정	2022년 3월11일 제124호	2022년 3월10일 설정계약	채권최고액 금300,000,000원 채무자 이영식 　서울특별시 종로구 율곡로 16(원서동) 근저당권자 최영철 750614-1035852 　서울특별시 종로구 창덕궁길100(계동) 공동담보 토지 서울특별시 종로구 혜화동1
1-1	1번 근저당권부채권 담보권설정	2022년 9월2일 제2800호	2022년 9월1일 설정계약	채권액 금200,000,000원 변제기 2013년 8월 30일 이　자 월 2푼 채무자 최영철 　서울특별시 종로구 창덕궁길100(계동) 채권자 조미숙 790513-1052134 　서울특별시 용산구 원효로10 (원효로1가) 공동담보 토지 서울특별시 종로구 혜화동 1 을구 제1번의 근저당권

㈜ 저당권부채권에 대한 채권담보권의 등기에 관한 기록례이다(법 제76조 제2항).

제3절 권리질권에 관한 등기

1. 의의

재산권을 목적으로 하는 질권을 권리질권이라 한다.

[선례 1] 확정 전 근저당권의 피담보채권에 대한 질권설정과 등기신청

제정 2003. 9. 22. [등기선례 제7-278호, 시행]

근저당권에 의하여 담보되는 채권을 질권의 목적으로 하는 경우에는 신청서에 부동산등기법 제142조의2 각 호의 사항을 기재하여 근저당권부질권의 부기등기를 신청할 수 있는바, 이는 그 근저당권이 확정되기 전에도 마찬가지이다.
(2003. 9. 22. 부등 3402-514 질의회답)
참조조문 : 민법 제348조, 부동산등기법 제142조의2
참조선례 : 등기선례요지집 Ⅵ 제348항

2. 등기절차

가. 등기신청절차

(1) 신청인

근저당권자가 등기의무자가 되고 질권자가 등기권리자가 되어 공동으로 신청한다.

(2) 신청서의 기재사항

신청서에는 일반적인 기재사항(규칙 제43조) 외에 질권의 목적인 채권을 담보하는 근저당권을 표시하고 (권리질권에 의하여 담보되는) 채권액 및 채무자의 표시를 하여야 하며 변제기와 이자에 관한 약정이 있는 때에는 이를 기재하여야 한다(규칙 제132조 제1항). 등기의 목적은 "근저당권부 권리질권의 설정"이라고 기재한다.

(3) 첨부정보

등기원인서면으로 권리질권의 설정계약서를 첨부한다.

[선례 2] 근저당권부채권 질권설정등기시 등록세 여하

제정 1998. 12. 18. [등기선례 제5-884호, 시행]

근저당권부채권 질권설정등기를 경료받은 경우에는 매 1건당 3,000원의 등록세를 납부하여야 할 것이다.
(1998. 12. 18. 등기 3402-1257 질의회답)
참조조문 : 지방세법 제131조

[선례 3] 근저당권에 대한 질권의 부기등기를 신청할 수 있는지 여부(적극) 등

제정 2001. 7. 4. [등기선례 제6-348호, 시행]

1. 근저당권으로 담보한 채권을 질권의 목적으로 하는 경우, 신청서에 부동산등기법 제142조의2 각호의 사항을 기재하여 근저당권부질권의 부기등기를 신청할 수 있다.
2. 이러한 근저당권부질권의 부기등기에 대해서는 매 1건당 3,000원의 등록세를 납부하여야 하지만(지방세법 제131조 제1항 제8호), 국민주택채권은 부동산등기 중 소유권의 보존 및 이전·저당권의 설정 및 이전의 경우에만 매입하도록 규정하고 있으므로(주택건설촉진법시행령 제17조 제1항, [별표 3] 제2호, [부표] 제23호 참조), 근저당권부질권의 부기등기를 신청하는 경우에는 국민주택채권매입의무가 없다.

(2001. 7. 4. 등기 3402-449 질의회답)
참조조문 : 법 제2조 제6호, 제142조의2, 민법 제348조
참조선례 : V 제884항, 본집 제347항

<기록례> 근저당권부 질권 설정등기

【을 구】		(소유권 이외의 권리에 관한 사항)		
순위번호	등기목적	접 수	등기원인	권리자 및 기타사항
1	근저당권설정	2023년 3월 11일 제124호	2023년 3월 10일 설정계약	채권최고액 금 30,000,000원 채무자 이영식 서울특별시 종로구 율곡로 16(원서동) 근저당권자 최영철 750614-1035852 서울특별시 종로구 창덕궁길 100(계동) 공동담보 토지 서울특별시 종로구 혜화동 1
1-1	1번근저당권부질권	2023년 9월 2일 제2800호	2023년 9월 1일 설정계약	채권최고액 금 20,000,000원 변제기 2024년 8월 30일 이 자 월 2푼 채무자 최영철 서울특별시 종로구 창덕궁길 100(계동) 채권자 조미숙 790513-1052134 서울특별시 용산구 원효로10(원효로1가) 공동담보 토지 서울특별시 종로구 혜화동 1 을구 제1번의 근저당권

제4절 저당권에 관한 등기

1. 저당권설정

가. 통상의 저당권설정

【 을 구 】				(소유권 이외의 권리에 관한 사항)
순위번호	등기목적	접수	등기원인	권리자 및 기타사항

1	저당권설정	2023년 3월5일 제1006호	2023년 3월4일 설정계약	채권최고액 금100,000,000원
				변제기 2024년 3월 3일
				이자 연 6푼
				원본 및 이자의 지급장소 서울특별시
				  종로구 원서동 6 이영은의 주소지
				채무자 이영식
				  서울특별시 종로구 율곡로16(원서동)
				근저당권자 최영철 750614-1035852
				  서울특별시 종로구 창덕궁길100(계동)

나. 저당권자가 수인인 저당권

【 을 구 】				(소유권 이외의 권리에 관한 사항)
순위번호	등기목적	접수	등기원인	권리자 및 기타사항

1	저당권설정	2023년 3월5일 제1006호	2023년 3월4일 설정계약	채권최고액 금100,000,000원
				이자 연 5푼
				채무자 이영식
				  서울특별시 종로구 율곡로16(원서동)
				저당권자
				지분 5분의3
				최영철 750614-1035852
				  서울특별시 종로구 창덕궁길100(계동)
				지분 5분의2
				조미숙 790513-1052134
				  서울특별시 용산구 원효로10 (원효로1가)

다. 채무자가 다른 각별의 채무를 담보하는 경우

【 을 구 】			(소유권 이외의 권리에 관한 사항)	
순위번호	등기목적	접수	등기원인	권리자 및 기타사항
1	저당권 설정	2023년 3월5일 제1006호	2023년 3월4일 설정계약	채권최고액 금100,000,000원 이자 연 5푼 채무자 금 60,000,000원 김창수 　서울특별시 종로구 인사동6길 5(인사동) 금40,000,000원 이영식 　서울특별시 종로구 율곡로16(원서동) 저당권자 최영철 750614-1035852 　서울특별시 종로구 창덕궁길100(계동)

㊟ 근저당권의 경우에는 채무자별로 채무액을 기록할 수 없다.

라. 금전 이외의 채권을 담보하는 저당권

【 을 구 】			(소유권 이외의 권리에 관한 사항)	
순위번호	등기목적	접수	등기원인	권리자 및 기타사항
1	저당권 설정	2023년 3월5일 제2800호	2023년 3월4일 설정계약	채권액 백미500가마(가마당 50킬로그램) 채권가액 금30,000,000원 변제기 2024년 1월 31일 이자 연 1할 5푼 채무자 이영식 　서울특별시 종로구 율곡로16(원서동) 저당권자 최영철 750614-1035852 　서울특별시 종로구 창덕궁길100(계동)

2. 저당권이전

가. 채권양도

【 을 구 】				(소유권 이외의 권리에 관한 사항)
순위번호	등기목적	접수	등기원인	권리자 및 기타사항

1	저당권설정	2022년 2월10일 제7100호	2022년 2월9일 설정계약	채권액 금50,000,000원
				이자 연 6푼
				채무자 이영식
				  서울특별시 종로구 율곡로 16(원서동)
				저당권자 최영철 750614-1035852
				  서울특별시 종로구 창덕궁길 100(계동)

1-1	1번 저당권 이전	2022년 10월5일 제34001호	2022년 10월4일 채권양도	저당권자 조미숙 790513-1052134 서울특별시 용산구 원효로19 (원효로1가)

㈜ 1번 저당권자를 말소하는 표시를 한다.

나. 채권일부양도

【 을 구 】				(소유권 이외의 권리에 관한 사항)
순위번호	등기목적	접수	등기원인	권리자 및 기타사항

1	저당권설정	2022년 5월20일 제7100호	2022년 259일 설정계약	채권액 금50,000,000원
				이자 연 6푼
				채무자 이영식
				  서울특별시 종로구 율곡로 16(원서동)
				저당권자 최영철 750614-1035852
				  서울특별시 종로구 창덕궁길 100(계동)

1-1	1번 저당권 이전	2022년 7월10일 제9001호	2022년 7월9일 채권일부 양도	양도액 금20,000,000원 저당권자 조미숙 790513-1052134 서울특별시 용산구 원효로19 (원효로1가)

다. 전부대위변제

【 을 구 】		(소유권 이외의 권리에 관한 사항)		
순위번호	등기목적	접수	등기원인	권리자 및 기타사항

1	저당권설정	2022년 3월10일 제7100호	2022년 3월9일 설정계약	채권액 금60,000,000원
				이자 연 6푼
				채무자 이영식
				  서울특별시 종로구 율곡로 16(원서동)
				저당권자 최영철 750614-1035852
				  서울특별시 종로구 창덕궁길 100(계동)

1-1	1번 저당권 이전	2022년 10월5일 제63002호	2022년 10월4일 대위변제	저당권자 조미숙 790513-1052134 서울특별시 용산구 원효로19 (원효로1가)

라. 일부대위변제

【 을 구 】		(소유권 이외의 권리에 관한 사항)		
순위번호	등기목적	접수	등기원인	권리자 및 기타사항
1	저당권설정	(생략)	(생략)	(생략)
1-1	1번 저당권 일부이전	2023년 3월5일 제1006호	2023년 3월4일 일부 대위변제	변제액 금20,000,000원 저당권자 조미숙 790513-1052134 서울특별시 용산구 원효로19 (원효로1가)

마. 상속

【 을 구 】		(소유권 이외의 권리에 관한 사항)		
순위번호	등기목적	접수	등기원인	권리자 및 기타사항

1-1	1번 저당권 이전	2023년 3월5일 제1006호	2023년 2월4일 상속	저당권자 지분 2분의1
				최영철 750614-1035852
				  서울특별시 종로구 창덕궁길100 (계동)
				지분 2분의1
				조미숙 790513-1052134
				  서울특별시 용산구 원효로19 (원효로1가)

㈜ 1. 1번 근저당권자를 말소하는 표시를 한다.
　　2. 회사의 합병에 의하여 서로 내용이 다른 수 개의 근저당권을 이전하는 경우에는 '1-1번, 2-1번, 3-1번 근저당권이전'이라 하여 한 건의 신청사건으로 처리할 수 있다.

바. 공유저당권 지분이전의 경우

【 을 구 】			(소유권 이외의 권리에 관한 사항)	
순위번호	등기목적	접수	등기원인	권리자 및 기타사항
1-1	1번 저당권 김을동 지분 전부이전	2023년 3월5일 제1006호	2023년 3월4일 채권지분양도 (또는 채권지분포기)	저당권자 지분 3분의1 최영철 70614-1035852 서울특별시 종로구 창덕궁길100 (계동)

3. 저당권변경

가. 일부변제로 인한 채권액 변경

【 을 구 】			(소유권 이외의 권리에 관한 사항)	
순위번호	등기목적	접수	등기원인	권리자 및 기타사항
6-1	6번 저당권변경	2023년 3월5일 제1006호	2023년 3월4일 일부변제	채권액 금20,000,000원

㈜ 변경 전의 채권액을 말소하는 표시를 한다.

나. 이자의 변경(경정)

【 을 구 】			(소유권 이외의 권리에 관한 사항)	
순위번호	등기목적	접수	등기원인	권리자 및 기타사항
1-1	1번 저당권변경 (또는경정)	2022년 10월5일 제1006호	2022년 10월4일 변경계약 (또는 신청착오)	이자 연 6푼 3리

㈜ 1. 등기상 이해관계 있는 제3자가 있는 경우에는 그의 승낙을 증명하는 정보 또는 이에 대항할 수 있는 재판이 있음을 증명하는 정보를 제공한 때에 한하여 부기등기로 한다.
2. 변경(경전) 전의 이자를 말소하는 표시를 한다.
3. 새로 이자의 약정을 하고 변경등기를 하는 경우에도 위와 같다.
4. 신청착오의 경우 등기원인일자를 기록하고, 착오발견의 경우 등기원인일자를 기록하지 아니한다

다. 약정이자의 폐지

【 을 구 】			(소유권 이외의 권리에 관한 사항)	
순위번호	등기목적	접수	등기원인	권리자 및 기타사항
1-1	1번 저당권변경	2023년 3월5일 제1006호	2023년 3월4일 변경계약	이자 약정의 폐지

㈜ 1. 등기상 이해관계 있는 제3자가 있는 경우에는 그의 승낙을 증명하는 정보 또는 이에 대항할 수 있는 재판이 있음을 증명하는 정보를 제공한 때에 한하여 부기등기로 한다.
2. 폐지된 이자를 말소하는 표시를 한다.

라. 채권액 및 이자의 변경

【 을 구 】			(소유권 이외의 권리에 관한 사항)	
순위번호	등기목적	접수	등기원인	권리자 및 기타사항
1-1	1번 저당권변경	2022년 3월5일 제1006호	2022년 10월4일 변경계약	채권액 금 100,000,000원 이자 연 4푼

㈜ 1. 등기상 이해관계 있는 제3자가 있는 경우에는 그의 승낙을 증명하는 정보 또는 이에 대항할 수 있는 재판이 있음을 증명하는 정보를 제공한 때에만 부기등기로 한다.
2. 변경 전의 채권액 및 이자를 말소하는 표시를 한다.

마. 채무인수로 인한 채무자변경

(1) 면책적 채무인수

【 을　구 】		(소유권 이외의 권리에 관한 사항)		
순위번호	등기목적	접수	등기원인	권리자 및 기타사항
1	저당권설정	2022년 4월9일 제8009호	2022년 4월8일 설정계약	채권액 금100,000,000원 변제기 2023년 3월 31일 채무자 이영식 　서울특별시 종로구 율곡로 10(원서동) 저당권자 최영철 750614-1035852 　서울특별시 종로구 창덕궁길 100(계동)
1-1	1번 저당권변경	2022년 9월5일 제15001호	2022년 9월4일 면책적 채무인수	채무자 김창수 　서울특별시 종로구 인사동6길5 (인사동)

㈜ 변경 전의 채무자를 말소하는 표시를 한다.

(2) 중첩적 채무인수

【 을　구 】		(소유권 이외의 권리에 관한 사항)		
순위번호	등기목적	접수	등기원인	권리자 및 기타사항
1	저당권설정	(생략)	(생략)	(생략)
1-1	1번 저당권변경	2023년 3월5일 제1006호	2023년 3월4일 중첩적 채무인수	채무자 이영식 　서울특별시 종로구 율곡로 10(원서동)

㈜ 변경 전의 채무자를 말소하는 표시를 하지 아니한다.

바. 조건부채권을 무조건으로 하는 경우

【 을 구 】		(소유권 이외의 권리에 관한 사항)		
순위번호	등기목적	접수	등기원인	권리자 및 기타사항
1-1	1번 저당권변경	2023년 3월5일 제3030호	2023년 3월4일 변경계약	채권의 조건 폐지

㈜ 1. 등기상의 이해관계인이 존재하는 경우에는 그의 승낙을 증명하는 정보 또는 이에 대항할 수 있는 재판이 있음을 증명하는 정보를 제공한 경우에 한하여 부기등기로 한다.
2. 변경 전의 채권의 조건을 말소하는 표시를 한다.

사. 저당권 준공유지분의 경정의 이유

【 을 구 】		(소유권 이외의 권리에 관한 사항)		
순위번호	등기목적	접수	등기원인	권리자 및 기타사항
1	저당권설정	2023년 2월10일 제2001호	2023년 2월9일 설정계약	채권액 금10,000,000원 이자 연 6푼 채무자 이영식 　서울특별시 종로구 율곡로 10(원서동) 저당권자 지분 5분의2 최영철 750614-1035852 　서울특별시 종로구 창덕궁길 100(계동) 지분 5분의3 조미숙이래 790513-1052134 　서울특별시 용산구 원효로19 (원효로1가)
1-1	1번 저당권경정	2023년 3월5일 제3004호	2023년 2월10일 신청착오	최영철의 지분 5분의3 조미숙의 지분 5분의2

㈜ 1. 경정 전의 지분을 말소하는 표시를 한다.
2. 등기상 이해관계 있는 제3자의 승낙을 증명하는 정보 또는 이에 대항할 수 있는 재판이 있음을 증명하는 정보를 제공하여야 한다.

4. 저당권말소

가. 변제

【 을 구 】		(소유권 이외의 권리에 관한 사항)		
순위번호	등기목적	접수	등기원인	권리자 및 기타사항
2	1번저당권설정 등기말소	2023년 3월5일 제1006호	2023년 3월4일 변제	

㈜ 1번 저당권을 말소하는 표시를 한다.

나. 저당권 포기 또는 해제

【 을 구 】		(소유권 이외의 권리에 관한 사항)		
순위번호	등기목적	접수	등기원인	권리자 및 기타사항
2	1번저당권설정 등기말소	2023년 3월5일 제1006호	2023년 3월4일 포기 또는 해제(합의해제)	

㈜ 1번 저당권을 말소하는 표시를 한다.

5. 물상담보부사채신탁계약에 의한 저당권등기

가. 사채의 전액발행의 경우(담보부사채신탁법 제101조 제1항)

【 을 구 】		(소유권 이외의 권리에 관한 사항)		
순위번호	등기목적	접수	등기원인	권리자 및 기타사항
1	저당권설정	2023년 3월5일 제1006호	2023년 3월4일 물상담보부사채신탁계약	사채총액 금 100,000,000원 사채이율 연 1할 채무자 주식회사한국양행 서울특별시 종로구 사직로15 (사직동) 저당권자 주식회사조흥은행 110100-4803112 서울특별시 강남구 강남대로 430 (양재동) (강남지점)

나. 사채의 분할발행의 경우(담보부사채신탁법 제101조 제2항)

【 을 구 】			(소유권 이외의 권리에 관한 사항)	
순위번호	등기목적	접수	등기원인	권리자 및 기타사항
1	저당권설정	2023년 3월 5일 제1006호	2023년 3월 4일 물상담보부사채 신탁계약	사채총액 금 100,000,000원 사채이율 최고한도 연 1할 채무자 주식회사한국양행 　서울특별시 종로구 사직로15 (사직동) 저당권자 주식회사조흥은행 　110100-4803112 　서울특별시 강남구 강남대로 430 　(양재동) (강남지점) 본 사채는 5회에 걸쳐 분할 발행함

제5절 저당권부채에 대한 질권에 관한 등기

1. 근저당권부채권 질권설정

【 을 구 】			(소유권 이외의 권리에 관한 사항)	
순위번호	등기목적	접수	등기원인	권리자 및 기타사항
1	근저당권설정	2022년 3월 11일 제124호	2022년 3월 10일 설정계약	채권최고액 금30,000,000원 채무자 이영식 　서울특별시 종로구 율곡로 10(원서동) 근저당권자 최영철 750614-1035852 　서울특별시 종로구 창덕궁길 100(계동) 공동담보 토지 서울특별시 종로구 혜화동1
1-1	1번 근저당권부채권 질권설정	2022년 9월 2일 제2800호	2022년 9월 1일 설정계약	채권최고액 금20,000,000원 변제기 2023년 8월 30일 이자 월 2푼 채무자 최영철 750614-1035852 　서울특별시 종로구 창덕궁길 100(계동) 채권자 조미숙 790513-1052134 　서울특별시 용산구 원효로19 (원효로1가) 공동담보 토지 서울특별시 종로구 혜화동1 　　을구 제1번의 근저당권

2. 근저당권부채권 근질권설정

【 을 구 】			(소유권 이외의 권리에 관한 사항)	
순위번호	등기목적	접수	등기원인	권리자 및 기타사항
1	근저당권설정	2022년 3월11일 제124호	2022년 3월10일 설정계약	채권최고액 금30,000,000원 채무자 이영식 　서울특별시 종로구 율곡로 10(원서동) 근저당권자 최영철 750614-1035852 　서울특별시 종로구 창덕궁길 100(계동) 공동담보 토지 서울특별시 종로구 혜화동1
1-1	1번 근저당권부채권근질권설정	2022년 9월2일 제2800호	2022년 9월1일 설정계약	채권최고액 금20,000,000원 변제기 2023년 8월 30일 이자 월 2푼 채무자 최영철 750614-1035852 　서울특별시 종로구 창덕궁길 100(계동) 채권자 조미숙 790513-1052134 　서울특별시 용산구 원효로19 (원효로1가) 공동담보 토지 서울특별시 종로구 혜화동1 　을구 제1번의 근저당권

3. 근저당권부채권 질권이전

【 을 구 】			(소유권 이외의 권리에 관한 사항)	
순위번호	등기목적	접수	등기원인	권리자 및 기타사항
1-1	1번근저당권부채권질권설정	2022년 5월2일 제22237호	2022년 4월30일 설정계약	채권최고액 금20,000,000원 변제기 2023년 4월 30일 이 자 월 2푼 채무자 최영철 750614-1035852 　서울특별시 종로구 창덕궁길 100(계동) ~~채권자 조미숙 790513-1052134~~ 　~~서울특별시 용산구 원효로 10(원효로1가)~~ 공동담보 토지 서울특별시 노원구 상계동 　100-5을구 제1번의 　근저당권
1-1-1	1-1번근저당권부채권질권이전	2022년 7월10일 제13000호	2022년 7월9일 채권양도	채권자 변강림 630419-1034125 　서울특별시 용산구 효창원로30 (공덕동)

㈜ 1. 1-1번의 권리자를 말소하는 표시를 한다.
　 2. 근질권이전과 관련해서는 근저당권이전을 준용한다.

版權所有

2024년 최신판
담보권·용익권에 관한 통합집
(예규·선례·기록례·판례)

2024年 4月 10日 初版 發行

編 著 : 법률연구회
發行處 : 법률정보센터

주소　서울시 성북구 아리랑로4가길 14
전화　(02) 953-2112
등록　1993.7.26. NO.1-1554
www.lawbookcenter.com

* 本書의 無斷 複製를 禁합니다.
ISBN 978-89-6376-549-5　　　　　　　定價 : 30,000원